本书得到国家社会科学基金及
贵州大学人文社科类学术出版基金资助

清代贵州客民与地方社会变迁

袁轶峰 著

中华书局

图书在版编目（CIP）数据

清代贵州客民与地方社会变迁/袁轶峰著. —北京：中华书局,2024.12
ISBN 978-7-101-16359-9

Ⅰ.清… Ⅱ.袁… Ⅲ.①客家人-民族历史-研究-贵州-清代②社会变迁-研究-贵州-清代 Ⅳ.①K281.1②K297.3

中国国家版本馆 CIP 数据核字（2023）第 185162 号

书　　名	清代贵州客民与地方社会变迁	
著　　者	袁轶峰	
责任编辑	齐浣心	
装帧设计	刘　丽	
责任印制	韩馨雨	
出版发行	中华书局	
	（北京市丰台区太平桥西里 38 号　100073）	
	http://www.zhbc.com.cn	
	E-mail:zhbc@zhbc.com.cn	
印　　刷	三河市中晟雅豪印务有限公司	
版　　次	2024 年 12 月第 1 版	
	2024 年 12 月第 1 次印刷	
规　　格	开本/920×1250 毫米　1/32	
	印张 14¾　插页 2　字数 370 千字	
国际书号	ISBN 978-7-101-16359-9	
定　　价	98.00 元	

目　录

表目录

图目录

序

　　"移民"是中国历史演进中的一个重要现象,不仅始终相伴于中国社会的发展,而且在不同的历史时期呈现出不同的时代特征,移民的致因、区域性差异以及产生的社会影响,也皆纷繁复杂。中国历史上的移民、移民社会、移民历史皆呈现出鲜明的多样性和复杂性,并深嵌于地方社会和区域社会的组织结构之中,因此,中国移民史作为一个有助于认识和理解中国社会变迁、深层历史结构的学术视域,具有重要的意义。正由于此,中国移民史成为学术界一直以来十分重视的领域之一,成为学者们考察不同时空中国家、社会的有效视角。二十世纪八十年代以来,随着社会史的兴盛和区域史研究的深入,中国移民史研究不断地得以拓展,理论、方法、视角等均持续开新,并触及越来越具体、深入的层面,相关的研究成果也不断涌现。近日,再次阅读了袁轶峰所著书稿《清代贵州客民与地方社会变迁》,深感这又将是一部关于中国移民史研究的拓新之作。

　　袁轶峰于 2010 年考入华中师范大学历史文化学院,攻读中国史博士学位,在我的指导下专攻明清社会史。轶峰入读之初,给我的印象是,专业基础扎实,颇能吃苦,学术触角敏锐,对于社会史方向兴趣尤浓。大概从世纪之交开始,我在研究中国古代漕运问题的同时,对明清社会群体给予了极大的关注,并就明清社会群体的发展趋势及其与社会变迁之关系展开了系列研究。在这个过程中,我热切地希望通过与研究生共同研习的方式,引导那些没有既定选题的研究生们投入到明清社会群体的研究中来。轶峰应该就是在这样一个氛围中,通过大量阅读地方文献,聚焦到了中国移民史中的"客民"。几度交流,这一选题的学术意义逐渐清晰,时空的指向也越来越明确,最终,轶峰的博士学位论文选题确定为《反客为主:清代黔西南民族区域的客民研究》。轶峰在规定的时间内,顺利地完成了论文的撰写、评审和答辩,十分优质地完成了该选题的研究,这也为其日后的学术研究奠定了坚实的基础。

轶峰博士毕业之后,回到了读博之前工作的贵州大学,在承担专业授课、专业人才培养的同时,继续开展中国移民史问题的研究,围绕贵州移民中的"客民"群体,撰写、发表系列论文。博士毕业两年之后,轶峰在博士学位论文的基础之上,申报国家社会科学基金项目,获批立项,足见其研究得到了学界同行的认可。依托国家社会科学基金项目,轶峰对于清代贵州"客民"群体开展了系统而深入的研究,从搜集资料,到撰写书稿,再到反复修改,历时八年。这是一个艰苦的过程,也是一个坚守的过程,如果算上博士论文的研究阶段,轶峰对于清代贵州"客民"问题的研究,恰是走过了"十年磨一剑"的历程。今天,呈现在我面前的《清代贵州客民与地方社会变迁》这部书稿,无疑是轶峰多年耕耘的结果。细细品读,我感受到了轶峰用功之深,思虑之精。该著即将在中华书局出版,也从一个侧面说明这项成果的学术价值。

学术成果的价值体现,重在问题意识、对话意识、前沿意识,重在史料的丰实与解读,重在解决问题的路径及技术运用,这些方面在该著中均得到了较好的展现。著作的主要特色表现在以下几个方面:

其一,颇具问题意识,创新程度较高。该著力图总结贵州客民社会的发展模式,探索客民土著化的进程,及其与地方国家权力之间的关系,并对有关移民社会史研究的相关理论进行思考。全文从两个视角展开:一则客民的视角,通过考察客民由"无籍之民"到定居,最后成为"土著"的身份演变,分析客民的"土著化"进程,以及与之相关的地域社会变革;二则国家的视角,探讨国家权力的渗入所造成的地方社会的变动,进而揭示客民与区域社会之间的互动关系。围绕这两个视角,作者开展了一系列原创性的讨论,如对清代客民的概念界定,探讨西南"调北征南"移民传说的话语体系,提出"一主多佃、一佃多主"的学术观点、揭示客民在地方社会的整合作用等。

其二,全面搜集史料,史料运用取得突破。该著最大限度地力求史料的系统与全面,相对已有的研究,史料的运用呈现出突破的格局。地方志书是该项研究的基本参考资料,政书奏议类文献为重要史料,黔南丛书、清水江文书、文学作品等也皆为重要的史料来源,此外该项研究还有效地参考了民国时期和二十世纪五十年代的社会历史调查资料。与此同时,轶峰开展了大量的田野调查,深入现场收集资料,体验历史。

其三,尝试开展学科交叉研究。该著移民史、经济史、社会史相结合,进行区域性、整体史的研究。同时,借鉴民族学、社会学等相关学科的理论和方法,将区域环境、人文、经济、国家制度与地方社会秩序等融通考察。研究中较多地运用了诗词、小说、竹枝词等,有效尝试了"以文证史"的研究方法,既拓宽了史料范围,又提升了学术水平。

其四,妥善处理个案与整体的关系。个案,一方面是为了揭示历史的面相,但另一方面更为重要的是说明整体,二者的有机结合至为重要。该著在客民家族科举、"调北征南"传说与建构、客民会馆与地域认同、土地兼并与租佃关系等问题的分析中,皆运用了个案研究的方法,个案的分析并未局限于具体而微的层面,而是以小见大,既让我们看到了具体、生动的历史画面,又有效地解释了历史整体。

该著从清代贵州的地理与社会、客民迁徙与分布、客民与地方开发、客民与地域社会变革、国家与地方的社会治理与客民土著化与地域认同等六个方面展开论述,创见之处贯穿全文,以下列举数端,以窥其貌。

其一,从"同乡聚居"到"同姓聚居",最后发展成"聚族而居"的客民社会,这是客民的必经途径。在最初移民时,要形成以血缘和地缘关系组成的聚居村落需要漫长的时间,"同姓聚居"向定居化转变过程中会存在着诸多不确定因素,客民的地域认同感只有在"同姓聚居"发展成为村落时才会表现出来,"宗族"也将随之扎根于此。

其二,随着清政府对土司实行"改土归流",开辟"生苗"地界之后,广大的土地深深吸引大量客民的移入,拓殖运动不断往腹地深入。客民从事农业、商业、手工业的身影随处可见,促进了贵州社会经济的发展。客民农田水利的开发和荒山垦殖,促进了旱地高产农作物等粮食生产的发展;从各地迁移到贵州的客民,其经济活动多元化,遍及各行各业,带动手工业和商品经济的发展,促进了集镇的繁荣;客民促进了贵州人口、族群的繁衍和村落数量的增加,推动了地方社会的发展。

其三,在地域社会的各种社会关系中,土客关系是清代贵州非常重要的社会关系,清代贵州客民在不断地"土著化"进程中,其必然与土著在地方社会的生产与生活(场域)下发生矛盾与冲突,苗民的多次起事即是对新社会秩序的抗争,在很大程度上是源于土客之间对于有限的土地资源的争夺。

其四,清前期国家依然延续明代"插花地行政"的统治政策,但随着客民人口大量涌入,在贵州逐渐形成了一个庞大的汉人社会群体,原有的"插花地行政"制度则越来越成为社会治理的桎梏。面对客民所引起的社会变化,国家调整客民政策,制定客民相关措施,极力推行保甲制度,将所有客民编入保甲之中,地方官员通过变通国家的制度,因地制宜,实现贵州多元化地方治理。"皇权下县"与"皇权止于县"看似矛盾,而恰恰是留足了国家与地方之间地方社会治理上调适的空间,从实际效果上看,王朝达到"皇权下县"的国家控制。

其五,客民成为"贵州人"大致经过两个阶段,第一个阶段,移居者从"客民"身份逐渐转化为"土著"的过程,客民特别强调祖籍地的认同,是为了在移居地与不同族群竞争时所维持的身份认同。第二个阶段,客民由"土著"逐渐成为"贵州人",客民在土著化后及其后代子孙对祖籍地的认同开始发生改变,他们更加强调对地域的认同。客民从原乡认同到地域认同的过程中,土地、会馆、户籍、科举、"调北征南"等构成了清代贵州土著化进程中的关键要素。

总之,该著新见颇多,不一而足。无疑,学术创新是一部优秀著作学术价值的重要体现。可以预期,《清代贵州客民与地方社会变迁》出版之后,一定能够成为轶峰的代表之作。在轶峰的学术生涯中,该著既是一个阶段的总结,又具有开启新阶段的意义。沿着该著的研究路径,不少问题仍有较大的深入和拓展的空间,诸如不同历史时期、不同区域移民社会的土客关系及其演变模式,客民土著化的实质,客民社会结构的构建,国家之于移民社会治理的理念与实践,等等。期望轶峰在未来的学术道路上,有更多更好的成果面世,从而助力该领域研究向纵深拓展。

吴琦 谨识于武汉南湖之畔

2023 年 7 月 25 日

绪　论

　　移民史研究是学界研究的重要领域。学者们很早就开始对移民问题进行探讨,迄今为止,无论在研究的广度和深度方面都取得了丰硕且高质量的学术成果。但当我们眼光转向民族地区的移民史研究时,我们也会注意到,大多数学者研究少数民族区域的时候,过多地聚焦于各少数民族的历史发展,恰恰忽视了在少数民族区域中占多数的汉族群体。自清初以来,除了西藏、新疆等地区少数民族占多数外,其他少数民族地区真正成了名副其实"少数民族"的地区,贵州即典型代表省份之一,贵州的汉族中客民又是一个非常重要的群体。客民成为影响清代贵州地方政府治理的四大问题之一[①]。因此,客民是理解贵州地方社会的一个重要方面,客民群体及其社会变迁成为本书研究的主要话题。为此,在正式展开讨论之前,拟对有关概念进行界定,对有关研究进行学术回顾,同时阐述本书研究的思路和方法。

---

① 署贵州巡抚李用清奏陈黔省情形时说道:"可虑者四:曰插花,曰鸦片,曰客民,曰饷项。"参见《清实录》(第 54 册)卷 183,中华书局,1987 年,第562 页。

一、概念界定

史学界对中国移民史的研究成果颇丰,作为移民中的"客民"鲜有学者关注,因此对"客民"一词的界定有较大分歧,比如客民与"棚民""流民""游民""移民""流寓"等名词时常混淆。这些名词在不同的时空下经常混用,不仅仅是现代,早在明清时期,对客民的概念就有不同理解,就连对川陕楚交界地带很有研究的清代学者严如熤也对"客民"概念模糊不清 ①。明清时期贵州文献中的"蓬民""客民""流民""移民"等名词也经常通用,并没有刻意加以区分。1997 年版《辞源》对"客民"一词作了这样的定义:"非当地籍贯、外来寄寓的居民。"② 这种界定太过浅显,仅仅适用于一般读者的学习,不能作为专业性概念。无独有偶,诸多学者也陷入这种困局中,在相关论著中常有"客民"混用的情况 ③。虽然界定"客民"困难重重,但梳理历史文献之后,我们仍然可以辨析"客民"的概念和内涵,并且区分"移民""棚民"等概念,避免与"客民"混淆。

首先,我们看一下学界对"客民""移民""棚民"等词的研究。葛剑雄认为"移民"是指迁离了原来的居住地而在其他地方定居或居住了较长时间的人口 ④,万芳珍认为"棚民"是清代出现的一

---

① 参见(清)严如熤:《三省边防备览》,道光二年刻本,《三省山内风土杂识》,陕西通志馆印本,民国二十五年。亦可见张建民《明清长江流域山区资源开发与环境演变:以秦岭·大巴山区为中心》一书对严如熤的分析。

②《辞源》修订组、商务印书馆编辑部编:《辞源》,商务印书馆,1997 年,第 450 页。

③ 这个问题笔者将在学术史回顾中展开详细讨论。

④ 葛剑雄:《中国移民史》(第 1 卷),福建人民出版社,1997 年,第 10 页。

种特殊流民^①。刘秀生对"棚民"的概念进一步阐述:"从字面上看,是棚居之民,或者在山中棚居之人。但是,棚民的前身都是国家的编户齐民,他们在原籍处于国家户籍管辖之下,对国家承担法定的义务,同时也有合法的居住、生产和接受文件教育等权利。他们离开原籍来到了异土他乡,脱离了国家户籍的管辖,摆脱了对国家承担的法定义务,在不甚合法的情况下搭盖简单的草棚借以栖居,又不甚合法地佃租土地,或以其他手段谋求生业。"^② 据刘氏的观点,"棚民"是一种弹性的流民类型。张建民认为"客民"是一个相对于"土著"而言,指外地来的、从事手工业或商业活动的人^③。意味着"客民"是具有一定社会地位和身份的群体。

通过梳理以上具有代表性学者的观点,"移民"具有一定数量、定居时间和定居地点的特征,"棚民"具有流动性和无户籍的特点,"客民"具有定居地和有正当职业的特点。很显然,区别"客民""移民""棚民"等群体有两个关键要素,即户籍和身份地位。这里的"户籍"具有两层含义:一为籍贯之意;一为编户齐民之意。编户齐民的前提是确认籍贯。清代的"客民"入籍相对比较容易,"凡客民在内地贸易,或置有产业者,与土著一律顺编"^④,拥有资产或土地即可入籍。而"移民""棚民"入籍条件则较为严苛,"各省山居棚民,按户编册,地主并保甲结报"^⑤。即便已经入籍的流民,政

① 万芳珍:《清前期江西棚民的入籍及土客籍的融合和矛盾》,《江西大学学报》(哲学社会科学版)1985 年第 2 期。
② 刘秀生:《清代闽浙赣皖的棚民经济》,《中国社会经济史研究》1988 年第 1 期。
③ 张建民:《明清长江流域山区资源开发与环境演变:以秦岭・大巴山区为中心》,武汉大学出版社,2007 年,第 68 页。
④(清)赵尔巽等:《清史稿》卷 120《志九十五》,中华书局,1977 年,第 3481 页。
⑤(清)赵尔巽等:《清史稿》卷 120《志九十五》,中华书局,1977 年,第 3482 页。

府仍会采取严格的措施加强管理,"入册流民,令该管官严密稽查,如有不安本分,恃强占地之徒,即行驱逐出境"①。而"客民所招佃户本系苗民者,仍令照旧承佃,不准另招流民耕种"②。由此可见,在社会地位上,"客民"要高于"移民""棚民"等社会群体。

　　陈启钟的研究与本研究密切相关,他认同张建民对"客民"一词的表述,并基于客民与清代闽北社会的关系,将客民定义为"户籍不在闽北,并主动到闽北从事农、工、商、佣、服务等生业的一般民众"。依此定义,其范围不包括闽北内部的移居者、住宿旅店的客商、乞食或接受赈济的流民、无业游民、因职务调任而移入的官宦家庭、军事移民和政府强制性移民等③。陈启钟对其研究对象加以进一步解释:"由于本文着重于外来人口对清代闽北社会的影响,因此,对闽北而言,其内部的移居者并非外来人口;再者,住宿旅店的客商虽然符合本文客民的定义,但由于他们只是短暂到闽北从事商业活动,对闽北社会的影响不大,故亦不在本文讨论范畴。"④可见,在陈启钟眼中"客民"是户籍不在移居地,但在移居地从事谋生的群体,从这个意义上说,"客民"只是闽北的过客而已,可以理解为一种狭义上的"客民"。陈启钟还注意到客民与其他相关词汇之间还是有区别的,并将他们之间的转换条件和关系绘制成图 0.1 和图 0.2。

---

① (同治)《钦定户部则例》,同治十三年校刊本,第 11 页。
② (同治)《钦定户部则例》,同治十三年校刊本,第 21 页。
③ 陈启钟:《清代闽北的客民与地方社会》,台湾师范大学历史学系博士学位论文,2011 年,第 3 页。
④ 陈启钟:《清代闽北的客民与地方社会》,台湾师范大学历史学系博士学位论文,2011 年,第 3 页。

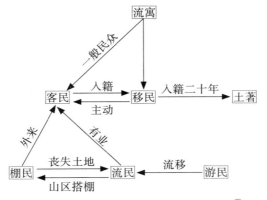

图 0.1　　"客民"与其他词汇的转换条件①

从上图可以看出,"客民"一词与其他词汇最主要的区别在于是否入籍、是否拥有土地,"客民"以及其他社会群体基于户籍和土地条件而发生转变。

图 0.2　　"客民"与其他词汇的关系②

---

① 陈启钟:《清代闽北的客民与地方社会》,台湾师范大学历史学系博士学位论文,2011年,第8页。
② 陈启钟:《清代闽北的客民与地方社会》,台湾师范大学历史学系博士学位论文,2011年,第8页。

　　上图表明,客民与移民、流民、游民、棚民等在一些方面,诸如流动性上具有共性,图示各群体并非包含关系,而是一种转换关系,他们既有联系又有区别。

　　其次,从历史文献中理解"客民"一词的含义。道光年间的罗绕典指出贵阳府,"明初即设为省治,迄今五百余年矣。盖自元设元帅府以来,征调各省戍兵,留实斯土。明因之,改设卫所,分授田土,作为屯军,并设都指挥使以统率之,于是江、广、楚、蜀贸易客民,毂击肩摩,籴贱贩贵,相因辇集,置产成家者,今日皆成土著"①。罗绕典认为贵阳府客民是由屯军及其后裔以及贸易客民所构成的。兴义县"本邑土著人口占全县人口二分之一,其祖籍多自江西、湖广来者,迁来时期均在明末清初。考吴姓家谱中,有洪武年间调北征南来此,近于夷者为夷,近于汉者为汉,此足证土著人,多系外来住此,其祖先非贵州籍也。本地有因土著人先来此称之为老户汉人,后到此谓之为客家"②。兴义的客民特别强调迁徙时间以明末清初"调北征南"时间为界,根据汉族迁徙的早晚来确定土著与客民。三合县(今三都县)志书记载:"客家,即土著对于汉人之称谓,其以客籍移居来此也。懋迁三合齐民,以省界分之,湘籍为最,赣籍次之,两粤籍又次之,闽川鄂籍更次之。其风俗习惯除不与土著同外,余皆一致。"③三都客民是指外省迁居汉人,是与土著

---

① (清)罗绕典:《黔南职方纪略》卷1《贵阳府》,台北成文出版社,1974年,第14页。罗绕典在贵州任职多年,对贵州的社会经济有深刻认识,由于道光年间外来客民较多,已成为贵州地方社会的重要问题,故书中特别记述了"客民"及其相关问题。
② 民国《兴义县志》第11章《社会·土著语言》,民国三十七年稿本,第11页。
③ 民国《三合县志略》卷41《民族略·民族》,民国二十九年贵阳文通书局铅印本,第1页。

相对的称呼。从这几则材料我们可以看出，"客民"特指汉族人，以户籍为区分，以时间为界线，是与土著相对的群体。

最后，客民群体的演变所导致的"客民"内涵的变化。清代，由于客民移居急剧增加，土著与客民之间由于资源竞争关系趋于紧张，"客民"一词，尤其是清中期以来，成为一个汉族向西南、边远地区移居的象征性用语。民国瞿宣颖纂辑的《中国社会史丛钞》对嘉庆年间广东增城县"客民"进行了如下介绍："客民者，来增佃耕之民也。明季兵荒叠见，民多弃田不耕。入版图后，山寇仍不时窃发，垦复维艰。康熙初，伏莽渐消，爰谋生聚。时（嘉庆）有英德长宁人来佃于增，茸村落残破者居之。未几，永安龙川等县人亦稍稍至，清丈时，山税者占业寖广。益引嘉应州属县人杂耕其间，所居成聚，而杨梅绥福金牛三都尤多。"[1] 这则材料告诉我们，早期客民在明末移居增城，以租佃的形式到异地谋取生活，经历几十年发展，至康熙初实现入籍地方，嘉庆以来，又有新的客民接踵而至，他们不择手段占有土地，与原有的客民产生矛盾和冲突。说明前期的"客民"是一个实体性名词，后期的"客民"成为一个象征性词汇。同样，在贵州普安县，"自清改土入流后，外省官军、商贾、流寓渐多，各区苗蛮无形消灭。今入夷苗村中，金称，夷人曰老户，汉人曰客户"[2]。可以看出，嘉庆以前"客民"与之后的"客民"尽管都属于移居者的身份，但前者与后者在地方社会具有不同的意涵了。

通过阅读前辈学者论著以及清代大量文献，笔者认为"客民"具有以下特点：第一，"客民"是一个相对于土著人而言的称谓，因

---

[1]（民国）瞿宣颖纂辑：《中国社会史丛钞》（上），上海书店，1985年，第393—394页。

[2] 民国《普安县志》卷15《土司志·苗蛮》，民国十五年石印本，第4页。

此是一个相对概念,其中包含籍贯的含义,而"移民"是一个较为宽泛的概念,具有广义和狭义之分。广义上"移民"是指暂时或永久性改变定居地的人口迁移,狭义上的"移民"是有一定数量,一定距离,在迁入地居住了一定时间的迁移人口[①]。"棚民"是流民的一种称谓,"棚民"一词最早出现在浙、赣、闽等省份,特指居住在山区的人。"棚民之称,起于江西、浙江、福建三省。各山县内,向有民人搭棚居住"[②]。第二,"客民"的指涉范围小于"移民""棚民",自发性的"移民""棚民"等均不在其中。第三,"客民"取得合法身份较"移民""棚民"更为容易,"移民""棚民"则有更多约束条件。第四,"客民"迁徙的目的主要是追求更好的生活,因此,他们的谋生手段更为多样化,主要体现在手工业、贸易、商业等方面,并且,"客民"的迁徙具有主动性,而"移民""棚民"主要以农耕为主要谋生手段,他们的迁徙是生活压力下的被动行为。第五,清代贵州"客民"是有一定生产资料的外来者,既有屯军、屯民,还有手工业者、贸易商人、农业耕作者等。当然他们的身份也因条件的改变而发生变化[③]。第六,"客民"在改土归流以来,由相对土著的实体性概念逐渐演化成汉族移居贵州的象征性符号。

综上,清代贵州"客民"包含两层含义:一方面,"客民"一词多用于少数民族地区,具有籍贯的含义,它是一个相对概念,即相对于土著人或者是晚于先来者而言,是清代从外地迁往本地,取得合法身份,并纳入官方管辖的群体;另一方面,"客民"成为雍正以来

---

① 参见葛剑雄《中国移民史》(第 1 卷),福建人民出版社,1997 年,第 3—22 页。

②(清)赵尔巽等:《清史稿》卷 120《志九十五》,中华书局,1977 年,第 3483 页。

③ 笔者曾就清代贵州客民进行了专门论述,可参阅袁轶峰:《清代贵州的客民研究》,《西南民族大学学报》(人文社会科学版)2012 年第 7 期。

实行西南少数民族"内地化"背景下,土地不断地被客民所占有的一种社会现象,由于在改土归流之后,客民急剧增加,对地方社会产生了很大影响,故"客民"是有别于少数民族和汉族的新范畴,是改土归流以来汉族移居贵州的一种象征性用语。

二、学术史回顾

(一)中国移民史研究的三种理路

20 世纪 80 年代以来,随着区域社会史研究的兴起,在史学界"眼光向下"的学术旨趣影响下,中国移民史研究领域不断拓展和深入,研究内容、研究方法、理论创新等诸多方面的思考贯穿其中,取得了显著成就。现存关于中国移民史的研究大致有三个取向。

一是人口史脉络中的移民研究,即从人口史角度出发,研究移民的"来龙去脉"。其研究关注的焦点主要集中在移民的原因、移民的数量、移民的类型与路线、移民地域分布。以全国为研究对象的宏观性研究,以葛剑雄、吴松弟、曹树基、何炳棣为代表[1]。以某一特定区域为研究对象的微观性研究,如李中清的云贵移民研究,其著作《中国西南边疆的社会经济:1250—1850》,通过大量的人口统计,对西南边疆的政治、经济与社会问题进行量化研究[2]。张国雄、张建民的两湖移民研究,张国雄主要对长江流域人口迁徙史做了全方位地探究,分析了这些移民的动因、类型与信息,以及移民对长江流域的影响。张建民则分析了明清时期秦巴山区资源开发、环境演

---

[1] 葛剑雄主编:《中国移民史》,福建人民出版社,1997 年;何炳棣:《明初以降人口及其相关问题》,葛剑雄译,生活·读书·新知三联书店,2000 年。

[2]〔美〕李中清:《中国西南边疆的社会经济:1250—1850》,林文勋、秦树才译,人民出版社,2012 年。

变与移民的关系①。安介生的山西移民研究时间跨度非常大,论述了从先秦至清末上千年山西的移民,重点分析了七个重要时期的移民运动,以及这些移民运动与山西的影响关系②。范立君的东北移民研究,重点对 1860 年至 1931 年关内移民与东北社会变迁关系进行了全面研究,是国内第一部有关近代东北关内移民史的研究专著③。薛政超的湖南移民研究,通过唐宋时期湖南迁入与迁出移民以及汉族移民与少数民族移民等角度,分析了湖南各类移民迁徙的变化、为什么要移民、移民的分布,由此分析唐宋湖南移民对地方政治、经济、文化和民族等方面的影响④。林国平、邱季端主要研究福建移民,其主编的《福建移民史》,分上下两编,上编"福建移民史略",全面论述了各时期福建移民的历史,下编"移民与福建社会",认为福建的民系、家族、经济、文化等方面与移民密不可分⑤。路伟东的陕甘移民研究,主要分析了清代陕西与甘肃两省的人口问题。作者与众不同的研究思路是:首先对清代陕甘地区的人口管理制度进行分析;其次,追溯这种人口管理制度是与清前中期的陕甘人口西迁有密切关系;最后,系统地分析清中后期的陕甘人口变化⑥。薛平拴的陕西移民研究全面系统地论述了陕西历代的人口规模、人口

① 张国雄:《长江人口发展史论》,湖北教育出版社,2006 年;张建民:《明清长江流域山区资源开发与环境演变:以秦岭·大巴山区为中心》,武汉大学出版社,2007 年。
② 安介生:《山西移民史》,三晋出版社,2014 年。
③ 范立君:《近代关内移民与中国东北社会变迁(1860—1931)》,人民出版社,2007 年。
④ 薛政超:《唐宋湖南移民史研究》,中国社会科学出版社,2015 年。
⑤ 林国平、邱季端主编:《福建移民史》,方志出版社,2005 年。
⑥ 路伟东:《清代陕甘人口专题研究》,上海书店出版社,2011 年。

迁移及人口地理分布 ①。刘正刚的四川移民研究主要对闽粤的客家人在四川的活动进行了细致研究,尤其是客家人在四川的详细分布研究和闽粤移民台湾和四川的比较研究具有创新性 ②。这些研究指出了各地不同移民与社会经济发展的路径,在研究方法上主要与人口史、历史地理研究相结合。

　　二是区域社会史脉络中的移民研究,即从区域社会史的角度出发,研究移民与区域社会之间的互动关系。其研究关注的焦点主要集中在移民的地区开发、移民的社会结构、移民社会的嬗变。最初的研究中,政治史范式代表了主流方向,主要以移民与地方及国家关系的探讨为主线进行基本理论分析。如美国学者施坚雅(William Skinner)有关中国集市理论和区域理论的研究是中国近代史研究的典范 ③,其有关中国人口史的研究对学者具有重要的指导意义,即人口史研究必须对具体区域、具体村落、具体问题进行非常细致的研究,打破了"只见森林不见树木"的研究范式。郝若贝(Robert Hartwell)在其《750—1550 年期间中国的人口、政治和社会变迁》一文中 ④,对中国传统社会时期的人口状况作了宏观的论述和归纳,认为区域社会史研究要特别注意人口变化在区域社会发展中的重要作用。傅衣凌对中国传统社会时期的移民状况作了宏观的论述和归纳,认为移民在乡族社会自治化和土著化起着重要作

---

① 薛平拴:《陕西历史人口地理》,人民出版社,2001 年。
② 刘正刚:《闽粤客家人在四川》,广西教育出版社,1997 年。
③〔美〕施坚雅:《中国农村的市场和社会结构》,史建云、徐秀丽译,中国社会科学出版社,1998 年。
④〔美〕郝若贝(Robert Hartwell), *Demographic, Political and Social Transformation of China, 750—1550*, Harvard Journal of Asiatic Studies, Vol.42, No.2(Dec,1982), pp.365-442.

用①。其开拓性的研究对后来的学者产生了较为深刻的影响。

　　进入 20 世纪 90 年代后,学者们立足于江西、山陕、东北、中原、苏浙、四川、两湖等众多区域,从不同视角出发,对中国古代各区域移民与地方、国家之间的复杂关系进行了深入分析和细致探讨,在取得瞩目成就的同时,也形成了多样化的研究路径。从生态环境史的角度,分析了明清移民与地区开发的关系,如曹树基、赵冈、饶伟新、李晓方、陈瑞、张芳、刘白杨等对南方山区的研究②,钞晓鸿、孟晋、佳宏伟、张力仁等对西北地区的研究③,冯贤亮、章毅等对江浙的研究④,马俊亚对淮北地区的研究⑤。黄志繁从地方动

---

① 傅衣凌:《中国传统社会:多元的结构》,《中国社会经济史研究》1988 年第 3 期。

② 曹树基:《明清时期的流民和赣南山区的开发》,《中国农史》1985 年第 4 期;《明清时期的流民和赣北山区的开发》,《中国农史》1986 年第 2 期;赵冈:《清代的垦殖政策与棚民活动》,《中国历史地理论丛》1995 年第 3 期;饶伟新:《清代赣南客民的联宗谱及其意义初探》,《赣南师范学院学报》2007 年第 4 期;李晓方:《明清时期闽粤客家的倒迁与赣南生态环境的变迁述论》,《赣南师范学院学报》2007 年第 5 期;陈瑞:《清代中期徽州山区生态环境恶化状况研究——以棚民营山活动为中心》,《安徽史学》2003 年第 6 期;张芳:《明清时期南方山区的垦殖及其影响》,《古今农业》1995 年第 4 期;《清代南方山区的水土流失及其防治措施》,《中国农史》1998 年第 2 期。

③ 钞晓鸿:《清代至民国时期陕西南部的环境保护》,《中国农史》2002 年第 2 期;孟晋:《清代陕西的农业开发与生态环境的破坏》,《史学月刊》2002 年第 10 期;佳宏伟:《清代陕南生态环境变迁的成因探析》,《清史研究》2005 年第 1 期;张力仁:《人类空间选择行为与环境关系个案研究——以清代陕南秦巴山地为例》,《中国历史地理论丛》2008 年第 2 期。

④ 冯贤亮:《清代浙江湖州府的客民与地方社会》,《史林》2004 年第 2 期;章毅:《清代中前期浙南移民的国家化与本地化——以石仓祠庙为中心》,《上海交通大学学报》(哲学社会科学版)2009 年第 3 期。

⑤ 马俊亚:《伙伴还是害敌?——从人虎关系看淮北江南生态环境变迁》,《淮阴师范学院学报》(哲学社会科学版)2012 年第 4 期。

乱的角度着手,探讨 12—18 世纪赣南地域社会与国家的互动关系[①]。日本学者山田贤以"地域社会论"为视角,论证移民社会的整合过程[②]。还有学者从移民与社会基层组织关系的角度,探讨了移民的社会生活史,如郑锐达、梁洪生、梁勇、陈亚平、贺喜分别对江西、四川、广东做了精彩研究[③]。这类研究避免了静态化研究,从动态的视角审视移民自身的变化以及移民与国家、地方社会的互动关系。在研究方法上与社会史研究相结合,注重地方社会民众的日常生活,也重视国家制度、政策和地方精英,注重多学科的理论和方法的运用,在具体的历史情境中去寻找历史发展的脉络。

　　三是族群关系脉络中的移民研究,从族群关系的角度出发,研究移民与土著的关系以及移民在土著化进程中的变迁。其研究关注的焦点主要集中在移民所带来各方面的改变及其对移入地已有社会形态、社会生活、文化习俗、政治制度的影响。这种研究大致可分为两种情况:一是从族群关系的视角出发,如刘平从土客的种

① 黄志繁:《国家认同与土客冲突:明清时期赣南的族群关系》,《中山大学学报》(社会科学版)2002 年第 4 期。
② 〔日〕山田贤:《移民的秩序——清代四川地域社会史研究》,曲建文译,中央编译出版社,2011 年。
③ 郑锐达:《移民、户籍与宗族:清代至民国期间江西袁州府地区研究》,生活・读书・新知三联书店,2009 年;梁洪生:《从"异民"到"怀远"——以"怀远文献"为重心考察雍正二年宁州移民要求入籍和土著罢考事件》,《历史人类学学刊》2003 年第 1 期;梁勇:《移民、国家与地方权势——以清代巴县为例》,中华书局,2014 年;陈亚平:《清代巴县的乡保客长与地方秩序——以巴县档案史料为中心的考察》,《太原师范学院学报》(社会科学版)2007 年第 5 期;贺喜:《编户齐民与身份认同——明前期海南里甲制度的推行与地方社会之转变》,《中国社会科学》2006 年第 6 期。

群、文化、语言等矛盾出发[1]，勾勒了土客械斗中的华南地方军事化问题。谢宏维则从移民的入籍问题及因此带来的土客学额之争的视角出发，论述了国家与地方社会的关系[2]；二是从移民土著化的视角出发，陈孔立较早注意到土客融合并非单线发展过程，可能存在双向或多向的发展模式[3]。近几年，学者多重视移民土著化的过程研究，如万明"屯堡移民社会"研究，通过探讨汪公入黔所反映的明代移民家族在屯堡社会的构建过程，以此揭示文化移植和文化认同在国家与地方社会的互动关系的整合功能[4]。赵世瑜"洪洞大槐树移民"研究，从区域社会史出发，借鉴人类学、民俗学等学科的理论方法来解释历史传说背后的"历史故事"，对一些"小历史"问题提出"大历史"的见解[5]。王东杰"移民会馆崇祀"研究，以四川移民会馆的崇祀对象为中心，考察移民乡土认同的象征。发现"乡神"崇拜作为移民地域认同的象征既是被"建构"的，又可以被一套新的叙述所"解构"与"重构"[6]。科大卫和萧凤霞"华南地域社会"研究，科大卫从制度层面讨论"皇帝"与"祖宗"，地方宗族的形成有赖于王朝推行的制度，王朝制度和统一意识形态赖地方宗

① 刘平：《被遗忘的战争：咸丰同治年间广东土客大械斗研究》，商务印书馆，2003年。
② 谢宏维：《棚民、土著与国家——以清中期江西省万载县土棚学额纷争案为例》，《中国史研究》2004年第2期。
③ 陈孔立：《有关移民与移民社会的理论问题》，《厦门大学学报》（哲学社会科学版）2000年第2期。
④ 万明：《明代徽州汪公入黔考——兼论贵州屯堡移民社会的建构》，《中国史研究》2005年第1期。
⑤ 赵世瑜：《祖先记忆、家园象征与族群历史——山西洪洞大槐树传说解析》，《历史研究》2006年第1期。
⑥ 王东杰：《"乡神"的建构与重构：方志所见清代四川地区移民会馆崇祀中的地域认同》，《历史研究》2008年第2期。

族才能生根发芽,二者的互动共同缔造了中国这个统一的国家①。萧凤霞关于小榄菊花会的研究,认为在珠江三角洲地区,边缘村落演变为财富和文化的"超级中心"是同宗族的剧烈分化和重组的结果②。梁勇的"麻城孝感乡"研究,"麻城孝感乡"移民传说的解读,说明麻城孝感乡祖源地传说表达了地域社会中不同族群对文化符号的建构、模仿、选择,及在不同的历史背景下嬗变的过程③。这类研究注重移民的特性与原生地文化的继承性,以及对当地社会文化的改造。

随着中国移民史研究的深入,多学科的相互借鉴,学者关注的焦点不应再局限于移民的"来龙去脉",需要更多关注有关移民的历史建构和历史叙述。三种侧重点不同的研究理路最终会走向融会贯通。

(二)客民研究

众多客民迁入当地,对当地产生的影响可谓众多非一。曹树基较早关注到江西流民在明清两代对江西省开发带来的影响④。周伟华、黄志繁叙述了流民促进广东东北山区开发的利弊⑤。陈国生、

①〔英〕科大卫:《皇帝与祖宗:华南的国家与宗族》,卜永坚译,江苏人民出版社,2009年。

②〔美〕萧凤霞:《传统的循环再生——小榄菊花会的文化、历史与政治经济》,《历史人类学学刊》2003年第1期。

③梁勇:《"麻城孝感乡":一个祖源地记忆的历史解读》,《学术月刊》2009年第3期。

④曹树基:《明清时期的流民和赣南山区的开发》,《中国农史》1985年第4期;《明清时期的流民和赣北山区的开发》,《中国农史》1986年第2期。

⑤周伟华、黄志繁:《明清时期流民与粤东北山区开发》,《嘉应学院学报》2008年第1期。

董力三从正反两个方面考证了黔地流民对山区开发的影响[①]。陈瑞认为棚民所进行的粗放式、掠夺式的营山活动,是造成清朝中期该地区生态环境恶化的主要原因[②]。而佳宏伟从以往学者所忽视的影响生态环境变化的自然因素的角度出发,认为自然和社会因素的共同影响是导致清代陕南秦巴山区生态环境恶化的基本成因[③]。张力仁重新认识了清代陕南环境变化与流民刀耕火种之间的关系[④]。战争、瘟疫、饥荒等灾害也是引起人口变迁的重要因素。葛庆华考察了太平天国战乱之后,移民过程、移民分布及地域等影响这一分布态势的内在原因,并认为规模巨大的移民活动严重影响了该地区社会经济文化[⑤]。

　　关于客民与土著之间关系的研究成果颇为丰富,而站在土客关系的角度分析客民与地方社会、国家的关系则是学者的兴趣所在。土客关系的三种情况包括:第一,作为传统中国行政制度之一的户籍制度,是区分"化内"与"化外"的关键。刘敏较早地认识到了流民的户籍问题[⑥]。第二,客民往往伺机购地置产以安居,经常因土地问题与土著居民发生冲突。朴基水认为清中期的土客械斗

① 陈国生、董力三:《清代贵州的流民与山区开发》,《贵州师范大学学报》(社会科学版)1994年第3期。
② 陈瑞:《清代中期徽州山区生态环境恶化状况研究——以棚民营山活动为中心》,《安徽史学》2003年第6期。
③ 佳宏伟:《清代陕南生态环境变迁的成因探析》,《清史研究》2005年第1期。
④ 张力仁:《人类空间选择行为与环境关系个案研究——以清代陕南秦巴山地为例》,《中国历史地理论丛》2008年第2期。
⑤ 葛庆华:《太平天国战后皖南地区的移民活动》,《中国历史地理论丛》2002年第2期;《太平天国战后苏浙皖交界地区的两湖移民》,《湖南大学学报》(社会科学版)2005年第4期。
⑥ 刘敏:《论清代棚民的户籍问题》,《中国社会经济史研究》1983年第1期。

是因为土著与客民在土地、风水、水利等问题上有着不可调和的矛盾①。第三,来自不同地域的客民,文化习俗之间的差别使他们之间的关系甚为微妙以致冲突不断。黄志繁认为江西南部的土客冲突的实质就是族群冲突,控制权和地方文化话语权的归属是土客矛盾或冲突会发生转变的核心②。

　　明清时期,客民移入地的社会建构和重构过程,即客民对移入地各方面产生影响直至该地区发生改变的过程以及客民土著化过程。该过程既反映了国家与社会之间的关系,又揭示了整体社会变化的复杂多样,并在此基础上实现"以小见大"式的历史对话。谢宏维在研究国家解决棚民或流民产生的各种社会问题时,借用清代江西万载和安徽徽州的案例,透视出国家与地方的互动关系③。张萍考证了徽州地区的不同利益群体为应对棚民带来的一系列的冲突,必然会采取各种各样的措施来解决这些问题④。对于灾后流民防范和安置的效果,王林主要通过清政府的资送、留养政策

---

① 〔韩〕朴基水:《清中期广西的客民及土客械斗》,《中国社会经济史研究》2005 年第 4 期。

② 黄志繁:《国家认同与土客冲突:明清时期赣南的族群关系》,《中山大学学报》(社会科学版)2002 年第 4 期。

③ 谢宏维:《清代徽州棚民问题及应对机制》,《清史研究》2003 年第 2 期;《生态环境的恶化与乡村社会控制——以清代徽州的棚民活动为中心》,《中国农史》2003 年第 2 期;《清代徽州外来棚民与地方社会的反应》,《历史档案》2003 年第 2 期;谢宏维、张研:《清中期至民国时期万载的土客冲突与国家应对》,《江西社会科学》2004 年第 2 期;《棚民、土著与国家——以清中期江西省万载县土棚学额纷争案为例》,《中国史研究》2004 年第 2 期;谢宏维:《化干戈为玉帛——清代及民国时期江西万载县的移民、土著与国家》,《历史人类学学刊》2005 年第 1 期。

④ 张萍:《清代徽州民间社会对棚民的应对》,《淮南师范学院学报》2005 年第 4 期。

来观察①。黄志繁认为社会变革的重要力量便是江西南部的土客民众。地域社会变迁通过频繁而又激烈的租佃斗争表现出来,同时,租佃斗争又是地域社会变迁的结果②。王炎的文章论述了清政府在不同时期采取的应对移民四川的政策措施③。

省界地区因界限纵横交错,居民龙蛇混杂,故而社会问题丛生、矛盾重重,因此,学者尤为关注省际边界地区的客民问题研究。例如山东、江苏交界地区的研究④,四川、陕西交界地区的研究⑤,川鄂陕交界地区的研究⑥。

明清里(图)甲在以往学者的研究中被看作是国家对地方控制的基层组织或一套赋税征收体系。而致力于探析里(图)甲组织的动态发展及其对地方社会意义的郑锐达,在研究清代江西袁州府的移民时发现,里(图)甲组织不仅是一套税收体系,而且是一套土客用于获取自己的利益和在当地社会地位的表明权利及身份的

① 王林:《论清代对灾后流民的防范和安置》,《山东师范大学学报》(人文社会科学版)2009 年第 1 期。

② 黄志繁:《地域社会变革与租佃关系——以 16—18 世纪赣南山区为中心》,《中国社会科学》2003 年第 6 期。

③ 王炎:《"湖广填四川"的移民浪潮与清政府的行政调控》,《社会科学研究》1998 年第 6 期。

④ 张福运:《地权冲突与秩序重建——清代"湖团"案研究》,《江西财经大学学报》2012 年第 2 期。

⑤ 葛庆华:《试论清初中期川陕交界地区的开发与环境问题》,《西北史地》1999 年第 1 期。王向红:《清代秦岭、大巴山区的农业开发与生态变迁》,《海南师范学院学报》(社会科学版)2003 年第 5 期。

⑥ 〔韩〕郑哲雄、张建民、〔韩〕李俊甲:《环境、移民与社会经济——清代川、湖、陕交界地区事务经济开发和民间风俗之一》,《清史研究》2004 年第 3 期。

机制,还是一套社会划分的界限①。陈启钟强调地域社会的特殊性或独特性,改变了史学界忽视乃至否认"特殊性"而过于强调"一般性"研究的趋势,真实地展现了闽北社会与其他地方社会的差异②。梁勇利用四川巴县档案材料分析了移民的内在发展逻辑,以及移民与地方基层的权力变迁问题③。越来越多的学者在讨论地方社会的演变机制时,将地方制度放在区域社会史的脉络下进行探讨,这与以前学者的研究形成较大反差。

总之,经过中外众多学者的不懈努力,移民史研究已取得丰硕的成果,这些成果也在不断地向纵深方向深化,它大大地拓宽了移民史研究领域,也为今后进一步研究奠定了坚实的学术基础。但纵观已有的研究,尚存在以下有待加强之处:

首先,尽管区域性的实态研究已经引起了学界的重视,且研究成果丰富,但已有研究多集中于赣、粤、川、皖、陕等省,其他省份的相关研究则显得稀少,甚至完全没有。而通过对薄弱省份的移民研究,不仅可以了解该地方社会变迁的全貌,而且也可充分认识地方社会的多样性和复杂性,进一步拓展清代区域社会史研究的广度和深度。

其次,区域社会史学者多重视如何从地方的视角去重新理解传统中国,因此,在区域社会史研究中,"眼光向下""自下而上"的研究成为主流。但中国之所以能在各区域社会独特性的情况下,还能维持一个有别于其他国家,具有一致性社会的原因,一个非

① 郑锐达:《移民、户籍与宗族:清代至民国期间江西袁州府地区研究》,生活·读书·新知三联书店,2009年。
② 陈启钟:《清代闽北的客民与地方社会》,台湾师范大学历史学系博士学位论文,2011年。
③ 梁勇:《移民、国家与地方权势——以清代巴县为例》,中华书局,2014年。

常重要的因素就是政权的统一,由此可知,在地方社会的建构中,国家力量扮演了重要角色。尽管一些边缘省份地处王朝的边缘地区,但"国家"离他们并非遥远。这也提示我们,区域社会史研究应重视"地方内在于国家,国家内在于地方"。

最后,中国移民史研究有待进一步细化研究。移民有不同类型,从社会分层来说,有上、中、下阶层移民;从身份地位来说,有"流寓""客民""棚民""流民"等移民类型,由于学界对这些问题还缺乏深入研究,因此笼统地把不同类型的移民都归入"移民"这个概念中,这样的研究还缺乏一定的深度。比如"客民"的研究,由于难以对"客民"进行界定,致使"客民"概念混用现象严重。"移民""流寓""客民""棚民""流民"等不同的概念频繁出现于历史文献之中,这些概念在不同的时空下经常混用,不论是现在,还是在明清两代,人们对客民的概念也模糊不清,不少学者陷入这种迷惑之中,"客民"混用的情况出现在相关论著中的现象也时常发生。

可以说,客民的研究领域不断开阔、研究内容不断深入。当今学术研究也更加关注移民鲜活的生命特征所蕴育的、由他们的悲欢离合加以演绎的社会价值。学者既要富有人文关怀还要有文化的洞察力,因此,研究应有多维度的关照。

三、研究框架

(一)研究对象

本书主要研究与客民密切相关的三个问题。第一,客民与社会。通过对客民社会生活的综合分析,显示客民怎样在当地定居和入籍,并完成土著化,区域内各族群怎样处理彼此之间的关系。

第二,客民与经济。揭示客民的经济活动,观察客民对山区资源的开发,围绕土地而展开的经济活动对社会关系和经济结构产生了怎样的影响,考察客民怎样运用各种手段以求生存。第三,客民与政治。探讨在地方和国家政治中客民的角色,讨论社会冲突、土客矛盾和政府控制的问题,分析客民与地方政治的联系,揭示客民是怎样成为一个地方社会的重要力量,以及各种社会势力诸如各族群、地方精英、地方政府和国家怎样利用客民对地方社会进行改造。

（二）研究思路与方法

探明区域社会的建构脉络,既可以揭示整体社会变化的复杂多样,又能说明社会与国家间的关系。在区域社会中,地方社会的重塑过程也能折射出客民流入所产生的影响及土著化。在这个总体的重塑过程中,客民如何选择自己居住的地方？ 客民如何获得土地？ 客民面对土著,面临了哪些挑战？ 这些挑战如何影响客民与土著的互动和关系？ 客民采取何种措施以继续取得对当地社会的话语权？ 又是采取何种方式以稳定新的社会秩序,并用国家权力来掌控新的社会秩序？ 探析上述问题,不但可以审视社会与国家的互动关系,还可以观察区域社会的建构过程,并通过与其他区域社会的对比,进一步了解中国整体社会的发展状况。可以说,客民研究是区域社会研究中无法回避而又具有重要的地位和意义的课题之一。

研究方法上,本书将运用历史比较法和案例分析法,分析客民的移民过程、不同客民社会发展模式。对清代贵州客民的演变历程及其在地方社会的发展,不同族群的互动及其与地方社会的关系等方面进行比较分析,探讨客民与地方社会的复杂关系。运用文献与田野调查相结合的方法,探索地方社会发展轨迹的原貌。

一方面努力搜集档案、正史、政书、方志、文集等相关历史文献,另一方面进行田野考察,在增强"历史现场感"的同时,最大限度地搜集家谱、碑刻、今人口述等民间史料,以期复原历史图景的原貌。借鉴多学科研究方法,将移民史、经济史、环境史和社会史相结合,进行区域性、整体史的研究。借鉴和贯通人类学、社会学等相关学科的知识和理论及方法,将区域环境、人文、经济、国家制度与地方社会秩序等内容相结合,开展多学科交叉研究。本书还将大量使用计量方法,因为关于客民的人口统计数据多,所以计量方法在本研究中将得到较多使用。

(三)创新之处与研究意义

目前学界关于贵州客民研究多从民族关系的视角出发,从社会史视角进行整体性的研究还不多见,仅有的研究成果还主要集中在古代和当代的民族关系研究上,对清代的民族关系研究较少,本书将推动边缘区域社会移民史研究的深入,丰富和拓展中国社会史研究。

本书对学界关注较为薄弱的贵州进行社会史研究,详细探讨贵州社会发展模式的整体轨迹,推动区域社会史研究的进一步发展。因此本书学术价值主要体现在:一、贵州是中国少数民族较大的聚居区,对于该地区社会经济形态的了解是中国历史研究,尤其是民族史研究最基本的课题。对清代贵州客民进行区域社会史的研究,力图在客民研究中看出民族区域社会的历史,进一步推动民族史研究的深入;二、客民是区域社会的重要组成部分,客民土著化中所遇到的问题,也是当时区域社会所面临的问题。以客民为主线,立足于学术界关注极为薄弱的贵州,对其进行区域社会史的研究,以此推动区域社会史的研究;三、通过对边缘民族区域的"客民社会"发展模式的探讨,与现有其他类型"移民社会"研究进行比较和对话,对现有"国家与社会"理论等进行讨论和反思。

当然,这项研究也具有很强的现实意义,近年来,移民已成为知识界关注的热点问题。选取贵州客民作为研究对象,探讨其对当时"过渡性""土著化""定居化"等各种潮流的应对,以及其与地方和国家的互动关系等诸方面问题,对现今的户籍改革和多民族共处的和谐社会具有一定的现实借鉴意义。

(四)研究资料

目前,社会群体的研究难度较大,面临的主要问题在于资料的缺乏和"碎片化",尤其研究西南边远的贵州客民,文献不足似乎是学术界的共识。其实,现实并非如此,贵州拥有极为丰富的地方文献。第一,地方志是综合性的大百科全书式的书籍,具有丰富的史料价值,就社会史资料而言,贵州的地方志包含了非常丰富的社会史研究的资料,因此,地方志是本书的基本参考资料。第二,在"眼光向下"的史学潮流下,我们往往忽略正史政书类史料,如奏稿奏折,无论是中央官员还是地方官员,其奏折奏稿主要还是围绕地方事务而形成的。利用这些资料,可以透过国家的视角,将客民群体置于权力关系和各类族群关系的历史脉络之中,理解客民的身份演变与地方社会的互动关系。第三,区域史研究重点之一在于地方的特殊性,从特殊性可以观察到地方的生活、风俗、生产与人情,这方面主要体现在文集笔记类、民间文献史料,如黔南丛书、清水江文书、碑刻。第四,由于贵州多元文化的少数民族特色,早在二十世纪初,国内外一批著名学者开展了贵州少数民族的有关社会经济、文化教育、风俗习惯、语言等调查,二十世纪五十年代的社会历史调查,以及田野调查,将有助于我们在田野中理解文献,在写作中"了解之同情"我们的研究对象。

第一章　清代贵州的地理与社会

贵州是一个具有多元地理特征的地方,亦是民族成分繁多的省份。明清时期,贵州少数民族统称为"苗"[①],无论是朝廷的正史、政书,士大夫文集笔记,还是地方志,几乎都是将贵州少数民族描述为"苗蛮"。这一现象引起了学术界对历史时期贵州少数民族形象的关注,这些学者主要是从图像、竹枝词的视角对少数民族进行研究[②]。本章拟从地理与社会的视角,以国家、知识阶层为主体,来考察其对"苗蛮"的认知和建构。通过透视"苗蛮"形象,可以观察到国家和知识阶层视野下中心与边缘的独特关系。特殊而多元的地理条件使贵州各族群保持着山居的特点,在适应环境以求生存发展的过程中,形成了独特的山地农业模式。由于较为闭塞的地理环境,在改土归流之前,苗族社会对外交往的机会十分有限,生产力水平低下,生产技术落后,这种生产方式使得苗族社会形成

---

① "苗"或"苗族"并非民族识别工作以后苗族这一种族群,而是所有少数民族的一个泛称。

② 代表性研究如余宏模:《清人图录中的仡佬族形象》,《贵州民族研究》2004年第1期;蒋立松:《清代贵州竹枝词中"苗蛮"形象的构建——以余上泗〈蛮峒竹枝词〉为例》,《广西民族大学学报》(哲学社会科学版)2018年第6期;管新福:《历代竹枝词中的贵州形象》,《中华文化论坛》2020年第2期;吴雪梅:《蛮夷形象的帝国想象——以谢遂〈职贡图〉中的贵州苗人为中心》,《华中师范大学学报》(人文社会科学版)2019年第4期。

"靠天吃饭"的特点,其背后所反映的是社会生活的不稳定性。与之相适应的是,各族群在长期的历史发展过程中,创造了一套自己的文化传统、经济生活、社会结构和社会组织,这些皆有别于汉人社会。在这样的地理与人文之下,贵州逐渐形成了州县、土司、卫所等三套行政建置和"生苗"地界的地方半自治的社会形态。

第一节 贵州的地形地貌

贵州地处亚热带,东西长约595千米,南北宽约509千米,总面积17.6万平方公里。东邻湖南,北接重庆和四川,西靠云南,南连广西。贵州位于云贵高原东斜坡面上,全省海拔1000米以上地区占56%,地势东低西高,可概括为三个台阶、两个斜坡。即从东部800米以下向西上升到省的中部1100米左右,再向西上升到1400米以上形成三个台阶;由中部向南和向北各形成一个斜坡,形如一个倒铺着的撮箕。基本形成了高原、山地、丘陵和盆地四种地形,其中高原、山地居多,素有"八山一水一分田"之说。

一、多元的地理单元

根据地形地貌特点,可以大致将贵州分为黔北、黔东南、黔西南和黔西北四个部分。黔北地处云贵高原,位于向湖南丘陵和四川盆地过渡的斜坡地带,大娄山山脉自西南向东北横亘其间,成为南北水系的分水岭。山南以低山、中山、丘陵和宽谷盆地为主,一般耕地比较集中连片,地形比较开阔,是贵州省主要农业区;山北以中山、峡谷为主,山高谷深,山地垂直差异明显,耕地比较分散。黔东南地处云贵高原向湘桂丘陵盆地过渡地带,地势西高东低,其西北部为中山山地,东北部为低山、宽谷和丘陵,东南部为低山、峡谷和河谷盆地。黔东南以水稻种植为主,但单产水平不高,森林资源丰富。同时,黔东南不少地方是重要的林区,具有田高、水高、林茂的特点。黔西南地势北高南低,北部为石山、山地和盆地,海拔较高,地形起伏较大;南部为低山、中山、丘陵,河流切割侵蚀强烈,地形破碎,坡度大,坝田少。黔西北海拔较高,地面多为波状丘原、缓丘、洼地、盆地,大部分地区高差相对较小,有大面积的灌丛草坡。这一带的冬季时间较长,夏季极为短暂。通过农业区划可以进一步了解贵州地理环境的差异性和多样性(表 1.1)。

表1.1　贵州省农业区划

地理方位	中部	北部	东北部	东南部	南部	西部
主要地貌类型	丘原山原	中山峡谷	低山中山丘陵	中山低山丘陵	山原中低山河谷	高原中山
岩性	碳酸盐类岩石、局部砂页岩	碳酸盐类岩石、砂岩、砂页岩	碳酸盐类岩石、变质岩、砂页岩	变质岩、板岩、砂页岩	碳酸盐类岩石、局部砂页岩	碳酸盐类岩石、局部玄武岩、砂页岩
热量（≥10℃积温）	4000-5000	5000-6000	5000-5500	5000-6000	5000-6500	2500-4000
田土面积比例	1:1.5	1:1.93	1:0.67	1:0.32	1:2.44	1:12.8
耕作制度	一年两熟	一年两熟、部分一年三熟	一年两熟、部分一年三熟	一年两熟、部分一年三熟	一年两熟、部分一年三熟	一年一熟、套作一年两熟
经济中心	贵阳、遵义、安顺、都匀	赤水、桐梓	铜仁、思南	凯里	兴义	毕节、六盘水

　　资料来源:贵州省地方志编纂委员会编:《贵州省志·农业志》,贵州人民出版社,2001年,第87—88页。

从表1.1我们可以看到,贵州的地形地貌呈现出三个明显特征:第
一,地势西高东低,垂直差异悬殊;第二,地面崎岖破碎,山地遍布
全省;第三,碳酸盐类岩石广布,岩溶地貌明显。

从综合农业区划来看,贵州可分为六个部分,即黔中丘原山原
农牧林城郊农业区、黔北中山峡谷林牧农多种经营区、黔东北低山
中山丘陵农林牧油料自然保护区、黔东南中山低山丘陵林农牧区、
黔南山原山地河谷农林牧暖亚热带水果防护林区、黔西南高原山
地农牧林温带水果区。

每个部分有着各自独特的地形、地貌、土壤、气候、生物资源种
类上的差异,且比较显著,这就形成了贵州高原山地的地理特征和
生物多样性特点。但在这些差异性的背后,其实有一个共性,即贵
州从事农耕劳作的自然条件是比较恶劣的,表现明显的是贵州耕
地中旱地坡地多,水田少,陡坡耕地面积较大,具体情况见表1.2。

表1.2　贵州省各地、州、市坡耕地占全省各坡度坡耕地的百分率

坡度	贵州省	贵阳市	六盘水	遵义市	铜仁市	黔西南州	毕节市	安顺市	黔东南州	黔南州
≤2°	100	7.23	2.58	24.37	6.54	8.45	15.26	11.10	4.33	20.16
2-6°	100	8.05	3.69	16.22	10.17	10.98	19.21	8.30	8.11	15.58
6-15°	100	6.24	5.02	17.73	11.81	9.59	26.43	4.57	7.50	11.1
15-25°	100	4.57	8.60	23.44	11.16	8.75	20.48	4.83	8.52	9.65
25-35°	100	4.66	13.27	16.20	10.65	11.95	19.21	5.27	9.85	8.49
≥35°	100	9.19	2.56	8.68	8.75	12.18	19.57	20.50	13.89	4.68

资料来源:林昌虎等:《贵州山区坡耕地综合利用与整治》,《水土保持研
究》2004年第3期。

说明:铜仁市、毕节市2011年以前称为铜仁地区、毕节地区,现改为今名。

根据林昌虎等人的研究,贵州省的坡耕地主要集中在6-25°,

占全省耕地总面积的 61.01%，≤6°的耕地占全省耕地面积的
19.10%，≥25°的陡坡耕地占全省耕地面积的 19.89%[①]。

"一山有四季，十里不同天，百步不同土"，通常比喻贵州复杂
多样的自然环境，这样的自然环境造就了农业生产的多样性。从
农作物品种类型、栽培特点上，从高海拔到低海拔上都有明显的差
别，如高寒地区宜种粳稻，温和地区宜种籼稻，低热地区可发展双
季稻、三季稻；在作物种类上，海拔低的地区以水稻、甘蔗、芭蕉、柑
橘等为主，海拔较高点的地区以玉米、茶树、油桐等为主，海拔高的
地区以洋芋、荞麦、苹果、梨等为主。贵州不少地区的地形差异性
很大，一个地区甚至一个县境内就同时具有亚热带、暖温带、温带
等气候特征。

二、地方志所见地形地貌

历史上人们对贵州地理环境早有认识。黔西北地处乌蒙山脉
腹地，崇山峻岭，绝壁深沟，喀斯特地形地貌显著，地理条件不适宜
农耕。晴隆县"气候各地参差不一，气温之变动，幅度甚大，有'一
雨变成冬'之谚，惟盘江沿河一带，极热多瘴"[②]。普安县"山拥磨盘
之高，地属冲途，屹然岩邑"[③]。兴仁县"县境地极硗薄，童山丛攒，
就全县面积而言，可耕种之地不过十分之六，而其中土多于田将及
十分之七，土又皆石骨嶙峋，倾泻不平，沙砾不毛，虽垦而种无收

---

① 林昌虎等：《贵州山区坡耕地综合利用与整治》，《水土保持研究》2004 年第
　　3 期。关于耕地坡度排名，学界存在一定分歧，参见安和平、金小麒：《南、
　　北盘江流域(贵州部分)土地利用现状与土地退化研究》，《贵州林业科技》
　　1997 年第 3 期。但他们的共识是全省贵州的坡耕地在耕地面积中占的比
　　重还是较大的。
② 民国《晴隆县志》第 3 章《气象》，民国三十三年未刊稿，第 39 页。
③ 咸丰《兴义府志》卷 4《地理志·形势》，咸丰四年刻本，第 4 页。

获"①。普安直隶厅境内"山重岭复,鲜平壤,山多大山,岭多峻岭,能与云吐雾,故多云多雾,云多雨雾多阴,故多阴多雨。阴则寒,雨则寒,故多寒,近滇,故多风、多西风、多春夏风"②。安顺以西地区"则地益高、山益峻,重岩复岭,虽新驿出于郎岱,旧路经自永宁,而地瘠民贫,要隘四阻,行者几回九折之中矣,此又一郡七属之形势也"③。施秉县"山多田少,田亩除治城稍称肥沃外,余俱硗瘠"④。

　　上述地方志有关贵州地理环境的描述表明,历史上,人们就已经认识到贵州地理环境的特点,可以概括为:第一,贵州是最典型的喀斯特地区;第二,山高坡陡,土壤层薄;第三,田高水低,灌溉困难;第四,自然灾害严重。

　　由于贵州地处重山之中,地势不平,山岭纵横,这样特殊的地势造就了贵州田土分布不均的格局。首先,贵州绝大多数地方人均耕地面积不到 1 亩。如《侗族社会历史调查》在对锦屏县魁胆侗寨进行的调查,得出这样的结论:"平均每户占有水田 2.8 亩,平均每人 0.74 亩。"⑤ 其次,田土具有碎片化的特点。田土面积都不大,且田土很难连成一片。再次,家庭的田土呈现分布零散的特点。几乎每个家庭的田地分布在不同的地方,且相互之间相隔较远。最后,大部分田土产量很低。根据民国三十一年至三十二年

---

① 民国《兴仁县补志》卷 14《食货志·农业》,民国三十二年未刊稿,第 20 页。
② 光绪《普安直隶厅志》卷 1《天文·气候》,光绪十五年刻本,第 1 页。
③（清）罗绕典:《黔南职方纪略》卷 1《安顺府》,台北成文出版社,1974 年,第 32 页。
④ 民国《施秉县志》卷 1《农桑》,民国九年稿本,第 48 页。
⑤《中国少数民族社会历史调查资料丛刊》修订编辑委员会编:《侗族社会历史调查》,民族出版社,2009 年,第 83 页。

（1942—1943）《沿河县志》的调查,该县的田土形态有 153 种[1] 之多,调查组对 153 种田土形态进行了详细记载和图绘。现摘取其中一种类型加以分析,见图 1.1。

编号	财地字第贰零号		
公产种类	田贰玖丘		
坐落地点	端公山		
四至地界	东至田丰登,西至王秀林,南至田从凤、田荣育,北至王尚元		
面积	伍亩	收益额	肆石伍斗
产权由来	系端公山荒废庙产,由田从凤、田丰炳等五人捐献		
清获年月	三十一年(1942 年)二月		

图1.1 沿河县田土形态[2]

从图 1.1 中可以看到,调查组详细列出了田土种类、坐落地点、四至地界、产权由来以及调查时间。图中显示这种类型的田有 29 丘,即三千多平方米,产量却只有四石五斗。据《中国经济通史·清代经济卷》对粮食亩产的估算,一石等于 135 斤[3]。该田土产量相当于 600 斤左右稻谷,每亩地合算产量约为 120 斤。沿河县的田土形态具有代表性,尽管也有亩产三、五石的,但更多的还是一石上下,甚至只有四、五、六斗的[4]。这是由于贵州境内山岭层叠,山地多,平坝水田少,旱地作物占有相当的分量。相对全国

---

① 系笔者根据《沿河县志》统计数据。参见民国《沿河县志》卷 8《食货》,民国三十二年铅印本,第 3—42 页。

② 民国《沿河县志》卷 8《食货》,民国三十二年铅印本,第 7 页。

③ 方行、经君健、魏金玉主编:《中国经济通史·清代经济卷》(上),中国社会科学出版社,2007 年,第 240 页。

④ 方行、经君健、魏金玉主编:《中国经济通史·清代经济卷》(上),中国社会科学出版社,2007 年,第 177 页。

其他省份而言,贵州农作物产量是偏低的。《中国经济通史·清代经济卷》对贵州的北部和东北部的几个州县做过亩产量统计,见表 1.3。

表1.3　道光年间黔北、黔东北地区粮食亩产量

地区	田亩类型	田亩数（亩）	租额（石）	平均亩租（石）	约折亩产（石）
思南府	学田	110.6	谷55.3	0.5	1
印江县	赈田	91.314	谷91.314（仓斗）	1	2
	学田、祭田	15		0.3	0.6
务川县	学田	15		0.2（仓斗）	0.4
黔西州	学田	20.34	谷20.8	1.02	2.04
仁怀县	学田	135.87	谷42.89	0.32	0.64
天柱县	书院田	45.46			3.77

资料来源:方行、经君健、魏金玉主编:《中国经济通史·清代经济卷》（上）,中国社会科学出版社,2007年,第178页。

从表 1.3 可以看出,在这些田亩类型中,学田、祭田等田地相对来说比较肥沃些,但亩产并不高,其他像山地一类的田地,亩产量则更低。

地理环境人们是无法选择的,但人们可以适应这样的地理环境,也总结了什么环境种植什么作物的生产经验。地处黔西北的大定府由于一年四季处于山高气寒地带,这里的人们总结道:"五六月无酷暑,箐林树木经冬不凋,土寒地瘠,毕节以西,种惟宜荍,而稻谷鲜登。"[①] 再比如,"桃、李、梨、栗、核桃、林檎偏（遍）山皆有,柚树最多,秋时结实累累,大可径尺。……南瓜、冬瓜到处皆

---

① 乾隆《贵州通志》卷1《天文·气候》,乾隆六年刻本,第2页。

种,独不产西瓜,种亦不实"①。黔东南的台拱县"每年于寒露后则寒来,清明后则暑来,五六月内夏雨骤至,山水暴涨,炎瘴薰蒸易成,时疫,南区交工一带山高地僻烟户较少,瘴疠特甚"②。

有人认为,随着人口增多,垦殖面积加大,有些不利气候是能加以改造的。如独山县"古称烟瘴之地,近者土地人民日辟日多,生旺之气胜,则毒雾之气消于黔境,为乐国矣"③。都匀县"东南近粤,岚瘴差甚,夏秋间,商旅疑畏不行,霜降后乃无患,今亦不甚忌其耕获则比他处较早,今验荔波自嘉庆以来已无瘴气,地气极发越而近城尤甚"④。事实上,人类的改造是有限的,有人还不信邪,在高寒地带种植包谷之类的作物,大概包谷每亩产量只有 50 多斤,产量极低。在黔西北流行这样的民谣:

> 山高雾大细雨多,庄稼一种几遍坡,
> 到了秋收算一账,种一坡来收一锅。
> □□□□□□□,洋芋好比核桃大,
> 苞谷只有辣子粗,耗子进地跪着吃。⑤

人类在不断地适应地理环境,适应的过程中总结了一套生存理论。这些谚语大多是教育民众如何应对地理环境、气候变化的。榕江县一带流传"'不洗澡不起早不脱袄',不洗澡因榕江江水猛涌,易

---

① (清)林溥:《古州杂记》,嘉庆刻本,第5—6页。
② 民国《台拱县文献纪要》《气候》,民国八年石印本,第38页。
③ 乾隆《独山州志》卷2《天文志》,乾隆三十四年刻本,第2页。
④ 咸丰《荔波县志稿》《气候》,咸丰五年稿本,第21页。
⑤ 《中国少数民族社会历史调查资料丛刊》修订编辑委员会编:《黔西北苗族彝族社会历史综合调查》,民族出版社,2009年,第22页。

淹没也;不起早不脱袄,因榕江气候变化极速,早晨尤甚,恐易生病也"①。类似的民谣不少,贵州不少地方流传着四季的气候民谚,试以安顺一带气候民谣为例,摘录于下:

> 正月,元日晴明,主岁丰,是月忌雷鸣有雪。谚云:正月雷打雪;二月无休歇;三月无秧水;四月秧上节。
>
> 二月,社日宜雨。谚云:春社无雨不种田。
>
> 三月,清明宜晴明以应春气,又是日听蛙鸣以卜旱涝,声大主水,声小主旱,初七日宜雨。谚云:三月初七日要雨不得雨。
>
> 四月,初一日宜晴。谚云:四月初一见青天,高山平地可种田。
>
> 五月,端节宜晴,主年丰,芒种鸣雷,主年丰,五月夏至,占米贵贱。谚云:夏至逢端阳,扫尽万年仓。
>
> 六月,大暑小暑宜炎热,百谷始结实,初六日忌雨。谚云:雨湿老龙甲,要晒廿四天。
>
> 七月,立秋日有雨,谓之倒秋,倒秋则年丰,无雨,谓之不倒秋,收成多歉,初七日占天河影,七日见天河则谷贱,不见则谷贵。谚云:天河盖屋脊,家家有饭吃。处暑日宜晴。
>
> 八月,白露日晴,主有收,遇雨则谓之苦雨,多伤稼,秋分日忌雷鸣。谚云:只恐此日雷电发,冬来米价贵如何。
>
> 九月,重阳日宜晴,十三日亦宜晴。谚云:最爱十三晴一日,棉花冬暖无人秤。
>
> 十月,初一日宜晴。谚云:十月初一晴,柴炭不须银。

---

① 民国《榕江县乡土教材》第 6 章《民间文艺·谚语》,民国三十二年未刊稿,第 55 页。

十一月,冬至日晴,年中多雨,冬至日雨,年中多晴。

十二月,宜雪。谚云:一雪蝗子无踪,二雪来年大丰。[①]

针对各种地理气候差异特点形成的这种民谣,一来生动形象地反映了贵州各地地理气候特征;二来便于民众记忆,有利于农耕生产。

第二节　贵州行政建置

一、地方行政体系

贵州区域生态环境的差异性直接影响了历史的发展过程,黔北、黔东南、黔西北、黔西南四个区域有着不同的历史发展演变脉络。明代十三省中,贵州是设置布政使司最晚的一个省份,在设置贵州布政使司以前,当地的行政统辖比较复杂,或归四川、湖广、云南三省布政司,或由湖广、贵州、四川三都司的卫所进行管辖,与此同时,还存在众多的实土卫所和土司。直到明朝永乐十一年(1413)设置贵州布政司,正式建制为省,以加强对当地的管理。贵州共设有黎平、新化、石阡、铜仁、镇远、乌罗、思州、思南八府,以及

---

① 咸丰《安顺府志》卷 14《气候》,咸丰元年刻本,第 8—14 页。亦可见民国《瓮安县志》卷 7《气候》,民国四年贵阳文通书局铅印本,第 5—8 页。上述只是笔者摘取的每个月份的谚语,其实在安顺府志谚语中对每个月份,尤其是重要的月份又分不同阶段对谚语进行了说明。如正月谚语解释:"地气初萌,雷鸣则宜泄太过,雪为阴阳之凝,遇雷则阴阳相薄,出地而奋,气候太早,故至四月多致缺雨不能犁田分秧,秧乃过节也。月中有雪谓之瑞雪,于麦最宜,立春日晴明,主岁丰,谚云:但得立春晴一日,农夫不用力耕田。"

原隶属于四川布政司的贵州宣慰使司改隶贵州布政司。史籍记载：
"以其地分隶云南、湖广、四川三布政司，永乐十二年废思南、思州
二宣慰司，始置贵州等处。"①这八府一宣慰司和贵州都司的卫所一
起构成了明代贵州省的雏形②。

　　贵州自建省以来，州县、卫所与土司共同管辖着贵州。除此
之外，还有一种不属于三套行政体系管辖的地方，即"生苗"地界。
20世纪80年代张捷夫就注意到这个问题，他归纳为：第一类是流
官统治的地方，各项制度与内地基本相同；第二类是土司统治的地
方，由朝廷授给当地部族首领各种官职，如土府、土州、土县，或宣
慰司、宣抚司、招讨司、安抚司、长官司等，准其世袭，并实行与内地
不同的各种制度；第三类是既没设置流官，也无土司的所谓"生界
部落"，或生苗部落，各部落既无君长，亦各不相统属，对朝廷也没
有纳贡、输赋、供征调的义务。三种地方形态不仅经济发展水平和
风俗习惯方面有很大的不同，政治上也存在极大差异③。长期以来，
很多学者并没有注意到后两种类型，其实无论明清官方文书还是
私人著述，都曾加以区分。如晚清著名学者魏源在《雍正西南夷改
流记》中谈道：

　　　　有观于西南夷者曰："曷谓苗？曷谓蛮？"魏源曰：无君
　　长，不相统属之谓苗；各长其部，割据一方之谓蛮。若粤之僮、
　　之黎，黔楚之瑶，四川之僰、之生番，云南之猓、之野人，皆无君

① （明）《贵州图经新志》卷1《贵州宣慰司上》，弘治刻本，第2页。
② 郭红、靳润成：《中国行政区划通史·明代卷》，复旦大学出版社，2007年，第
　215页。
③ 张捷夫：《关于雍正西南改土归流的几个问题》，《清史论丛》（第5辑），中
　华书局，1984年，第273页。

长,不相统属,其苗乎。若《汉书》:"南夷君长以十数,夜郎最大。其西靡莫之属以十数,滇最大。自滇以北,君长以十数,邛都最大。"在宋为羁縻州,在元为宣慰、宣抚、招讨、安抚、长官等土司。其受地远自周、汉,近自唐、宋,而元、明赏功授地之土府、土州县亦错出其间,其蛮乎。①

魏源的这段话大致将西南少数民族地区划分成了有土司与没有土司的地方。张捷夫的研究和魏源对西南的观察对我们深化贵州区域史研究很有助益。概而言之,贵州基本上存在州县、土司、卫所等三套行政建置和"生苗"地界的地方半自治的社会形态。在行政区划上,贵州主要由四川、湖南、广西等周边省份析分出来,体现了行政政区的犬牙交错以及与之相关的"插花地行政"模式。

二、行政区划沿革

至清代,贵州的行政区划有了较大变动。主要体现在四个方面:第一,疆界的较大调整。康熙雍正年间,将原属湖南省的镇远、偏桥、五开、铜鼓、清浪、平溪六卫及天柱县划归贵州;将原属广西的荔波县及泗城府、西隆州,以红水河为界,以北的地方划归贵州;将原属四川省的乌撒府(后改威宁府)及遵义军民府划归贵州,而将永宁县划归四川,自此贵州省的疆界确定。第二,将卫所改设州县。将龙里、普定、都匀、平越、清平、贵州、贵前、敷勇、威清、镇西、平坝、安南、永宁、毕节、五开、铜鼓、清浪、平溪等十八卫改设为县,而将其余各卫、所分别并入州、县。第三,实行"改土归流"。顺治、

---

① (清)魏源:《圣武记》卷7《土司苗瑶回民》,韩锡铎、孙文良点校,中华书局,1984年,第283页。

康熙年间,将贵州宣慰司、乌撒土府及马乃土司改流,设立大定、平远、黔西、威宁四府及普定县;在"生苗"地界,增设八寨、丹江、清江、古州、都江、台拱六厅,称之"新疆六厅",设置长寨、归化、仁怀、郎岱、松桃、水城等厅,光绪年间又置罗斛厅,此外,又以州同、州判、县丞等分驻边远地区。第四,裁撤土司。至清初,贵州尚存长官司百余处,自雍正以后,大部分土司被裁撤,将各长官司置于府、州、县管辖之下,或增设副司以分其权,或收为土舍、土弁听流官调遣,许多土司名存实亡。见清代贵州行政沿革表(表1.4)。

表1.4　清代贵州行政沿革

统辖	曾所领州县厅	沿革	所领州县厅
贵阳府	新贵县、贵定县、开州、定番州、广顺州、龙里县、贵筑县、修文县、长寨厅、罗斛厅	顺治十六年领新贵县、贵定县、开州、定番州、广顺州;康熙十年增领龙里县;康熙二十六年增领贵筑县、修文县;康熙三十四年裁新贵县,入贵筑县;雍正五年增领长寨厅;光绪七年降长寨厅为州判,升罗斛州判为厅。	开州、定番州、广顺州、贵定县、龙里县、贵筑县、修文县、罗斛厅,共三州、四县、一厅
安顺府	镇宁州、永宁州、普安州、普安县、普定县、清镇县、安平县、安南县、南笼厅、归化厅、郎岱厅	顺治十六年领镇宁、永宁、普安三州;顺治十八年增领普安县;康熙十年增领普定县;康熙二十六年增领清镇、安平、安南三县及南笼厅;雍正五年南笼厅升府,拨普安州及普安、安南二县属南笼府,安顺府领镇宁、永宁二州及普定、清镇、安平三县;雍正八年增设归化厅;雍正九年增设郎岱厅。	镇宁州、永宁州、普安县、普定县、清镇县、安平县、归化厅、郎岱厅,共二州三县二厅

续表

统辖	曾所领州县厅	沿革	所领州县厅
兴义府	盘州厅、普安县、安南县、贞丰州、兴义县	雍正五年南笼厅改府，领普安、永丰二州及普安、安南二县；雍正五年以广西泗城府、西隆州红水河以北地置永丰州，嘉庆二年更名贞丰州；嘉庆二年更名兴义府；嘉庆三年增设兴义县；嘉庆十四年普安州改直隶厅，不属府，兴义县改属普安直隶厅；嘉庆十六年兴义县还隶兴义府；光绪三十四年普安直隶厅降为盘州厅属。	贞丰州、普安县、安南县、兴义县、盘州厅，共一州三县一厅
大定府	威宁州、平远州、黔西州、毕节县、永宁县、水城厅	康熙五年置大定、平远、黔西、威宁四府；康熙二十二年降平远、黔西二府为州，隶大定府；康熙二十六年降大定府为州，大定、平远、黔西三州皆隶威宁府，又置毕节、永宁二县来属；雍正五年拨永宁县属四川；雍正七年降威宁府为州，升大定州为府，领威宁、平远、黔西三州和毕节县；雍正十年置水城厅。	威宁州、平远州、黔西州、毕节县、水城厅，共三州一县一厅
遵义府	正安州、遵义县、桐梓县、绥阳县、仁怀县、赤水厅	顺治十六年领真安州及遵义、桐梓、绥阳、仁怀四县；雍正二年改真安州为正安州，雍正六年随府改隶贵州；雍正八年增领仁怀厅；乾隆四十一年仁怀厅改直隶厅，不属府；光绪三十四年仁怀直隶厅降为赤水厅。	正安州、遵义县、桐梓县、绥阳县、仁怀县、赤水厅，共一州四县一厅

统辖	曾所领州县厅	沿革	所领州县厅
平越直隶州	黄平州、瓮安县、湄潭县、余庆县、平越县	顺治十六年平越军民府领瓮安、湄潭、余庆三县；康熙十年增领平越县；康熙二十六年改平越军民府为平越府；嘉庆三年改平越府为平越直隶州，领瓮安、湄潭、余庆三县，而将黄平州拨归镇远府，将平越县并入平越直隶州。	瓮安县、湄潭县、余庆县，共三县
都匀府	麻哈州、独山州、清平县、都匀县、丹江厅、八寨厅、都江厅、荔波县	顺治十六年领麻哈、独山二州及清平县；康熙七年入麻哈州，康熙十年复置；雍正七年置丹江、八寨二厅；雍正十年置都江厅，又以广西荔波县来属。	麻哈州、独山州、清平县、都匀县、荔波县、丹江厅、八寨厅、都江厅，共二州三县三厅
黎平府	永从县、天柱县、锦屏县、开泰县、古州厅、下江厅	顺治十六年领永从县；雍正四年以天柱县来属；雍正五年增设开泰、锦屏二县；雍正七年置古州厅；雍正十二年天柱县改隶镇远府；乾隆三十六年置下江厅；道光十二年裁锦屏县	永从县、开泰县、古州厅、下江厅，共二县二厅
镇远府	镇远县、施秉县、清江厅、台拱厅、天柱县、青溪县	顺治十六年领镇远、施秉二县；雍正七年置清江厅；雍正十二年置台拱厅，又以黎平府天柱县来属；乾隆三十五年以思州府青溪县来属；乾隆三十六年青溪县还隶思州府。	镇远县、施秉县、天柱县、台拱厅、清江厅，共三县二厅
石阡府	龙泉县	未变革	龙泉县，共一县
思州府	玉屏县、青溪县	原不领县，雍正五年领玉屏、青溪二县；乾隆三十五年废思州府，以玉屏县隶铜仁府，以青溪县隶镇远府；乾隆三十六年复思州府，玉屏、青溪二县还隶。	玉屏县、青溪县，共二县

统辖	曾所领州县厅	沿革	所领州县厅
思南府	安化县、婺川县、印江县	未变革	安化县、婺川县、印江县,共三县
铜仁府	铜仁县、玉屏县、松桃厅	原领铜仁一县,雍正十年置松桃厅;乾隆三十五年以玉屏县来属,次年还隶思州府;嘉庆二年松桃厅升为直隶厅。	铜仁县,共一县
松桃直隶厅	无	雍正十年置松桃厅,嘉庆二年升直隶厅,不领县。	无

资料来源:贵州省地方志编纂委员会编:《贵州省志·地理志》(上册),贵州人民出版社,1985年,第78—82页。

第三节　"苗蛮"形象

贵州由各自独特的地理单元组成,形成了高原山地的多元地理特征和生物多样性特点。同时,贵州族群种类繁多,族群关系极为复杂,表现出相对独立、封闭化的社会单元,每一个社会单元的族群有自己独特的生计模式、文化习俗、语言习惯。"黔地汉苗杂处,风俗不同,府与府异,州与州异"①。这些单元之间缺乏相互交流,彼此缺乏了解,"一山不同族、十里不同天"正是其生动形象的写照。这种地理的多元性与人文的复杂性,被时人贴上了"苗蛮"的标签。中央王朝是以"文化"的思维,"非我族类"来认识"苗蛮",无论是"汉化",还是"同化",都是一种从上往下的视角认识"苗蛮",因此,在这样的逻辑之下,清代知识阶层笔下的贵州少数

---

① 道光《永宁州志》卷10《风土志》,台北成文出版社,1967年,第112页。

民族就成了带"犭"的族群形象。

一、清人笔下的贵州

在文人、士大夫眼里,贵州是一个蛮荒之地,贵州的族群也被贴上"盗贼""剽悍""野蛮""愚昧"等标签,在民族的称呼上加上"犭"字旁。从明代开始,这种印象就存在着,"男女跣足,以背负重,善畜牧贸易,病不服药,性尚刚勇,出入佩刀,俭陋质朴,勤于耕稼"[1]。贵州在明代才被纳入中央王朝的十三个行省行列中,是最晚的一个省,开发也比其他地方都晚。早期的《贵州图经新志》在讲到贵州风俗时写道"山谷间诸夷杂处、俗尚各异",并对这句话作了非常详尽地解释:

> 旧志:曰罗罗,即古乌蛮,亦有文字,类蒙古书,其人深目、长身、黑面、白齿,挽髻、短褐、徒跣、戴笠、荷毡珥,刷牙,金环纳臂,佩长刀箭镞,左臂佩一方皮,腰束韦索。性好洁,数人共饭,一盘中植一匕,复置杯水于旁,少长共匕而食,探匕于水,抄饭一哺许,搏之,盘令圆净,始加之匕上,跃以入口,盖不欲污匕妨他人食也。食已,必漱口刷齿,故齿常皓然。坐皆席地,器用如俎豆,犷黠,喜斗狠。然甚重信,人不敢示以妄。曰宋家者,其始亦中州裔,久居边徼,而衣冠俗尚少同华人,男女有别,授受不亲,其于亲长,亦知孝友。曰蔡家,与宋家杂处,风俗亦少相类,故二氏为世婚。曰仲家,皆楼居,好衣青衣,男子戴汉人冠帽,妇女以青布一方裹头,肩细折青裙,多至二十余幅,腹下系五彩挑绣方幅,如绶,仍以青衣袭之。其语言喔

---

[1] (明)《贵州图经新志》卷15《安南志》,弘治刻本,第13页。

咿,居丧食鱼虾而禁鸟兽之肉,婚嫁则男女聚饮,歌唱相悦者,然后论姿色妍媸,索牛马多寡为聘礼,疾病不服药,惟祭鬼而已,卜用茅或铜钱鸡骨,通汉人文字,以十一月为岁首。曰龙家,绾髻白布束之,妇人亦绾髻,皆以白布为衣,亦用汉人文字,以七月七日祭先祖,甚敬。曰曾竹龙家,其俗与龙家同,但妇人以布作冠,形如马镫,加于髻上,以金木或骨角为长簪焉。曰红仡佬,男子旧不着冠,今渐作汉人之服饰,语言侏离,妇人以毛布染红作裙,无辟积谓之梅裙。曰花仡佬,俗同红仡佬,但裙用五色,故云花仡佬。曰东苗,男椎髻,着短衣,色尚浅蓝,首以织花布条束发。妇着花裳无袖,惟遮覆前后而已,裙亦浅蓝色,细折仅蔽其膝。其俗婚娶,男女相聚,歌舞名为跳月,情意相悦者为婚,初不较其财,逮至一年,方遣人责之,虽死亦不置。曰西苗者,俗同东苗。曰紫江苗者,性犷恶好杀,饮食粗秽,余俗与东西苗同。①

该文共对罗罗、宋家、蔡家、仲家、龙家、仡佬、西苗、东苗等族群进行了详细描写。尤其对他们在衣食住行、语言、性格、习俗、思想观念等进行了细致描述,并进行了适当的对比。事实上,贵州族群不仅仅只有上述几种,关于"苗"的种类,多至五六十种,但在明人笔下,贵州诸苗都是未开化的,比较愚昧的。比如文中提到他们的语言时用了"侏离"一词,旨在形容少数民族地方方言、语言文字怪异,难以理解。"苗蛮之地"的形象自此成了贵州的重要标签。

明代对贵州形象的认识一直延续至清代。清前期,"苗蛮"标

①(明)《贵州图经新志》卷1《贵州宣慰司上》,弘治刻本,第7—8页。

签被固化,康熙年间游击张得功评价红苗"狡悍,罔遵教化"①。清人陆玉甚至说:

> 苗猺一种,非我族类,其心必异。在人不足与教风俗,岂能更移? 诛之难胜,抚之不就,惟于边界严加防守关隘,谨其出入。既不与通往来,尤不与之共财利,彼既无望,劫掠无由。②

陆玉的观点是清前期知识精英们对贵州的普遍印象,甚至很多人把苗比作动物、比作猛兽。贡监龚起贤称之:"苗本犬羊,野性难驯,仇雠报复,积世不休,旋抚旋叛,历代如兹。"③我们以康熙俞益谟④《办苗纪略》卷二《采议》为例,《采议》主要收录了一些游击、守备、生员等对抚剿红苗的认识、建议等,共有23篇,23位清朝的精英皆对苗族评价不好,有不少直接在标题上就表明了自己对苗族的态度,如参将桂自锦《苗猺蠖屈》、游击史赞《苗性顽梗》、游击张得功《红苗狡悍》、游击陆玉《苗猺一种》、守备常国柱《苗性犬羊》、守备赵连玉《红苗狡悍》、贡监龚启贤《红苗为患》、生员李丰《红苗为害》等8篇。在贵州少数民族称呼上加犬字旁,反映出早

---

① (清)俞益谟编集:《办苗纪略》,杨学娟、田富军点校,上海古籍出版社,2018年,第28页。

② (清)俞益谟编集:《办苗纪略》,杨学娟、田富军点校,上海古籍出版社,2018年,第28页。

③ (清)俞益谟编集:《办苗纪略》,杨学娟、田富军点校,上海古籍出版社,2018年,第37页。

④ 俞益谟(1653—1713),字嘉言,号澹庵,别号青铜,宁夏广武营(今宁夏青铜峡市)人,官至湖广提督。著有《办苗纪略》《孙思克行述》《青铜自考》等。

期知识阶层主要从文化的角度认识少数民族,一切"化外"之民,其所作所为和一言一行都会被丑化、妖魔化,因而,在士人笔下或画中,经常描绘苗人的野蛮性、愚昧性。如打架斗殴成了这一时期的主题,见图1.2。

图1.2 蛮人凶殴图①

　　至清中期,"苗蛮"的印象丝毫没有改变。时任贵州布政使爱必达曰:"夷人性皆强悍,向多仇杀之事。"② 云贵总督鄂尔泰描述仲苗:"出入必负强弩,带利刃,睚眦之仇必报,以椎埋伐家,劫掠无辜人口,谓之捉白放黑。"③ 在云贵仕宦多年的赵翼在日记中记道:"苗、㑊俗,惟男女之事少所禁忌。兄死则妻其嫂,弟死则妻其妇,

① 康熙《贵州通志》卷30《土司》,凤凰出版社,2010年,第473—474页。
②(清)爱必达:《黔南识略》卷4《安顺府》,道光二十七年刻本,第11页。
③ 乾隆《贵州通志》卷7《地理·苗蛮》,乾隆六年刻本,第11页。

比比而然。"① 乾隆《南笼府志》形容犵家:"为苗中最黠者,性本贪残情多狡诈,在昔佩刀挟弩,伏莽抢窃是其长技。"② 乾隆《贵州通志》将清水江流域的苗族分为"生苗""熟苗"两大类,两者的差异在于"中有土司者为熟苗,无管者为生苗"③。在这些清人笔下,贵州的少数民族被视为应予以征伐、教化的"非我族类,其心必异"的"化外之民",因此与之相关的苗人习俗也是丑陋的。清人提及贵州民俗,常有恶评。徐嘉炎提到贵州苗夷时说:"其真黔产者则皆苗獞仡佬之种,劫掠仇杀犷悍难驯,易于负固。"④ 类似评论,不绝于书。例如道光《永宁州志》记曰:"白猡猡,募役司有之,一曰白蛮,与黑猡猡同,而为下姓。饮食无盘盂,以三足釜灼毛齝血,无论鼠、雀、蚍、蟒、蠕动之物,攫而燔之,攒食若麑。不通文字,结绳刻木为信。死以牛马革裹而焚之。"⑤ 李宗昉记载杨保苗:"性多狡犷,抗官司差拘。"⑥ 生苗"多野性,所食喜生物,即鱼肉亦以微熟为鲜美"⑦。鄂尔泰称:"窃查黔省各属边界,多有生苗。不纳粮赋,不受管辖,身不到城市,心不通王化,随其自便,无所不为,由来已久。"⑧

　　长期以来,中央王朝是以"文化"的思维,"非我族类"来认识自己的边缘。中国的政治疆域和文化空间是从中心向边缘弥漫开

① (清)赵翼:《檐曝杂记》卷4《苗傜陋俗》,中华书局,1982年,第69页。
② 乾隆《南笼府志》卷2《地理志·苗类》乾隆二十九年稿本,第18页。
③ 乾隆《贵州通志》卷7《地理·苗蛮》,乾隆六年刻本,第14页。
④ 乾隆《贵州通志》卷39《艺文·序》,乾隆六年刻本,第26页。
⑤ 道光《永宁州志》卷10《风土志》,台北成文出版社,1967年,第117页。
⑥ (清)李宗昉:《黔记》,兰州大学出版社,2003年,第482页。
⑦ (清)李宗昉:《黔记》,兰州大学出版社,2003年,第497页。
⑧ 中国第一历史档案馆编:《雍正朝汉文朱批奏折汇编》(第10册),江苏古籍出版社,1988年,第79页。

来的①。或者可理解为一种"汉化"模式,通过王朝的教化,完成边缘地区的中华"同化"。无论是同心圆理论还是"汉化"模式,都是一种单向式流动②。在这样的逻辑之下,知识阶层笔下的贵州少数民族就成了带"犭"的族群。对贵州族群很有研究的余上泗,贵州镇宁人,他才华横溢,乾隆二十五年(1760)举人,其所著《蛮峒竹枝词》一百首有相当部分内容是描写贵州族群,比如对杨保苗的形象描述,其诗云:

> 衣冠端是有禽心,
> 犷悍流风迥至今,
> 听说官家公役到,
> 后门移出上山林。③

余上泗认为杨保苗性格狡诈且犷悍,不服管教,遇到官府差役往往抗拒不出。总之,无论是到过贵州还是未到过贵州的,无论是外省还是本省的,无论是非常了解贵州还是了解不多的,"苗蛮"的印记始终徘徊在他们的心底。

　　直到清末,在外人眼里贵州的"苗蛮之地"形象依然没有太多变化。晚清徐珂描写黑生苗,"性悍甚,长镖短剑,常结党访富户,夜执火行"④。以及"倮倮亦曰黑罗罗,又曰乌蛮,本名卢鹿,讹为今

① 葛兆光:《宅兹中国:重建有关"中国"的历史论述》,中华书局,2011年,第107—108页。
② 鲁西奇:《中国历史的空间结构》,广西师范大学出版社,2014年,第61—65页。
③ 道光《大定府志》卷58《文征八》,道光二十九年刻本,第16页。
④(民国)徐珂:《清稗类钞》(第4册),中华书局,1984年,第1926页。

名,在贵州之平远、大定、黔西、威宁。俗尚鬼,故又曰罗鬼。性愚而恋主"[1]。可以看出,清代文人之所以对"苗蛮之地"的衣食住行、性格、风俗等方面极尽丑化或矮化,主要还是以"汉文化"为中心,从教化的视角去认识贵州的族群形象。

在知识阶层中,并非都是如此,也有较为客观认识贵州的士人。如贵州巡抚贺长龄在其论著《贵州舆图说》记曰:

> 田多石而草易宅,民屡屠而户久凋。城郭虽在,百堵犹未尽兴;学校虽修,弦诵犹未尽溥。备多则兵防难撤,道衢则驿递难驰。喜则人而怒则兽,官司之法有时不得行;春苦旱而秋苦霖,补助之术有所不及济。是以延袤虽千有余里,实不及中州一大县。[2]

与众不同的是,贺长龄从贵州地理环境的角度分析了贵州形象,他认为恶劣的地理环境造成了贵州民众生活困难,并塑造了未开化之民形象。这与贺长龄长期在贵州任职,以及深刻观察贵州地方社会有密切关系。宣统《贵州地理志》也是从地理与人文相结合来认识贵州,在描述"贵州"时记载道:

> 贵州古称鬼方,盖亦三苗之地,其民与中土异族,岩居谷处,绝不相通,往往言语、衣服、饮食、居处、礼节,各为风气,终古不变,故种族最多。[3]

---

① (民国)徐珂:《清稗类钞》(第4册),中华书局,1984年,第1933页。
② (清)贺长龄、魏源等编:《清经世文编》(下),中华书局,1992年,第1939页。
③ 宣统《贵州地理志》卷3《种族》,宣统二年油印本,第8页。

多元地理的隔绝使得各族群间缺乏交往,也形成了各自独特的民族特色。有清一代,中央王朝就非常关注贵州族群种类,不仅仅有文字的描述,而且有对诸夷进行彩绘和白描的记录本,留下了丰富的民族图志资料①。《贵州全省苗图》中的 20 幅"诸苗图"都是以山为背景而创作,可见,绘画者认识到诸苗与地理环境的紧密关系。比如图 1.3 所绘箐苗图。

图1.3　箐苗图②

　　图 1.3 配有文字记曰:"箐苗居依山箐,即青苗类也,在平远州属,不喜耕田,只种山树,男女衣服率皆自织。"山是贵州各族群的生活场所,也是人们分辨各族群的标准之一。

---

① 谭卫华、罗康隆:《〈百苗图〉传世抄本收藏情况概说》,《贵州文史丛刊》
　2010 年第 1 期。
② 佚名:《贵州全省苗图》,版本不详。

二、"苗蛮"形象的建构

有学者总结"苗蛮"形象的建构是基于该族群所在区域是否完成改土归流,以及该族群文化与汉文化的关系的判断,所以,对苗蛮形象的认知与当时苗疆的政治治理和文化认知有密切关系①。这种认识不无道理,可以加深我们对"苗夷"形象的理解。但需要补充的是,所有苗民的形象建构首先应该基于地理环境。传统知识阶层大都是从文化的视角看待贵州,文化视角的背后却暗含着地理环境与文化之间的疏远关系,或者说与政治中心的远近,即地理环境优越、离政治中心近的地方,苗族开化就越早,反之,地理环境恶劣、离政治中心远的地方,苗族开化越晚。试以诸苗分布加以说明(表1.5)。

表1.5　《职贡图》中的诸苗分布

形象类别	族名	分布地点
开化类	花苗	新贵县、广顺州
	白苗	龙里县
	青苗	镇宁州
	蔡家苗	威清、平远
	宋家苗	贵阳府
	仲家苗	贵阳府、都匀府、镇宁州
	夭苗	夭坝司
向化类	东苗	新贵县
	西苗	新贵县
	马镫龙家苗	宁谷两堡
	克孟牯羊苗	广顺州、金筑司
	佯犷苗	都匀府、石阡府、施秉县
	杨保苗	龙泉县

① 吴雪梅:《蛮夷形象的帝国想象——以谢遂〈职贡图〉中的贵州苗人为中心》,《华中师范大学学报》(人文社会科学版)2019年第4期。

续表

形象类别	族名	分布地点
朴野类	黑苗	八寨、清江县、古州
犷悍类	红苗	铜仁府
	九股苗	兴隆卫、凯里司
	紫姜苗	都匀府、独山州
	平伐苗	贵定县
	谷蔺苗	定番州
	罗汉苗	黎平府

说明：本表以吴雪梅对贵州苗人形象分类为标准，分为开化类、向化类、朴野类、犷悍类四大类。分布地点主要参考1.（清）舒位：《黔苗竹枝词》，（清）田榕：《碧山唐诗抄·附录》（下），兰州大学出版社，2003年，第131—140页。康熙《贵州通志》卷30《土司》，凤凰出版社，2010年，第458—490页。2.夭苗分布地点参考了嘉庆《贵州全省诸苗图说》。3.黑苗分布地点参考了《贵州全省苗图》。

从表1.5可见，开化类、向化类的诸苗分布在贵阳府及周边的区域；朴野类的黑苗分布在八寨、清江县、古州，也就是现在的黔东南凯里、黄平、榕江一带；犷悍类的诸苗分布在贵州与湖南、广西交界地区。因此，诸苗形象的好与坏和中心与边缘成正比关系，与地理环境恶劣程度也成正比关系。就是说，诸苗的形象是以省城贵阳为中心逐渐弥漫开来，离中心近者，向化就早，边缘地带则属"化外"之地，"化外"之民。

同样的道理，文化也是如此。竹枝词作为流行于西南地区的一种歌谣，它具有浓厚的地方色彩，它以吟咏风土为主，写实性描述百姓的社会生活，可以说是底层社会的历史文本。民国《兴仁县补志》这样解释竹枝词：

咏俗之诗不必高雅，惟能道其真像，将一方风气景物历言

如传神写照,使人偶一读之,即俨然若见,斯之谓妙,故竹枝词
尚焉。①

余上泗的《蛮峒竹枝词》就有大量的类似记述。余上泗在描写独家
的"蓄蛊"这一文化现象时写道:"征商远出播东南,一片崇山入瘴
岚。听说夷风今渐转,筒中少有蓄金蚕。"②传说中"放蛊"是一种古
老而神秘的巫术,主要流行于黔东南、湘西等地。黔东南在整个贵
州来说,森林覆盖率最高,生物资源丰富,"放蛊"恰恰体现了当地人
利用生物资源的智慧。再如,由于贵州不产盐,苗族有腌制酸菜的
传统,来替代吃盐,酸菜是苗族地区一种非常重要的美食。八寨、丹
江、清江、古州等地的黑苗,"艰于盐,用蕨灰浸水,所得死犊、羔、豚、
鸡、犬、鸱、鸦等类,连毛脏置之瓮中,层层按纳,俟其蝍蛆臭腐,始告
缸成,名曰腌菜,珍为异味"③。这本身是一个以酸代盐的饮食方式,
但在汉文献中将贵州的酸菜描绘成了未开化的象征,如其描写动物
"连毛"也藏置瓮中,味道"蝍蛆臭腐"等,这显然是不符合实际。事
实上,苗民制作腌菜是十分讲究的,体现出苗民利用地理环境的生
存智慧,如"荞灰""蕨灰"浸水泡制,是用以代盐。

　　黎平府、古州等处主要分布着黑苗,其"皆跣足陟巉岩,捷如
猿猱",衣食住行与汉人迥异,"炊熟以手持食,藏肉瓮中,以腐臭为
佳"④。早在清初举人阎兴邦在给康熙《贵州通志》所作序中写道:

---

① 民国《兴仁县补志》卷14《食货志》,民国三十二年未刊稿,第17页。

② 道光《大定府志》卷58《文征八》,道光二十九年刻本,第10页。

③ 乾隆《贵州通志》卷7《地理·苗蛮》,乾隆六年刻本,第14页。

④ 庄吉发校注:《谢遂〈职贡图〉满文图说校注》,台北故宫博物院,1989年,
第557页。在此,感谢中南财经政法大学吴雪梅教授提供文献复印件。

　　有言作史之难,无出于志,予以为志难矣,而为黔志尤难。
诸省自秦汉以来,分疆画址,久隶职方。黔则设自明初,割楚
粤川滇之剩地,则星野难齐也;诸省名山大川,各有纪载。黔
则牂牁九隆而外,山不列于益记,水不注于桑经,其他乐史寰
宇希。先方域卷帙浩繁,于黔独略,则典籍难稽也;诸省建官
置牧,历年已久。黔虽通于庄蹻,凿于唐蒙,而由隋迄宋,半属
羁縻,官无循,卓士号天荒。元明以后,略载数人,则政治难详
也;西南诸省亦杂,蛮狖然皆十之二三耳。惟黔十一府皆苗多
民少,椎髻侏㒧,半不通语言文字,则风俗难同也;十一郡之中,
为卫所三十一,为长官司八十二,为土舍丞同巡检三十。近虽
改县设流,非一而旧册已湮,新图未订,则户版难查也。积此五
难,遂成三惑。夜郎与遵义同疆舆,古与曲靖错壤,为梁为益,
分轸分参,则惑于地;且兰遥隔于番禺,紫池沿讹于贵县,舞无
音渚充充字异,则惑于书;晋置宁州,何以刺史,不莅黔二。唐
增采访,何以牂夷,别属剑南,则惑于官。黔志岂易为哉。[1]

这篇序文谈到贵州修志之难的问题,阎兴邦总结为"五难":星野
难齐、典籍难稽、政治难详、风俗难同、户版难查,因而造成"三惑"
即惑于地、惑于书、惑于官。"五难"难在贵州地理环境恶劣,难在
贵州行政辖区是云贵川桂湘等地析分而成,行政架构简略,典籍较
少记载,族群种类繁多,户籍人口不清楚。因此,"三惑"惑在地方
治理起来会十分艰难。可以说"五难""三惑"问题,在清代士人心
中留下了深刻印象,从中可以看出,所谓"苗蛮之地"包含两层含
义,一是地理环境的恶劣,二是人文不昌。

---

[1] 乾隆《贵州通志》卷39《艺文·序》,乾隆六年刻本,第29—30页。

　　此外,本土的知识阶层,由于长期生活在贵州,对贵州的认识则更为深刻些,相对来说也更客观些。如清代贵州著名学者陈法,为贵州安平(今平坝区)人,康熙五十二年(1713)举人,其在《黔论》中评论道:

　　　　黔处天末,崇山复岭,鸟道羊肠,舟车不通,地狭民贫。无论仕宦者视为畏途,即生长于黔而仕宦于外者,习见中土之广大繁富,亦多不愿归乡里。吾以为,黔人有五病,而居黔有八便。

　　　　何谓五病? 曰陋、曰隘、曰傲、曰暗、曰呆。闻见不广,陋也;局量褊浅,隘也;任性使气,傲也;不通世务,暗也;不合时宜,呆也。陋者宜文之,隘者宜扩之,傲者宜抑之,暗者宜通之,而惟呆,则宜宝之,不可易以巧滑也。

　　　　何谓八便? 鱼米价贱,一也;无大荒裉,二也;无大寒大暑,三也;风俗俭朴,四也;举人一科拣选,五也;有奇山水可供游观,六也;山多林木,养生丧死无憾,七也;山洞可以避秦,八也。①

陈法很客观地分析了贵州自然环境,以及社会经济文化等方面落后的原因,将其概论为"五病"。正是这五方面的落后,造成了贵州在八个方面的优势和独特性,故称为"八便"。

　　总之,相对于中原中心地区而言,贵州处于边缘地区,中心与边缘既是政府治理的区别,亦是文化的区别,上述"苗蛮"形象反

---

① (清)陈法:《犹存集》卷5《记辩论》,陈德远点校,贵州人民出版社,2009年,第133—134页。

映出清代国家对贵州的地理和人文的定位。

第四节　苗民的社会生活

　　苗族是一个历史悠久的民族,有文字记载以来,苗族经历了无数次的迁徙,造就了苗族大杂居小聚居的人口分布格局。根据 2010 年人口普查统计,苗族人口在我国 56 个民族中占第 4 位。苗族几乎分布在全国各地,但主要分布在贵州、湖南、云南、重庆、广西等省市。据民国《贵州通志》记载:"三苗之后有九种,黔省最多。"① 贵州是全国苗族人数最多的省份。苗族通过刀耕火种、梯田的开发、稻田养鱼等生产方式,形成了一套自己独特的农业生计模式。这套生计模式是因该地域独特的地理、气候以及封闭的地域制度安排形成的,并由此形成了与环境适应的、与其经济形态和文化心理素质相适的、特色鲜明的民族习俗②。正所谓,"一方水土养一方人",在这块特殊的大地上世代生存的贵州少数民族的生活深受当地环境之影响,他们的社会生活也因此烙上了当地环境的印记。

一、生计方式

　　受贵州山水相间环境的影响,当地苗民只得在河流两旁呈弓形田或梯田(在斜坡处的田微微倾斜,被称之为梯田)或带田(山中间直至山脚的田比较完整且平坦,远处望去似绸带,故称之为带田)处种植水稻。因整体地势高低错落,所以并无连田阡陌的景

---

① 民国《贵州通志》《土民志一》,民国三十七年贵阳书局铅印本,第 11 页。
② 笔者曾就黔西北为例,阐述了社会结构、社会生活等文化与环境之间的互动关系。参阅袁轶峰:《文化与环境:清至民国时期黔西北农业生计模式》,《贵州大学学报》(社会科学版)2008 年第 5 期。

象,最多的就是连续一二里的稻田。村子里的田分布零散,村民房屋随田而居。此外,在一些森林植被繁茂的地方,村民会将枯木砍伐来烧火,也会在山林之中放牧牛羊。民国《八寨县志稿》描绘了该县的情景:

> 县多山,全境山居十八九,三五两区尤甚,二四两区边隅亦如之,两山之间小溪通焉。两旁数弓地亦可拓田,坡陀斜下则为梯田,横旦山腰下至山麓则为带田,零星参伍,土石错列,辟土为田者名曰蛤蟆老鼠田。然溪水不断,性寒而禾,不甚朴茂,环境无大坝,以其山势错杂故也。即有之阡陌连绵者不过一二里,余则畸零散布,村落随田而聚,大概城之附郭、乡之村脚均属膏腴。此外,则功倍而事半,旱涝则收成百不一二也。山多带土,颇有天然森林,附近居民不特不加培养,且不时斩伐,野火从而烧,牛羊从而牧,则易芃芃而濯濯,此虞冲职缺之故也。[①]

相对来说,地理环境的变迁是一个非常缓慢的过程,我们从现在的地理环境图片中可以直观感受到贵州的自然地理情况。比如图1.4,这样的图景在贵州随处可见。

　　传统时代,贵州这样的地理环境完全是靠天吃饭的。为了保证来年庄稼丰收,苗民尤其注重对气候的把握,充满智慧的苗族在数百年的生活经验中总结出什么时节、时辰做什么有益于农作物的生长,尽管有些禁忌并无科学道理可言,但他们仍然坚信不疑。他们笃信,唯有坚持那些世世代代流传下来的传说就能保障他们来年的生计,使其生活富足。如"农家四时有忌有宜,反之,则农事

---

① 民国《八寨县志稿》卷 17《农桑·农地》,民国二十一年铅印本,第 1 页。

图1.4　贵州丹寨的梯田

不利。甲子忌雨,丙寅忌晴,甲申忌雨,己卯忌风,正月元日宜阴,七日宜晴,八日宜明,甲子宜雨,立春日忌雪裹雷"①。此外,他们基于对气候的把握,总结出水稻的最佳种植时节,"亦有清明节播种者,但气候尚寒,若遇连日雨,种必坏。若俟桐子花开时播之,亦无坏秧之患"②。

　　苗民多以种植水稻来维持生计。"贵州人民,多以米为主要食品,故农民莫不种稻,稻之品种,多为水稻,陆稻种者绝鲜"③。但水稻种植多受贵州特殊的自然环境制约:

　　　　贵州农田,多在山洞中,成梯形式,平原绝少。经营方法,

———————————

① 民国《八寨县志稿》卷17《农桑·农事》,民国二十一年铅印本,第3页。
② 民国《八寨县志稿》卷17《农桑·农事》,民国二十一年铅印本,第4页。
③ 民国《今日之贵州》《贵州农桑概况》,民国二十五年铅印本,第1页。

纯为旧式,殊不宜于新法经营,且因垦山成地,垦地成田者多,沙石确□,土壤瘠薄,天然生产力,较沿江湖之处为逊。水利虽有乌江、榕江、清江河、舞水等河流,而行经峻岭丛薄间,湍急激越,少停蓄势,可藉以收灌溉之利者甚鲜,故数日不雨,即苦干旱,惟雨泽特多,秋冬之间,尤见细雨连绵,春夏亦鲜有晴至旬日以上者,俗称天无三日晴。①

据此,苗民总结了一套关于水稻种植的方法:

　　　以其气宣地必向阳,以其水温泥必浅脚,以其土不寒秧田,先融以水壮以粪,或以油菜花散之,田然后醒以犁,揉以耙,如是者三,又以大粪沃之、以豆青覆之、以淤泥坿之,俟水澄清乃烂乃下种,秧必善。故精治秧者收强,谨胎教者子良。②

相对湿度较大的气候特征是贵州又一大特点。这样气候条件不利于粮食的储存,但这对勤劳智慧的苗民来说并不是难以解决的问题,在储存粮食时,他们有自己独特方法:

　　　藏之道有五:仓也、草棚也、竹苞也、瓮盎也、火焙也。五者各有所宜。稻既收以簸、以扬、以概、以量、以入仓,仓中必间空竹数筒,令泄气通风,谷必干,不干则霉,米无筋丝。若不干时,天晴必曝之,有二分湿亦可储,春必干。试啮之绽牙,量岁用有余,余者母栅构四柱架平,承其上,底以笆筳积而总。

① 民国《今日之贵州》《贵州经济概况》,民国二十五年铅印本,第1页。
② 民国《八寨县志稿》卷17《农桑·农事》,民国二十一年铅印本,第4页。

此外,茎而内穗下,小而上,大而圆,必尖上以草,盖通风泄湿,可藏四五十年。枷之粟秆皆如新,若粟有余,藏贮于中央,可免鼠耗,亦不防盗,架必丰,大地必明燥。藏包谷以横杆,即壳为系排挂之,鳞鳞次次,努目视地,令风日渗其湿气。[①]

从水稻的种植时间、稻田的耕作、村落地聚集以及粮食的储存方法等方面可知,地理环境对当地村民生活的影响已经渗透到他们的日常生活之中。

棉花种植是苗民又一生计方式。据《八寨县志稿》记载:"棉补蚕丝之不及,较之蚕丝尤普通焉。八邑民风俭朴多安于棉,而异于帛,以其帛难得而棉易致也,惟地性寒,蚕桑则难培养,且价高棉数倍,棉故本土不丰,丰于邻近之三合,且毗连三合之近地亦产也。村中苗妇每年及时负来至三合属之堡屯地耕种获,则照法轧而纺而织而成衣,谓之土纱布。"[②] 相对来说,棉花种植成本较低且用途更为广泛,所以不少苗民家族都会利用空闲土地种植棉花。

养牛业与自然地理条件和民族养牛传统密切关联。一是贵州高山草地多,田埂草、林间草丰富,适宜养牛;二是耕田犁地、积制肥料,赖以养牛;三是贵州百姓素有喂"养老牛"和冠丧祭宰牛的民族习俗。牛的饲养,多以放牧为主,少数放牧不便的山区多常年关养,饲料以青草为主,冬季主以稻草,间或放牧,或采五节芒草补饲,或以少量米糠、红薯补喂。

由于贵州高原山地居多的特点,苗民多散处在深山穷谷之中,不仅山高道险,交通不畅,而且生产极为落后,加之朝廷通过各种

---

① 民国《八寨县志稿》卷17《农桑·农事》,民国二十一年铅印本,第5—6页。
② 民国《八寨县志稿》卷17《农桑·绵业》,民国二十一年铅印本,第8—9页。

政策措施进行人为的阻隔封锁,使苗民特别是"生苗"与外界的交往十分困难,处于一个相对封闭的环境之中。《黔南职方纪略》有大量的记载苗寨的生活环境。试举数例：

丹江厅(今雷山县)：

> 其峭壁悬岩,高出云表,深林密树,雾雨不开,泥泞没膝,蛇虫交行,不特人迹罕到,即本地苗蛮亦只知附近大概。斯言不谬,今封禁已久。①

都江厅(今三都县)：

> 近厅以西悬崖绝壑,无路可通,抑且寨落凋零,每寨多不满三四十户,土薄而冷,闲有开垦成田,每患雨水所冲土塌石见。②

清江厅(今剑河县)：

> 各寨悬崖绝壑,地利甚微,非若清江之地接黎平、清水江界乎。③

这些地带交通极为不便,土地贫瘠,人烟稀少,客民很少进入苗界,

---

① (清)罗绕典:《黔南职方纪略》卷5《都匀府》,台北成文出版社,1974年,第133页。
② (清)罗绕典:《黔南职方纪略》卷5《都匀府》,台北成文出版社,1974年,第136页。
③ (清)罗绕典:《黔南职方纪略》卷6《黎平府》,台北成文出版社,1974年,第173页。

只有苗民三三两两零星散处各地。丹江厅"各寨之山荒土辽阔，贫民挖种住居既久，日渐增多，或三二里一户，或十里八里三户五户"①。都江厅"苗民且不聊生，客民又何从托足。是以苗寨内绝无贸易手艺之户，即刨挖山土，悉系苗人，亦无蓬户"②。

二、日常生活

苗民的日常饮食与其生计模式有着密切的关系。苗民虽系农耕稻作民族，但贵州山多田少，苗族主要在山区和高原地带生活，除居住在平坝和河谷的苗民以大米为主食外，其他地区的苗民主要以玉米、红薯、土豆、薏苡、荞麦等杂粮为食。乾隆《贵州通志》"苗蛮"记载：都匀之八寨、丹江，镇远之清江、黎平之古州一带的黑苗，"食惟糯稻，舂甚白，炊熟必成团冷食。佐食惟野蔬。无匙箸，皆以手掬"③。台拱一带，"军户多食晚米，苗人惟食糯米"④。改土归流以前，水田一般多种植糯稻；改土归流以后，受汉族农耕的影响，也开始在水田种植稻谷，但由于产量不高，苗民日常食用仍然以糯米为主。林溥《古州杂记》中记载苗民与屯军耕作上的差异：

> 苗民俱食糯米，收获较迟，九、十月方始登场。屯军均种粘谷，收获最早，五月内即吐颖结实，六、七月新谷满市矣。⑤

①（清）罗绕典：《黔南职方纪略》卷5《都匀府》，台北成文出版社，1974年，第133—134页。
②（清）罗绕典：《黔南职方纪略》卷5《都匀府》，台北成文出版社，1974年，第136—137页。
③乾隆《贵州通志》卷7《地理·苗蛮》，乾隆六年刻本，第14页。
④（清）爱必达：《黔南识略》卷13《台拱同知》，道光二十七年刻本，第4页。
⑤（清）林溥：《古州杂记》，嘉庆刻本，第5页。

在种植水稻的同时,苗族还将一些水源不充足的火烧地用于种植旱地作物。旱地作物主要有包谷、小麦、小米、红薯、土豆等等。据民国《今日之贵州》记载贵州民国初年的农业情况:"全省耕地,旱田多于水田,而旱田所种作物,复迫于灌溉水吸引困难之故,农民不能不选择耐旱作物种植,以求生产之安定。是以全省各县农民,殆无不种玉蜀黍者,因而玉蜀黍之种植面积,平均共达二百九十二万七千亩,生产总量,平均达七百一十四万二千担。"[1] 在众多旱地作物中,包谷成为了贵州非常重要的辅食。比如婺川县(今务川县)东南二乡"产米不多,有包谷杂粮等项足敷民食,无须他处接济"[2],普安直隶厅"地宜晚谷,间种黍、菽、麦、荍。包谷俗称玉麦,民间赖此者十之七"[3]。仁怀县的"箐地田"田质较差,不适合种植水稻之类,只适合种植旱地作物,"箐地田土气冷,有大春无小春,宜稻、菽、小谷、稗子、高粱、包谷,而民间尤恃包谷为日用之需。其稻谷植于当弯处,可斗种而石收,平坝向阳之地可收二石。久雨则损秧,旱则冻,被风伤则无收,故箐地之田价最贱"[4]。所以,种植包谷的土地一般选在缺少水源的缓坡和高山上。对比水稻产量,种植旱地作物收成远高于水稻,例如甘薯,"俗呼韶,薯声之转,有红白二种。山农广种者,收多至三四十石,即煮以当粮,亦可碎切和米作饭"[5]。

苗民一般都是一日两餐,春耕与收割大忙的季节才吃三餐。

---

[1] 民国《今日之贵州》《贵州农桑概况》,民国二十五年铅印本,第 3 页。

[2] (清)爱必达:《黔南识略》卷 16《务川县》,道光二十七年刻本,第 12 页。

[3] (清)爱必达:《黔南识略》卷 29《普安直隶厅》,道光二十七年刻本,第 7 页。

[4] (清)爱必达:《黔南识略》卷 31《仁怀县》,道光二十七年刻本,第 14 页。

[5] 中国社会科学院历史研究所清研究室编:《清史资料》(第 7 辑),中华书局,1989 年,第 293 页。

"苗食日常两餐,春夏始三餐,以粟米、包谷诸杂粮为饭"①。这种饮食习惯一直到现在保持着。清代对苗民的生产生活有不少记载,甚至作图进行描绘,如康熙三十六年(1697)的牯羊苗樵种图(图1.5),即是苗民比较典型的刀耕火种式农作的写照。康熙初年的田雯,在其《黔书》中对克孟牯羊苗进行简单介绍:"悬崖洞穴以居,高者百仞,不设床笫。"②清人李宗昉《黔记》中对克孟牯羊苗进一步加以解释:"耕作不用牛,用铁铲代犁,穮而不芸。男女踏笙而偶,生子免怀后始归财礼。亲死不哭,反笑舞浩歌,谓之'闹尸',次年闻杜鹃声则举家哀哭,曰:'鸟犹时至,至亲不复来。'"③

图1.5　牯羊苗樵种图④

①（清）严如熤:《苗防备览》卷8《风俗考上》,道光刻本,第13页。
②（清）田雯:《黔书》,兰州大学出版社,2003年,第324页。
③（清）李宗昉:《黔记》,兰州大学出版社,2003年,第484—485页。
④康熙《贵州通志》卷30《土司》,凤凰出版社,2010年,第481页。

　　贵州,尤其在黔东南地区最喜食酸汤之类的菜肴,比如腌制酸菜,腌制鱼肉等。由于贵州不产盐,对于苗族来说,吃盐是非常困难而昂贵的,苗人"得盐宝之,各以一撮置掌中舐之,以为美"①。由于盐获取较困难,所以只能通过酸代盐的办法来解决饮食。万历年间郭子章《黔记》记载苗人制酸的情况:"饮食恶草,以荞灰和秫粥酿为臭泲,以鱼肉杂物投之,曰秋蛆蚋,丛嗋以为珍具。矜富羡者则曰:蓄腌桶几世矣。"②清人李宗昉《黔记》专门提到一种酸菜制作方法:

　　　　黔人好食臭腐物,每岁三月洗白菜,铺巨桶中,加以小米,层菜层米,满则以巨石压之,至五月始开,气极恶。沸汤食之,颇以为美也。其汁治泄泻痢疾甚效,土人呼腌菜。③

现如今,贵州依然流传着"一天不吃酸,好菜也不香;两天不吃酸,饭菜不想沾;三天不吃酸,走路打捞蹿"④的谚语。

　　饮酒是苗民的最爱。他们都会自己酿酒,而且可以酿不同的酒。通常以玉米为原料酿的酒,称之为"包谷酒",这种酒酒性烈,酒精浓度高,一般在五十度以上,在贵州很多地方盛行此酒。用普通大米酿制的酒,俗称"水酒",这种酒酒精度数较低,一般在三十度左右。还有一种以糯米为原料酿制的酒,称为"米酒",酒精浓度一般仅在十五度左右,性平和,微甜,不易醉人。其他,如"苗酒",

---

① (清)严如熤:《苗防备览》卷8《风俗考上》,道光刻本,第13页。
② (明)郭子章:《黔记》卷59《诸夷·苗人》,万历三十六年刻本,第2页。
③ (清)李宗昉:《黔记》,兰州大学出版社,2003年,第408页。
④ 捞蹿,方言,意为走路摇摇晃晃,东倒西歪。

在都匀府一带盛行,其"色红而味醇厚"①。遵义的"咂酒",又叫"咂嘛酒","以粳米或麦粟粱黍酿成"②。婚丧嫁娶、祭祀和亲朋相聚的时候,常饮此酒,一醉方休。南笼府的苗民,"每岁三月初三宰猪牛祭山,各寨分肉,男妇饮酒食黄糯米饭……苗语以是曰为更将,犹汉语呼为过小年也。……男妇性嗜酒,每逢场集,三五成群,必醉而归,亦积习然也"③。

　　背篼是苗民非常重要的劳动工具,苗民几乎随时随地携带在肩。清人严如熤在《苗防备览》一书中描写了背篼在苗民山地劳作中的作用:

　　　　苗耕,男妇并作,山多于田,宜谷者少,燔榛芜垦,山坡种芝麻、粟米、麦、豆、包谷、高粱、荞麦诸杂粮,既种三四年则弃地而别垦,以垦熟者硗瘠故也。弃之数年,地力既复,则仍垦之,腰背负篼,出入必具,其篼以竹为之,旁有两绳,贯于两肩,秋成以获杂粮,平时以负柴薪,负重致远。④

然而刀耕火种式的农业常常会对自然环境造成影响,人们很少采取措施以避免对环境造成破坏。人们沿着山坡开辟田垄,种植包谷、土豆和番薯,但新开垦的土地土层较薄,一旦下雨,很快就会冲刷掉肥沃的表层土壤,这块土地因此就失去了地力,人们只得再到另一个地方重复此前的耕作模式。严如熤在《谕农词》中对此细腻生动地描述了这种耕作模式的弊端:

① 乾隆《贵州通志》卷15《食货·物产》,乾隆六年刻本,第4页。
② 道光《遵义府志》卷17《物产》,道光二十一年刻本,第56页。
③ 乾隆《南笼府志》卷2《地理·苗类》,乾隆二十九年稿本,第19页。
④（清）严如熤:《苗防备览》卷8《风俗考上》,道光刻本,第9页。

况乃山土薄,石骨本嶙峋。三年为沃壤,五载已地皮。雨旸偶失节,颗粒难预期。平川人饱食,山民伤阻饥。东邻绝朝糇,西家断暮炊。蕨根野蒿菜,青汁流泥匙。称贷向亲友,同病攒双眉。空腹不能耐,鬻卖及妻儿。回思岁方富,肥甘供朵颐。何知遭此悯?柴立骨难支。①

尽管人们很努力垦殖劳作,但山地地势险峻,土壤贫瘠,再加上粗放型农耕方式,因而人们总是处于贫困状态。

综上所述,我们大致可以了解苗民的传统生计和日常生活,苗民社会生活的各个方面都与其所处的环境有着密切关系。他们充分利用自己周边的物质资源,并将这些物质资源转化为社会生活的重要组成部分。

三、文化生活

苗民的节庆活动颇多,并且各地不尽一致。由于同汉族的长期接触交往,有一部分节庆活动很明显是从汉族移植的,但有相当一部分则属苗民自己所特有的民族节日。有的节日名义虽与汉族相同,但其具体内容和形式却有别。从苗民的民族节日的来由、内涵和主旨看,有季节时序类、敬天法祖类,也有社交娱乐类,但大多互相交错,往往兼而有之。在这些类别中苗年是最隆重的,犹如汉族的春节,需要有个长期的节日做准备工作。

作为一年最盛大的节日,苗年实际上与农业生产有关,往往是在每年秋收之后举行。意味着一年紧张的劳动告一段落,也是对

---

① (清)严如熤:《严如熤集》(第1册),黄守红标点、朱树人校订,岳麓书社,2013年,第221页。

自己一年辛勤劳动的犒劳。如平越、清平等处西苗的苗年,他们是
这样过的:

> 俗以十月收获后,每寨出牡牛三五只,延善歌祝者,着毡
> 衣大帽,履革靴前导,男妇悉青衣彩带,吹笙蹈舞随之,历三
> 昼夜乃杀牛以祀,名曰祭白号,除夕置酒,呼老幼姓名,谓之叫
> 魂。①

苗年的节日丰富多彩,在整个节日期间,既有祭祖的活动,也有斗
牛、舞蹈、唱歌等。在这些活动中,斗牛最能吸引民众,苗民一般把
斗牛称呼为"牛打架"。斗牛活动在某种意义上也有一定的祭祀功
能。在苗民的文化习俗中,一般在大型祭祀活动的时候都会举行
一场斗牛活动。因为按照苗民的祭祖仪式惯例,一般是先要进行
斗牛活动,斗牛结束之后,占卜出吉日吉时,把牛杀死并祭祀祖先。
可以说苗民祭祖仪式的核心和高潮就在于最初的斗牛活动。

更多的人则是单纯地来观看这种表演赛事。在苗年所举办的
活动中,每个人都可以通过各种各样的方式认识来自其他村寨的
新朋友,并以这些活动为主要话题开始热切地交流。其中"游方"
是青年朋友最期待的。"游方"的直译为玩耍,黄平、施秉将其通称
为"互达友",意为与女郎们玩耍。炉山凯棠的妇女相互间常常称
"忧卡",意为看男客人。无论未婚的还是已婚都可以参加,这应当
是一夫一妻制以前的一种习俗遗留②。

---

① 庄吉发校注:《谢遂〈职贡图〉满文图说校注》,台北故宫博物院,1989 年,
第 565 页。
②《中国少数民族社会历史调查资料丛刊》修订编辑委员会编:《苗族社会历
史调查》(一),民族出版社,2009 年,第 198 页。

据笔者在丹寨县南皋乡清江村的田野调查点来说,在婚姻形态上,清江苗寨村民实行一夫一妻制,未婚男女既可以自由恋爱,又可以经由相亲介绍相识。在择偶范围上,村民几乎全为田氏苗族,虽为不同的分支,但村民们认为田氏都属于一家人。为避免近亲结婚,村寨严禁内部通婚,所有未婚妇女必须外嫁其他村寨。此外苗族村民还严禁与外族通婚,如有苗汉通婚者,甚至被赶出家门,永不能回家。清江村与卡乌村邻近,在与其邻近的地方设立"游方坡",未婚的青年男女可以在节日时去游方坡那里对唱情歌。"游方",是苗族青年男女在未婚之前公开自由社交谈情说爱的一种方式。当苗族青年男女年届十六七岁情窦初开时,就开始"游方",主要方式就是在农闲时节,青年男子成群结队从一个寨子到另一个寨子去游方,青年男子到到寨子边的游方场上,即传统的青年男女社交场所,手捏嘴唇打起哨子或吹响木叶,以声报信。该寨子的青年女子就成群结队出来,经过一番选择后,与男方对唱起情歌①。尤其是在二月翻鼓节②的时候,黔东南州这一带的少数民族都可以来参加对唱情歌的活动,这给男女创造了更好的谈恋爱的机会和条件,拉近男女之间的距离,加深感情,发展恋爱关系。青年男女通过"游方"情投意合之后,便可交换信物,私定终身。在苗族贾理《兄妹结婚》中就有一段青年男女通过游方以信物定情的故事:

> 俩人遵定拉金口,依定圣玉言,一个去山脚呼:"阿姐来去哪?"一个去山头应:"我来物色夫。""丈夫当是我。""阿

---

① 政协雷山委员会编:《雷山民族婚俗》,德宏民族出版社,2017年,第1页。
② 翻鼓节是苗族在春天"动土"干农活前举行的传统仪式,盛行于丹寨县的南皋和兴仁一带,于每年的3月初举办。

哥来去哪？""我来物色妻。""妻子当是我。"一个就掐草,一个就挥手,搬石来坐处,就得名党依,摘叶垫坐处,就得名者俄("俄",树叶,此树为阔叶乔木,常被来山坡上"游方"的男女摘来垫坐或遮阴),交换戒指处,对换手圈处,就得名排鸳("排鸳"意为交换信物的山坡)。①

"游方"对歌活动中男女双方相互加深对彼此的了解,如果双方达成一致的话,那么很快他们就可以结成连理,过上幸福的生活。有意思的是,苗民的文化活动大都以"反规范性"的形态展现,小到个人,大到整个社会,所有的个体或者是集体都生活在一个有着各种规矩和标准的框架之中。而"反规范性",顾名思义,就是违反既定的社会规则,逃离原本构建好了的社会框架。节日作为传统民俗中不可或缺的一部分,在人们的日常生活中起着不容忽视的作用。同时,节日作为苗民日常生活中相对来说比较特殊的时间,人们在这期间的所作所为与平时相比具有极大的差异。所以,在某种程度上,节日也是人们逃离社会原定框架、反抗社会规则和秩序的一个重要渠道,且不用付出违反社会规则所需要支付的代价。这正好与汉族的儒家礼仪是相悖的。

以上仅仅从几个方面对苗民的社会生活进行了粗略描述,苗民在数千年的历史发展中,形成了一套与其经济形态、生存环境和文化相适的、特色鲜明的生活方式,这样一套独特的生活图景均有别于汉人世界。对于这样的土著民族,客民进入之后,将如何与之交往,地方、国家又将怎么面对客民所带来的社会变化进行调适呢？

① 王凤刚译注：《苗族贾理》,贵州人民出版社,2009年,第400—401页。

第二章　客民的迁徙与分布

清代贵州的改土归流和对"生苗"地界的开辟,在很大程度上打破了以往少数民族地区的封闭和隔绝状态。与此同时,清政府采取了一系列政策,奖励屯军进行屯田,鼓励客民迁徙贵州,在此背景下,大批的屯军和客民进入贵州各地。清代贵州客民不断深入到贵州腹地边缘地区,及至清代中后期,贵州境内到处是客民,有些地方客民数已远超土著数。客民经历几代几十年,甚至上百年后,逐渐形成"同乡聚居"到"同姓聚居",最后发展成"聚族而居"的社会聚落形态。客民本身也开始发生贫富分化和阶层分化。

第一节　客民迁徙贵州

一、从屯军到客民

贵州客民的来源大致由屯军、流民、商人、手工业者以及农民等构成。明永乐十一年(1413),贵州正式建制为省,设置贵州承宣布政使司,成为省一级的行政单位。建省之初,鉴于贵州人口稀少、地方政务繁忙,明政府采取"移民实边"的重要举措,即由地方官府统一部署,安排大量军民在各郡县驻扎,实行卫所制度。

明洪武年间,贵州屯军数量达到高峰。比如洪武十五年(1382),播州、沙溪等地"以官兵一千人,士兵二千人戍之"①,洪武十九年(1386),乌撒等卫军士达二万五千八百余人②。根据古永继的估算,到嘉靖年间,贵州各卫所的军民总数估计在六七十万人③。明清时期贵州的客民大致可分为两大类,一类是带有强制性的客民;一类是自发性的客民,前者主要以屯军转化而来。

　　明至清前期,贵州客民是零散的,主要还是以屯军为主,以亦军亦农的形式进入贵州。屯军具有强制性,"人以籍为定",不准冒乱。依《明律》,军户诸色人户,皆以籍为定,永当差役;不得诈冒脱免,避重就轻。所以在明代脱免军籍是很困难的④。贵州屯军的屯田户并非全是屯军所承担,主要是人员常常不足额,需要不断补充进来。明嘉靖年间,巡抚贵州都御史刘大直鉴于贵州土地荒芜较多,"因令各该卫所清查前荒田地,招集军、民、流、商,诸人芟秽耕种,许以三年成熟,照数纳粮"⑤。各地军屯荒地较多,需要招集大量人员进行垦殖。嘉靖《贵州通志》对此有详细记载,笔者根据记载制成表格(表2.1)。

---

① 贵州民族研究所编:《〈明实录〉贵州资料辑录》,贵州人民出版社,1983年,第23页。
② 贵州民族研究所编:《〈明实录〉贵州资料辑录》,贵州人民出版社,1983年,第51页。
③ 古永继:《元明清时贵州地区的外来移民》,《贵州民族研究》2003年第1期。
④ 王毓铨:《明代的军屯》,中华书局,2009年,第242页。
⑤ 嘉靖《贵州通志》卷3《土田》,嘉靖三十四年刻本,第27页。

表2.1　明代招集客民屯田情况

军屯名称	招垦情况
黎平府	自洪武十九年大军平定之后,居民死于锋刃者十七八,后渐招集流亡种植树艺。
永宁州	抛荒田地不等,招集军余、民人八十六名佃种。
程番府	抛荒田亩不等,招集哨堡、土、流、客民,诸人不一佃种。
贵州卫	半抛荒屯田七千六百七十八亩七分,佥补舍余三百七十九名,招集民人三百三十四名佃种。
贵州前卫	抛荒屯田八千四百一十七亩九分九厘八毫,佥补舍余六百七十二名,招集民人三百九十九名。
龙里卫	抛荒屯田七百九十八亩,招集仲苗七十二户。
新添卫	抛荒屯田四百五十亩,招集民人八十名。新添等司各义民田二百五十四亩四分四厘,招集民人三十五名。
威清卫	抛荒屯田六十五亩,招集。
平坝卫	抛荒屯田六十二分,招集军民人等六十二名。
安南卫	抛荒屯田一千八十二亩,招集军舍、客民五十六户。
毕节卫	抛荒屯田二百九十亩,招集民人二十九名。

资料来源:嘉靖《贵州通志》卷3《土田》,嘉靖三十四年刻本,第24—30页。

从上表可以看出,明代贵州荒地较多,包括大量的屯田。田地荒芜较多,原有的屯军无法进行耕种,只有面向各色人等进行招垦,如流民、苗民、土弁、客民等,其招垦门槛极低。清前期,也面临这样的问题,但相对明代来说,清廷招垦门槛要高。乾隆初年,允禄等建议从屯军后裔中解决缺额,朝廷批准了允禄的奏折,将"新疆六厅"一带的逆苗绝产安设屯军,"从前招募之兵,现经臣等议请拨补新设兵额,所余兵丁,尚不敷安设屯军之用,应令张广泗就近招募年力精壮、可充兵丁之人,令其领种"[1]。就是说,从兵丁子弟及退伍兵丁中

---

[1] 中国第一历史档案馆、中国人民大学清史研究所、贵州省档案馆编:《清代前期苗民起义档案史料汇编》(上册),光明日报出版社,1987年,第235页。

进行挑选屯丁,以充实屯田。

　　清前期的贵州社会并不太平,尤其改土归流前后的社会矛盾特别突出,各地社会动乱不断,清廷为加强对贵州地方社会的控制,只有不断地向贵州少数民族地区用兵,这一时期的卫所数量急剧增加。乾隆初年,贵州屯军于古州等五厅"分设百二十堡,为屯八千九百三十九户。户给上田六亩,中八亩,下十亩,附近山地不限"①。都匀有兵丁 1364 名 ②,凯里卫,共有 13 屯堡,屯军 1036 户 ③。古州的九卫共设屯堡 119 座,屯军 8939 户 ④。为了鼓励外来人员来黔,清政府给予那些自愿前往贵州,且身体健壮的人分配土地和必要的生产资料,按照"每户给与上田六亩,或中田八亩,或下田十亩,其附田山土尽令垦种杂粮,并每户给修盖房屋银三两,牛具籽种银五两,自携带家属起程之日,各予以半年口粮"⑤。在这样的激励政策之下,黔东南地区各地卫所屯户剧增。张广泗奏称,苗疆可"安屯军五六千户,见据各具报,清江可安屯军二千六百余户,古州三保可安一千一百余户,八寨可安八百余户,丹江可安九百余户,其余尚有古州山苗一带暨台拱、凯里、黄平、施秉、胜秉、清平等处约计可安五六千户"⑥。这些屯军有相当部分最后落籍地方。笔者主要根据乾隆《贵州通志》对全省屯军数进行了统计,见表 2.2。

①（清）赵尔巽等:《清史稿》卷 120《志九十五》,中华书局,1977 年,第 3506 页。

②（清）爱必达:《黔南识略》卷 8《都匀府》,道光二十七年刻本,第 8 页。

③（清）爱必达:《黔南识略》卷 11《凯里县丞》,道光二十七年刻本,第 7 页。

④ 郭松义、桑士光:《清代的贵州古州屯田》,《清史研究》1991 年第 1 期。

⑤ 民国《贵州通志》《前事志二十》,民国三十七年贵阳书局铅印本,第 17 页。

⑥ 民国《贵州通志》《前事志二十》,民国三十七年贵阳书局铅印本,第 20 页。

表2.2　乾隆初年贵州军屯数

军屯名称	屯堡数（个）	屯军数（户）	屯田数（亩）
古州左右卫	40	2519	18176[1]
台拱卫	12	1039	12455[1]
八寨卫	10	750	5312[1]
清江左右卫[2]	21	1858	10748[1]
丹江卫	12	830	5274[1]
凯里卫	12	950	6566[3]
黄平营卫	6	480	—
麻哈州	1	60	—
清平县		86	—
施秉县	4	267	—
合计	119	8839	58531

　　资料来源：乾隆《贵州通志》卷22《兵制》，乾隆六年刻本，第32—33页。

　　说明：[1]为曹树基统计数，曹树基根据《嘉庆一统志》及相关数据统计。参阅：曹树基，《中国移民史》（第6卷），福建人民出版社，1997年，第154页。

　　[2]乾隆《贵州通志》统计数与乾隆《清江志》统计数有差异，《清江志》记载："乾隆三年安设两卫屯军"，左卫十堡，右卫十一堡，共21堡。在屯军数量上也有差异，乾隆《贵州通志》记载有屯军数1958户，《清江志》合计有屯军1858户。此处采用《清江志》统计数字，原因是《清江志》纂修者胡章，时任贵州镇远府分驻清江通判，其记载可信度更高些。

　　[3]为《黔南识略》数据。参阅：（清）爱必达：《黔南识略》卷11《凯里县丞》，道光二十七年刻本，第7页。

　　屯堡的屯军往往都携带家眷，为了说明屯堡一个屯军家庭有多少人口，我们将乾隆三年清江的屯堡户口制成表格（表2.3）。

表2.3　乾隆三年清江屯堡户口数

屯堡名称	屯军户数	屯军家庭人口数
宣号堡	105	491
绕庆堡	75	355
新柳堡	151	712
汪泽堡	70	329
天培堡	81	376
南嘉堡	115	545
章汉堡	97	456
德阜堡	100	475
九仪堡	87	432
柳金堡	100	495
嘉禾堡	146	672
万安堡	50	232
镇江堡	58	267
柳荫堡	100	461
松乔堡	123	566
南金堡	82	377
观摩堡	96	442
玉梁堡	50	231
培养堡	65	299
台列堡	142	653
顺安堡	65	251
合计	1858	9117

资料来源：乾隆《清江志》卷3《食货志·户口》，乾隆五十五年钞本，第1—5页。

根据表2.3的统计数，屯户数1858，屯军家庭人口数9117，通过简单计算，清江屯堡的屯军家庭每户平均人口数为4.9。若每户按5口计，全省屯军人口数有44195，这是一个不小的数目。

屯军数量的不断增加，与清前期朝廷的鼓励移民政策密不可

分。乾隆元年（1736）张广泗在《议覆苗疆善后事宜疏》中就"逆
苗绝产安插汉民领种"提出自己的看法：

> 臣等查新疆苗众震慑军威，就抚方始，若遂招集民人分种
> 管业，未免复起惊疑，转于新疆无益。臣等酌议，不若暂给驻
> 守之兵丁，并兵丁之子弟就近耕种，既可便于稽察，亦可少佐
> 兵粮等因。臣查新疆地方所遗绝产，臣前陈请安插汉民实属
> 浅陋之见，但大学士等抄寄，钦奉上谕，与其招集汉民，不若添
> 设屯军，俾无事则尽力南亩，有警即可就近抵御，则苗疆驻扎
> 之兵数较多，而兵气自奋且省添兵之费。[1]

从这份奏折可以看出，张广泗的看法发生过改变。之初，他赞同采
取招集客民的建议，但之后改变了这种看法，采取添设屯军的措
施。这种变化反映出清前期朝廷治理贵州的需要，到后期，由于贵
州政治局势稳定，改土归流已全面推行，针对客民的政策也相应地
发生了变化。

清后期，朝廷不断渗入贵州腹地，相应地在贵州腹地设置卫所
进行管辖。此时，客民往往会依托卫所屯田进入苗地。如清江、台
拱两厅昔为生苗巢穴，自张广泗平定苗乱之后，清政府权力逐渐渗
入"生苗"地界，在清江、台拱设置有四个卫所，二十三个屯堡，安设
左右两卫，千总两员，屯堡有十一处，屯军达三千多户。屯军"棋布
星罗，分屯各堡始，则各屯户服力其中，田土山场界限井然。继而各
省客民来者接踵矣"[2]。大量客民依托卫所，不断地蚕食苗民的土地。

---

① 乾隆《贵州通志》卷36《艺文·疏》，乾隆六年刻本，第3—4页。
②（清）罗绕典：《黔南职方纪略》卷6《镇远府》，台北成文出版社，1974年，
　第172—173页。

　　清朝设置屯军与明代已有很大变化。以《清江志》对清代设置屯堡记载为例,志书记述了与明代屯堡的区别:

　　　　明制设卫乃设屯,设屯乃设军,每军授田二十亩,纳租六石,今因之。苗疆新辟,恐诸苗之叛服靡常也。因设军于要害杂处以防之,将各叛田收入编户筑堡,每军各授田六亩。①

明清卫所有共同之处,卫所与军屯合二为一,亦军亦农的性质,目的都是控制苗地。但随着政治形势的变化,明代的屯堡主要设置在交通要道上,清代的屯堡设置在与苗、特别是"生苗"交错之处,反映出清朝的国家权力已经渗入至贵州腹地的事实。大量的"生苗"地界变成了"新疆",为了稳定和加强"新疆"的统治,毫无疑问,需要加强卫所的力量,而卫所需要考虑屯军的稳定性,清政府允许屯军户可以携带家眷,甚至无家属的政府予以婚配。朝廷也鼓励外省客民迁入人口稀少,土地较多的贵州。因此,在这样的"推力"和"拉力"之下,大批各种各样的客民迁徙贵州。

　　清初,对迁入的客民给予土地和生产资料,但不允许入民籍。本地人称这些外省来的人为"客籍"。相对而言,这些客民在政府的庇护之下,占据着贵州有利的地势,"苗民止种山坡、沟涧"②。而肥沃的土地被屯军或以民屯的名义占领。"自平苗后,平衍之区安屯设卫,余皆苗民开垦,未经丈量升科,无亩可计。惟赤溪、岑戈等寨汉民有田二百四十三亩"③。之后,这样的情形发生了变化。我

① 乾隆《清江志》卷3《建置志·屯堡》,乾隆五十五年钞本,第1页。
②(清)爱必达:《黔南识略》卷9《丹江通判》,道光二十七年刻本,第7页。
③(清)爱必达:《黔南识略》卷13《清江通判》,道光二十七年刻本,第9页。

们以贵州东南部为例加以考察,古州五厅及凯里县等地大约分布有 119 个军屯,驻所之处,就是一块块山间盆地。每个点平均驻扎八十户左右,构成一个较大的村庄。随着屯户家属人口繁衍和外省客民不断进入,土地已经显现不敷,于是,客民垦殖的区域就会向盆地四周的山地推进,苗民的分布则越来越向深山中退缩,从而引发客民与苗民的矛盾与冲突。罗绕典指出:

> 顾设屯之始,无非抚驭归顺余苗,并禁约汉奸私入煽诱,播弄构衅。农隙之时仍须入伍操练,是以择其扼要处所,建筑汛堡。苗多则屯户多,苗少则屯户亦少,即于田土夹杂处所,逐一区画整齐,务令屯兵与苗人界限井然,所以杜后来挼混侵占之弊也。①

罗绕典很明确地说明了清政府设置屯堡的目的不仅仅是控制苗民,还需要防范客民不断进入苗地。然而,在人多地少的局面之下,怎么可能管束得了客民的垦殖界限呢? 如古州厅的“客民之依傍屯军,潜身汛堡而眈眈苗寨者,亦复不少矣”②。屯军的屯民、外来的客民对苗民的极力压迫,引起了清政府的担忧,以至于政府下令,“嗣后屯田不准别佃客户,承种只准招佃苗人”③。

---

① (清)罗绕典:《黔南职方纪略》卷 6《镇远府》,台北成文出版社,1974 年,第 173—174 页。
② (清)罗绕典:《黔南职方纪略》卷 6《黎平府》,台北成文出版社,1974 年,第 163 页。
③ (清)罗绕典:《黔南职方纪略》卷 6《镇远府》,台北成文出版社,1974 年,第 175 页。

二、客民迁徙的动力

从古到今,移民的形成一般"因为某方面的原因—主要由家中男子外出谋生—经过一段时间打拼立足—妻儿或亲戚投奔—形成一定规模移民聚落"。

早在二十世纪五六十年代,西方用最为盛行的"推力—拉力"理论来分析移民形成原因。该理论认为,迁入地的拉力与迁出地的推力导致人口由迁出地向迁入地流动。换句话说就是人口迁移是由"力量"决定的,一方面是促使人们离开一个地方的"推力",另一方面是吸引人们到另一地方的"拉力"[1]。在西方的这套理论中,普遍存在这种观点,认为迁入地的条件远比迁出地优越,因此移民是从落后地区向发达地区的流动。用一句谚语形容"水往低处流人往高处走"。就我们所研究的贵州情况来看,未必如此。国内较早关注移民社会问题的陈孔立,他对西方的"推力—拉力"理论就持质疑态度。拉力主要表现在有较多的谋生机会和发展机会。即迁入地或是可以提供免费或廉价的土地;或是可以有较多的劳动就业机会;或是需要劳工的当局提出某些招徕、优待外来移民的政策;先行到达的移民传回有利的信息;可以获得某些方面的自由等,这至少是当代以前各地移民所面对的普遍的历史实际。用推力和拉力理论并不能解释移民的全部动因,例如,有些强制性的移民,被迁移者并不愿意离开原居地;有的是军事移民,出于政治目的,与原居地的'推力'并没有直接的联系[2]。陈孔立认为"推

①〔美〕郝伯尔(Rudolph Herberle), *The Cause of Rural-Urban Migration a Survey of German Theories*, American Journal of Sociology. Vol.43, No.6 (May, 1938), pp.932-950.

② 陈孔立:《有关移民与移民社会的理论问题》,《厦门大学学报》(哲学社会科学版)2000 年第 2 期。

力—拉力"并不能完全解释一些问题。詹姆斯·斯科特（James C. Scott）的著作《不被统治的艺术》则给出另一种答案，作者研究了东南亚的一个叫佐米亚（Zomia）的族群，这个群体不是被动地移民，他们选择主动地逃避国家体制，逃避社会政治结构①。也就是佐米亚自己选择了将自身长久地置于国家的触角之外，建立一种属于自己的山地区域社会历史结构。尽管像佐米亚这种类型的移民并不是主流移民的生存状态，但詹姆斯·斯科特的研究提示我们，移民有多种选择，有抵抗，有逃亡，有主动甚至其他。贵州这个地方生存条件并不是很理想，甚至是相当恶劣，是什么"拉力"吸引无数的客民来到贵州呢？这就需要我们具体问题具体分析。

清雍乾年间众多客民迁入贵州，其本质是同期全国人口急剧增加的真实写照。嘉庆五年（1800）冬，云南诗人师范途经贵州时，看到熙熙攘攘的路人，背着从老家带的生活用具，托儿带口，涌入贵州。诗人就此创作了写实性《移家行》：

> 皇帝五载庚申冬，臣范走马黔山阳。黔山雄谲肆奇峭，中通曲蹬盘羊肠。连宵大雪白无际，千岭万岭堆球琅。属冰络地冻石骨，回飙吹面森剑铓。骡特伏耳蹄不下，舆皂窘步神先僵。即教饱暖亦裹足，竟以寒饿来相当。男女杂沓纷老稚，颠茧蹩躄盈道傍。姐或掖妹子负母，姑嫂娣姒交扶将。或呼邻里或姻娅，如蚁聚阵雁分行。前挽后坐互提挈，手挟鞋袜肩筥筐。家具琐屑靡不备，引绳争致牛狗羊。小儿三尺亦结队，竹杖牢挂愁趋跄。观之忽觉泪被面，彼茕茕者投何方？牧民

① 〔美〕詹姆斯·斯科特：《逃避统治的艺术：东南亚高地的无政府主义历史》，王晓毅译，生活·读书·新知三联书店，2016年。

谁实令斯境？胡乃听其轻其乡！为言："祖籍界川贵，人多田少春乏粮，两经旱涝耗籽种，箧中典尽单衣裳。昨传兴义好土头，膏坟沃壤兼赤黄。水泉撒漫易耕耰，多余粒米填仓箱。仲苗首乱旋就戮，近复尽族遭天殃！腴田咸弃作瓯脱，因之西上同开荒。此生但得足饘粥，首丘客死俱寻常，况携妇孺合亚旅，天涯是处皆梓桑！"乍闻而语疑且叹，而辈终恐成流亡。汉夷错处本冰炭，还一难与分奸良。吾滇前年苦盐政，举室迁徙蛮中藏。威缅同时迭煽动，转输几度劳斧斨。大吏布置应费意，蠲除苛细严贪狼。新户旧户付尺册，按口安插分井疆。巡行时为察勤惰，河要有闸江有防。言之自愧越予职，不言更觉心皇皇。九州被共万间厦，安得遍起天下痹与疮？宅尔宅亦臧厥臧，淳风华世歌虞唐！ ①

值得客民跋山涉水来到贵州，其"拉力"有以下几个方面：

第一，清政府的政策引导客民迁徙贵州。清初朝廷颁布了垦荒政策，积极鼓励人们往荒芜之地移居以进行开垦。从清军入关定都京师，到18世纪中期，此项政策一直得到朝廷的支持，持续了百余年。顺治十八年（1661）二月，朝廷批准了贵州总督赵廷臣奏请："滇黔田土荒芜，当亟开垦，将有主荒田，令本主开垦，无主荒田，招民垦种，俱三年起科。"②朝廷为了加大垦殖力度，鼓励招民复业，耕种其田；招民垦种，开发无主荒地，而且免三年粮税。康熙四年（1665），贵州巡抚罗绘锦疏言："黔省以新造之地，哀鸿初集，田

①（清）师范：《移家行》，转引自万揆一：《清嘉庆初贵州的一次"移民"佚史》，《贵州文史丛刊》1990年第4期。
② 顺治十八年二月乙未，《清实录》（第4册）卷1，中华书局，1985年，第49页。

多荒废,粮无由办,请不立年限,尽民力次第开垦,酌量起科。"① 对那些无主之地,允许开垦,并明令规定:"凡地土有数年无人耕种完粮者,即系抛荒,以后如已经垦熟,不许原主复问。"②

至康熙中后期,贵州的荒地还比较多,康熙三十九年(1700),巡抚王燕疏曰:"黔省荒田尚多,约有十分之四,遍谕开垦,举报寥寥,黔省田亩俱在万山之中。"③ 比如贵阳的长寨(今长顺县)"开辟以来,旷地尚多,境内无铜铅矿厂,亦无税课"④。清初的优惠政策并不能吸引太多的外地人口,效果也并不理想。为吸引更多的人来到贵州,朝廷开出了相对优厚的待遇,"招其能种田亩,并情愿前赴苗疆承领者,给与耕种"⑤。一些地方大员提出加大卫所的屯田力度,贵州巡抚张广泗就提出:"应即在此新兵内招其能种田亩,并情愿前赴苗疆承领者,给与耕种。如仍田多兵少,即就近招募,年力精壮可充兵丁之人,令其领种,但屯军与汉民不同,汉民三时力作之外,别无余事,屯军于农隙之时,当令操演训练,遇事调遣行走,自应筹划充裕,庶无缺乏之虞。"⑥ 乾隆年间著名的贵州学者陈法著《黔苗策》,希望通过屯田的办法达到既能开垦又能稳固苗疆的目的,其《屯田议》曰:

① 康熙四年四月戊辰,《清实录》(第 4 册)卷 15,中华书局,1985 年,第
　　224—225 页。
② 康熙二十二年三月己未,《清实录》(第 5 册)卷 108,中华书局,1985 年,第
　　100 页。
③ 民国《贵州通志》《前事志十八》,民国三十七年贵阳书局铅印本,第 60 页。
④ (清)爱必达:《黔南识略》卷 1《贵阳府》,道光二十七年刻本,第 22 页。
⑤ 乾隆《贵州通志》卷 36《艺文·疏》,乾隆六年刻本,第 4 页。
⑥ 乾隆《贵州通志》卷 36《艺文·疏》,乾隆六年刻本,第 4 页。

求善后之策，无过于招来汉人，使屯田其中。汉人之土著者多，则反客为主，屯田广则兵饷可省。又仿明军卫之制，籍及壮丁为屯军，授之甲兵，农隙射猎，讲武目前，则可以自卫。行之既久，民皆安居乐业，则屯军更番入城，环布四境，可以民为兵，而官兵可去。①

通过一系列的优惠政策，且这些条件确实有很大的吸引力。只要达到条件，"每户给与上田六亩，或中田八亩，或下田十亩"②。一般贵州的上田每亩可产出 500 斤左右稻谷，中田可产出 400 斤左右稻谷，下田可产出 300 斤左右稻谷，这些优厚待遇还是相当可观。另外，对于家庭条件困难，首次迁入当地的客民，政府还会出资资助他们修房、搬迁，"每户酌给银三两，以为修盖房屋之用。再酌给牛具、籽种、银五两，其口粮，以秋冬应募者，接济至夏收为止，春夏应募者，接济至秋收而止。每大口日给米八合三勺，小口日给米四合一勺五抄，计口授食，俾尽力南亩"③。米价的换算，据全汉升等考证：清代官方使用的"石"（音"时"），指体积，清末至民国渐渐可以兼指重量（音"旦"），并估计 18 世纪每石为 140.6 斤（清）或 138.75 斤上下。民国以后，重量一般采用"市石"及"公石"，对于大米而言，度量单位为 1 公石 =1 市石 =156 斤，1（清）石 =1.0355 公石。又有 1（清）斤 =1.185 市斤，1（清）石 =140.6（清）斤 =167 市

①（清）陈法：《犹存集》卷 4《议》，陈德远点校，贵州人民出版社，2009 年，第 95 页。

② 乾隆《贵州通志》卷 36《艺文·疏》，乾隆六年刻本，第 4—5 页。

③ 中国第一历史档案馆、中国人民大学清史研究所、贵州省档案馆编：《清代前期苗民起义档案史料汇编》（上册），光明日报出版社，1987 年，第 235 页。

斤①。换算的难度就在于古代的度量衡以重量与体积并行于市场流通领域。通常，贵州采取重量标准，相当于一个家庭可以获得盖房补贴 3 两白银，生产资料 5 两白银，一个成人每天补贴约 1.2 斤大米，未成年人折半。

　　清政府的支持力度究竟有多大？只有对比才能看出。《红楼梦》三十九回里刘姥姥讲到康熙朝物价，意思是以一家四口最低家庭人口来算，要维持一年最低生活水平需要 24 两银子②。以 17 世纪的江南、江西一带为例，苏州每石米价一般是 1 两银子，江西每石米价为 0.7—0.9 两③。贵州在雍正初年，"丰收之年，亦须七八九钱一石，岁歉即至一两一二钱至二两不等"，贵州米价相对江南等地都偏贵些。贵州按察使介锡周道出其缘由："黔省崇山峻岭，不通舟车，土瘠民贫，夷多汉少，既无搬运商贩，亦未接济邻封。本地小贩，不过肩挑背负，并无囤积垄断诸弊，丰则米贱，歉则米贵，自必然之理。"④ 在一些地方志中也有米价记载，如定番州（今惠水县），"以斗米三钱为最贵，一钱六七分为中，平一钱一二分为最贱"⑤。黄冕堂在《清代粮食价格问题探轨》一文中辑录了十九条

------

① 彭凯翔：《清代以来的粮价：历史学的解释与现解释》，上海人民出版社，2006 年，第 25 页。

② 刘姥姥说："这样螃蟹，今年就值五分一斤，十斤五钱，五五二两五，三五一十五，再搭上酒菜，一共倒有二十多两银子。阿弥陀佛！这一顿的钱，够我们庄家人过一年了。"参见（清）曹雪芹：《红楼梦》，中华书局，2005 年，第 286 页。

③ 王业健：《清代（1644—1911）物价的长期趋势》，《上海经济研究》1983 年第 2 期。

④ 乾隆十三年三月下壬子，《清实录》（第 13 册）卷 311，中华书局，1986 年，第 105—106 页。

⑤（清）爱必达：《黔南识略》卷 1《贵阳府》，道光二十七年刻本，第 15 页。

贵州的粮价,其中乾隆年间的米麦价格一般在石银 1 至 1.5 两之间①。可见,清前期政府对客民资助力度还是挺大的。

第二,清代贵州平定苗民数次起义之后,为客民提供了大量土地。苗民起义是指清朝时期,贵州、湖南等省苗族人民发动的反抗清统治的起义,包括三次大规模起义以及二三十次小暴动,斗争遍及贵州省。康熙年间,对待苗夷是以剿为主的策略,"尔杀内地一人者,我定要两苗抵命;尔抢内地一人者,我定拿你全家偿还"②,康熙年间苗民被杀者众多。大多苗民并不认可雍正五年实施的改土归流,为此,各地爆发诸多暴动,以抵制"改土归流",在雍正时,政府下令大肆屠杀苗民,致使苗民数量锐减,出现了大量"绝田",即无主田土。关于如何处置"绝田",张广泗力主既不能还给苗民耕种,也不能抛荒,而是应招募外省客民耕种,他上奏折曰:"内地新疆逆苗绝户田产,应请酌量安插汉民领种。"③再如平越直隶州(今福泉市),"州属除杨义、高坪、中坪三司外,并无苗寨,所住之汉户半系前明洪武间安插之户,及至削平播难,苗户凋零,十存一二"④。大量土著人口的消亡,土地也随之大量荒芜,这为客民提供了生存空间。

咸同年间,苗民再一次发动大规模起义,严重破坏地方社会经济,使得人口急剧下降。《咸同贵州军事史》在序言中提到此次事

① 参阅黄冕堂编著:《中国历代物价问题考述》,齐鲁书社,2008 年,第 348—350 页。

②(清)严如熤:《苗防备览》卷 21《艺文志》,道光刻本,第 14 页。

③ 中国第一历史档案馆、中国人民大学清史研究所、贵州省档案馆编:《清代前期苗民起义档案史料汇编》(上册),光明日报出版社,1987 年,第 225 页。

④(清)罗绕典:《黔南职方纪略》卷 5《平越直隶州》,台北成文出版社,1974 年,第 149 页。

件影响深远：“估计人民死亡之数至三四百万人，公私财产损失至二万万五千万两，被兵城镇三千余处，于役职官三千余人，战乱动员至七八万众，影响十余行省。”[1] 苗民起义成为改变全省人口分布的重大事件，对贵州人口史和族群关系都产生了深远的影响。通常战乱之后常有疾疫相伴随，同治六年（1867）七月，张亮基奏称：“贵州向来山多人少，自遭寇乱后，加以疾疫，死丧殆尽，其流徙川、楚者，不过十分之二，往往千里荒芜，蓬蒿满目。”[2] 战乱加上疾疫，贵州人口丧亡较多。岳昭在奏陈贵州情形时也讲道：“黔乱十余年，民不聊生，道殣相望。昔患贼多民少，今则有土无民矣。”[3] 就移民史的角度来说，咸同苗民起义，在整个贵州史上是一个非常重大的转折点。苗民起义之后，整个贵州社会变得荒芜，却为客民入黔创造了良好的生存空间。“黔省上下两游遍遭蹂躏，居民流散，田土荒芜”[4]。

清廷鉴于田地大量荒芜，又积极鼓励外省人民入黔垦荒。在康乾时期朝廷主要鼓励屯军进行屯田，但至咸同时期，屯军已经发生很大的变化。陈宝箴在《筹办苗疆善后事宜五条曰》中说道：“向来苗疆屯田挑选精壮，且屯且戍，以此弹压苗民，立法非为不善。数十年后丁壮衰老死亡，惟此田据为世守，展转易世，顶替曲鬻，有田者或不能自耕，何有于戍？……且佃耕屯田可以多募汉

①（民国）凌惕安《咸同贵州军事史》，台北文海出版社，1966年，第1—2页。
②（清）罗文彬、王秉恩编纂：《平黔纪略》，贵州大学历史系中国近代史教研室点校，贵州人民出版社，1988年，第379页。
③（清）罗文彬、王秉恩编纂：《平黔纪略》，贵州大学历史系中国近代史教研室点校，贵州人民出版社，1988年，第382页。
④（民国）凌惕安：《咸同贵州军事史》，台北文海出版社，1966年，第1202页。

人,既资其错处苗疆,以默为维系。"①由于贵州形势的发展,原来的屯军已经失去了最初亦兵亦农的功能,反而成了朝廷的负担,还不如招募客民来进行佃耕。在此背景之下,贵州又一次掀起了客民迁徙大潮。兴仁县统计了咸同暴乱后的荒芜土地数量,道出了这种"拉力"的缘由:

> 自咸同大乱以后,县人流散四方。近年川人迁来者渐复昔年,编氓之数第人口虽增,而田土之荒芜者尚多。全县地面除放马坪约六十余方里之地,原系荒芜不毛外,如南向之三昧、十脚各地荒芜约七八十亩,第四脚约荒二百余亩;北向下山、高武、大坪、油菜冲;西向马乃,第四脚内荒芜亦约四百余亩;东向田土虽曰肥沃,然近各地以水泛滥及地质含硝质均不利耕稼,所在皆有不过零落而已,其未经芟治之,故约有数端。隋农自安未肯竭力开垦,草莱荆棘野兽为害。质而言之,则地广人稀最大之原因也。②

此外,朝廷专门出台有《招耕局章程》,在前言中说道:"大难既已,人民之散之四方,不能遽归,且死亡过多,有田土无人民,直是普通现象,于是各为繁荣其地方起见,遂有招耕之事。"③于是,在贵州大片土地荒芜,以及朝廷的推动之下,客民源源不断地涌入贵州。

第三,客民往往愿意进入贵州的"中心"与"边缘"的中间地带。

---

① (民国)凌惕安:《咸同贵州军事史》,台北文海出版社,1966年,第1196—1197页。

② 民国《兴仁县补志》卷14《食货志·农业》,民国三十二年未刊稿,第21—22页。

③ (民国)凌惕安:《咸同贵州军事史》,台北文海出版社,1966年,第1215页。

客民进入贵州,一般会流向发达地区,或者中心城镇。李中清也注意到这个问题,他说:"1826年的报告显露出了在贵州的汉族移民及其土地占有情况在空间分布方面的重要信息。新近移入的汉族移民大约有三分之二生活在贵州南部的黎平、都匀和兴义地区,相对而言,只有极少数生活在原先的移民中心——贵阳。"①移民为什么不选择政治中心贵阳呢?李中清并没有给出答案。从道光六年(1826)贵州省客民分布情况来看,可以得出以下结论:客民主要流向,以数量多少为序,依次为兴义府、都匀府、大定府、黎平府和贵阳府。以客民数量最多的兴义府为例,相对于中心而言,兴义府是典型的边缘地区。"中心"既是政治中心,又是经济、文化中心,但人多地狭,人地关系紧张。边缘地区国家政治权力较少甚至难以渗入,反而,乡里或家族则较多承担起政府的职能,同时,该地因地广人少,往往又必须与少数民族杂居。边缘地区比较落后的经济状况,具有显著的自然经济性质。客民较为倾向于集居在"边缘"地区而非"核心"地区。通常,对"中心"往往政府最为关注,同时也会严格控制。从个人控制的角度来讲,因为边陲地区无法得到政府的有效管理,使得该地居民有较大的自由度,会有诸多非法生产经营,所以这些地区成为"化外之民"生存的天堂。同样,边缘地区又可分为"中心"与"边缘",客民也会选择在"边缘"地带居住,而远离"中心",客民在离中心不远的村落定居是与前面有所不同的。由此可见,在城区周边,如兴义府亲辖地,居住着大量的客民。

　　以上客民的来源基本上分为两大部分:明代"调北征南"的后裔和清初以来进行手工业、商业贸易的汉人。贵州客民的祖籍,在

①〔美〕李中清:《中国西南边疆的社会经济:1250—1850》,林文勋、秦树才译,人民出版社,2012年,第327页。

部分志书中有记载,我们通过梳理《兴义县志》和《兴仁县补志》两部方志关于明清时期的氏族籍贯及其来黔缘由的记载,制成以下两张表格(表2.4、表2.5)。

表2.4　明清时期兴仁县客民入黔缘由

姓名	籍贯	入黔缘由
王绍羲	河南开封	奉永明王转徙黔之安隆所
杨交泰	湖南宝庆	洪武十四年随傅友德来黔平苗
屠开勋	浙江象山	明初遣戍黔南
梁永年	江南怀宁	洪武征战入黔世袭安南卫职
邵鸿元	南京应天府	永乐南战入黔居普安
胡耀	湖广宝庆府	洪武二十四年南征入黔
熊太庄	江西丰城	康熙五十四年进士授普安知县
刘子建	江西	经商于黔后采汞徙居安南
杨昌普	湖广麻城	清初新城行医
霍钟池	山西霍县	嘉庆初从四川迁新城经商
李茂花	湖南邵阳	游黔不归
萧乾枢	湖南湘潭	以武职来新城
刘乾清	福建福清	明代经商于新城
刘绍光	四川夔州府	清初从军平苗入黔居新城

资料来源:民国《兴仁县补志》卷8《人物志·氏族》,民国三十二年未刊稿,第1—27页。

表2.5　明清时期兴义县客民的定居点及籍贯

定居点	姓氏	原籍	定居点	姓氏	原籍
鲁屯	李	江苏淮安山阳	黄草镇	吕	福建迁粤东
郑屯	谢、杨	江西	下五屯	刘	湖南宝庆
县城	邓、黄、盛、王、李	江西	龙井	唐	湖南武冈
县城	车、花	湖南	酸棘	胡	江南上元
县城	蒋	江苏吴江	普峒	黄	湖北武昌

续表

定居点	姓氏	原籍	定居点	姓氏	原籍
木贾	蒋	四川	普峒	张	四川
仁里	窦	江南迁云南	普峒	袁	江西
新屯	李	江南移居南笼	水塘	胡	江西南昌
柘围	胡	江西吉安			

资料来源：民国《兴义县志》第4章《人民·宗族》，民国三十七年稿本，第26—27页。

通过对比两张表格，可以看出客民来源地比较广泛，但主要是江西、湖南、江浙、四川等省。此外，明代的贵州移民是以屯军的方式在朝廷统一筹划下进行的，因此客民的来源较为广泛并且大多以城镇为中心集聚居住，聚居于乡村比较少。如惠水县"在明末清初，当时朝廷实行改土归流的政策，创立了统治苗夷的土司制度，这时汉人相率由赣、川、湘、鄂诸省迁徙而来，而今苗夷仍称汉人为客籍，他们大都集中在县内繁盛的城镇上"①。至清代，特别是嘉道以后，客民的身影遍及全省各地，不再局限于个别城镇。

明代以来，客民进入贵州大致经历了五次迁徙，民国《开阳县志稿》对此进行了调查，认为这五次迁徙的动力是"军务""流寓""商务""填籍"四大因素，现摘录如下：

今县人号为客籍。其先来自江西、湖南、四川等省者，皆称汉族……其始迁，估断自明始，约分为五时期：即朱明初叶为第一期，籍江西之老户多属之；明末清初为第二期；乾嘉之际为第三期，江西、湖南、四川皆有之；光绪时代为第四期，由

①（民国）张少微等：《惠水县乡土教材调查报告》第2章《人口》，民国三十六年刊本，第113页。

川移来者皆是；民国初元迄于现在为第五期，自云南徙居者
是，然自云南新迁者，其十九皆滇南之士人也。

　　其来因亦可分为四：一曰军务，一曰流寓，一曰商务，一曰
填籍。洪武朝常用兵于贵州矣。明末有安宋之役，有永历帝
之南巡，有吴三桂吴世璠与清室构兵。事定或流落不返，或屯
田于斯，遂有妻室，以有子孙，其子孙于本贯无乡土观念，且道
路阻长，因落籍焉，军务是也。明之臣民，随永历帝而来者，及
因避张献忠之乱，辗转流离以来之难民，暨宦边而不返者，流
寓是也。开州为古川黔湘黔故道所必经，白马洞汞矿大发，历
康、乾、嘉、道垂百年。赣、鄂、川、湘商人，恒贩盐布杂货而来
以易之，习而安之，遂卜居焉，商务是也。咸同之际，开邑沦为
贼窟者十余年，室庐为墟，城郭榛莽，兽蹄鸟迹，交于境内。光
绪初，城内桃李成林，李园坡，尝有野彘豺狼僭伏矣。乱定，邑
人百无二三，是时海内云扰，惟四川赖川督骆炳章保障有方，
而独完，于是有填籍之命，填陕西、广东、湖南、贵州者，皆川
人也。开于黔去川犹近，芜声洋川人也。官开州，更多方招徕
之，故光绪一代，川人之移来者络绎。人不分于士农工商，地
无间于城乡村寨，比比皆是，即填籍也。

　　入民国后，黔省若滇之外府，滇省士人，相率移来，今县境
偏僻之处，山谷之间，以垦荒为事者皆是，其人口约占最近全
县人数十分之一，其余籍江西者约占十分之一又五，籍湖南者
约占十分之一，籍四川者约占十分之四，其他各省籍者，总共
约占十分之一。此外十分之一又五为土籍之苗族，其人口都
不过二万而已矣。①

────────

① 民国《开阳县志稿》第9章《社会·民族》，民国二十九年铅印本，第1—2页。

从明代至民国,开阳的客民经历了五个时期:明初,以屯军为主;明末清初,以流寓为主;乾嘉之际以商业贸易客民为主;光绪之后,以四川客民为主;民国以来,以云南客民为主。开阳县的客民情况具有代表性,也大致道出了整个贵州的客民来黔情况。

第二节　客民的聚落形态

清代客民的聚落形态主要有三种,即"同乡聚居""同姓聚居"和"聚族而居"。在最初移民时,要形成以血缘和地缘关系组成的聚居村落需要漫长的时间,并且,"同乡聚居""同姓聚居"向"聚族而居"转变过程中存在着诸多不可抗拒的因素,或战争导致家破人亡,或地主收回租佃权利,或经营破产等等,客民们只能回归故里或者迁徙他乡。然而,客民的地域认同感只有在"同姓聚居"发展成为村落时才会表现出来,"宗族"也将随之扎根于此。

一、"同乡聚居"

20世纪40年代,费孝通先生就中国传统社会的社会结构和人际关系提出了"差序格局"这一经典性论述:

> 以"己"为中心,像石子一般投入水中,和别人所联系成的社会关系,不像团体中的分子一般大家立在一个平面上的,而是像水的波纹一般,一圈圈推出去,愈推愈远,也愈推愈薄。①

---

① 费孝通:《乡土中国》(修订版),上海人民出版社,2013年,第26页。

"差序格局"的基础是地缘与血缘。"地缘是从商业里发展出来的社会关系。血缘是身份社会的基础,而地缘却是契约社会的基础"[1]。从血缘结合转变到地缘结合是社会性质的转变。虽然费先生通过类似于散文风格的形式提出观点,基本上没有理论的概括和说明,但对我们中国传统社会的社会结构和人际关系的认识很有启发意义。

客民社会的形成需要四个重要的要素。第一,血缘因素。构成客民社会的各个家庭,相互之间有着血缘关系,血缘成为他们联结的重要纽带。第二,地缘因素。人类总是需要在一个地域之下生活,才能聚族而居。第三,庙坛因素。庙坛有其财产和共同遵守的礼仪,成为客民建构出来的政治、文化符号,是客民迁徙的历史凭证。第四,会馆因素。会馆作为乡土之链的场所,可以把来自同一个省份的人聚集在一起。他们的家乡,既可以大到一个省,也可以小到一个村,这个等级性的概念使人与他人交往的层级圈具有很大的弹性,也有利于人际关系的发展,对远在他乡的客民而言尤为重要。

贵州客民的聚落形态最初是以"同乡聚居"的形式存在的。嘉靖《思南府志》记载了明弘治以来移民的大致历程:

> 弘治以来,蜀中兵荒,流移入境,而土著大姓将各空闲山地招佃安插,据为其业,或以一家跨有百里之地者。流移之人,亲戚相招,缠属而至,日积月累,有来无去。[2]

---

[1] 费孝通:《乡土中国》(修订版),上海人民出版社,2013 年,第 70 页。
[2] 嘉靖《思南府志》卷 7《拾遗志》,嘉靖十六年刻本,第 2 页。

从上述材料可以看到,弘治以来,客民来到贵州后,在其垦殖或承佃附近搭棚建房居住。后同乡接踵而至,逐渐在地方形成一个个"同乡聚居"的聚落。在客民"同乡聚居"之前,首先是要在地方生存下来。大多数客民在迁入地的首要工作就是开垦土地。"终岁竭蹶,仅足糊口,其力不能盘剥苗人;且山土瘠薄,垦种三二年后,雨水冲刷,倍形硗确,仍复迁徙他往"[①]。这些荒山荒地土质多不太好,即使客民勤劳耕种,也需要在二到三年后到其他地方另谋生路,在这样贫瘠的土地上惟有种植一些旱地作物才能有所缓解。一定程度上,旱地作物的广泛种植解决了客民粮食短缺的问题。客民尤其偏爱种植玉米,因为玉米容易生长且不受土壤的限制,"玉粒俗名包谷,山地遍种,民咸赖之以济食"[②]。春夏之交,玉米遍布于贵州的山头。

客民在当地定居下来后,往往会再造一个乡井环境。在这种基础之上,他们以同乡的名义聚居在一起。客民定居形态是地缘和血缘的结合体。朝廷在《查禁流民租种苗田续拟章程》中提到:

> 贵州兴义等府一带苗疆,俱有流民混迹。此种流民系湖广土著,因近岁水患,觅食维艰,始不过数十人。散入苗疆,租种山田,自成熟后,获利颇丰,遂结盖草房,搬运妻孥前往。[③]

这则材料说明,早期客民人数不多,他们在兴义府比较容易讨生

---

① 道光《大定府志》卷51《外篇一》,道光二十九年刻本,第17页。
② 中国社会科学院历史研究所清史研究室编:《清史资料》(第7辑),中华书局,1989年,第98页。
③ 民国《贵州通志》《前事志二十一》,民国三十七年贵阳书局铅印本,第52页。

活,且超过了原乡的生活水平,因此,妻子儿女也随后迁徙而来,逐渐在该地定居下来。道光帝对此深为忧虑,害怕客民对地方造成混乱,为此,着令地方政府查明:"现在贵州地方,外来游民有无租种苗田之事,是否均系湖广土著民人? 一经查出,即行设法妥为遣归原籍,交地方官管束,毋许一名逗留,致滋弊窦。"①但政令无法阻挡客民迁徙贵州的步伐。四年之后,贵州巡抚贺长龄看到前往兴义的客民络绎不绝、屡禁不止。"自臣长龄到黔以来,兴义各属,已无不垦之山,而四川客民及本省遵义、思南等处之人,仍多搬往,终岁络绎不绝,亦尝出示饬属严禁而不能止"②。从前后几年的奏折内容,可以看出:涌入贵州兴义各地客民的安家立业大致历程,客民初到异地,一般在山区居住,垦殖无主荒地,从而成为"棚民",但这样的谋生手段难以维持长久,因此,大量客民下山租种地主土地,成为佃户。朝廷的强制性措施是很难断绝以血缘和地缘关系迁徙贵州的客民的。务川县"惟川民流寓者多,彼中稍歉,辄携家就食于黔,由县至郡,所在多有其愿者为人佣耕,力足自给。黠者则不免作奸行窃,散处村寨,防范尤宜密焉,县之称繁亦以此"③。据统计,务川县"通属汉庄七十有九,无苗寨,亦无土司"④。

二、"同姓聚居"

经过若干年以后,客民定居形态开始由"同乡聚居"向"同姓聚居"演化。客民向外移居最初就是以家族为团体,由同乡牵线

---

① 民国《贵州通志》《前事志二十一》,民国三十七年贵阳书局铅印本,第52页。

② 道光《大定府志》卷51《外篇一》,道光二十九年刻本,第17页。

③（清）爱必达:《黔南识略》卷16《务川县》,道光二十七年刻本,第12页。

④（清）爱必达:《黔南识略》卷16《务川县》,道光二十七年刻本,第13页。

搭桥的方式进行。随着时间的流逝,客民家庭经营有好有坏,客民
逐渐分化成贱民、居民、地方精英,甚至是流民等不同的阶层,或再
次迁徙,或回归故里,所以,同乡聚居下的客民社会开始分化重组。
对于此种转变现象的原因,山田贤认为:"有实力的氏族脱离同乡
杂姓集团(同乡村落),然后形成一个单姓集团(同姓村落)。最初
作为移民的共同性的契机是相同的语言(方言)、习俗,这成了同乡
之间的纽带。但这种移民的聚落形态(同乡村落),随着其内部构
成的氏族的成长而逐步走向解体、分裂。成长至拥有较多的族人
和财力的氏族,就脱离开同乡集团,形成新的同姓村落。"① 此分析
很有见地,说明"同姓聚居"有很多不确定因素。

　　以地缘和血缘关系组成聚居村落需要漫长的过程,且从"同姓
聚居"到定居,中间也会有不少变数,一旦经营破产,或租佃权利被
地主收回,或战争导致家破人亡,客民们也许就得迁徙他乡或者回
归故里。因此,"同姓聚居"的定居形态并不稳固。早期的客民,
由于人生地不熟,以血缘为纽带就显得格外重要,一般男子外出谋
生,只有等自己扎根下来,他才会把自己的家室也一同搬迁过来。
如客民较多的普安直隶厅,"所属四里、六营,里皆汉人,六营前概
苗夷,近乃汉苗错处,因平定后地广人稀,滇民就近移居者多,继复
有遵义及属省民人相率而至者,依草附木,初犹相安,迨日久呼群
引类,源源踵至"②。类似这样的情形比比皆是,平坝县的客民,"洪
武二十三年,以宣德侯长子金镇袭指挥职,于时苗夷远窜,地广人
稀,诏以湖广长沙等处余丁,三户抽一以实其地,分隶五所列五十

① 〔日〕山田贤:《移民的秩序——清代四川地域社会史研究》,曲建文译,中央
　编译出版社,2011年,第39页。
②（清）爱必达:《黔南识略》卷29《普安直隶厅》,道光二十七年刻本,第7页。

屯。又平坝卫屯军原额五千四百户,可知此五千四百户屯军出自湖广长沙等处余丁,此项余丁不敢谓纯皆汉人,而汉人必居其中之最多数,此最多数之汉人,来自洪武二十三年之殖民,自此以后,友朋亲戚招致,援引汉人之来居者源源不绝矣"①。安顺,"郡民皆客籍,惟寄籍有先后,其可考据者,屯军堡子,皆奉洪武敕调北征南,当时之官,如汪可、黄寿、陈彬、郑琪作四正,领十二操屯军安插之类,散处屯堡各乡,家口随之至黔"②。

　　客民"同姓聚居"的居住形态与其定居过程中的选择有密切关系。大致有以下一些特点:

　　第一,大部分早期的客民与土著分开居住,一般会选择在城镇,交通要道上。如荔波县,"境内共五百九十四村寨,苗户一万八千一百零五户,汉民一千五百零三户,又城厢内外汉民七百六十五户,共计汉民二千二百六十八户,皆住山坡,不居苗寨"③。

　　第二,与少数民族聚族而居不同,"同姓聚居"呈分散式分布。如湄潭县,"从平播之后,苗蛮殄尽,并无土著土人,迨后招集,俱系各省流民,填实地方,而江右、川湖之人居多,人民杂漓,素称难治,所以随田派丁,随粮当差,因兵荒逃外,渐次招集,零星散处,不成村寨,小民惟知耕田,并无别艺"④。镇远县,"居民半革山,无复中州绣壤相错,星棋罗落之象,山高嶂僻,深林密箐,三五户而为村,

① 民国《平坝县志》第 2 册《民生志·人口》,民国二十一年铅印本,第 4—5 页。
② 咸丰《安顺府志》卷 15《地理志·风俗》,咸丰元年刻本,第 11 页。
③（清）爱必达:《黔南识略》卷 11《荔波县》,道光二十七年刻本,第 9—10 页。
④ 康熙《湄潭县志》卷 1《沿革·村寨》,康熙二十六年刻本,第 24 页。

多或数十家而成寨,鲜有至数百户者,故户少而寨多" [①]。

第三,"同姓聚居"规模普遍比较小。由于早期客民较易获得土地垦殖,以及贵州田土较为零散而碎片化,客民很难固定在一个地方。

以独山县为例来看客民的村落聚居形态,我们先对独山县的户口数进行统计,见表2.6。

表2.6　独山县1826—1912年户口数

时间	户	口
道光六年(1826) [1]	汉户3909、苗户3215	—
同治七年(1868)	21215	139873
光绪十五年(1889)	35510	153053
宣统三年(1911)	42757	210387
民国元年(1912)	42763	213949

资料来源:民国《独山县志》卷15《户口》,民国四年稿本,第2页。

说明:[1]民国《独山县志》记载道光六年的户数为7124,其数据来源于《黔南识略》,经核实,应为17124户。

《独山县志》的人口统计很有意义,编纂者艾应芳选取的几个时间节点和人口数据很能说明问题。道光六年,全省进行了一次大清查,对客民的统计十分详细。独山户籍数从1826年的17124户,到1868年的21215户,四十年间增加了4091户,从1868年至1889年,户数由21215户增长到35510户,增加14295户,这二十一年正好是咸同苗民起义结束之后的时期,客民的大量流入,使得人口有了快速增长。光绪十五年至民国初年,这个阶段人口增加也非常快。有了人口的统计数据,我们再对独山城镇、乡场和

<hr>

[①] 乾隆《镇远府志》卷12《峒寨志》,乾隆五十四年刻本,第1页。

村落进行统计,独山县城编有二十九甲,有 43 个乡场,共有大大小小村落 1434 个[①],由此可见,独山的村落户籍人口数确实非常少。正如志书所描述的独山县客民地聚居情况:

> 　　独山村落大抵十数户一村者居多,其大者不过数十户,其小者则仅数户,而山深箐密之境往往两三户即成一村,甚或一户自成一村者亦所时有,故言村已溢千,而编户亦数万而已。[②]

与客民零散的居住不同,苗族通常会聚族而居,客民在与苗民的对抗当中往往处于下风。《榕江县乡土教材》中记载了苗民聚族而居的形态:

> 　　苗胞居住地方,常在重峦峻岭之巅,凭高据险,聚族结寨而居,鲜有零星散住者。大寨二三百户,中寨百余户,小寨亦有数十户,寨门紧闭,道路崎岖,羊肠曲折,备极幽险。外人前往,难能识其门径,寨门常有警备,遇有可疑之人,即不许通过。各家均设有长桶鼓,其形如寺庙悬挂之大木鱼,安置于进门左侧,一则用以坐月拍击,助兴为乐;一则用以遇强盗作警报之用。寨之周围,则利用悬岩削壁,以为天然保障,更有大箐丛林,以为掩盖,盗匪不敢侵犯,即来犯亦不易行劫,苗胞人

[①] 此为笔者统计数,根据民国《独山县志》卷 5《城池》,民国四年稿本,第 2—42 页。

[②] 民国《独山县志》卷 5《城池》,民国四年稿本,第 42 页。

民尚能继续生活和继续生存者,盖以有此也。①

可见,榕江的苗民聚居规模比较大,大寨有二三百户,最小的也有数十户,他们依托崇山峻岭,既能自给自足,又能有力地阻击外部威胁。吴泽霖在定番县所做的详细调查报告,为我们提供了很好的例证:

> 定番居民皆由外地移来,汉人到此较迟,大都散居于城镇,因而汉人有客籍之称。苗夷移此较久,俗有原始或土著之称,年代无法考据,他们多半在乡下村寨中聚族而居,一村一寨中,均为血统的结合,同为一姓。定番汉人的姓氏甚杂,但苗夷姓氏为数无几,其中尤以吴、唐、金、白、罗、韦、陈、杨等占极大多数,例如我们所调查的摆金镇上,共三百五十一家,系汉人所居,姓氏不同,有六七十之多。马鞍井共五十一家,为苗人的村寨,全寨姓吴,无一异姓。么雷共三十五家,为夷人的村寨,全寨姓陈,也无异姓。②

土著一村一寨均为一姓,聚族而居,而客民的姓氏庞杂且呈散点式分布。吴泽霖以定番较大的摆金镇为例进一步说明,摆金镇共351家,客民的姓氏有六七十个之多,平均一个姓氏才5家左右,马鞍井吴姓土著有51家,么寨陈姓土著有35家。吴泽霖的调查反映出客民姓氏杂多,这说明客民来源的多元化。客民的"同姓聚居"

---

① 民国《榕江县乡土教材》第3章《乡土社会》,民国三十二年未刊稿,第30—31页。

② (民国)吴泽霖:《定番县乡土教材调查报告》第11章《社会·组织》,民国二十八年稿本,第73—74页。

体现出人数少且分散的特点,而土著的"同姓聚居"体现出集中而规模较大的特点。土著可以依靠地形险要、聚族而居对抗来自各方的潜在威胁。当然,客民要在这些聚族而居的村寨里插足也几乎不可能。

　　客民"同姓聚居"的聚落规模小还有一个原因,有些客民并没有在当地长期生活下去的打算。如平越直隶州描述其户口变化情况,"乱后归来,从前土著十不存一。现四乡住居者,川、湖客籍及外属客户居多,此辈觅荒开垦限满仍去,来去无常,以故户口时形减少,是在谋康保者,留心抚字可也"①。

　　我们还可以从贵州各地村落的地名中加以佐证。《平坝县志》记载:"如名'屯'、名'堡'者为军户住居,名'村'、名'庄'、名'寨'、名'院'者为民户住居。"②在平坝县大致有三类聚居形态。第一类是聚族而居,"如东乡之凯岩、松树林、茅草、青鱼塘、关口、上新堡、中岩,南乡之啄头山、老军坝、向阳庄、龙家田,西北乡之晾烟洞、石人山、秧田、苗田等处为苗户住居,东南乡之羊西、王官、浪塘、河头、岩孔、普贡、沙锅、灰山、大坝等处为仲户住居,县城近南门一段为回户住居之类"③。这一类以土著等少数民族为主。第二类是同姓聚居,"如县城之孙家坡、黄家街、董家巷,东乡之张家庄、何家院、周家寨之类,虽现状不皆尽然,而畴昔得名之初,确为聚一姓之血族而住居也"④。这一类以汉族客民为主。第三类是杂居,"如县城为五方杂处,四乡村落或汉苗杂处,或汉仲杂处,或苗

① 光绪《平越直隶州志》卷19《食货志》,光绪三十三年刻本,第3页。
② 民国《平坝县志》第2册《民生志·生活》,民国二十一年铅印本,第95—96页。
③ 民国《平坝县志》第2册《民生志·生活》,民国二十一年铅印本,第96页。
④ 民国《平坝县志》第2册《民生志·生活》,民国二十一年铅印本,第96页。

仲革老杂色,错综杂处"①。这一类情况就比较复杂,也是土客关系最复杂的地方。若以职业分布角度观之,"农业者必居村落,商业者必居城市乡场,仲族喜种稻,所居皆河流经过、阡陌相连之地;辗家人、革老、花苗喜种杂粮,所居皆岗陵、高原之地;染坊渔家必居近溪河,此固由职业而住居异处,亦因地异而性喜不同也"②。归化厅(今紫云县)的村寨客民聚居也是非常清晰,"通计十二枝,二百七十八寨,内一百八十七寨,悉系苗民,五十三寨悉土著、汉民,其余三十八寨均有客民,并有挖种山土,零星散处之山民"③。归化厅的聚落形态是整个贵州的写照,可以说,早期贵州的村落聚居大致有三种情况:一种是纯粹的苗民聚居区,一种是纯粹的客民聚居区,一种是土客杂居区。就客民聚落形态而言,主要是以后两种为主。

　　在这三种社会聚居形态之中,土客之间很少有交往。如安顺,"苗、汉异俗,客、土殊风,各族之间大多不相往来。男女界限极为分明,汉族女性尤甚"④。剑河县,"客家即汉族,其先世多由湘、赣等地移植来此,操普通官话与国语;苗家则为本地土著,故亦称本地人,大都结寨山居,鲜与外界往还"⑤。因此,"同姓聚居"社会形

---

① 民国《平坝县志》第2册《民生志·生活》,民国二十一年铅印本,第97页。
② 民国《平坝县志》第2册《民生志·生活》,民国二十一年铅印本,第96页。"辗家人",主要是养鸭人以游牧的方式,以鸭子的最佳放养为目标,养鸭人就近搭棚生活。"辗家人"既有汉族,也有其他少数民族,"辗家人"并非按照民系或族群来进行划分,而是根据生计方式进行定义的。清至民国在贵州各地存在不少这类人。
③ 咸丰《安顺府志》卷5《地理志·归化厅疆域村寨》,咸丰元年刻本,第9页。
④ 民国《续修安顺府志》卷16《礼俗志·社会组织》,民国三十年稿本,1983年安顺市志编纂委员会整理排印,第506页。
⑤ 民国《剑河县志》卷7《民政志·语言》,民国三十四年石印本,第9页。

态,一是能对抗可能存在的风险,二是能够形成一个相对封闭的社会。山田贤指出:"同乡村落向同姓村落的转变,是移民将自己所属最基本的社会关系,逐步地向心聚拢的过程。其结果,最终形成的、移民所能归属的最基本的社会关系——确实能够在严酷的自然环境、社会环境(如土客之争)之下得到庇护的'地方',只能是同族结合。"① 只有"同姓聚居"成为了村落,扎根地方,客民才有了地域认同感,"宗族"才能落地生根。

三、"聚族而居"

客民非常重视宗族,通过宗族在地方确立自己的地位,散居于各地的同姓宗族会认同一个大宗族。因此,每过一岭、过一溪,都可以见到烟火万家聚族而居的村落,有些家族甚至毗连蝉接,聚居于附近的几个、十几个村落,占地数里或数十里。如五官屯的吴姓家族,"多住于五官屯、城内、邵家冲、凉水井、一碗井、大井寨、蔡官屯等处,共计二百余户"。绍寨的陈姓家族,"多聚居东郊和绍十八寨,连散居各乡者共约一千一百户"②。

一个村落聚族而居现象往往是自然形成的。一个家族的始迁祖,由于某些原因迁居到一个新的地方,以后由于人口的繁衍,势必不断析出新的家庭。一个家族聚族而居上百年,而且能持续发展下去,这反映出贵州自给自足的自然经济具有绝对优势。相对而言,贵州经济很少与外界交流,这与贵州山地型特征的地理环境有密切关系。大家生活在村落里,犹如生活在一个半独立王国的

---

① 〔日〕山田贤:《移民的秩序——清代四川地域社会史研究》,曲建文译,中央编译出版社,2011年,第40页。

② 民国《续修安顺府志》卷4《祀族志·各氏族之现状》,民国三十年稿本,1983年安顺市志编纂委员会整理排印,第265页。

世界里。同姓聚居并不一定就会产生宗族，还必须具备一定的家族组织系统。只有家谱、祠堂和族田三者结合起来，才能形成聚族而居的家族组织。

贵州客民通常会将原籍地的建设宗族的办法移植到异地他乡。外地来黔的客民，相对于土著而言，总是处于弱势，在背井离乡情况之下，只有抱团发展，出入相友，守望相助，才能立足。嘉道以后，客民不可阻挡地进入苗地，引发一系列的社会问题，结果使族群意识增强，客民与土著的对抗大大增加。客民原先的"同乡聚居""同姓聚居"的聚落形态难以对抗土著居民，于是在客民中逐渐形成以地域纽带为基础建立起来的宗族。客民以共同的方言、大家都熟悉的神灵和亲属关系建立一个村庄，或一个会馆，或一个社坛，养成异乎寻常的团体意识。如安顺的客民宗族观念很强，"大多聚同姓氏、同血统之宗族而居。各宗族均制定共守之规约，以为约束与发展其宗族之信条。执行此规约之人，称为族长或族正。族之大者多建有祠堂，修有族谱"①。正如天柱县翁洞的《胡氏族谱》于道光二十二年、光绪二十三年、1987年、2011年，进行了四次修谱，都特别强调修谱的重要意义，如第二次修谱序言中开宗明义论曰："宗族固贵建祠，建祠尤须修谱，溯本源，理支派。"② 此时，客民由单一血缘家庭向宗族聚集，同有血缘关系的族人居住在一起，逐渐在一个村落生活，即所谓的"聚族而居"。

有些宗族发展庞大，为了有利于宗族开展活动、规范统一族人的行动，必先统一思想，需要制订宗族规约。在江南地区，族规名

---

① 民国《续修安顺府志》卷16《礼俗志·社会组织》，民国三十年稿本，1983年安顺市志编纂委员会整理排印，第504—505页。

② 天柱县翁洞胡氏第四届续修族谱编委会：《胡氏族谱》，2011年，第11页。

目繁多,宗规内容也很庞杂,但不管怎样的宗规,主要在于说明族众做人行事的道理和行为准则,以及越轨的惩罚办法①。冯尔康认为族谱有三个重要的特点与功能:其一,修谱活动本身是增强族人的族群观念,修谱有编纂人,他要联系族人,了解相互关系,寻觅旧谱,联络收藏者,带领族人参与其事,使修谱成为全宗族的行为,从而增强同宗观念,有利于宗族的凝聚与形成;其二,修谱给人在思想上树立尊祖旗帜,从而建设宗族;其三,修谱使人尊奉伦常孝悌睦族建宗②。正如兴义县新屯的黄氏记载其修族谱的目的:"凡所号为诗礼衣冠家莫不有谱,其意归于尊祖合族。"③笔者对兴义县各乡场客民家族的籍贯、定居时间、繁衍情况进行了汇总,见下表(表2.7),可看出"聚族而居"的情况。

表2.7　兴义县客民"聚族而居"情况

地点	姓氏	原籍	来黔时长	繁衍情况
县城	邓	江西	三百年	聚居老城十余户。
	车	湖南	二百年	聚居老城南门,道咸间,弟兄叔侄二十余人,贡廪增数人。
	车	江西	二百余年	聚居老城大街,善货值。
	黄	江西	三百年	聚居云南街。
	盛	江西	三百年	聚居白纸街,逊清咸同间,伯侄贡廪增数人。
	花	湖南	不详	聚居花家巷。
	蒋	江苏吴江	三百年	聚居水井坡,同光间,父子拔贡,伯侄弟昆十数人均成名。
	李	江西	百五十年	聚居佟家坡凡十余户。

---

① 冯尔康:《中国古代的宗族与祠堂》,商务印书馆,2013年,第120页。
② 冯尔康:《中国古代的宗族与祠堂》,商务印书馆,2013年,第240页。
③ 民国《兴义县志》第4章《人民·宗族》,民国三十七年未刊稿,第28页。

续表

地点	姓氏	原籍	来黔时长	繁衍情况
鲁屯	李	江苏淮安山阳	三百年	聚居鲁屯不下百余户,逊清一代,贡廪增附凡五十余人。
郑屯	谢	江西	三百年	聚居郑屯数十户,逊清中叶,文有拔贡庠生,武有武举。
	杨	江西	三百年	聚居郑屯十余户。
黄草镇	吕	福建	二百年	聚居大坝子一带数十户,同光间,贡廪增附不乏其人。
下五屯	刘	湖南宝庆	二百余年	聚居下五屯数十户,民国后,督军省长师旅长大有其人。
安贞乡	赵	福建	三百年	聚居周壁、双凤山、锅底塘等处凡百余户,文武科廪增附不乏其人。
龙井	唐	湖南武冈	不详	聚居大龙井凡数十户。
酸棘	胡	江南上元	三百年	聚居酸棘凡数百户。
普峒	黄	湖北武昌	传二十一代	聚居普峒黄坪营凡数十户、丁口千余,世袭土司职。
	张	四川	二百余年	聚居普峒凡数十户。
	袁	江西	二百余年	聚居普峒凡数十户。
坡仲	徐	不详	不详	聚居坡仲凡数十户。
木贾	蒋	四川	不详	聚居木贾凡数十户,逊清咸同间,贡廪增附不乏其人。
仁里	窦	江南	不详	聚居仁里乡凡数十户,逊清时,贡廪增附不乏其人。
新屯	李	江南	三百年	聚族数十户,代有名人,李他山其最著者。
水塘	胡	江西南昌	三百年	聚族数十户,清咸丰壬子科举人胡尔昌尤著。
柘围	胡	江西吉安	二百年	聚居,贡廪文武庠不乏其人。

资料来源:民国《兴义县志》第4章《人民·宗族》,民国三十七年未刊稿,第26—27页。

　　从表中可以看出,兴义县的客民来黔定居时长集中在二百年至三百年,也就是两个主要时间节点,一个是康熙初年,一个是乾隆初年。在这些家族中,居住县城的邓、黄、盛、车、王势力最强大,他们的共同点是都来自江西,号称"抚帮",其他来自江南、湖广、四川省籍也较多。这些"聚族而居"的各姓氏宗族历经二三百年繁衍最终发展成一个个村落。有些村落甚至以客民姓氏命名。道光八年(1828),兴义县训导周日佐在给黄氏族谱所作序中写道:"兴邑古名花灼,为黄氏所开,故名黄坪。"① 天柱县翁洞胡氏家族在光绪二十三年族谱叙述,其始祖"自江西吉安府太和县徙居黔南,落业翁洞,同居者不下数千家"②。客民氏族都经历过由家庭发展到家族,继而发展为宗族或氏族的完整过程。一般说来,构成一个宗族至少要花一百年以上的时间③。

　　客民"聚族而居"的聚落形态有五点共同之处:第一,客民村落的形成至少需要历经上百年时间;第二,客民村落普遍以大家族的形式存在,因此几代同堂,甚至兄弟叔侄等同居的现象常见,如表2.7中普峒的黄氏家族传了二十一代,有数十户,丁口上千人;第三,几乎每个姓氏都有走上科举之路的家族,并通过科举成为地方社会精英、地方大员;第四,除县城外,几乎一个姓氏即为一个村落,宗族的力量很强大;第五,客民主要聚居在城镇及主要交通要道上。

　　从兴义客民"聚族而居"的定居形态看,是一个从边缘走向中心的聚落形态。客民有向主要城镇和交通要道聚居的趋势。如兴义的刘氏家族,由泥凼迁纳吉,续迁至兴义县城的下五屯。下五屯

---

① 民国《兴义县志》第4章《人民·宗族》,民国三十七年未刊稿,第28页。
② 天柱县翁洞胡氏第四届续修族谱编委会:《胡氏族谱》,2011年,第22页。
③ 曹树基:《中国移民史》(第6卷),福建人民出版社,1997年,第106页。

距县城仅五华里,数十里平川,群山环抱,沟渠纵横,土地肥沃,雨量充沛。这里有一个闻名的黄草坝,黄草坝在明代时即为兴义县城治地。黄草坝有兴义最早的集市,也是黔西南政治、经济、文化的中心 ①。《兴义县志》讲述了该县宗族发达的原因:

> 八大户中有邓、黄、盛、车、王诸氏均来自江西,所谓抚帮是。他若两粤蜀滇因商而寄居者甚多,是兴义不啻为各省之一殖民地,故语言则成普通语,习俗则成普通习惯,与内地无甚差异,其分驻各屯以生、以息、以遨、以游,宗支繁衍传十数代。②

不仅仅兴义客民如此,贵州其他地方客民皆是。如清代土司(亭目)势力较强的册亨,其分布格局是"县属汉夷杂处,夷苗居多,汉人次之,回人甚少。夷苗占百分之九十有奇,汉人占百分之八,回人占百分之一二。……附城汉人较多,回人间有一二户"③。尽管册亨县土司势力较强,从族群分布也可以看出,但客民依然在城镇上占据主要地位。吴泽霖在定番县所做的田野调查很能说明问题:

> 定番县中汉苗夷族杂居,苗夷系土著民族,大多群居在县内各乡村,因之有"土籍"之称,而定番原是八番地,八番平定后得名,故而苗夷又称"八番苗"。在明末清初,当时朝廷实

① 袁轶峰:《从士绅到地方精英:刘氏家族与晚清地方政治》,《近代史学刊》(第12辑),社会科学文献出版社,2014年,第18—19页。
② 民国《兴义县志》第4章《人民·宗族》,民国三十七年未刊稿,第25页。
③ 民国《册亨县乡土志略》第2章《人口·种族》,民国二十五年铅印本,第15页。

行"改土归流"的政策,创制了统治苗夷的"土司"制度,这时
汉人相率由赣、川、湘、鄂诸省迁徙而来,至今苗夷仍称汉人为
"客籍"。他们大都集中在县内繁盛的城镇上。[1]

嘉道以后,尽管客民与土著杂居情况越来越多,但贵州的客民与土
著之间仍然有巨大的社会鸿沟,既包括语言、习俗等文化上的差
异,也包括田土、林地等资源分配的不均。所以,吴泽霖认为:"汉
与苗夷参半,各族间的生活状况、风俗习惯大相悬殊,致使各成一
个社会。"[2] 由此可知,客民的"聚族而居"既是宗族生成的表现形
态,也是客民土著化进程中对抗土著社会的需要。

客民从"同乡聚居"到"同姓聚居",再到"聚族而居",一方面
体现了客民移居地方,完成土著化的必然发展趋向,另一方面反映
了客民由边缘走向中心的社会地位的转变。

第三节　客民的类型

贵州客民经历几代几十年,甚至上百年后,逐渐在地方扎下根
来,在这个过程中,客民本身也开始发生分层与分化。根据《黔南
职方纪略》,清代贵州客民大致可以分为三类:一类是有苗产客民,
一类是贸易、手艺、佣工并无苗产客民,还有一类则是住居城厢内
外并各司场市,置买苗产不填丁口客民。《黔南识略》的划分则更
细些,该书将清代贵州客民分为五类:第一类是买当苗人田土客

---

① (民国) 吴泽霖:《定番县乡土教材调查报告》第 2 章《人口·种族分布》,民
　国二十八年稿本,第 4—5 页。
② (民国) 吴泽霖:《定番县乡土教材调查报告》第 11 章《社会·组织》,民国
　二十八年稿本,第 2 页。

民,第二类是贸易、手艺、佣工客民,第三类是住居城市乡场及隔属买当苗人田土客民,第四类则是居城市乡场买当苗民全庄田土客民,第五类是佃户客民。这五大类别相对应的是:第一类是有苗产的客民,应是通过购买苗民土地的汉族农业移民;第二类是无苗产的客民,则是指从事商业、手工业或者其他职业的汉族移民,或仅以出卖劳动力为生的各种佣工;第三类客民身份比较复杂,是以商业活动为主,却购有苗民田产,或者购买了苗民田产而不愿意将本人户籍落于田地所在地的客民;第四类是从事商业活动、资本比较雄厚的客民,他们大规模地购买苗民田产;第五类佃户客民,是指租种苗民或有产田土的客民①。本节将对以上客民类型进行分析。

一、客民的分层

客民进入贵州之初,大多并无太多技艺和资本,只能在边远山区寻找一些无主荒地进行垦殖。湄潭县农耕条件在贵州算是农耕条件比较好的县,但依然山多,田土比较零散。“小民惟知耕田,并无别艺”②。大定府,“客民寡贸易,多以耕垦为业”③。丹江厅,“苗寨中住居汉户典买苗产者,不见其多,而种山客民则日益月盛”④。多年后,有些客民无法在异地他乡生存下去,只有返回家乡或到另一个地方谋生计,有些客民沦落为佃户甚至贫民,有些客民仅仅能维持基本生活,但也有部分成为地方名门望族。如归化厅详

---

① 笔者对客民的分类与解释受曹树基先生的启发。参阅曹树基:《中国移民史》(第6卷),福建人民出版社,1997年,第157页。
② 康熙《湄潭县志》卷1《沿革·村寨》,康熙二十六年刻本,第24页。
③ 道光《大定府志》卷14《内篇四·疆土志四》,道光二十九年刻本,第16页。
④ (清)罗绕典:《黔南职方纪略》卷5《都匀府》,台北成文出版社,1974年,第134页。

细统计了客民的分层情况。"共有苗产客民一百六十七户,有苗产山民二户,无苗产客民四十七户,无苗产山民五户,共客民山民二百二十一户"①。现将罗绕典的《黔南职方纪略》有关客民情况制成表格,以便了解客民的分层状况,详见表2.8。

表2.8　道光六年贵州省客民户数

地区	乡居有产客民	无产客民	城居有产客民	合计
贵阳府	1661	810	0	2471
定番州	757	391	170	1318
罗斛州判	258	241	43	542
大塘州判	665	171	29	865
广顺州	1917	355	68	2340
开州	540	12	26	578
贵定县	828	281	28	1137
安顺府	413	186	0	599
普定县	185	117	0	302
郎岱厅	978	448	132	1558
归化厅	169	52	0	221
镇宁州	184	196	0	380
永宁州	258	233	0	491
清镇、安平县	19	0	114	133
兴义府	4641	3085	176	7902
兴义县	2760	4501	85	7346
贞丰州	1367	4065	0	5432
册亨州同	526	0	0	526
安南县	72	83	0	155
普安县	1168	2917	186	4271
普安厅	0	792	32	824
大定府属亲辖地	2243	212	430	2885

① 咸丰《安顺府志》卷5《地理志》,咸丰元年刻本,第9页。

续表

地区	乡居有产客民	无产客民	城居有产客民	合计
水城厅	439	284	29	752
威宁州	3605	887	10	4502
平远州	150	238	34	422
黔西州	516	503	0	1019
毕节县	0	468	0	468
都匀府	2396	234	42	2672
八寨厅	724	0	56	780
丹江厅	575	649	37	1261
都江厅	435	0	31	466
麻哈州	0	292	679	971
独山州	690	63	0	753
清平县	652	999	211	1862
荔波县	1884	383	0	2267
平越直隶州	173	821	0	994
黎平府亲辖地	495	4450	0	4945
古州厅	1267	2260	221	3748
下江厅	539	0	0	539
永从县	297	425	0	722
镇远府亲辖地	153	390	18	561
清江厅	373	220	0	593
台拱厅	182	20	12	214
黄平州	446	207	15	668
施秉县	11	15	0	26
思南府	10	8	0	18
铜仁府	86	0	0	86
松桃厅	590	267	0	857
总计	38297	33233	2914	74444

资料来源：（清）罗绕典：《黔南职方纪略》，台北成文出版社，1974年，第9—198页。

　　曹树基也做过同样的表格统计，只统计到府一级，他所依据的也是《黔南职方纪略》，但除了贵阳府、平越直隶州、思南府、铜仁府与笔者统计数相同外，其他州府统计数均有出入，问题可能出在曹氏是从罗绕典的州府总数中进行统计的，以及没有注意到"蓬户"等类型的人口数，而笔者是根据各州县厅的客民数以及"蓬户"等考虑在内进行的统计。就连罗绕典本人记载的个别州府厅的客民数与最后统计的客民数也有一定误差。当然从总数来看，曹氏与笔者的统计数相差并不太大，但在有产客民与无产客民的统计上差距就比较明显，若具体到州县的研究时，可能就会影响到结果判断，当我们研究贵州租佃关系时，这样的差距可能会影响研究结果，如曹氏对有产客民的统计数为 45070 户，无产客民为 23283 户，笔者的统计数分别为 38297 户、33233 户。这个差距就比较大了。

　　客民的统计数在不同时期的文献中有不同的记载。乾隆年间，贵州进行了一次全省范围内的户籍调查，调查结果是："各属买当苗人田土客民共三万一千四百三十七户，佃种苗人田土客民共一万三千一百九十户，贸易、手艺、佣工客户共二万四百四十四户，住居城市乡场及隔属买当苗人田土客民一千九百七十三户，并住居城市乡场买当苗民全庄田土客民及佃户共四千四百五十五户。"① 合计客民数为 71499 户。据民国《贵州通志》统计："通省各属附居苗地买当田土客户三万一千四百余户，种苗田客户一万三千一百余户，贸易手艺客户二万四百余户。住居城市买当苗产客户并所招佃户共六千四百余户。"② 合计客民数为 64900 户。曹树基在《中国移民史》一书中，按照一户 4 口人统计得出道光初

────────────

① （清）爱必达：《黔南识略》卷 1《总叙》，道光二十七年刻本，第 4 页。
② 民国《贵州通志》《前事志二十一》，民国三十七年贵阳书局铅印本，第 52 页。

年的客民约为 30 万人 ①。

为进一步分析客民所占财产的比重,我们在表 2.8 的基础上制成下表(表 2.9)。

表2.9　道光六年贵州府州厅客民所占比例

地区	有产客民	所占比例（%）	无产客民	所占比例（%）	合计	占全省客民比例（%）
贵阳府	6990	75.5	2261	24.5	9251	12.4
安顺府	2452	66.5	1232	33.5	3684	4.9
兴义府	10981	42.8	14651	57.2	25632	34.4
普安厅	32	3.9	792	96.1	824	1.1
大定府	7456	74.2	2592	25.8	10048	13.5
都匀府	8412	76.3	2620	23.7	11032	14.8
平越直隶州	173	17.4	821	82.6	994	1.3
黎平府	2819	28.3	7135	71.7	9954	13.4
镇远府	1210	58.6	854	41.4	2064	2.8
思南府	10	55.5	8	44.5	18	0.02
铜仁府	86	100	0	0	86	0.2
松桃厅	590	68.8	267	31.2	857	1.1
总计	41211	55.4	33233	44.6	74444	100

说明:有产客民数包括城乡有产客民数。

从表 2.9 可以得出以下结论:从财产的多寡上看,贵州省客民可分为有产和无产两类,有产客民数和无产客民数分别占总客民数量的 55.4% 和 44.6%。贵阳府、安顺府、大定府、都匀府、铜仁府、松桃厅所置产业的客民所占比例超过全省平均值,有产客民数多于无产客民数。兴义府、普安厅、平越直隶州、黎平府无产客民所占比例超过全省平均值,无产客民数多于有产客民数。无论有

① 曹树基:《中国移民史》(第 6 卷),福建人民出版社,1997 年,第 164 页。

产还是无产客民都以从事农业生产劳动为主,即使是致力于手工业和商业经营的客民都会购田置地,由此可见,客民最主要的生存手段仍然是农田垦殖。从数量上看,客民最多的是兴义府,占全省34.4%,其次是都匀府14.8%、大定府13.5%、黎平府13.4%。铜仁府、思南府的客民数量是最少的,分别占全省的0.2%和0.02%。

经过若干年的发展,客民大致分为乡居有产客民、无产客民和城居有产客民三大类。相对来说,有产客民的情况比较复杂,在《黔南职方纪略》中又将有产客民分为典买、租种未典买、买当租种、招租佃田等类型。也就是说有产客民分为拥有土地所有权者和未拥有土地所有权者,或者说是只有使用权而没有占有权。

二、客民的分化

客民的分化应从两个方面理解:一是不同政区下的客民阶层分化,二是客民的贫富分化。贵州客民较多的地方,主要聚集于黔西北、黔西南地区。黔西北客民人数较多,与黔西北的矿业兴盛有着密切的关系。威宁州(今威宁县)自然环境并不理想,其农耕条件比较恶劣,有人形容威宁"黔称漏天,威宁尤甚,沉阴积雾,浃旬淫霖,虽暑月犹拥裘。谚曰:'乌撒天常披毡,三日不雨是神仙。'杨慎诗所谓:'易见黄河清,难逢乌撒晴者也。'"[1]毫无疑问,大量的矿厂是吸引客民最主要的因素。威宁州是清代贵州,乃至全国最主要的产铅之地,吸引了周边省份的大量人口向威宁聚集。这里的矿厂都比较大,能够吸纳大量的劳动力。此地"物产惟铅为多,妈姑、羊角、新发、白崖、马街、猓纳、黑泥、三家湾等厂"[2]。表2.10为威宁州铅厂年产量的统计,从其年产量可见一斑。

---

[1]（清）爱必达:《黔南识略》卷26《威宁州》,道光二十七年刻本,第3页。
[2]（清）爱必达:《黔南识略》卷26《威宁州》,道光二十七年刻本,第4页。

表2.10 清前期威宁州主要铅厂年产量

厂名	产量（万斤）	厂名	产量（万斤）
马鬃岭	125	砂砾	25
齐家湾	12	江西沟	15
丁头山	40	柞子	103
大兴	35	白蜡	8.5
大鸡	155	羊角	12
莲花	610	妈姑	450
福集	180	总计	1870.5

资料来源：袁轶峰：《清前期黔西北的矿业开发与生态环境变迁》，《贵州大学学报》（社会科学版）2010年第3期。

毕节县是贵州的另一个重要的铅矿产区。"每岁额运贵西道督办，白铅七百二十八万八千五百八十斤有奇，黑铅五十五万三千二百三十九斤有奇。由县运赴四川永宁铅局，局有委员驻其地接收"[1]。毕节每年产铅近八百万斤，运输队伍就非常可观。这些矿厂的客民来源广泛，"其民夷多汉少，多江南、湖广、江西、福建、陕西、云南、四川等处"[2]。因此，威宁州，"通属汉庄六十四，苗寨二十四，零星散处者不与焉"[3]。汉人多从江南、湖广、江西、福建、陕西、云南、四川等处来此流寓。同样，地理条件不好的独山州，"地气炎热倍于他处，谚云：'冷八寨热三脚'，咫尺之间，气候迥殊也"。由于没有其他资源，客民基本上不会选择这样的地方落脚，因此"通属系苗寨，无汉庄"[4]。客民众多给清政府管理带来新的难题，朝廷

---

① （清）爱必达：《黔南识略》卷26《威宁州》，道光二十七年刻本，第8页。
② （清）爱必达：《黔南识略》卷26《威宁州》，道光二十七年刻本，第4—5页。
③ （清）爱必达：《黔南识略》卷26《威宁州》，道光二十七年刻本，第8—9页。
④ （清）爱必达：《黔南识略》卷10《独山州》，道光二十七年刻本，第9页。

里开始有反对的声音,甚至有人提议关闭矿厂,以防止大量客民聚集,也有不少人反对关闭矿厂。清人严如熤的观点很有代表性:

> 贼匪滋事之始,有议以各厂人多,恐被贼裹诱,当严行驱散者,是大不然。凡开厂之商,必有资本足以养活厂内之人,必有力量足以驱使厂内之人工作,利其赁值,帖然为用。各商护其资本,侦探贼踪,往往较官府为真,于开厂之地必择险峻可守之处结寨,屯积粮食,贼至搬藏其中,不能裹也。若不准开厂,则工作之人无资以生,添数十万无业流民,难保其不附从为乱,故只当听其经营不可扰也。[1]

若关闭矿厂,势必造成大量客民失业,反而引起社会的不稳定,因此,清廷支持继续开矿设厂。清前期,黔西北铅铜矿兴旺起来,到处布满了矿厂,吸引了大量的外省客民。

在整个客民分布中,兴义府是客民数最多的,但这一带矿产资源匮乏,区位优势并不明显,且适于农耕的可耕土地较少,但兴义府却成为贵州涌入客民最多的地区。以往,兴义府的族群结构并非如此,客民所占比例较小,现在完全颠倒过来,客民所占比重很大。罗绕典曾谈到这个变化的原因:

> 汉黠苗愚,不特屯户将分授之产展转当卖于外来客民,即苗佃任其播弄,渐多退佃,以致汉佃参半其间,各郡屯田比比皆是。而于兴郡则又地居滇省冲途,右扼水西,左联粤壤,四

---

[1] 中国人民大学清史研究所、中国人民大学档案系中国政治制度史教研室合编:《清代的矿业》,中华书局,1983年,第4页。

通八达,江广川楚客民源源而至者日盛月增。尝未经兵燹以前,汉苗之夹杂混淆,早已不能判然有别。洎乎嘉庆二年狆匪滋事,兴郡民苗或遭焚,劫于寇仇,或被流离于沟壑,天戈南指。又复扫灭樆枪,后虽有复业,民苗终觉人稀土旷,且又层峦叠嶂,环卫重重,颗粒无由外运,居民之日用饮食所需,无一不减于他郡,遂致比年以来,下游各郡以及川播贫民偶值岁有不登,携老挈幼担负而来。①

结合罗绕典的这段话,我们大致可以概括兴义府客民的激增有以下几点原因:

第一,清代数次苗民起义,大量少数民族被杀戮,人口剧减,出现了很多无主的田地,这些田被称之为绝田。嘉庆二年(1797)平定苗匪叛乱之后,地旷人稀的兴义府成为大量客民迁徙的首选之地。客民在当地租垦荒山,进行农业种植生产活动。由于山地土层薄且贫瘠,几年之后,田土会被雨水冲刷殆尽,只有再次迁徙他处,周而复始,进行类似的进程。还有些客民聚集定居于城市乡镇等交通便利之地,往来于滇粤两省,从事小本商业活动。兴义府境内处处有客民,甚至有些地方土著人数已远远落后于客民人数。嘉庆二年苗变后,"土著之苗民日耗,流寓之客民日增,现在男女大小,四万五百六十二口,客民居十之七八,苗民居十之二三"②。

咸同战乱之后,兴义到处是荒地,为客民迁入提供了较好的生存空间。清政府针对大量荒芜土地的情况又极力鼓动客民来此垦荒,对于兴义府属之地,"勘明逆绝二产,别招官佃、汉佃,客业滋益

---

① (清)罗绕典:《黔南职方纪略》卷2《兴义府》,台北成文出版社,1974年,第50—51页。
② 咸丰《兴义府志》卷25《赋役志·户口》,咸丰四年刻本,第2页。

多矣"①。咸丰年间兴义府亲辖地对人口进行了全面调查,其中安仁里的统计如下:

> 今计安仁一里,旧大寨六十余,今分为一百三十余寨。其各庄主半系居住城厢,闲有居住寨内者,计典买全庄客民一百三十一户,管一百三十二庄,招汉佃一千二百二十八户。其东西南北四乡苗地,客民棚民典买苗产者四千六百四十一户、未典买苗产客民棚民八百零三户,附居各场市不填丁口有产客民四十五户、无产客民一千零五十四户,共六千五百四十三户。统计安仁里四乡庄佃各户,并客民棚民及不填丁口之户总七千九百零二户。②

经过多年的战争,原有的一些村寨遭到破坏,有的已经荡然无存,随着客民的大量迁徙,新的村寨急剧增加。安仁里由原先的六十余村寨发展到一百三十余村寨,因此,从其统计数据可以看出,客民已经遍布安仁里。对于兴义客民情况,《黔南职方纪略》有详细的客民人口数据。试举几例,贞丰州之都田站:

> 今计六甲,凡大小三十寨,四寨均汉民,六寨均苗人,其二十寨内典买苗产客民七十二户,未典买苗产仅租种田土客民四十七户,未典买亦无租种贸易手艺客民三十六户,共合客

---

①(清)罗绕典:《黔南职方纪略》卷2《兴义府》,台北成文出版社,1974年,第53页。

②(清)罗绕典:《黔南职方纪略》卷2《兴义府》,台北成文出版社,1974年,第53—54页。

民一百五十五户。①

普安厅（今盘州市）：

> 厅属租种田土客民六百二十四户，住居苗寨未典买苗产客民一百六十八户，住居厅城典买田土以及场市贸易手艺客民未填丁口之户三十二户，共客民一千三百二十六户。②

第二，军屯制度的废弛。明代自设置卫所以来，实行军事屯田的生产方式，并建立"屯堡"，又叫"营寨"，而这些屯田组织往往设置在被征服的少数民族的地界上，其目的是有效地控制地方，屯堡在治理贵州的过程中发挥比较大的作用，但是，随着"生苗"地界变成"新疆"，国家权力正逐步渗透到"生苗"腹地，军屯土地也随之发生变化。王毓铨指出，由于屯田的"转佃""民佃""佃卖""民田"化，屯田的性质已经发生变化，最后造成了军屯制度的瓦解③。从罗绕典的记载可以看出，兴义的屯田不断地被"民田"化，且更多地是被客民所"民田"化。

第三，相对于中心地区而言，黔西南属于典型的边缘之区。中心地区人多地狭，经济、文化发展居领先地位，也是政治权力的中心。边缘区则人少地广，又往往必须与民族主流以外的人群杂居混处，国家政治权力较少渗入边缘地区，而且地方性的组织，如家

---

① （清）罗绕典：《黔南职方纪略》卷2《兴义府》，台北成文出版社，1974年，第64页。

② （清）罗绕典：《黔南职方纪略》卷2《兴义府》，台北成文出版社，1974年，第76页。

③ 参阅王毓铨：《明代的军屯》，中华书局，2009年，第339—369页。

族或乡里可能取代政府的若干功能。边缘地区经济发展往往比较落后,体现出明显的自给自足的自然经济性质。客民在区域选择上往往喜欢聚居在"边缘区"、远离"核心区"。王朝往往对核心区最为关注也控制最为严格。对个人的控制而言,边陲区往往是那些少数民族和"化外之民"居住的天堂,他们从事的各种非法生产活动,政府是无法管辖得到的,个人有较大的自由度。客民在区域上愿意选择"边缘区"而远离"核心区",但又离"核心区"并不太远的地方。如普安厅"惟狗场一营南接兴义县境,与鲁土营之顶效场联界,去兴义县仅五十里"[1]。可以看出,这些地方虽离政治中心较远,但地理位置并不偏僻,因而,在乡场、集镇、交通干道以及城区周边的客民数量是最多的。

此外,客民在兴义府不同政区下的地理分布差异也是非常鲜明的。客民多集中在兴义县、安南县和普安县的三个里;苗民主要聚集在府亲辖地、安南县和普安县的五个里,部分散居于册亨县;土司主要集中于贞丰州、册亨县。在不同的行政体系下的政区形成了三种不同族群的地理分布差异,黔西南的西北是以客民为主要分布区,黔西南的东南以土司后裔为主要分布区,黔西南的中部则是苗汉杂处,客民的分化十分明显。

客民的贫富分化主要集中体现在土地占有上。李中清根据道光六年贵州省客民数据,绘制出贵州客民土地占有情况图,详见图2.1。

李中清认为贵州客民占有土地情况有以下四个重要特点:首先,虽然府与府之间存在着较大差别的土地占有规模,但是却有着一致的等级顺序,即地主拥有的土地比佃客多,佃客拥有的土地又比雇农多得多;其次,虽然地区与地区之间有着不同情况的土地

---

[1]（清）罗绕典:《黔南职方纪略》卷2《兴义府》,台北成文出版社,1974年,第75页。

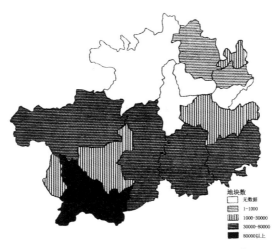

地块数
□ 无数据
▨ 1—1000
▥ 1000—30000
▤ 30000—80000
■ 80000以上

图2.1　道光初年贵州客民土地占有情况①

占有差别,但有相同的土地所有模式,通俗讲就是地主占有的水田比山区旱地多,而佃客耕种的山地比水田多;第三,家庭规模与土地占有的数量呈现正比例关系,不论地主还是佃客,其家庭规模越大,就有越多的耕种土地。李中清认为移民中的富裕者大多在谷地居住,而贫困者几乎都在山区生活。他推测这是由移民生活圈及其历史所造成的②。客民从定居到成为土著的进程中,会有多重因素造成客民的贫富分化,在传统社会,土地是衡量贫富的重要标准,我们以政治中心贵阳府和边缘地区的大定府为例。

① 原图名为《汉族移民分布图》,但李中清使用的《黔南职方纪略》的统计数据是道光年间罗绕典对贵州客民的统计数据,因此,名之为客民分布图更恰当些。参见〔美〕李中清:《中国西南边疆的社会经济:1250—1850》,林文勋、秦树才译,人民出版社,2012年,第113页。
② 〔美〕李中清:《中国西南边疆的社会经济:1250—1850》,林文勋、秦树才译,人民出版社,2012年,第327—328页。

从全省与贵阳府客民土地占有的情况进行对比分析,详见表
2.11 和表 2.12。

表2.11　贵州省客民与土地占有情况

身份地位	户数	口数	家庭规模	山地数量（块）	水田数量（丘）
各属买当苗人田土客民	31437	184669	5.87	67608	227110
佃户	13190	59623	4.52	24730	7788
雇工客民	20444	70673	3.45		
住居城市乡场及隔属买当苗民田土客民	1973	2963	1.50[1]		
买当苗民全庄田土客民	321			20087	20051
总数	67365	317958[2]		115388	297567

资料来源:〔美〕李中清:《中国西南边疆的社会经济:1250—1850》,林文
勋、秦树才译,人民出版社,2012年,第328页。

说明:[1]原书中家庭规模为42618,实际应为1.50。

[2]原书中该表格统计数据有误,原表为314965,实际应为317958。

表2.12　贵阳府客民与土地占有情况

身份地位	户数	口数	家庭规模	山地数量（块）	水田数量（丘）
各属买当苗人田土客民	6105	29573	4.84	8456	29332
佃户	521	2211	4.24	767	708
雇工客民	2261	8937	3.95		
住居城市乡场及隔属买当苗民田土客民	364			316	3633
总数	9251	40721		9539	33673

资料来源:李中清:《中国西南边疆的社会经济:1250—1850》,林文勋、
秦树才译,人民出版社,2012年,第329页。

从表 2.11 可简单计算,全省的各属买当苗人田土客民,平均每户拥有山地 2.15 块,水田 7.22 丘。全省佃户平均每户拥有山地 1.87 块,水田 0.59 丘。通过对表 2.12 简单计算,贵阳府的各属买当苗人田土客民,平均每户拥有山地 1.39 块,水田 4.80 丘。住居城市乡场及隔属买当苗民田土客民,平均每户拥有山地 0.87 块,水田 9.98 丘。佃户平均每户拥有山地 1.47 块,水田 1.36 丘。可见,相对富裕的客民拥有水田数量较多,而相对贫困客民拥有的山地数量较多。众所周知,水田是农耕条件较好的田地,山地则主要是旱地,客民占有土地形态至少说明客民已经呈现出贫富不均的情况。客民经历多年的生息繁衍后,其阶层开始分化为地主、佃户、雇农、贫民,以及地方精英等。

我们再以边缘地区的大定府分析客民的财富情况。道光大定府知府黄宅中非常详细记载了大定府的客民及土地占有情况。详见表 2.13。

表2.13　道光《大定府志》统计客民户数与土地占有情况

地区	有田土客民	居城有田土客民	居城无田土客民	居乡无田土客民
府属亲辖地	2543	110	—	—
水城厅	439	—	29	284
威宁州	3605	10	—	887
平远州	150	—	34	238
黔西州	516	—	—	503
毕节县	—	—	—	468
总计	7253	120	63	2380

资料来源:道光《大定府志》卷14《内篇四》,道光二十九年刻本,第16—17页。

大定府的客民,有田土客民占总数 73.8%,居城有田土客民占 1.2%,居城无田土客民占 0.6%,居乡无田土客民占 24.2%。众多有田土客民,反映出客民经过长期的奋斗,以购置田土等财产的方式表现出在当地安居下来的决心。有了田土就有了新的家,他们不再四处飘零。居乡没有田土的客民通常租佃土著或屯军的土地,大部分城居的客民有自己的田土,居城无田土的客民极少,可以看出大定府的城市经济并不发达,客民生存不易。

　　客民的差异性与其生活的环境有着密切关系。水城厅,"境为水源所汇,虽群峰围绕而临流夹岸,层累而上者悉系水田,客民寡贸易,多以耕垦为业"①。再如威宁州共有十里,"全化、宣化无苗户,归化无客户,余七里,遵化客户最多,大化、性化次之,致化又次之,广化、德化、顺化最少,大化多土,性化多田,致化客民悉为夷佃,广化多土,德化多田,顺化无田"②。另外,有些生计方式并不适合客民,如平远州,"苗梯山以为田,烧箐以为土,客民较少"③。通过对贵阳府与大定府客民的分析可以看出,客民之间的阶层分化还是比较明显的。贵阳府有产客民占 75.5%,无产客民占 24.5%。定番州,"买当苗产客民七百五十七户,贸易、手艺、佣工并无苗产客民三百九十一户,住居城厢内外并各司场市置买苗产不填丁口客民一百七十户,共客民一千三百一十八户"④。定番客民购置产业的有927户,无产客民有391户,有产客民占总数的70%。

　　无论是有产客民还是无产客民,都大大地挤压了苗民的生存空间。修文县,"大率汉民多于苗户十之八九,苗民不及汉庄十之

---

① 道光《大定府志》卷14《内篇四·疆土志四》,道光二十九年刻本,第16页。
② 道光《大定府志》卷14《内篇四·疆土志四》,道光二十九年刻本,第17页。
③ 道光《大定府志》卷14《内篇四·疆土志四》,道光二十九年刻本,第16页。
④ (清)罗绕典:《黔南职方纪略》卷1《贵阳府》,台北成文出版社,1974年,第18页。

二三,零星杂居,依汉民为佃户"①。《黔南职方纪略》发出感慨:"兴
义府属之客民占尽苗产也。"②

第四节　客民的分布

　　道光年间的《黔南识略》和《黔南职方纪略》两书详细地记载
了客民在贵州各地的分布状况③。可以说是目前为止,最为详细且
数据可靠的两本著作。罗绕典著作主要依据的是糜奇瑜在道光二
年(1822)春任贵州布政使时对全省户籍调查的统计数据④。《黔
南识略》在《总叙》中开门见山地讲道:"道光六年巡抚嵩溥钦奉
谕旨,饬禁汉奸私入苗寨勾引滋扰,当经委员逐细编查。"⑤贵州客
民有明确数据记载的地域主要是黔东南、黔西北、黔西南,惟缺黔
北遵义府的数据,罗绕典在其序言中特意提道:"惟遵义、思州、仁
怀为未备,盖吏失其册也。"⑥这句话表明,遵义府有统计客民数,
只是未流传下来。我们可从地方志当中看到客民的身影。如湄潭
县,"原著汉民九千五百四十九户,肃清以来,历由川湖两省迁来

_____

① (清)爱必达:《黔南识略》卷2《贵筑县》,道光二十七年刻本,第14页。
② (清)罗绕典:《黔南职方纪略》卷3《大定府》,台北成文出版社,1974年,
　　第83页。
③ 两书涉及农业、矿业、人口、军屯、集镇等方面内容,对清代的社会经济研究
　　具有重要的参考价值。两书特别关注贵州的"客民"问题,基本上各州县都
　　有较详细记载,从另一方面可以看出嘉道年间贵州的客民问题是非常突出
　　的,引起了两位作者的高度注意。
④ 罗绕典在其序言中说:"我皇上统驭之初,中丞长白嵩曼士先生奏请编察通
　　省客户,备有成籍。余承宣于斯,盖三年矣。一日出故府所藏,得而读之,见
　　其考据往古,钩稽见在,具有本末,因芟削为是书。"
⑤ (清)爱必达:《黔南识略》卷1《总叙》,道光二十七年刻本,第4页。
⑥ (清)罗绕典:《黔南职方纪略》,台北成文出版社,1974年,第8页。

新户五千一百另四户,共计男大丁一万五千七百三十八名、女大口一万四千四百五十八口、男小丁一万另四百九十五名、女小口六千四百五十三口。新迁之户各置田园庐墓入籍,游学者不少"①。自咸同苗民起义平定后,大量客民迁徙湄潭县,购置田产,由此定居当地。当然,有关黔北的客民资料只能零星地在地方志中看到,系统全面的数据还是缺乏,有鉴于此,除黔北遵义一带之外,现分述贵州的黔东南、黔西北、黔西南的客民情况。

一、黔东南地区

黔东南包括黎平府、都匀府、平越直隶州、镇远府、铜仁府。

贵州除遵义府之外,每个府都有亲辖地。在贵州,亲辖地是一种特殊的行政区划,多来自原土司领地,改土归流之后,改设为各府的亲辖地。由于这些地块原为土司领地,为了更好地控制旧有土司,仅仅通过行政区划的手段解决过去的土司领地的问题是不够的,所以,清廷更乐意客民进入亲辖地进行垦殖,通过"移民实边"的方式消解土司治下的影响,故亲辖地客民数量较多。黎平府亲辖地"改卫归流"之后,通过大量引入客民对苗地形成牵制:

> 其苗寨皆与锦开二邑屯所相为错综,有一苗寨即有一屯或一所,相去或一里或半里,其安插之意,无非欲张掎角之势。②

但客民要请进来容易,送走可就难了。有些不良客民往往利用苗

---

① 光绪《平越直隶州志》卷 19《食货志》,光绪三十三年刻本,第 4 页。
②（清）罗绕典:《黔南职方纪略》卷 6《黎平府》,台北成文出版社,1974 年,第 156 页。

民的淳朴善良侵占苗民的土地。如黎平府亲辖地的苗民所处地理位置尚佳,田土较为肥沃,人口稠密,生活较为富裕,"其间客民之住居苗寨者,又较别地为多,盖其地虽有崇山峻岭,而两山之中每多平坝,溪流回绕,田悉膏腴,村墟鳞比,人户稠密,其富庶之象,易起客民觊觎之心"①。尽管黎平府客民较多,但真正购买苗产的客民并不多,其原因在于购置苗产比较困难。客民起初只能围绕卫所周边定居,客民周边都是"生苗"地界。此时,王朝的权力还没有真正渗入进去,在此背景下,客民想要进入苗地还是有很大难度,因此,在黎平府亲辖地,"典买苗产客民四百九十四户,贸易、手艺营生,未典买苗产客民一千七百一十六户,棚户二百四十二户,府县两属屯所客民附居苗寨及未附居苗寨者二千四百五十二户"②。

受山地地形所限,黔东南平地很少,这些地方人口密集,高山密篝之区,人烟稀少,地方政府管理薄弱,如都匀府的丹江厅,号称"牛皮箐"③,该地人迹罕见,一般人不敢轻易踏入,"民苗之不敢擅入也。实缘箐内非石即木,无土可耕,且阴寒之气逼人甚厉,所以历年于兹,弃与毒蛇猛兽耳"④。但对客民来说,这一地带反而具有较大的吸引力,大量客民进入该地进行垦殖活动,据罗绕典统计,

①（清）罗绕典:《黔南职方纪略》卷6《黎平府》,台北成文出版社,1974年,第157页。
②（清）罗绕典:《黔南职方纪略》卷6《黎平府》,台北成文出版社,1974年,第160页。
③牛皮箐在今贵州省雷山县东南。《黔南识略》记载:"牛皮箐在城东南,自厅属南亘古州、八寨、都江地界,迤逦数百余里,复嶂萦纡,深林蒙密,雾雨阴翳,蛇虎交行,从古人迹未至。"参见（清）爱必达:《黔南识略》卷9《丹江通判》,道光二十七年刻本,第6页。
④（清）罗绕典:《黔南职方纪略》卷5《都匀府》,台北成文出版社,1974年,第133页。

丹江厅"有产之户五百七十五户,无业之户六百四十九户"①。

　　平越直隶州亲辖地,"经督抚李、郭诸公重为厘定,将旧日荒芜苗产丈量定赋,听各省客民愿,占籍者酌价缴官,以充建立城池、卫门、驿传诸费。二年之外,一律起科。于是客民之开垦官荒又复不少,此又客民住居苗地、耕苗产之原也,后来客民盖寡"②。统计有"苗产客民一百七十三户,无苗产客民八百二十一户"③。而平越直隶州所辖的余庆、瓮安两县没有客民,该书解释道:"盖二县地居黔楚大道之北,不与有苗州县相错也。"④尽管两县改土归流了,但原先的土司名号并没有革除,"明平播后改长官司,设县之时,毛、杨两姓勋裔,未便以无故革除,相沿至今,准其袭职藉以弹压土人,并无应管苗户也"⑤。此外,两县的族群关系并不复杂,因此,任由土司管理其地。

　　镇远府亲辖地,"苗汉杂处,荒土甚多,苗民懒于开挖,弃之不问,于是寨内头人以为公土,租与天柱、邛水一带客民挖种杂粮,所租之地并无界限,每丁认锄一把,每锄每年租钱数百文不等。客民自认租钱,任意择地而种,穷一人之力,遍山垦挖,此处利厚于彼,

①(清)罗绕典:《黔南职方纪略》卷5《都匀府》,台北成文出版社,1974年,第136页。
②(清)罗绕典:《黔南职方纪略》卷5《平越直隶州》,台北成文出版社,1974年,第149—150页。
③(清)罗绕典:《黔南职方纪略》卷5《平越直隶州》,台北成文出版社,1974年,第150页。
④(清)罗绕典:《黔南职方纪略》卷5《平越直隶州》,台北成文出版社,1974年,第152页。
⑤(清)罗绕典:《黔南职方纪略》卷5《平越直隶州》,台北成文出版社,1974年,第151页。

即舍彼而就此,随地搭篷居住"①。土客杂居之地,客民进行租佃,客民利用租佃关系不清,任意垦殖,家眷随之而来,这一带"客民四百七十二户,内无苗产及棚户典买苗产客民三百八十户。偏桥左右两司客民四十五户,内隔属客民典买田土不填丁口十八户,有产客民一十七户;抱琴塘典买苗产客民二十八户,寨外有苗产之户十五户;县属之苗度洞客民十六户,有苗产者仅二户。统计府县两属苗寨内外,有产无产客民共五百六十一户"②。

嘉庆二年,松桃从铜仁府析出,单独设置松桃厅。由于松桃厅的战略地位重要,地处川、湘、黔交界地带,情况非常复杂。清政府在松桃厅设有三十个汛堡,"星罗棋布,与苗寨相为错综,客民所住之寨,总不外汛堡相近之间,大约坡东汛堡多于坡西,兵弁之典买苗产者坡东为最,坡西场市多于坡东,客民之典买苗产者坡西为尤,盖坡东一带毗联湖南之处,自南至北百数十里,碉卡接连相去一里半里即设一座,均系汛堡兵丁看守"③。由于"所驻兵丁向不更调,各名家室屯住汛堡之内,客民之贸易营生及耕种"④,不仅客民置买苗产,汛堡兵丁也置买苗产。对于这些情况,清政府无法解决,主要在于:"客民中有祖父时即行典买,子弟入营当兵,亦有武生就近典买,因而入营得升把总外委坐汛、坐堡者,其苗产每多得自未入营以前,不能尽科以擅得苗产之罪,今概同务农客民填注

① (清)罗绕典:《黔南职方纪略》卷6《镇远府》,台北成文出版社,1974年,第169—170页。
② (清)罗绕典:《黔南职方纪略》卷6《镇远府》,台北成文出版社,1974年,第171—172页。
③ (清)罗绕典:《黔南职方纪略》卷6《松桃厅》,台北成文出版社,1974年,第194—195页。
④ (清)罗绕典:《黔南职方纪略》卷6《松桃厅》,台北成文出版社,1974年,第195页。

入册。"①

松桃厅从铜仁府析出之后,汛堡穿插苗地之间,为客民生存创造了极大的空间,由于低廉的田地价格,且有大量无需赋税土地,坡东十九汛堡共管"三百七十三寨内,附居苗寨典买苗产之客民四十六户,并不在苗寨居住典买苗产之客民二百六十七户,共三百一十三户"②;坡西十一汛堡共管"三百零九寨,并无附居苗寨典买苗产之客民,其不在苗寨居住典买苗产之客民共五百四十四户"③。不在苗寨居住而典买苗产客民共有811户,占全部客民数的94.6%。

二、黔西北地区

黔西北主要包括贵阳府、安顺府、大定府。

贵阳府管辖有贵阳府亲辖地(含贵筑县)、定番州、罗斛州判、大塘州判、广顺州、开州、贵定县和修文县。贵阳府所管辖州县的客民分布相对比较平均,比如府亲辖地共有客民1343户,贵筑县共有客民1128户,定番州共有客民1318户,贵定县共有客民1137户等。广顺州(今长顺县)相对其他州县而言,客民更多些,共有客民2000户。但广顺州却是客民来得最晚的一个地方,"嘉庆间始有遵义及各省客民,住种其地"④。由于这里在嘉庆二年发生苗民起

---

①(清)罗绕典:《黔南职方纪略》卷6《镇远府》,台北成文出版社,1974年,第195—196页。

②(清)罗绕典:《黔南职方纪略》卷6《松桃厅》,台北成文出版社,1974年,第197页。

③(清)罗绕典:《黔南职方纪略》卷6《松桃厅》,台北成文出版社,1974年,第197页。

④(清)罗绕典:《黔南职方纪略》卷1《贵阳府》,台北成文出版社,1974年,第22页。

事,不少苗民被杀或逃亡,留下了大量田土。罗斛州判(今罗甸县)客民人数较少的原因在于,罗斛州判在雍正五年从广西泗城土府划归贵州,加上"山势稍平处间有田亩,其高原广种木棉,较植稻粱获利加倍。苗民善于图利,是以种土客民甚少,即附寨客民亦甚寥寥"①。同时,这一带还在土司的管辖之下,苗人自己已经懂得种棉比种稻获利更多,故不愿召人佃种粮食,这种情况在贵州是很少见的。贵阳府属修文县没有客民数据,罗绕典分析,其"所辖之零星散处,苗民今日皆为汉民,佃户久已编入汉民户口"②。由于苗民不少已"变汉",所以,没有必要单独核查客民人口了。

对比全省来说,安顺府的客民数量是比较少的。安顺府亲辖地,"一百六十一寨,其八十八寨悉系苗民及土著汉民,并无客户,其七十三寨有客户民之种类,于苗民之外有屯田子、里民子,又有凤头鸡,凡此诸种实皆汉民"③。这些被称为"屯田子""里民子""凤头鸡"的应是早期来黔的汉民,日久已成土著,但又与真正土著有所不同,为区分先后移居安顺的客民,故对客民有不同称谓。罗绕典调查发现:

　　询之,土人云:"洪武间,自凤阳拨来。"安插之户,历年久远,户口日盈,与苗民彼此无猜。新垦之田土有限,滋生之丁口渐增,纵有弃产之家,不待外来客民存心觊觎,已为同类中

①(清)罗绕典:《黔南职方纪略》卷1《贵阳府》,台北成文出版社,1974年,第19页。
②(清)罗绕典:《黔南职方纪略》卷1《贵阳府》,台北成文出版社,1974年,第27—28页。
③(清)罗绕典:《黔南职方纪略》卷1《安顺府》,台北成文出版社,1974年,第32—33页。

之捷足者先登。此安顺府属虽系五方杂处,四达冲途,而客民之托足无由,实基于此。①

据杨庭硕考证,"里民子"原为明代汉族军民的后裔,其先辈因不堪明廷高压而脱籍,依附于水西土司。清初对水西土司强行改土归流,吴三桂为分化水西土司,对这部分汉族移民不予追究,将他们编入户籍里甲,故名"里民"②。上述"屯田子""里民子""凤头鸡"应该是已经入籍的早期客民,主要分布在安顺一带。安顺府是明代屯军主要分布地区,经过几百年,明代的迁入者与苗民关系已很融洽,留给客民的生存空间比较少,故统计安顺府属各苗寨典买苗产客民只有48户,租种田土未典买苗产客民366户,未典买苗产亦未租种田土客民186户,合计客民599户③。客民没有购置苗产比例高达92%。

安顺府所辖客民较多的是分布在郎岱厅(今六枝特区)。郎岱厅自然环境比较恶劣,距离安顺府近100公里,但其地理位置比较重要,"厅境即层层上跻高入云表,虽打铁关、拉邦坡为新驿,所经商贾往来,行人辐辏,而鸟道羊肠,泥丸可塞,西陵渡奔涛骇浪,又复环卫于前,真府属中最要之区。且水西诸厂,由厅捷径可达,肩承背负,攀藤附葛者终日络绎于途,以故客户亦多"④。郎岱厅地形

---

① (清)罗绕典:《黔南职方纪略》卷1《安顺府》,台北成文出版社,1974年,第33页。

② 杨庭硕:《〈百苗图〉对〈贵州通志·苗蛮志〉(乾隆)的批判与匡正(下)》,《吉首大学学报》(社会科学版)2006年第5期。

③ (清)罗绕典:《黔南职方纪略》卷1《安顺府》,台北成文出版社,1974年,第33—34页。

④ (清)罗绕典:《黔南职方纪略》卷1《安顺府》,台北成文出版社,1974年,第36—37页。

地貌复杂,但随着商路的开发和矿厂的兴旺,南来北往的人都要经过此地,郎岱逐渐成为区域性经济中心,大批客民迁入此地,并购置田产入籍。"厅属典买苗产客民九百七十八户,未典买苗产客民四百四十八户,住居城市乡场不填丁口客民一百三十二户,共客民一千五百五十八户。"[1]购置苗产客民占比63%,远超过安顺府亲辖地的典买苗产客民的比例。

永宁州(今关岭县)的地理环境与郎岱厅比较相似,但其客民数并没有郎岱厅多,"山高箐深,既乏水源又鲜平衍,土多田少,性寒而力薄,于禾稻不宜,地又多瘴疠,耕者少,至是以客户屡入者无多"[2]。这样的地理环境不利于农耕,且商业不发达,也无矿厂,故典买苗产客民258户,未典买客民233户[3],没有城居客民。

大定府属威宁州的客民最多,亲辖地次之,平远州客民最少。

威宁州与其他地方不同,该地铅矿非常发达,是清代最主要的铅产地,由此吸引了大量客民迁入,在大定府10048户客民中,威宁州有4502户,占全府客户总数的45%。这些客民在矿厂赚取薪资,有了一定的资本后,就在当地购买土地。在4502户客民中,"有产客民三千六百零五户,未典买租佃苗产客民八百八十七户,并附居城市不填丁口有产客民十户"[4]。有产客民占威宁州客民总数的80%。

---

① (清)罗绕典:《黔南职方纪略》卷1《安顺府》,台北成文出版社,1974年,第37页。

② (清)罗绕典:《黔南职方纪略》卷1《安顺府》,台北成文出版社,1974年,第41页。

③ (清)罗绕典:《黔南职方纪略》卷1《安顺府》,台北成文出版社,1974年,第41页。

④ (清)罗绕典:《黔南职方纪略》卷3《大定府》,台北成文出版社,1974年,第90页。

平远州(织金县),"州境为辅车唇齿之助,地虽僻处偏隅,而一线羊场又可西南达于水城,洎水西之门户也"①。可见平远州地理位置重要,商路发达,客民往往从事商业贸易居多,"各种夷苗,梯山以为田,烧箐以为地,间有客民流寓其间,贸易者多,耕种者少"。统计州属"有产者一百五十户,无产者二百三十八户,场市不填丁口客民三十四户"②。有产客民占客民总数的36%,无产客民占客民总数的56%。

三、黔西南地区

黔西南主要是兴义府和普安厅。

兴义府亲辖地,"近城二三十里为安仁里,悉系屯民。东南两乡为怀德里,西北两乡为永化里,尽属归流之十八寨苗地,十八寨今则一寨,分为十数小寨,旧屯地除割归兴义县外,尚有喇坡、者达诸屯错出于县境之南,且又相错于四乡诸寨中"③。由于错综复杂的插花地是清政府统治较为薄弱的地方,故为客民纷至沓来提供了较大的生存空间。与黔东南、贵阳府、安顺府的亲辖地不一样的是,这三个地方的亲辖地由原土司管辖地改置,而兴义府亲辖地是由屯所转化而来,这里的屯民将田产、佃租、转卖给外来的客民,而苗佃也渐多退佃,以致"汉佃参半其间,各郡屯田,比比皆是"④,最

①(清)罗绕典:《黔南职方纪略》卷3《大定府》,台北成文出版社,1974年,第91页。
②(清)罗绕典:《黔南职方纪略》卷3《大定府》,台北成文出版社,1974年,第92页。
③(清)罗绕典:《黔南职方纪略》卷2《兴义府》,台北成文出版社,1974年,第49—50页。
④(清)罗绕典:《黔南职方纪略》卷2《兴义府》,台北成文出版社,1974年,第50页。

终,屯田"民田"化,为顺应形势变化,清政府将原先的卫所屯军政区改置为亲辖地或州县的政区。

　　嘉庆二年兴义一带发生影响非常大的苗民动乱。平定动乱之后,客民又掀起了一轮迁徙兴义的高潮。兴义县就是在这场动乱之后设置的县治,"大兵之后,削平苗户,十存三四。比岁以来,川、播之民,携老挈幼而至,十居其五"①。兴义县的客民也没有像其他地方的客民想方设法购置苗产,尽管客民众多,"外来之民不必尽有恒产,而皆可以自食其力,虽客多主少,可无虑。主客相争,然亦不可稽查也"②。兴义客民数量众多,关键在于"地方宽阔,昔日为人烟不到之区,历久相沿,客民深入其中"③,所以客民没有那么急迫去购置苗产田土。该地无产客民4501户,占61%。

　　册亨县的客民相对而言较少,主要是因为"产矿稀少,矿厂亦觉凋敝,且册亨客民于嘉庆二年,俱被逆苗戕害净尽"④。矿厂衰落和嘉庆二年的动乱对地方影响很大,"(嘉庆)五六年间事平之后陆续搬住者,而客户中半系下游之苗客,苗结党成群,势盛于客民,民皆望而知畏,又不得不酌议禁止也"⑤。册亨的客民大多数在平定苗乱之后而来的,至道光时,册亨有526户皆典买苗产客民。

---

① (清)罗绕典 :《黔南职方纪略》卷2《兴义府》,台北成文出版社,1974年,第55页。

② (清)罗绕典 :《黔南职方纪略》卷2《兴义府》,台北成文出版社,1974年,第55—56页。

③ (清)罗绕典 :《黔南职方纪略》卷2《兴义府》,台北成文出版社,1974年,第57页。

④ (清)罗绕典 :《黔南职方纪略》卷2《兴义府》,台北成文出版社,1974年,第62页。

⑤ (清)罗绕典 :《黔南职方纪略》卷2《兴义府》,台北成文出版社,1974年,第62页。

　　普安县与云南省交界,地理位置显要。普安"为府境最要之区,近年以来,下游各郡并川、楚客民,因岁比不登,移家搬住者惟黄草坝及新城两处为最多"①。因该地交通发达,商业繁盛,从事商业活动比耕种获利多,故普安客民大多是手工业者和商人。

　　与安顺府的郎岱厅一样,商路的开发和矿厂的兴旺也使客民乐于前往普安厅。该地狗场营,"西接滇省之平彝、罗平两州县界,循理菜河而南,路通平彝之铅厂,厂地皆五方杂处,客民往来搬运一切货物,道所必经。兼之黄泥河界乎狗场之中,山势疏密相间,空有水田萦带,与各营不同,地虽宽阔,去厅窎远,又为铅厂冲途,客民逗留不少"②。该营计有客民二百数十户。

---

①(清)罗绕典:《黔南职方纪略》卷2《兴义府》,台北成文出版社,1974年,第65页。

②(清)罗绕典:《黔南职方纪略》卷2《兴义府》,台北成文出版社,1974年,第75—76页。

第三章　客民与地方开发

　　清代贵州的改土归流和对"生苗"地界的开辟,在很大程度上打破了以往少数民族地区的封闭和隔绝状态。与此同时,清政府采取了一系列政策,奖励屯军、进行屯田,鼓励客民开垦贵州,在此背景下,大批屯军和客民进入贵州各地,拓殖运动不断往腹地深入。随着土著与客民交往的加强,客民将原乡的生产工具和生产技术传入和推广至贵州,土著相对落后的生产力得到比较明显的提高,社会经济获得了长足的发展。除从事农业垦殖的客民,在城市、乡镇等交通便利一带,经常可以看到客民从事商业、手工业的身影。对内对外商贸的发展,促进了贵州商品经济的发展,最显著的是推动了集镇的发展,各地的集镇成了地方社会经济文化的中心。墟市、城镇的增加,既便利土客互通有无,也使得土客往来更为频繁。

第一节　客民的垦殖

　　贵州是一个拥有众多族群的省份,其中有相当部分的族群不善于农耕。如花苗,"食麦稗杂野蔬,间有稻"①。独家,"食惟麦稗

---

① 贵州文史馆点校:《贵州通志·土司·土民志》,贵州人民出版社,2008年,第149页。

野蔬,亦有糯稻"①。思南府的峒人,"皆在下游,冬采茅花为絮以御寒。饮食避盐酱,在永从诸寨者,常负固自匿,然少为盗。在洪州者,地沃多稼而惰于耕"②。平远州的箐苗,"不善治田,惟种荞麦稊稗"③。而对于客民来说,最擅长的就是农业耕作,客民大规模的流动与土地垦殖是密不可分的。

一、拓垦奖励

清初,朝廷鉴于贵州田土荒芜严重局势,康熙年间加大了垦殖力度,其招垦章程要点如下:

> 一、宜借给牛种。请将义社仓积谷,借与垦荒之民,免其生息,令秋成完仓;
> 二、宜招集流移。凡外省民垦田者,如遇他处已往事发,罪止坐本人,勿得株连容隐;
> 三、宜严禁阻扰。凡地土有数年无人耕种完粮者,即系抛荒,以后如已经垦熟,不许原主复问;
> 四、新垦地亩,请暂就该县下则,承认完粮,俟三年后,仍照原定等则输粮。④

① 贵州文史馆点校:《贵州通志·土司·土民志》,贵州人民出版社,2008 年,第 174 页。
② 贵州文史馆点校:《贵州通志·土司·土民志》,贵州人民出版社,2008 年,第 196 页。
③ 庄吉发校注:《谢遂〈职贡图〉满文图说校注》,台北故宫博物院,1989 年,第 561 页。荍,古通"荞",即荞麦。稊形似稗,果实如小米。
④ 康熙二十二年三月己未,《清实录》(第 5 册)卷 108,中华书局,1985 年,第 100 页。

朝廷通过借给耕牛和种子等生产资料,鼓励招民复业,耕种其田;招民垦种,开发无主荒地,保障开垦者的权利,而且免三年粮税。

　　随着贵州人口的增加,有更多的土地被开垦出来,许多无地贫民从人口稠密的地区迁出,涌向地广人稀的地区从事垦荒。朝廷奖励开垦,更是不遗余力,将垦殖与官吏升迁挂钩。康熙元年(1662),户部正式议定垦荒考成办法:

　　　　一年内报垦额:督抚二千顷以上记录一次,六千顷以上加一级,八千顷以上加一级、记录一次,一万二千顷以上加二级;道府一千顷以上记录一次,三千顷以上加一级,四千顷以上加一级记录一次,六千顷以上加二级;州县一百顷以上记录一次,三百顷以上加一级,四百顷以上加一级、记录一次,六百顷以上加二级;卫所官员五十顷以上记录一次,一百顷以上加一级,一百五十顷以上加一级、记录一次,二百顷以上加二级。[1]

当然,有奖励就有惩罚,对开垦不力的官员进行惩处,清律规定:如各州县、卫所一年内不行开垦者,该督抚需确查,倘有荒地不行开垦者,指名题参,即将道府、州县、卫所官俱罚俸半年[2]。在屯田方面,清初在八寨、清江、丹江、台拱等卫设有军屯,迁入屯军八千九百二十一户,屯军按户给田;以后军户不断增多,屯田也不断扩大,至嘉庆时,贵州的屯田已达六万三千一百五十六亩[3]。

---

① 转引自方行、经君健、魏金玉主编:《中国经济通史・清代经济卷》(上),中国社会科学出版社,2007 年,第 39 页。
② 转引自方行、经君健、魏金玉主编:《中国经济通史・清代经济卷》(上),中国社会科学出版社,2007 年,第 39 页。
③ 李振纲、史继忠、范同寿主编:《贵州六百年经济史》,贵州人民出版社,1998 年,第 87 页。

至乾隆初年,贵州的田土还有一定垦殖空间。乾隆五年(1740),署贵州布政使陈惠荣以贵州土旷人稀,苗民杂处,弃地颇多,奏请招民开垦,以尽地力。这份奏折经过朝廷大臣的讨论之后,获准施行:

一、水田宜劝修渠堰。查黔地多山,泉源皆由引注,必善为经理,斯沃壤不至坐弃,应如所议。凡贫民不能修渠筑堰,及有渠堰而久废者,令各业主通力合作,计灌田之多寡,分别奖赏;如渠堰甚大,准借司库银修筑。其水源稍远,必由邻人及邻邑地内开渠者,官为断价置买,无许指勒。至请仿江楚龙骨车灌田,并雇匠教造之处,应于借给工本款内另议。

二、山土宜广行垦辟,增种杂粮。查黔省山土既多未辟,收获惟恃稻田,应如所议。凡有可垦山土,俱报官勘验,或令业主自垦,或招佃共垦,按其勤惰,分别劝惩;其无业主之官山,一概招人认垦,官为立界,给照管业。至劝民随时播种杂粮之处,应令地方官酌借谷种。

三、树木宜多行栽种。查黔地山多树广,小民取用日繁,应如所议。令民各视土宜,逐年栽植,每户自数十株至数百株不等,种多者量加鼓励。

四、蚕桑宜劝民兴举。查黔地多桑,惟清镇、婺川二邑,能习蚕织,应如所议。各属素未饲蚕者,令雇人于城市设局饲养,民人有率先遵奉者酌赏,或织成丝绢,准令赴局收买。至请募山左善放山茧人等之处,统于后款另议。

五、劝民种棉织布。查棉性喜暖,黔省除威宁、大定等处,山高气寒,其余可种棉者甚多,应如所议。令民如法试种。其苗寨素知种棉者,劝令广种;有率先遵奉者酌赏。至请募楚粤织葛机匠之处,亦于后款另议。

六、种植既广宜劝民以时保护。查种植在山,非稼穑在田者可比,应如所议。嗣后民间牲畜,如有肆行纵放,致伤种植,及秋深烧山,不将四围草莱剪除,以致延烧者,均令照数追赔。

七、工本宜酌量借给。查现议各项事宜,莫不各需工本,令该督请将筹办各款,分别动支。臣等酌议,如开渠筑堰所需工料价值,于司库公费内借给,分限二年缴还;酌借谷种,于各州县捐输谷内拨给,俟秋成后缴还。又设局收丝,即可变价抵项,该价若干,仍听该督酌定。至养蚕、缫丝、织茧、织葛等匠,不必通省纷纷雇募,应于省城酌定名数,给以工食,使教导本地匠作,渐次遍及。即制造龙骨水车,亦止可各府州县分给一架,劝民照式成造。

八、考课宜分别劝惩。查黔省现行各款,全在地方官实力奉行,应如所议。令各道等饬属善为经理,岁底将境内开筑、垦种、缫织等项举行成效各数目,册送该道查勘。仍令布政使汇送督抚查核,列为上、中、下三等,分别议叙处分。如遇升调卓荐,查有效课实迹者,方准保题。①

陈惠荣从八个方面详细地提出了黔省开垦田土、种植等施政方针,可以说是治黔施政大纲,主要是为了缓和日益严重的人口压力,提升当地的农业生产,解决当地汉人与苗人的生计问题。这项垦殖计划遭到个别官员的反对,刑部左侍郎张照认为受限于喀斯特地形地貌和晴少雨多的天气,贵州不宜兴修水利,不宜推广种植木棉,应鼓励垦殖但不宜升科②。张照的认识基于他对贵州实地考察

① 乾隆五年十一月上癸酉,《清实录》(第10册)卷130,中华书局,1985年,第900—901页。
② 乾隆五年十一月上癸酉,《清实录》(第10册)卷130,中华书局,1985年,第901—902页。

的结果,是很有见地的。在这些措施之中,惟有土地开垦在黔省大
地掀起了热潮。

二、垦殖规模

在民垦方面,据《清实录》所载,从康熙至乾隆年间,贵州向朝
廷报告新垦田亩的数据,详见表3.1。

表3.1　清前期贵州新垦田亩数

时间	开垦数（亩）	时间	开垦数（亩）
康熙三年	12900	乾隆十三年	155
康熙四年	12853	乾隆十四年	282
康熙七年	3472	乾隆二十年	738
康熙八年	10771[1]	乾隆二十二年	780
康熙九年	26722	乾隆二十六年	480
雍正三年	10200	乾隆二十八年	291
雍正九年	14000	乾隆二十九年	201
雍正十年	1000	乾隆三十年	56700
乾隆二年	428	乾隆三十二年	416
乾隆三年	911	乾隆三十三年	198
乾隆四年	200	乾隆四十六年	328
乾隆五年	186	乾隆四十七年	360
乾隆六年	17193	乾隆四十九年	311
乾隆七年	7650	乾隆五十二年	140
乾隆九年	2803	乾隆五十六年	270
乾隆十二年	392	乾隆五十八年	354
合计	康熙朝66718亩	雍正朝25200亩	乾隆朝91767亩

资料来源:李振纲、史继忠、范同寿主编:《贵州六百年经济史》,贵州人
民出版社,1998年,第87—88页。

说明:[1]原著为10710,经核对康熙《贵州通志》,该年新垦田亩数应为
10771。

　　我们将清前期垦殖情况分为顺治十八年至康熙十年、雍正三年至嘉庆二十三年两个时段进行分析。从顺治十八年至康熙十年，十年期间开垦数达到219432亩，详见表3.2。

表3.2　顺治十八年至康熙十年贵州各地开垦数

统计时间	地区	开垦数（亩）
顺治十八年	安顺等府、赤水等卫所	93935
康熙元年	贵阳等府、贵前等卫所	51199
康熙三年	各府卫州县	14269
康熙六年	各府卫州县	3806
康熙六年	思州府、瓮安县	15258
康熙七年	各府卫州县	3472
康熙八年	各府州县卫所	10771
康熙九年	各府州县卫所	26722
合计		219432

资料来源：康熙《贵州通志》卷5《大事》，凤凰出版社，2010年，第97—100页。

说明：康熙六年闰四月和十二月分两次向朝廷上报开垦数。

　　从表3.2可以得知，从顺治至康熙前期，贵州各地垦殖热情高涨，上述七年开垦数平均下来每年开垦土地31347亩。

　　从雍正年间开始，垦殖田土的势头有所减缓。贵州省的荒地开垦增长态势在康熙五十一年（1712）时大致达到饱和状态，"前云南、贵州、广西、四川等省遭叛逆之变，地方残坏，田亩抛荒，不堪见闻。自平定以来，人民渐增，开垦无遗，或沙石堆积，难于耕种者，亦间有之，而山谷崎岖之地，已无弃土，尽皆耕种矣[1]"。在

————————

[1] 康熙五十一年二月壬午，《清实录》（第6册）卷249，中华书局，1985年，第469页。

政府的鼓励下,农民为了获得更多的土地,几乎到了寸土不放的地步,"凡山头地角,稍可开垦之区,无不尽力开垦"①。乾隆十七年(1752),两广总督硕色奏:"查看山头地角,尚不无余隙,已饬古州兵备道督劝屯军,将附近山岗畸零隙地,勤加开垦。"② 雍正三年至嘉庆二十三年,八十余年的时间,贵州开垦土地的数量为124576亩,详见表3.3。

表3.3　雍正三年至嘉庆二十三年贵州各地开垦数

时间	地区	开垦数（亩）
雍正三年	平越、大定、普安、贵筑等12府州县	15100
雍正九年	安顺、思南等府	14000
雍正十年	永宁、平远等州	1000
乾隆二年	平越、大定2府	428
乾隆三年	思州、正安、玉屏等11府州县	911
乾隆四年	平越、大定2府及修文县	200
乾隆五年	平越、镇宁、瓮安等8府州县	186
乾隆六年	全省	4639
乾隆七年	全省	17188
乾隆八年	铜仁、威宁、荔波、绥阳等21府州县	7650
乾隆九年	石阡、永宁、龙里、毕节等27府州县	2803
乾隆十二年	南笼、镇宁、独山、瓮安、青溪等5府州县	392
乾隆十三年	修文、瓮安、湄潭、玉屏4县	155
乾隆十四年	镇远等处	308
乾隆二十年	思州、清镇、黄平、湄潭等7府州县	738
乾隆二十二年	思州府	780

---

① 中国科学院地理科学与资源研究所、中国第一历史档案馆编:《清代奏折汇编——农业环境》,商务印书馆,2005年,第593页。
② 贵州少数民族社会历史调查组、中国科学院贵州分院民族研究所编:《〈清实录〉贵州资料辑要》,贵州人民出版社,1964年,第17页。

续表

时间	地区	开垦数（亩）
乾隆二十六年	都匀、黎平、归化、正安等9府州县	490
乾隆二十八年	铜仁、安南、麻哈、天柱等12府州县	291
乾隆二十九年	思州、瓮安、天柱等府州县	201
乾隆三十年	南笼、湄潭、毕节等11府县	56700
乾隆三十二年	黄平、清镇、务川、铜仁等8州县	416
乾隆三十三年	黄平、天柱等4州县	198
乾隆四十六年	平越、广顺、湄潭等6府州县	328
乾隆四十七年	普安、施秉、毕节等7州县	360
乾隆四十九年	麻哈、清平、务川等州县	311
乾隆五十二年	黄平、湄潭、毕节等7州县	140
乾隆五十六年	平越、瓮安、务川等6府州县	270
乾隆五十八年	黄平、湄潭、施秉3州县	354
嘉庆三年至二十三年	黄平、独山、安平、湄潭、瓮安等州县	274
合计		124576

资料来源：根据《贵州通史》编委会：《贵州通史》第3卷《清代的贵州》，当代中国出版社，2002年，第141—142页。该书主要依据《〈清实录〉贵州资料辑要》，贵州人民出版社，1964年，第2—12页进行的数据统计。

说明：雍正三年、雍正九年、乾隆七年、乾隆三十年这四年的垦荒数达上万亩，很可能是雍乾年间苗民动乱造成大量人口流亡，造成很多无主荒地，之后逐渐恢复开垦。

对比表3.2、表3.3，我们可以得出以下结论：从总体趋向而言，顺治至嘉庆年间，开垦荒田、荒地的数量呈逐年减少的趋势。具体而言，顺治十八年至康熙七年开垦了219432亩，雍正三年至嘉庆二十三年，近一百年时间开垦了124576亩，与康熙年间对比，几乎少了一半。嘉庆三年至二十三年，二十年时间只开垦了274亩。可以说基本上，嘉庆年间垦殖活动处于停滞状态。

嘉道以后，清代贵州人口的增速大大高于全国平均水平。清初全国人口由六千余万增长到清末的三亿六千余万，增长了五倍之多。清初贵州人口有五六十万，到清末为八百七十余万，增长了十三倍多 ①。而耕地面积是有限的，无法满足人口增长所带来的生计需求，人均耕地面积也伴随着人与地矛盾的日益加重而减少。对清政府来说，实行开垦，尽可能挖掘地力成了惟一的办法。至清中期，贵州不少地方达到了开垦的极限，如乾隆《镇远府志》记载："承平日久，田土开辟，深林密箐，砍伐无余。" ②

我们再以人地关系分析客民的垦殖程度。人口压力的一个指标是人地比例关系，其中两个重要的参数是人口密度和人均耕地面积，人口密度是单位面积土地上居住的人口数，反映的是人口疏密程度，而人均耕地面积是人口压力的重要参数，其反映的是人地之间的比例关系。我们通过指标体系来看，详见表3.4。

表3.4　清代贵州的人口、耕地面积及人均耕地面积

年代	人口	指数	耕地面积（亩）	指数	人均耕地面积（亩）
康熙二十四年	2039400	100	959711	100	0.47
雍正二年	4087500	200	1229043	128	0.30
乾隆十八年	4574900	224	2569176	268	0.56
乾隆三十一年	4999700	245	2673062	279	0.53
嘉庆十七年	5288219	259	2766007	288	0.52
嘉庆二十五年	5348667	262	2767041	288	0.52
道光十年	5377000	264	——		
道光二十年	5410035	265	——		

---

① 李振纲、史继忠、范同寿主编：《贵州六百年经济史》，贵州人民出版社，1998年，第81页。

② 乾隆《镇远府志》卷7《气候志》，乾隆五十四年刻本，第1页。

续表

年代	人口	指数	耕地面积（亩）	指数	人均耕地面积（亩）
咸丰元年	5435590	266	2685400	280	0.49
同治十二年	3957000	194	2685400	280	0.68
光绪十三年	4807000	236	2765006	288	0.58

资料来源：梁方仲编著：《中国历代户口、田地、田赋统计》甲表82、乙表61、71、72、73、74、76、77，中华书局，2008年；严中平等编：《中国近代经济史统计资料选辑·附录》，科学出版社，1955年；《清朝文献通考》卷19《户口一》，浙江古籍出版社，1988年。

说明：[1]康熙二十四年至乾隆三十一年的人口，采纳了杨斌的人口修正数。参见杨斌：《清代前期贵州人口资料辨析》，《中国人口科学》1996年第4期。

[2]雍正二年的人口数为雍正十年的数据。

[3]乾隆三十一年的人口数为乾隆三十二年的数据。

从顺治到乾隆中期，耕地面积近27万亩，增长了大约2.7倍，这个耕地面积数基本上一直维持到光绪十三年（1887）。从土地生产力的角度来看，在清代人们要想生存必须人均拥有4亩耕地。人口的增长与耕地匮乏和贫瘠的地理特征有着内在的紧张，特别是当人口快速增长之时，当地固有的环境与之前的生计模式、社会经济环境与生态环境就会出现难以调和的矛盾。伴随着人口增长，人们开始开垦更多的土地，开垦高山就是迫于生存压力而不得不做出的选择。

第二节　客民带来生产技术

一、从"刀耕火种"到精耕细作

苗民的社会生活，概而言之，贵州各民族在与自然环境的相互调适中形成了一套自己的生计模式,即以锄类农具垦殖山田,种植玉米、小麦、红薯、豆类等耐寒耐旱作物;与此同时,采集、狩猎和刀耕火种占据重要位置;住房依山而建,多为土墙木顶;负载重物,多用背篓;普遍存在原始宗教信仰。晚清著名地理学家龚柴在《苗民考》中对苗民的农业生产生活进行了详细描述:

> 其种植则苗地山多田少,稻谷罕见,多于山陂种植杂粮如芝麻、粟米、麦、穇子、薏苡、高粱、荞麦之类。拔其榛芜,纵火焚之,煨土成烬,然后开垦,所谓刀耕火种也。种之四年则弃而别垦。其男妇俱勤作,腰镰负笼,出入必俱,其笼以竹为之,旁有两耳,贯两臂。秋成以获杂粮,平时以负柴薪。春耕时男妇成群下山,雇役于民,秋事毕即返。银铁、木石等二匠皆自为之,三冬之际,男子出猎。妇务女红。妇亦知饲蚕,惟不能育种,春时,俟内地蚕初眠,结伴负笼以土物易去,上簇缫成抽丝杂色,制为裙被诸物。①

苗族一到田禾收割完,大约在十月尾,就放火烧山田,烧后的灰烬成了田中惟一的肥料。田土种植四年为一个周期,进行耕作,此为刀耕火种农业生产的写照,又称之为"砍火地"。相对汉族的农耕技术而言,是一种粗放式的生产方式。

客民进入贵州之后,将祖籍地的精耕细作技术带入苗地,结合苗地的地形与气候特点加以改进。比如施肥,客民已能分辨各种肥料的性质和不同的土质,并根据不同土质和作物,施用不同的肥料。道光《古州厅志》载:"粪必合土性之寒暖。大粪凉,黄土、红

---

① 郑天挺主编:《明清史资料》(下),天津人民出版社,1981年,第67页。

沙地之高燥者宜,猪粪同之;马粪热,冷水、冷沙地之卑温者宜;菜油饼惟灰浆土、大眼土宜;牛粪不择地;柴草灰和以溺百无不宜,尤宜种高粱,诸豆,石灰、桐油巴能肥瘠田亦治田瘼,但性涩令田泥滞。"① 又如,灌溉。道光《遵义府志》将贵州的灌溉方法概括为三:

> 灌溉之利,拦河为上,溪水之流随地势次第节为堰,而分之使东西溉。又相田之高,卑为小沟,轮日泄闭,灌无不均,是坐食其利也,故一溪若流百里,则百里近之前皆上田;次则莫如泉,泉委长者可坐灌十里,曰行泉。有冷热,热者丰,冷则谷迟,迟病秋风;又次莫若车田溪,大岸高不可拦,横堤之近岸砌隘港焉。水至此速,因为水轮使舀以灌,一轮之水常输五十石谷田,岁一补,三岁一新,逸不及拦田之美,俱无忧水旱,且水力弱时,淘其上下沙,更无水分缓急之争焉。②

耕作方法大有改进,稻田须三犁三耙然后插秧,"犁揉以耙如是者三",旱地则二犁二耙或一犁一耕即可播种,至收成前耨二至三次。又知浸种之法,"山农,浸已、烘之、府之曰火芽。平地农,浸三日,滤之,盛以篇,覆以草,日喷水者三,待芽甫生,能壳之,曰屋芽,又曰明芽。浸已,滤之,不俟芽即撒者,曰既谷。明芽法最无害,农多为此"③。又如,"治秧,节必谷雨,以其气宜;地必向阳,以其水温;泥必浅脚,以其土不寒"④。

---

① 光绪《古州厅志》卷4《食货志·农事》,光绪十四年刻本,第4页。类似的记载亦可见道光《遵义府志》卷16《农桑》,道光二十一年刻本,第3页。
② 道光《遵义府志》卷16《农桑》,道光二十一年刻本,第6—7页。
③ 道光《遵义府志》卷16《农桑》,道光二十一年刻本,第5页。
④ 道光《遵义府志》卷16《农桑》,道光二十一年刻本,第5页。

　　贵州的耕种条件恶劣,特别在贵州高山型特点的田土上进行劳作是极为辛苦的。大定知府黄宅中描写大定府一带"梯田上峰头垦自山脚起,山田垦辟层累而上,远望之如梯级,胼胝乱石间,土确田无水"①。在这样的山地中劳作既艰辛又收成有限。《水西谣十八首》之《垦山土》描述了劳作的场景:"悯农勤也。山民垦种,岭脚坡头,层叠而上,远望如阶梯之级,然地高而确,绝少流泉,农人终岁勤动,日胼胝乱石间,惟恃天雨以活,岚瘴之气,阴郁上蒸,雾雨涔涔,朝昏时见。故黔人有漏天之语。"②《垦山土》一诗写道:

　　　　老农忙垦山,妇稚率蚕作。曝日南山阳,寒冬赤两脚。挥锸沙砾间,礜磏石参错。畸零不成田,春种秋亦获。云梯万层接,草屋数椽缚。山高乏泉水,硗确地皮薄。十日夏无霖,裂如龟背灼。天活瘠土民,雾雨时时落。③

经过多年的农耕摸索,遵义一带总结出:"水田者皆宜稻,干田宜胡豆,山地肥者宜诸豆,高山宜包谷,山地之新垦宜小谷,冷湿地宜稗子,干松宜诸荞,米麦、水子米惟宜肥地,包谷、高粱、香麦、小麦、老麦、青稞畏山,豆种瘠地亦获微收。"④人们根据不同田土的特点种植相应的农作物,尽力将地力发挥至极致。

　　古州一带也进行了同样的经验总结:"水田皆宜稻,冷水田独宜糯,干田宜胡豆,山地肥者宜诸豆,高山宜包谷,山地之新垦者宜

___

① 道光《大定府志》卷59《艺文志》,道光二十九年刻本,第15页。
② 道光《大定府志》卷59《艺文志》,道光二十九年刻本,第17页。
③ 道光《大定府志》卷59《艺文志》,道光二十九年刻本,第18页。
④ 道光《遵义府志》卷16《农桑》,道光二十一年刻本,第3页。

小谷,冷湿地宜稗子,干松地宜薯荞、香麦、老麦、包谷、高粱,虽瘠地亦获微,收种不一,各以其土之宜以树之。"[1] 每个地方由于地形不同,其农耕生产方式也不一样。兴义县,"溪涧所经,垦其平者为田,率得中稔,暮春播种,仲夏种粳糯稻,其常也。山地则种玉蜀黍,春种秋收,产量加稻一倍有零,岁旱则多种荞麦、马铃薯、芋、甘薯之属,季秋以种大小麦杂粮为主,翌年仲春收获可以补正季之歉"[2]。这样的经验总结主要是外省客民带来的,比如四川是贵州客民较多来源地的省份,试摘取四川南川县一则农耕史料与之对比:

> 邑人常食,随地之产,水田产稻,山土产包谷、红苕(俗名番薯)。冬季田土皆产麦、金佛,山半寒瘠,从前独产洋芋。[3]

《南川县志》记载了不同土质、季节种植庄稼的方法。对比苗民的"刀耕火种",汉人的农耕方式很显然是一种精耕细作的生产方式。

二、对地方社会的影响

客民的农耕生产方式深深影响着土著的农耕生产和社会生活。在贵州少数民族中,虽然很多人很早就从事农业生产,但一般都缺少精耕管理的经验,有不少人还停留在刀耕火种阶段,使用的生产工具也比中原汉族地区落后。客民的不断涌入,使贵州各地的生产面貌发生较大的变化,铁制农具也逐渐推广开来,在贵州各

[1] 光绪《古州厅志》卷4《食货志·农事》,光绪十四年刻本,第1页。
[2] 民国《兴义县志》第7章《经济·农业》,民国三十七年稿本,第4页。
[3] 民国《重修南川县志》卷4《食货下·农业》,巴蜀书社,1992年,第382页。

地出现了仿效客民开垦田地的方法,开始学会多种经营。雍正以后,与客民交往增多,郎岱厅苗民,原本"苗穴茅塞方深,自雍正时改新路,辟荆榛,置驿递,民苗始知因土所宜,植桐梓桑柘之属"①。普安县土著居民,受川、楚客民的启发,于农忙之余,"外来男妇无土可耕,尽力织纺布易销售,获利既多,本处居民共相效法"②。土著居民也知道纺纱织布可以增加副业收入,因而效法者甚众。清江厅的黑仲家,"其寨多富,与汉人往来熟识,可央邻近富户作保,出树木为本,合伙生理,或借贷经商,无不应付"③。李宗昉观察到那些先富起来的一部分少数民族,通常是在与客民交往中学会了生产技术或经商手段。客民给地方社会带来的变化可以说是全方位的,试以都江通判(今三都县)为例:

> 向化日久,婚丧渐易夷风,稼穑之外,无他生理。学社虽设,读书应试者亦尚无多,田无亩段科则,苗民自耕自食,永为世业。厅仓实贮谷二万四千九百一十石有奇。兵粮向系都匀府县及独山州拨运米四千二百五十二石,自裁拨营兵以后,现在每年拨运兵米三千六百九十五石。场市二,以午未为期。树多杂木,近年有司劝植桐杉果树,颇有成效。④

都江通判的土著在客民影响下,从生产技术到生活习俗等各方面

---

① (清)爱必达:《黔南识略》卷4《安顺府》,道光二十七年刻本,第8页。
② (清)罗绕典:《黔南职方纪略》卷2《兴义府》,台北成文出版社,1974年,第65页。
③ (清)李宗昉:《黔记》,兰州大学出版社,2003年,第492页。
④ (清)爱必达:《黔南识略》卷9《都江通判》,道光二十七年刻本,第9—10页。

都发生了很大变化。农业生产技术得到了提高,粮食产量有了较大提升,基本能满足生活,学会种树养蚕、买卖林木,将生长杂木之地改种桐、杉、果树等经济林,收获不错。开始有了场市,商品交易也逐渐繁盛起来。

此外,引进和推广各种先进耕作技艺,土著学会了修筑水利,有了水利,农业发展才能够持续稳定。贵州布政使陈惠荣于乾隆四年(1739)描述了水利技术所带来的变化:

> 贵州民不知渠堰之利率多旷土。惠荣请借帑委官开筑。于是,贵阳之定爬,贵筑之郝官堡,开州之羊场坝,威宁之稻田坝,余庆之正官堰,施秉之瓦窑河,皆以次修举田之以垦,升科者三万六千亩。①

我们以一些图画来展示少数民族所受的影响。康熙《贵州通志》描绘了贵州诸苗吸收汉族生产方式的画卷,如短裙苗采用汉族的耕作方式(图 3.1)。

再如八番苗收稻谷、剪头仡佬插秧的画卷(图 3.2、图 3.3):

在雍正以前,古州一带苗民从不知有桐茶一说,桐茶的引进来自一个名叫杨专让客民"拾金不昧"的故事:

> 雍正时人有客鬻鱼,囊金百二十两,入厕遗之。让出,看水田持之,待道左久乃见一人踉跄奔,诘其故,答曰:"偶失囊金,长者见之乎?"让佯责之曰:"汝何剧使吾见之,尚待此乎。"盍至吾舍行与汝访之。客从之,与俱归,携囊金出示客,

---

① 道光《大定府志》卷30《惠人志九》,道光二十九年刻本,第20页。

图3.1　短裙苗力作图①

图3.2　八番打禾图②

---

① 康熙《贵州通志》卷30《土司》,凤凰出版社,2010年,第485页。
② 康熙《贵州通志》卷30《土司》,凤凰出版社,2010年,第470—471页。

图3.3　剪头仡佬插秧图①

曰:"此囊果君物耶。"客见囊,伏拜谢曰:"感君高义,愿以其半酬之。"让固辞不受。让有三子。次年,客复至让舍,为莫逆交,携次子保开往亮寨司读书。先是古州未辟,民皆以松膏代灯,蜡亮寨有茶子油,保开携茶子归,教乡里种桐茶,里人效之,古州桐茶之利盖自开始也。②

这段文字讲的是一个路不拾遗的故事,但拾金不昧之外有意外之喜,客民为感谢杨专让,第二年带专让次子保开读书求学,后保开将桐茶带回故乡,并教乡人垦种,于是桐茶种植在古州地方大面积推广开来。

经济作物的推广给贵州地方社会带来了较大改变。如古州一

① 康熙《贵州通志》卷 30《土司》,凤凰出版社,2010 年,第 463—464 页。
② 光绪《黎平府志》卷 7 下《人物志第七》,光绪十八年刻本,第 63 页。

带,陆我嵩《棉谱》载,乾隆十二年(1747)六月,陆我嵩在来黔的路上,看到贵州不少地方,"郊野类多不耕沙地,偶有栽荞麦、烟叶者,询之土人,则云:'高亢不宜稻,芜而弃之。'若以之种木棉,土性相宜,地利亦尽"①。又据古州厅同知余泽春禀云:"闽、粤、楚、扬之民辐辏于古者十之七,苗种秋五月种,十月获,粘性耐旱高坡宜之汉种稻,水田宜之种桐茶榨油,种包谷、薯。"②余泽春进一步阐述道:"古州山多田少,遍地荒坡废土,向少种植除米谷外无他出息,自经兵燹后,林木砍伐殆尽,凡可获利砍后不知蓄,禁以致山穷地瘠,民力愈见艰难。"因此,"惟有桐、茶两项入土较易,桐子(籽)二、三年即可有成。卑职随即捐资专人分往三脚屯、浪泡、黎平等处,购来桐种二千斤、茶子(籽)二千斤,遍传各寨民苗领取,按寨之大小,每寨三、五斤不等。登记印册存案,教以锄种分秧之法,广为栽植"③。同时,在独山一带"收买麦种,令民多种荞麦包谷杂粮,以足民食"。经过五年的推广,余泽春看到"附城一带山坡均已出土分秧,所种荞麦、包谷盈畴遍野,葱茂芃芃,遍询堡寨,领去各种子(籽)俱经种出"④。

第三节   客民与集镇发展

一、客民的经营活动

嘉庆道光之后,贵州客民开始发生一些变化,他们不再仅仅定居山区,开始涌向城镇,从事各种商业贸易、手工业生产、宗教文化

① 光绪《古州厅志》卷4《食货志》,光绪十四年刻本,第8页。
② 光绪《古州厅志》卷4《食货志》,光绪十四年刻本,第18页。
③ 光绪《古州厅志》卷4《食货志》,光绪十四年刻本,第18—19页。
④ 光绪《古州厅志》卷4《食货志》,光绪十四年刻本,第19页。

活动以及其他专业性生产。定番县"汉族奉诏移此,统领各土,随征部属,咸有田地垦种,而川、湘、赣、鄂及江南等籍汉族逐渐移来居住,经商、务农,随兵力而聚处者日益增加"①。郎岱厅"汉族多自他省来,明初傅友德征南时,将士之流寓者乃其先到,其后或因经商或因宦游来者日众,最多为江西籍,其次为两湖籍,再次为四川籍,他如江南籍人数较少"②。普安县"其新来客民从事纺绩,以布易棉,自食其力"③。普安县的大量客民搬迁至黄草坝和新城两地,"揆其所由,其利不在田功。缘新城为四达之冲,商贾辐辏,交易有无,以棉易布。外来男妇无土可耕,尽力织纺布易销售,获利既多,本处居民共相效法,利之所趋,游民聚焉"④。大量客民在人口聚集的城镇和交通要道,进行商品贸易,主要是由于商品贸易能获得比农耕更大的利润。爱必达曾感慨道:"黔滇楚蜀之货日接于道,故商贾多聚焉。"⑤黔西南到处都有往来于兴义府的客民商人,兴仁县详细记载了各地客民商人的情况。"清嘉道以来,多鄂粤两省人,贩运洋棉湖棉至县出售。迨棉业衰落,而经营商务之得擅胜场者阙惟洋纱。纱商多系外省人,其由南笼之坡脚、贞丰之百层运输达县者曰粤商,其由兴义、盘县运输入境者曰滇商。近年因无大宗土产出口,商务减色,昔日开设行号之滇粤商旅多歇业以去,他若蜀贾

① (民国)吴泽霖:《定番县乡土教材调查报告》,民国二十八年稿本,第23—24页。
② 民国《郎岱县访稿》卷2《风土志》,民国二十五年稿本,第1页。
③ (清)罗绕典:《黔南职方纪略》卷2《兴义府》,台北成文出版社,1974年,第67—68页。
④ (清)罗绕典:《黔南职方纪略》卷2《兴义府》,台北成文出版社,1974年,第65页。
⑤ (清)爱必达:《黔南识略》卷5《普定县》,道光二十七年刻本,第1页。

每贩绫绸缎罗来斯销售,岁约三四万金之交易,亦犹昔也"①。赣商、楚商、滇商、粤商、蜀商等交织汇集在兴仁县城。宋庆常,辽宁铁岭人,道光中任贵州石阡知府。在任期间,撰写了大量有关石阡的竹枝词,其中一首描写了当地的商品经营活动,"莲花雪藕种塘头,更有思南好酱油。顺带铜仁江口醋,逢场挑卖到珍州"②。一些商人以倒卖各地物产为生,远的甚至卖到桐梓县的珍州。

在此过程中,逐渐形成了客民专门的从业行业,比如安顺府的织布业。晚清以来,由于西方列强的洋纱进入贵州,造成本地大量的土纱没有销路,很多人纷纷失业,但对于四川客民来说,这是一个机会,安顺的织布业逐渐掌控到四川客民手里。"光绪末年,四川织布工人纷纷来黔,各街成立织布业,聘请川人作技师,采用洋纱作原料,而妇女中之能织者亦多乐从。城内机房愈多,生意愈广,运销于平远、水城、大定等地,每年收益甚大,县人借以为生者亦最多"③。同样,各省的客民来到贵州,基本上也是将自己家乡最突出的物产带入贵州各地,"商旅多赣、闽、滇、蜀、楚、粤之人,粤棉、吴绫、滇铜、蜀盐及洋纱布匹之类"④。总之,客民在贵州能获得比原籍更多的利益,或者说更容易生活。正如民国《平坝县志》中说道:

> 黔中各县开辟在后,地广人稀,农工商贾容易得业赢利,百物低廉又相习俭朴,减少消耗,一方收入充裕,一方支出减少,容易生活且能致富,于是滇、桂、湘、蜀等省人接踵而至。⑤

---

① 民国《兴仁县补志》卷14《食货志》,民国三十二年未刊稿,第25页。
② 贵州省文史研究馆编:《贵州竹枝词集》,贵州人民出版社,2019年,第101页。
③ 民国《续修安顺府志》卷9《工矿志》,民国三十年稿本,第408页。
④ 民国《兴仁县补志》卷14《食货志》,民国三十二年未刊稿,第13页。
⑤ 民国《平坝县志》第2册《民生志·人口》,民国二十一年铅印本,第6页。

从事商业贸易的客民中很少有资本雄厚的大商人,大多数是小本经营。思南县"各场商旅以楚人居多,县城无大商号,惟龙颈坳有行号四五所"①。古州的客民情况具有代表性,清前期,古州是贵州卫所屯军重点布防的地方,自嘉道以来,大量客民进入,与前期客民多从事农业垦殖不同,这批客民多从事商业贸易。《古州杂记》记载了古州地方前后之间的变化:

> 设有总埠,黎平丙妹、三脚屯分设子埠,源源接运,遂成水陆通衢。境内除镇标兵丁及屯军外悉系苗人,流寓汉民绝少。自设盐埠以来,广东、广西、湖南、江西贸迁成市,各省俱建会馆。衣冠文物日渐饶庶,今则上下河街俨然,货布流通不减内地。②

同样,晴隆县由于客民的经营活动发生了较大变化,"本县人民除汉族外,有苗、猹、猓、獠、狆家、蔡各种,大体上可分为苗夷二类,各处均系各族杂居,并无隔阂不和之象。惟城市汉族较多,苗夷较少。汉族为明中叶调北征南而来,前此未有也。其后江南各省人因经商为宦者,亦尝移居此间"③。以嘉道为时间界限,客民在贵州的表现还是有较大差别的,嘉道以前的客民以农业垦殖为主;嘉道以后的客民以商业贸易、手工艺等技术性工作为主。

除商业、手工艺之外,还有大量从事矿业劳动的客民,妈姑厂"异籍谋食之人聚集最多"④,毕节县"各厂运铅至于永宁之局,

---

① 民国《思南县志》卷7《经业志》,民国八年钞本,第3页。
② (清)林溥:《古州杂记》,嘉庆刻本,第2页。
③ 民国《晴隆县志》第4章《人文》,民国三十三年未刊稿,第42页。
④ 中国人民大学清史研究所、中国人民大学档案系中国政治制度史教研室合编:《清代的矿业》,中华书局,1983年,第334页。

背负肩承,经过县境,居民辐辏,汉多于夷,为郡属中声明文物之区"①。威宁州"近年生齿日繁,铜铅各厂,人夫丛集,食者甚众"②。乾隆六年(1741)九月,云贵总督张允随奏称:"黔省威宁州属致化里,产有铜矿,砂引颇旺。现开礁硐七十二口,内有十四口已获百余万斤,招厂民二千余名,设炉二十座,采试有效。"③间隔七年后,乾隆十三年(1748),威宁一带就有十余万客民集聚的场面:"银、铜、黑白铅厂,上下游十有余处,每厂约聚万人数千人不等,游民日聚。"④遵义平水里矿于乾隆五十九年(1794)由官府开办,"建官房一、炉房二,设守兵三百,募砂丁六七百,共千余人,占地纵横四五里,颇有成效"⑤。除了一些大型矿厂之外,还有不少小厂,或小作坊需要招募客民。严如熤说:"山内营生之计,开荒之外,有铁厂、木厂、纸厂、耳厂各项,一厂多者恒数百人,少者亦数十人。"⑥

　　二、集镇的发展

　　大规模客民的到来,促进了贵州的城镇发展,形成了一批新型城镇。据李中清的研究,到1800年,贵阳等城镇人口可能已经达

①(清)罗绕典:《黔南职方纪略》卷3《大定府》,台北成文出版社,1974年,第94页。

②乾隆六年九月己巳,《清实录》(第10册)卷150,中华书局,1985年,第1154页。

③贵州少数民族社会历史调查组、中国科学院贵州分院民族研究所编:《〈清实录〉贵州资料辑要》,贵州人民出版社,1964年,第29页。

④乾隆十三年三月下壬子,《清实录》(第13册)卷312,中华书局,1986年,第106页。

⑤民国《续遵义府志》卷29《矿产》,民国二十五年刻本,第1页。

⑥中国人民大学清史研究所、中国人民大学档案系中国政治制度史教研室合编:《清代的矿业》,中华书局,1983年,第4页。

到了 10 万人。1850 年,安顺一地即超过了 7.5 万人。一些城镇,诸如毕节、黔西等,则发展成为主要的矿冶中心,其他城市则发展为主要的商业城市①。两广、湖南和江西等省客民往来经商,"贸迁成市"。同治《毕节县志稿》记载了毕节的发展变化:

> 毕节之民,迁自中州,诸巨族皆前明指挥千百户。后烟睦成风,耕读为业,士人有祖孙父子数世青衿者,农人务书力田,有老死不入城市者,汹穆朴实,简陋异常。自开厂设局以来,百货走集,五方杂处,俗渐华靡,不类往日矣。②

"开厂设局"指的是毕节开设铅铜矿厂,设立宝黔局,时间大概在十八世纪四十年代。在十八世纪以前很少有人涌入城镇,但这之后,情况发生较大变化。

城镇的繁华又进一步吸引了大量客民涌入城镇。如道光年间石阡县的情景,"城市年来景象宽,山珍洋货到般般。河街分出上中下,坐贾行商在此间"③。有些城镇发展成了黔中的中心城市,胡林翼感叹安顺的繁华:"烟民户口一万六千三百余户。边塞险要,户口亦繁,为西南一大都会。"④省会贵阳府更甚,"会城五方杂处,江右楚南之人为多,世家巨族率敦名节,士习彬雅,人户栉比鳞次,承平日久,渐习繁华,通计府属汉苗错处之庄一百七十有奇,苗寨

---

① 参阅〔美〕李中清:《中国西南边疆的社会经济:1250—1850》,林文勋、秦树才译,人民出版社,2012 年,第 117—118 页。

② 同治《毕节县志稿》卷 8《风俗志》,同治十三年稿本,第 1 页。

③ 贵州省文史研究馆编:《贵州竹枝词集》,贵州人民出版社,2019 年,第 104 页。

④ 咸丰《安顺府志》卷 45《艺文志》,咸丰元年刻本,第 23 页。

一百一十有奇"①。黎平府"城内四鼓楼街,商贾辐辏之所,日无闲
焉"②。都匀府客民有三分之一以上居住在府治附近,即府属"亲辖
地",客民聚集,使得都匀府城经济逐渐发达起来,最后形成了一个
较大规模的城镇。罗绕典对比述曰:

> 都匀亦为一大都会。其地久归版宇,商贾辐辏,汉苗夹杂
> 而居。都江清江诸源皆始于郡,而清江源尤远,其舟楫直抵郡
> 城府。③

客民利用都匀府亲辖地的地理区位优势、河流网络的便利,将外省
的商品源源不断地输入都匀,又将本地一些土特产远销他地。在
客民的带动下,都匀一带商业也随之发展起来。

此外,客民的到来还促进了各地集市的发展。贵阳府"各乡集
场八处曰鸡、曰牛、曰马、曰鼠、曰养龙、曰巴香、曰水田坝、曰谷定
坝,六日一集,周而复始,黔人谓市为场多以十二支所属名其贸易
之所,如子日为鼠场,丑日为牛场是也"④。平均下来,每日2到4个
集市供人们赶场进行商品交易。光绪年间,贵定县对市镇赶场的
人数有过统计,最大的沿山龙场,距离县城三十五里,"辰戌日集,
赶集者四五千人,贸易颇称繁盛",另外一个较大的平伐场,离县城
有九十里远,"申丑日集,赶集者三四千人,繁盛稍次于龙场"⑤。甚

---

① (清)爱必达:《黔南识略》卷1《贵阳府》,道光二十七年刻本,第13页。
② 光绪《黎平府志》卷2《地理志第二》,光绪十八年刻本,第101页。
③ (清)罗绕典:《黔南职方纪略》卷5《都匀府》,台北成文出版社,1974年,
　第127页。
④ (清)爱必达:《黔南识略》卷1《贵阳府》,道光二十七年刻本,第15页。
⑤ 民国《贵定县志稿》第2期《呈稿·贵定市集》,民国八年钞本,第29页。

至有些繁华之区,日日皆有集市。乾隆时,南笼府知府李其昌曾就兴义的普坪集市盛况赋诗一首《过普坪市》:

> 环山风静普坪开,四野苗人趁市来。俗尚不分男女积,货交无异米盐该。锱铢较值珍微息,霹雳毫吞酌大杯。父老久忘兵燹地,日斜时听醉歌回。①

普坪在兴义城北四十里,这里曾在康熙二年发生过苗人阿仲聚众劫杀普坪民众三百余人、围攻安龙城的地方事变。普坪因此一度萧条,几十年之后,普坪又恢复了往日的繁荣景象。有意思的是,道光年间兴义府知府谷善禾也曾赋诗一首《普坪道中》:

> 旗亭小憩兴偏赊,村酒无从问酒家。好是五更残梦醒,客窗明月映梅花。②

旗亭是普坪集镇里的标志性建筑,在其上悬挂旗帜,故称为旗亭。后来,旗亭成为管理集镇市场之所,也是南来北往客商的休憩之所。

兴义府共有场市95个,构成了整个黔西南的市场网络,这些初级市场成了民众日常商品交易的重要场所。南来北往的行商和坐商在此云集,尽管利润很小,却招致一些地方恶霸涉足其间,欺行霸市以取利,所以,集市上经常发生械斗。咸丰初年,知府张瑛对场市进行了全面整顿,官府加强市场管理,市场秩序井然有序。

---

① 咸丰《兴义府志》卷10《地理志·场市》,咸丰四年刻本,第2页。
② 咸丰《兴义府志》卷10《地理志·场市》,咸丰四年刻本,第2页。

"郡境场市皆有定期,至期百货云集,有司弹压"①。

锦屏县是清水江流域以杉木为主的森林资源开发较早的地区,这一带的商品经济发展也较为繁荣。从晚清《锦屏县屠宰牲畜情况调查表》②可以看出一些端倪(见表3.5)。

表3.5　清末锦屏县集镇赶场情况

集镇	赶场日期	赶场人数
三江镇(王寨)	每月逢五、十	场期赶场人数在一千至三千人以上,非场期逐日有四五百人至一千人以上。
茅坪	每月逢一、六	赶场人数在五六百人至二千人以上。
平略	每月逢三、八	赶场人数三四百人至二千人以上。
偶里	场期无定期,逐日开市	
卦治	赶场无定期,逐日开市	赶场人数在一百至四百人以上。
大腮	每月逢二、七	赶场人数在二百人至五百人以上。
稳洞	每月逢一、六	赶场人数在二百人至六百人以上。
花桥	每月逢二、七	赶场人数在四百人至一千人以上。
敦寨	每月逢三、八	赶场人数在四五百人至一千六百人以上。
中林	每月逢五、十	赶场人数在二百人至八九百人以上。
平茶	每月逢三、八	赶场人数在三百人至一千人以上。
三里驿	场无定期,逐日而市	日赶场人数在五十人至二百人以上。
溥洞	每月逢二、七	赶场人数在三百人至一千五百人以上。
平秋	每月逢一、六	赶场人数在四百人至一千四五百人以上。

资料来源:《中国少数民族社会历史调查资料丛刊》修订编辑委员会编:《侗族社会历史调查》,民族出版社,2009年,第113—114页。

① 咸丰《兴义府志》卷10《地理志·场市》,咸丰四年刻本,第1页。
② 调查表记载了锦屏全县主要集镇乡场的赶集时间、人数及屠宰牲畜数量。该资料较为全面地反映了锦屏县的商业情况。

表 3.5 提供的信息有：从赶场人数可以看出，千人以上者有 8 个集镇，占总数的 57%。《侗族社会历史调查》对 1949 年前锦屏县的集市情况做了详尽的调查。三江区有城关、茅坪、稳江、大同等集市；敦寨区有中林、敦寨、花桥、娄江、高平、新化、亮司、隆里等集市；启蒙区有启蒙、江口等集市；九寨区有平略、平秋、高坝、彦洞、偶里等集市。从各区经济特点看，集市最多的敦寨区以农业为主，三江、启蒙区农、林并重，九寨区以林业为主。从民族分布看，三江区是侗、苗、汉杂居；敦寨区以汉族为主，少部分侗、苗杂居；九寨区以侗族为主，苗族次之；启蒙区以苗族为主，侗族次之[1]。以集市为中心，三江镇成了商品汇集和外销的重要枢纽。三江镇之所以发展成全县的中心，皆源于木材贸易的兴旺。"各处木植俱运至三寨售卖，该三寨首人分年开设歇店，凡与木商交易，俱系伊等代为议价、收木、评估银色，彼此相信有素向议，每木价一两取银四分给店家，以为客商饭食及守木扎牌工费，三寨藉以资生，该处并非官设牙行"[2]。由于没有受到官府太多干涉，自发地形成木材交易的集散地，内地木商络绎不绝地前来采购。来自江西、安徽、陕西的木商，汇集在三江镇，他们都在这里设行，号称"三帮"。当地少数民族也在该地开设"歇店"，代办介绍、议价、评银、验收等木材业务，从中按价格每两银提成四分作报酬，这些都是历经多年自发形成的规定，与政府没有关系。由于以木材买卖为主的商业的发展，清水江流域地区形成了一批新兴的商业市镇，如王寨、茅坪、卦治、平略、重安江、下司等，商业均十分繁荣。

---

① 《中国少数民族社会历史调查资料丛刊》修订编辑委员会编：《侗族社会历史调查》，民族出版社，2009 年，第 115 页。该书还分别对三江镇、启蒙、平略、平秋等四个集市进行了详细调查，可参见第 117—134 页。
② 光绪《黎平府志》卷 3 上《食货志第三》，光绪十八年刻本，第 32 页。

介锡周在雍正四年赴任贵州按察使,他看到贵州短短两年时间里发生了很大的变化:

> 省会暨冲衢各郡邑,人烟疏散,铺店无几,士庶一切酬酢,率皆质朴,偏远乡曲,从无酒肆。自雍正五六年以来,新自四川割归遵义一府五属,湖南割归开泰、青溪五县,广西割归永丰、荔波各州县,兼以开辟古州等处新疆,添设文武弁兵,驻镇其地,幅员日广,加以银、铜、黑白铅厂,上下游十余处,每厂约聚万人数千人不等,游民日聚。现今省会及各郡县,铺店稠密,货物堆积,商贾日集,又如士庶一切冠婚丧祭,争趋繁华,风俗日奢,且新疆大村小寨暨各处僻乡,酿酒日多,是皆川粤江楚各省之人,趋黔如鹜,并非土著民苗。①

很显然,这两年贵州发生的翻天覆地的变化主要与客民的涌入有关,这些客民或垦殖、或经商、或矿工,给贵州地方社会经济带来不小变化。具体到地方,如水城厅的永顺里,"离城半里许,铜盐铅布来往喧阗,厅治菁华萃于此焉"②。引来各省客民在永顺里建有万寿宫、协天宫、禹王庙、桓侯庙、观音阁、龙王庙、广平宫、黄州会馆等众多庙宇和会馆③。外省客民纷纷在永顺里建立会馆,也反映出外省客民在地方的势力。民国时期,浙江大学张其昀调查组对遵义各地的乡场做过细致调查:

---

① 乾隆十三年三月下壬子,《清实录》(第13册)卷311,中华书局,1986年,第105—106页。
② 光绪《水城厅采访册》卷3《营建门·场寨》,光绪二年钞本,第31页。
③ 光绪《水城厅采访册》卷3《营建门·场寨》,光绪二年钞本,第31—32页。

　　本区四十九处乡场之共同特征,在于有定期赶场之商业交易,或五日一场或十日三场,每逢场期,乡民小贩,四方云集,罗列百物,互相易售,日中成市,未暮已散,闭场各日,则冷落萧条。赶场者略有三类:最大多数者为本场附近之农民,携其农(米杂粮蔬菜等)林(桐籽五倍子等)畜(猪只鸡蛋等)产以求售,换取布匹盐巴等杂货日用品以归;其次即赶转场之小贩,自大城镇如遵义、贵阳运来布匹杂货,或各地手工业产品铁器、陶器、纸张等,日肩一挑,今日赶甲场,明日赶乙场,于广不足百里之范围内,周而复始。每至一场,赁地设摊,列其货品,售之乡民。此种摊贩,多为川、湘两省籍之人,岁暮还乡,年初复来,作定期之移动;再次为场上之固定居民,营饮食店旅栈业,以应赶场及过路人之需要,或设粮食行作乡民交易之中介处所。各场规模大小,商业盛衰出入极巨,小场如三丘田(乐山坝西北)、底水(鸭溪西南)等,居民不足十户,仅有少量盐油茶等交易,俗称油盐场,每逢场期,赶场者不过数十人。大场如鸭溪,居民一千四百户,大街延长一公里,外地货物,近郊土产,集产于此。如遇场日,赶场者至四千人以上,各类粮食杂货商店,均有设置,闲场各日,仍多固定商铺,供应百货。商业以外,织布造酒等手工业,亦颇繁兴,渐具都市之气象矣。①

张其昀为我们描绘了遵义各乡场的繁盛场景,尽管这里描述的是民国时的集镇情况,但这些集镇在清代就已具规模,如鸭溪镇,在

---

① (民国)张其昀主编:《遵义新志》第10章《区域地理·聚落》,浙江大学史地研究所铅印本,民国三十七年,第147页。

清晚期已成为黔北的"四大名镇"之一。清代茅台镇的酒已名扬天下,有竹枝词写道:"于今酒好在茅台,滇黔川湘客到来。贩去千里市上卖,谁不称奇亦罕哉。"①

根据肖发生对清代贵州省农村集市的统计,详见表3.6。

表3.6　清代贵州农村集市数量统计

时期 数量	清前期（顺治至 乾隆十四年）	清中期（乾隆十五年至 道光末年）	清后期（同治至 宣统末年）
州县厅数	54	37	43
集市数	641	1001	1265
平均每州县集市数	11.9	27.1	29.4
指数	100	228	247
全省州县总数	64	65	65
估算全省集市数	762	1762	1911

资料来源:肖发生:《清代贵州农村集市考察》,《中国经济史研究》2010年第2期。

肖发生根据贵州集市统计,得出以下结论:清前期,平均每州县集市数约为12个,中期猛增至27个,增幅达128%;清代后期平均每州县集市为29个,与中期相比,增幅为8%②。可以看出,清中期,贵州的集镇发展非常迅猛。据另一位学者李仕波的统计,明万历年间,遵义县有集市数4个,桐梓县1个,绥阳县4个,仁怀县3个,至清道光年间,集市数共计246个。镇宁州明代仅有5个集场,清末增加到40个③。也就是说,遵义府从万历年间的12个,到

① 贵州省文史研究馆编:《贵州竹枝词集》,贵州人民出版社,2019年,第198页。
② 肖发生:《清代贵州农村集市考察》,《中国经济史研究》2010年第2期。
③ 李仕波:《清代贵州定期集贸市场初探》,《贵州文史丛刊》2009年第2期。

道光年间的 246 个,增长 20 倍之多,镇宁州由 5 个增加到 40 个,
增长了 8 倍。集市的发展情况与客民数在嘉庆、道光年间的前后
变化基本上成正比。从客民的迁徙和分布可以看出,客民早期主
要聚居于交通要道、城镇、乡场、矿厂等地方,如"兴义一府为全省
至要之地,而兴义一县尤为府属至要之地,故客民多辏集其地"①。
可见,客民对各地的市镇发展有着巨大的作用和影响。

　　再以施秉县的经济发展为例进行分析。施秉县系黔东南、铜
仁、遵义三地的结合部,这里商业比较早就兴盛起来,如施秉方志
记载晚清商业的发展情况:

> 　　清水江环其南,东南二区水运利便,场市较西北区为多,
> 商业亦较兴盛。全年出入货殖约数十万元,出口货以黏米、黄
> 豆、靛青、猪只、皮革、木植、冻绿皮为大宗,入口货以洋纱、洋
> 油、大布、磁器、铜铁货为大宗。商人多江西、湖南人,行商居
> 多,寻常交易以铜钱洋元计,近日杂用当十当二十当五十当百
> 铜元,行旅称便。②

施秉县东南区水运较为发达,江西、湖南等外省商人也多聚居这一
带从事商业经营活动。外来商人将施秉的黏米、黄豆、靛青等商
品运输出去,将油大布、磁器、铜铁货等商品运输进来,从中赚取
差价。

　　施秉的林业,"西区杉木河、江凯各处松杉柏梓所有皆是。同

---

①（清）罗绕典:《黔南职方纪略》卷 2《兴义府》,台北成文出版社,1974 年,
　　第 57 页。
②民国《施秉县志》卷 1《商业》,民国九年稿本,第 50 页。

光以还,砍伐者众,不加培植,近日附郭十里概属童山,间有本地木商办木,皆在二十里以外采买,年运往洪江一带销售,数次出口以柏木杉木为大宗,合值银数万余元"①。同光以前,施秉有大量林木,之后,由于砍伐多于人工栽培,至清末民初,周边地势稍平的地区林木砍伐殆尽,只有到更偏远的山区砍伐。在鼎盛时期,有不少外省商人进入施秉进行林木交易,后来主要是本地木商经营。

施秉的矿业,"全县之大,只南区胜秉汪家山铅矿,于咸丰初年经乡民集资开采,矿质甚富获利亦丰,旋因苗变停止,光绪初开而复废,因资本无多也"②。施秉的矿厂不多,主要是胜秉汪家山铅矿,这里曾兴旺过一段时期,但到光绪初年即停废了。

通过对施秉的商业、林业、矿业的发展分析,可以看出,客民主要还是活跃在城镇的商品经营活动中,而林业、矿业需要雄厚的资本,且属于资源型的商品,因此,客民较少涉及这些领域。

最后,我们通过竹枝词来感受贵州城镇的发展情况。道光副监生张国华③的《贵州竹枝词》描写了清中后期贵州不少城镇的社会生活图景。

新城地处北盘江流域的中心,是西去云南、南下广西的必经之地。清朝中后期,大量的客民移居新城。张国华为我们描绘了道光五年新城县城镇的繁华和客民的艰辛生活:"家家儿女纺绵纱,民聚川湖俗尚华。竟日机房歌唱满,疏灯茶馆话生涯。三月春深看会场,神迎东岳竟拈香。纸枷木案纷偿愿,愚妇愚夫势若狂。回

---

① 民国《施秉县志》卷 1《林业》,民国九年稿本,第 51 页。
② 民国《施秉县志》卷 1《矿业》,民国九年稿本,第 52 页。
③ 张国华(1808—1871),字蔚斋,贵州安龙县人。晚清张之洞的启蒙教师,清道光五年(1825)副贡生。著有《继述录》《分韵俪对》《贵州竹枝词》等。

龙厂上集游民,日日忘身采水银。惊看负荒初出蛰,无裤赤身可怜人。效原野菜味偏浓,夏末秋初菌易逢。山下夕阳山上雨,野人入市卖鸡枞。"①

安顺是滇黔交通的重要咽喉,商业向来发达。张国华为我们描绘了城市的奢华和热闹场景:"商贾鸠居俗尚华,衣冠逐靡管弦夸。纷纷歌妓黄昏后,竟抱洋琴上店家。"②

镇远为湘黔水上交通要津,自古以来是贵州的东大门,素有"滇楚锁钥、黔东门户"之称,外来人员往来频繁。当地有民谣传唱镇远繁荣的盛景:"马锅头,西边来,驿站马店排对排。云茶川盐铜铅锡,商贾见了笑眯眯。船老板,扬帆赶,纤夫号子震两岸,码头货物堆成山。"③张国华为我们描绘了城市大量的外省客民相处的场景:"黔舆驻处楚舟停,逆旅相逢问籍频。拨动管弦歌笑处,几方语音一楼人。"④

可以说,贵州竹枝词仅仅只反映了城镇的社会一角,但足以让我们感受到客民的到来促进了贵州城镇的发展,亦对地方社会风气产生了深远影响。

---

① 民国《兴仁县补志》卷 14《食货志》,民国三十二年未刊稿,第 17 页。
② 转引自龙尚学:《张国华的〈贵州竹枝词〉》,《贵州文史丛刊》1982 年第 4 期。
③ 转引自辛铭:《西南一大都会》,《镇远文史》2018 年第 1 期。
④ 转引自龙尚学:《张国华的〈贵州竹枝词〉》,《贵州文史丛刊》1982 年第 4 期。

第四章 客民与地域社会变革

清代全国各地都有自身独特的社会矛盾和斗争。早在 20 世纪 40 年代,傅衣凌先生提出了自己的困惑:"明末清初闽赣毗邻地区频繁的抗租风潮何以发生?"黄志繁给出了更为合理的解释①。而清代贵州为何频频发生苗民起义,很显然要回答这些疑惑,从传统的阶级革命与民族压迫的研究路向不能准确解释,应回归历史学本位,从更广阔的视角来精细化探讨地域社会变革与中国传统社会结构的关系。清代以来,贵州的社会结构发生了深刻变化,随着清王朝权力的深入,大量的客民也移居苗地,客民带有天然的优越性,无论在文化上还是在经济上都占据优势,清代贵州客民在移入地的生活境遇、长时段的发展模式与其他地区的移民都有着极大的差别,有清一代,客民在与土著的较量中往往处于上风,因此,清代贵州客民所面临的土著化问题可能并不是清代其他地区移民都会遭遇的问题,这就需要从自身地域出发来解答了。

20 世纪 80 年代,以日本学者森正夫为首的明清史研究学派提出的"地域社会观点",即具有实体概念的地域社会论和地域研究中的社会研究,重点关注人们生产生活的"场域",在社会秩序统

———————

① 黄志繁:《地域社会变革与租佃关系——以 16—18 世纪赣南山区为中心》,《中国社会科学》2003 年第 6 期。

合下的地方社会问题。日本学者已将地域社会的观点运用于中国历史的诸多领域,尤其在家族与宗族、乡绅与社会动乱、地区开发与移民社会、国家与社会等领域有着丰硕的成果,并形成"地域社会"视野下的家族·同族基轴论、地主(大土地所有者)指导型地域社会论、士大夫指导型地域社会论和国家中心论等四种地域社会论①。毫无疑问,地域社会的"场域"会存在着各种社会关系,在这些社会关系中,土客关系是清代贵州非常重要的社会关系。清代贵州客民在不断的"土著化"进程中,必然与土著在地方社会的生产与生活(场域)中发生矛盾与冲突,苗民的多次起义即是对新社会秩序的抗争,在很大程度上是源于土客之间对于有限的土地资源的争夺。

　　本章使用"地域社会"概念是方法意义上的地域社会的地方社会研究,从客民与地域社会变革的关系来解释清代贵州地方社会变迁。

第一节　客民占有土地

　　土地关系是一个非常重要的问题,较早对此问题进行研究的李文治从土地占有者身份的角度分析了土地所有制的变化②。一些综合性经济史论著也多有论及。如"到乾隆年间,土地兼并已发展

---

① 参阅森正夫:《"地域社会"视野下的明清史研究——以江南和福建为中心》,江苏人民出版社,2017年,第3—60页;有关具体的地域社会研究成果可参阅常建华:《日本八十年代以来的明清地域社会研究述评》,《中国社会经济史研究》1998年第2期。
② 李文治:《论清代前期的土地占有关系》,《历史研究》1963年第5期。

到极端严重的地步"①。清末"占田者十之一二,佃田者十之四五,而无田可耕者十之三四"②。《中国经济通史·清代经济卷》对有关清代的土地关系研究进行了全面总结③。总而言之,土地关系的研究呈不断深化之势,但在具体区域研究方面还有很大的空间,对土地关系的具体了解也还远远不够。黄道炫提出:应对各类材料进一步梳理和深入分析,才能认清不同区域的中国农村土地关系这一重大问题④。这一论断给研究者带来启发,学者们从不同区域展开了这类研究⑤。本节着重利用清水江文书、地方志、历史调查资料等史料,重点解答清代客民进入苗地之后,土地是怎样被兼并的,土地买卖是怎样运作的,以及因土地占有而引发的社会问题。

---

① 郑庆平、岳琛编著:《中国近代农业经济史概论》,中国人民大学出版社,1987年,第5页。
② 曹贯一:《中国农业经济史》,中国社会科学出版社,1989年,第785页。
③ 该书在"引言"中讲到"土地集中的程度会降低,土地集中的规模会缩小,土地集中的速度会放慢,最大量的土地会掌握在中小地主和自耕农手中"的推断。参见方行、经君健、魏金玉主编:《中国经济通史·清代经济卷》(下),中国社会科学出版社,2007年,第971页。
④ 黄道炫:《一九二〇——一九四〇年代中国东南地区的土地占有——兼谈地主、农民与土地革命》,《历史研究》2005年第1期。
⑤ 如胡英泽等认为明清农村土地占有和经营的面貌,是"连片化"与"零碎化"共同作用的结果,参见胡英泽、袁文科:《"凑片为业"与明清农户土地的"连片化"——兼论传统乡村地权研究的可能走向》,《南京大学学报》(哲学·人文科学·社会科学)2019年第6期;周松认为明代北直隶的上层达官是通过奏求、给赐的方式获得了大量土地,参见周松:《明朝北直隶"达官军"的土地占有及其影响》,《中国经济史研究》2011年第4期;王晓霞认为清代湟水流域土司的土地被清查入册,纳入王朝的赋役之中,体现土司权力的式微,参见王晓霞:《清代湟水流域土司土地占有及赋税》,《青海民族大学学报》(社会科学版)2011年第1期。

一、土地兼并

客民问题关涉到整个明清时期贵州的地区开发、民族关系与生态环境恶化等诸问题。清代贵州改土归流后,土客之间的土地关系始终是一个突出的问题。清初以及几次平定苗民起义之后,贵州地荒人亡情况特别严重,于是,各省客民进入贵州后,通过垦荒获得土地产权,成为自耕农。从19世纪开始,贵州的土地愈来愈来明显地趋于集中,原有的土地关系发生了极大的变化,土地私有制、租佃关系得到长足发展,贵州大部分地区均进入了地主制的发展时期。

随着贵州社会生产力的提高,社会经济的发展,贵州不少地方产生了一批占有相当多田土的苗族、汉族地主。明代以来,清水江流域的木材贸易就开始兴盛起来,围绕木材贸易产生了一批"山客""水客"和木行行商。"山客"是指"凡经营木业者皆当地的以侗族、苗族为主的各族商人,只能运销木材于三江,谓商人为山客"。"水客"是指"凡来自长江流域各省来黔经营木业的商人,止于三江购木,谓之曰水客"。"水客"与"山客"之间不能直接交易,必须通过木行中介方可成交①。至乾隆年间,随着木材贸易的空前兴旺,涌现出了财势雄厚的山客。汉、苗、侗杂居的瑶光(今锦屏县河口乡)在嘉庆、道光之际,就有所谓"姚百万、李三千,姜家占了大半边"的民谣,他们都是大地主。

姚百万,名玉魁,生活在乾隆、嘉庆年间,经营木商致富,拥资百万。那时,清水江主要支流之一的乌下江(又称瑶光河),两岸都是一望无际的苍苍郁郁的杉林,姚百万就在这一带采购木材,运销

---

① 《中国少数民族社会历史调查资料丛刊》修订编辑委员会编:《侗族社会历史调查》,民族出版社,2009年,第28页。

三江,牟取重利。二十世纪五六十年代调查组记录了"姚百万"的
富裕程度:

　　　　姚百万暴发之后,在河边建成九重大院。今犹有残基断
　　壁。邻河而立的月台院坝,迄今如故。月台全由青石砌成,每
　　石约一尺见方,垒于陡峭的岸上,台高三四丈。院坝全用四方
　　石板嵌成。从河边造两重石级,各50余梯,直通院坝。隔河
　　眺望这叠叠石阶和雄伟的月台遗迹,可以想象这个生活在边
　　远民族地区的大地主商人是何等的富贵豪华。[①]

姚百万,本名姚继周,祖籍江西,其父姚克元于雍正时至黎平谋生,
乾隆中期举家从黎平迁到锦屏的文斗河边,与当地文斗人一起摆
渡并兼营小买卖。乾隆四十三年(1778),姚继周迁往上游谋生,
扎棚瑶光河口东岸。姚继周身为客民,又因久居苗地,熟悉苗族
语言和风俗习惯,遂成当地贸易中介。上游的"水客",本地的"山
客"对姚继周都很信任,再凭借自身的贸易才能,家业逐渐壮大,发
家后,开始大量购置山林,至嘉庆中期,姚继周已是拥资百万,号称
"姚百万"[②]。自定居瑶光以来,溯乌下江而上四五十里,两岸的田土
山林莫不为其所有。如韶霭有居民百余家,全寨的山林田土,尽被
姚百万买光,连寨前的水井都是姚家的。老百姓上山砍柴,姚百万
说灌木杂草是姚家所有,强迫送去他家,不给柴钱。姚百万把塘东
寨的山林田地也一一巧取豪夺,占为己有,惟有吴廷州和姚吉州宁

---

① 《中国少数民族社会历史调查资料丛刊》修订编辑委员会编:《侗族社会历
　史调查》,民族出版社,2009年,第28—29页。
② 锦屏县地方县志编纂委员会编:《锦屏县志(1991—2009)》(下册),方志
　出版社,2011年,第1318—1319页。

死不愿变卖其祖遗产业,待田中禾稻茎青叶茂的时候,姚百万遣家人奴仆,把青苗割来喂马,并向田主扬言:"你们有本事不卖,我就年年割来喂马!"姚百万有九个儿子,均孔武有力,凶狠异常,吴廷州和姚吉州最后被迫失去了土地。姚百万还经常带领一帮儿子和家丁,在河口阻截弱小山客,以低价强购木材①。在土改时期,人们纷纷控诉姚家的种种欺凌,为富不仁的姚百万的发家史被人描写出来。尽管土改时期将姚百万描述为霸占苗民土地、典型的大地主恶霸形象,但他早期的发家史仍然是通过土地买卖的形式积累土地完成的,以嘉庆十年(1805)姚百万买林地契约为例:

> 立断卖地土杉木契人瑶光寨姜之渭,今因将到本名下地土杉木一股,坐落地名□路干,其山场上下左右与买主,先年得买廷富之界至相同。此山分为四股,本名下占一股,今凭中出断卖与姚继周名下承买为业,议定价银一十三两整,即日权清。其木自卖之后,任从买主修理蓄焚管业,卖主弟兄□内人将不得异言,倘有不清,俱在卖主理落。今恐无凭,立此断卖字为据。

> 凭中 李宗梅

> 嘉庆十年十月二十六日之渭亲笔。②

---

① 《中国少数民族社会历史调查资料丛刊》修订编辑委员会编:《侗族社会历史调查》,民族出版社,2009年,第28页。

② 锦屏县地方县志编纂委员会编:《锦屏县志(1991—2009)》(下册),方志出版社,2011年,第1320页。文书中的"股"是清水江流域的普遍现象,由于清水江流域地区林地常常是家族共有财产,因而在做抵押时往往是论其中几股为质。"股"广泛存在生产、生活、投资等领域。参见朱荫贵:《试论清水江文书中的"股"》,《中国经济史研究》2015年第1期。

从契字中可见,姚继周购买的是同属瑶光寨姜之渭的林地,且与姚继周早一年买的林地相连,从这些信息当中大致可判断出姚继周应该是有计划地将零散的林地买下,并使林地连成一片。另外,契字中特别强调购买的是包括"地底"和"地面"的所有权,以免造成林地纠纷,这也反映出姚继周的精明之处。

　　另一个大地主商人姜志远,是一个有胆识的人,后取代姚百万成为当地的第一大商人。姚百万有了资本就大量地购买林地,与姚百万不同,姜志远获利之后大量购买的是田地。其"购买的田地面积的产量达 17000 多石。其田产沿清水江而下,买到了天柱县的远口;溯清水江而上,买到了剑河县;沿乌下江两岸,买到了黎平县的落里、孟彦。地跨侗族苗族聚居的锦屏、黎平、天柱、剑河 4 个县境"[1]。如果按照亩产倒推计算,以《苗族社会历史调查》的"巫角交田亩抽样实测折算表"为依据,调查组实地丈量了 23 块田,根据面积、产量及折合率所做出的统计,相对比较科学。表中分为上、中、下田,上田平均亩产 483 斤,中田平均亩产 382 斤,下田平均亩产 265 斤[2],平均每亩亩产为 376 斤。以一石等于 135 斤标准算下来,姜志远的田地应该在 6100 亩左右。

　　又如,据 1952 年调查,雷山县大塘区掌坡寨,在 150 多年前,即乾隆末年嘉庆初年,出现了一个姓白的大地主,后取名白廷栋。他曾在丹江当过土司的"通事",住丹江城里。他发展到拥有田地约 9000 挑的财产,"挑"是黔东南一带的度量单位,据调查组的实地调查,1 挑相当于 0.29 亩,据此,白廷栋拥有田地折合 2600 亩左

①《中国少数民族社会历史调查资料丛刊》修订编辑委员会编:《侗族社会历史调查》,民族出版社,2009 年,第 29 页。
②《中国少数民族社会历史调查资料丛刊》修订编辑委员会编:《苗族社会历史调查》(一),民族出版社,2009 年,第 110 页。

右。其拥有的田地横跨丹江(雷山)、八寨(丹寨)、三脚(三都)。他的发家史是缘于曾在丹江做过土官的通事,家里原先并不富裕,在他当通事的十三四年里,利用自己的职务和权势,以种种手段巧取豪夺,剥削当地苗族人民,迅速发家,成为大地主[①]。当然,并非所有的山客都像姚百万、姜志远那么富足,也有很多小资本的商人活跃在清水江流域,估计"水客"人数在千人左右,"山客"则有二三千人。无论"山客"还是"水客",一旦致富,必将资本投向土地,变成地主。

雷山县民众的贫富分化情况非常明显,1952年,调查组对掌坡寨土地情况进行了摸底调查(见表4.1)。

表4.1　雷山县大塘区桥港乡掌坡口及占有(私有)土地情况

阶级成分	户口				占有土地数				
	户数	占总户数(%)	人口	占总人口数(%)	田(斤)	土(斤)	合计(斤)	占全村土地面积(%)	每人平均占有土地(斤)
地主	13	9.3	63	9.3	129081.5	2486.5	131568	25.2	2088.4
富农	10	7.1	59	8.7	75688.1	675	76363.1	14.6	1294.3
中农	68	48.6	324	47.9	245454.2	5697	251151.2	48.0	755.1
贫农	34	24.3	177	26.1	53174.8	4215.5	57390.3	11.0	324.2
雇农	15	10.7	54	8.0	5239.5	1199.5	6439	1.2	119.2
合计	140	100	677	100	508638.1	14273.5	522911.6	100	772.3

资料来源:《中国少数民族社会历史调查资料丛刊》修订编辑委员会编:《苗族社会历史调查》(二),民族出版社,2009年,第185页。

[①]《中国少数民族社会历史调查资料丛刊》修订编辑委员会编:《苗族社会历史调查》(二),民族出版社,2009年,第186—187页。

从表4.1看,人口占9.3%的地主,占有全部土地的25.2%,平均每人占有的土地一年可收粮食2088.4斤。占总人口数接近一半的中农,平均每人占有的土地一年可收粮食755.1斤。雇农的人口比例与地主差不多,但其平均每人占有的土地一年可收粮食仅119.2斤。地主与雇农的粮食产量相差17倍多,在当时的贵州来说,这种贫富差距是相当大的。

再看黔西北的情况,黔西北的土司势力比较强大,尽管雍正五年在贵州全面推行了"改土归流",但黔西北的土司直到民国仍然具有相当的威权。"凡夷苗役于土目者谓之佃户,性最恋主,土目虽虐之至死不敢背为之,服役巡逻赋敛以供其婚丧之费。归流后土目皆为齐民,然呼其佃户为百姓,佃户犹称土目为官家也"①。据1959年的贵州少数民族调查,龙街子土目安宜国,几乎占有龙街附近的所有土地。在龙街附近的乌落卓、白摩园子、康家园子、倾加夏、陈家园子、别脚园子、脱布园子、阿母街、大梁子、大寨、小寨、天生桥等10余村寨的土地全为安宜国占有,此外,大硬盘尚有一半土地亦为其霸占②。牛棚子土目也是威宁最大的土目之一,其占有的土地横跨云贵两省。牛棚子周围的土地大部为他家所有,土地面积东至距牛棚子70里的李子沟,西达离牛棚子70多里的江底老桥,南到距牛棚子30多里的雨朵,北抵离牛棚子70多里的石门坎。此外还占有云南昭通、彝良、东川的大量土地,其土地面积多到无法统计③。龙街子黑彝地主余世成家共有土地2000多亩,其土

① 道光《大定府志》卷14《内篇四·疆土志四》,道光二十九年刻本,第22页。
②《中国少数民族社会历史调查资料丛刊》修订编辑委员会编:《黔西北苗族彝族社会历史综合调查》,民族出版社,2009年,第40—41页。
③《中国少数民族社会历史调查资料丛刊》修订编辑委员会编:《黔西北苗族彝族社会历史综合调查》,民族出版社,2009年,第41页。

地大部分出租,只有部分自营。他通过转租收取高额的租额,每年通过放高利贷谋取利益①。灼圃乡凉山生产队的土地占有情况统计如下(表4.2)。

表4.2　凉山生产队土地占有情况

阶级成分	户数(户)	占总户数(%)	占土地数(亩)	占土地(%)
地主	26	10.1	5298	49.8
富农	11	4.3	3083	29.0
中农	73	28.4	2250	21.2
贫农	107	41.6	0	0
雇农	35	13.6	0	0
其他	5	2.0	0	0
合计	257	100	10631	100

　　资料来源:《中国少数民族社会历史调查资料丛刊》修订编辑委员会编:《黔西北苗族彝族社会历史综合调查》,民族出版社,2009年,第49页。

　　说明:本表富农数为半地主式富农、富农和小地主出租的合并数。表中数据保留至小数点后一位数。

从表4.2看,人口占10.1%的地主,占有全部土地的49.8%,几乎占有一半土地。贫农和雇农等占全部户数的一半多,却没有属于自己的土地。这种现象,在威宁县的其他地方也是如此,东关寨和别色园子,共有土地1114.6亩,其中,地主人口占总人口的11.6%,占有土地596亩,占有土地总数的53.4%②。土地高度集中的情况十分严重,各阶层之间贫富差距大。大街乡土地兼并、贫富分化的情况更为严重,这个村的地主、富农的土地更加集中,地主、富农占总

①《中国少数民族社会历史调查资料丛刊》修订编辑委员会编:《黔西北苗族彝族社会历史综合调查》,民族出版社,2009年,第42—43页。

②《中国少数民族社会历史调查资料丛刊》修订编辑委员会编:《黔西北苗族彝族社会历史综合调查》,民族出版社,2009年,第71页。

人口的 10.9%,占有土地总数的 81.3%,而占人口总数 83.1% 的贫雇农和佃农只占有土地总数的 7.2%,绝大部分都丧失了土地。地主每人平均占有土地 50.6 亩;贫雇农每人平均仅占有土地 0.7 亩,两者相差 76 倍多 [①]。

大量的客民当中也涌现了不少大地主,如黔西南兴义下午屯的刘氏家族。乾隆年间,湖南邵阳刘泰元、刘泰和、刘泰兴三兄弟入黔经商,后大哥刘泰元返回邵阳,三弟刘泰兴入赘毕节,二哥刘泰和定居兴义。道光后期,刘泰和之子刘文秀为谋生活,举家从兴义县城搬迁到商业重镇捧鲊巡检。咸丰二年(1852),刘文秀为躲避兵燹,又搬迁到属捧鲊管辖的泥凼镇五台寨,并开始利用泥凼一带盛产桐籽做榨桐油生意,因成本低而售价高,且垄断经营,很快就发家致富。咸丰八年(1858),刘氏家族与同样搬迁到泥凼的何氏家族(何应钦家族)因桐油生意发生矛盾,刘文秀之子刘燕山为回避矛盾,确保家族的更好发展,咸丰九年(1859)离开泥凼五台,迁至兴义县城南五里的纳吉寨暂住,同年,又举家迁至毗邻纳吉寨的下午屯居住。刘燕山迁到下五屯后,在其四个儿子的扶持下,遵循"以末致富,以本守之"的生财之道,放弃榨油业,转而经营土地,善夺巧取,大肆兼并 [②]。刘燕山时,刘氏家族已从一户有名的商家变成兴义最富有的大地主。

二、土地买卖

嘉道以来,贵州各地的土地买卖十分盛行,地主制经济获得了

---

① 《中国少数民族社会历史调查资料丛刊》修订编辑委员会编:《黔西北苗族彝族社会历史综合调查》,民族出版社,2009 年,第 71 页。

② 贵州大学历史系供稿、省政协文史办公室编:《贵州军阀刘显世发家史》,《贵州文史资料》(第 3 辑),贵州人民出版社,1979 年,第 187 页。

相当大的发展。客民更愿意将大部分财富都用于购置田产,因为他们觉得这是财产保值最为安全的方式。此外,长期以来受儒家"农为本商为末"思想影响,商业投资始终不被儒家看好,甚至被认为是具有敛财意味的行为,而购置田产被视为是上等的和受尊重的投资方式。因而,但凡在贵州获得一定的资本的客民就会想尽一切办法获得土地。大部分客民购置土地并非一蹴而就,需要几代人持续不断地进行。林芊对此做过研究,他梳理了清水江流域的天柱县凸洞三村1158件土地契约买卖文书,统计出自1766年至1949年期间至少500人以上的农户购置了土地[1]。这说明土地买卖在清水江流域十分流行。笔者对天柱县攸洞村(现优洞村)刘文举的土地买卖进行了梳理(见表4.3)。

表4.3 刘文举购置土地情况

序号	出售者	数目(丘)	面积(边)	田地价格(银两)	交易时间
1	刘文院、刘文佑	1	90	70银两	嘉庆二十五年正月二十八日
2	刘文佑	5	150	10.5银两	道光二年五月二十九日
3	刘文佑	1	—	3银两	道光三年六月十三日
4	吴永辉	3	60	4银两	道光四年三月三十日
5	刘文邦	3	—	50银两	道光十年三月初四日
6	粟秀藤	1	10	3银两	道光十六年三月十四日

---

[1] 林芊:《凸洞三村:清至民国一个侗族山乡的经济与社会——清水江天柱文书研究》,巴蜀书社,2014年,第269页。

续表

序号	出售者	数目（丘）	面积（边）	田地价格（银两）	交易时间
7	龙朝锦、龙连兆	1	—	2.94银两	道光二十八年八月二十五日
8	刘见华、刘见海、刘见开	2	—	2银两	道光三十年四月初二日
9	刘玉珠	6	—	24000文	咸丰七年十一月初六日
10	刘昌甲、刘昌太、刘昌彩、刘金来	7	—	35.1银两	咸丰八年十一月二十日
11	龙参发	2	3	1600文	同治四年五月十一日
12	龙润泽、龙后泽	2	100	667000文	同治四年闰五月二十二日
13	吴建恒	1	24	2680文	同治七年十一月二十二日
14	伍来福	3	20	4680文	同治八年三月十三日
15	龙沛图兄弟二人	2	25	900文	同治八年十二月二十六日
16	刘氏招月母子四人	1	—	540文	同治九年十二月十四日
合计		41	482	180.54银两 701400文钱	

资料来源：张新民主编：《天柱文书》（第1辑第10册），江苏人民出版社，2014年，第33—66页。

要了解刘文举的购买土地面积有多少，首先需要对贵州特有的计量单位进行换算。"边"是黔东南一带的计量单位。除边之外还有"手""挑""石""运""把"等为田土计量单位。"边"与这些单位的换算关系为：1 挑等于 6 边，1 石等于 10.14 边，1 运等于 1.2 石（等于 12.168 边），36 边等于 1 亩①。关于度量衡较详细的换算介绍，还可见 1957 年的苗族社会调查②。在田野调查中，具体各个地方稍有差异，如清水江上游以"手"，镇远县以"纂""稨""把"，天柱县以"稨""把"，台江县以"度""挑"，丹寨县以"挑"，黎平县以"手""把"为计量单位。这些计量单位如何换算，确是一个难题。对于贵州而言，需要将历史文献与田野调查结合才能明白。历史文献对此的解释是这样的，嘉靖《贵州通志》对"手"与"把"之间的转换关系注释曰："以稻熟乂，把为则，以四剪为手，十手为把，每把纳秋粮二升焉。"③乾隆《清江志》对"把""边"解释曰："其收时以手摘谓之摘禾，以索缚之，或谓之把，或谓之编。"④《天柱县志》对"稨"记载："上田一扁（每扁或四籽或六籽，均以 12 斤为准），摊粮八勺八抄；中田一扁七勺零四撮一圭六粒；下田一扁粮五勺二抄八撮一圭二粒。秋米一斗该二亩九分九厘。"⑤实际上，若只阅读文献，对于理解这些计量单位还是不够的，需要在田野中去解读文献。通过天柱县实地调查，发现这里的 12 斤为旧制，旧制 1 斤为 16 两。地方志记载"均以 12 斤为准"中的 12 斤约合今制 15 斤。天柱县传统六稨为一挑，六挑一亩地，每亩地产 540 斤稻谷。我们在黎平、从江了解到，当地的一手约等于 1.2 斤。贵州通常统计田土面积以产量为标准，不能像中原、江南、华北等地主要以亩为标

① 林芊：《凸洞三村：清至民国一个侗族山乡的经济与社会——清水江天柱文书研究》，巴蜀书社，2014 年，第 93 页。
② 参阅《中国少数民族社会历史调查资料丛刊》修订编辑委员会编：《苗族社会历史调查》（一），民族出版社，2009 年，第 108—112 页。
③ 嘉靖《贵州通志》卷 3《土田》，嘉靖三十四年刻本，第 24 页。
④ 乾隆《清江志》卷 1《天气志·气候》，乾隆五十五年钞本，第 1 页。
⑤ 光绪《续修天柱县志》卷 3《食货志》，光绪二十九年刻本，第 20 页。

准计量,由于贵州田土的不规整,土地具有高低不平、大小不一、零零碎碎等特点,相对于面积计算更科学合理些。《古州杂记》解释了其原因:"山头地角,高下田丘,方圆大小,阔狭形势,悉依地而成,不能以丈量计亩,苗民置产,惟计田几丘,收禾若干把,或计收获若干斤,以登券据。"[①]此外,贵州的田土产量会以赋税多少表示,这是治贵州经济史需要注意的问题。

刘文举家族在 50 年间 16 次购买土地,购置了 41 丘的土地,有明确记载面积达 485 边,共花费 180.54 银两 701400 文钱,除 1 次是刘文举与其兄弟共同购置土地,其余 15 次皆刘文举及其儿子刘昌儒购置。林芊研究认为,刘文举一生积累财富显示出两个特征:第一,将主要经济力量投放在田产上,置田支出是购买山林支出的 2 倍以上;第二,这些土地买卖主要发生在圭辉寨外,也涉及硝洞寨、与圭辉寨相邻的锦屏县更寨、平秋寨,说明其占有土地的地理分布较为广泛[②]。刘文举 50 年间购置了 485 边的土地,折算面积大约为 13.5 亩。

其他的历史文献也可以看出客民购置苗产的情况。清水江流域的土地大多被客民所购买,《黔南职方纪略》道出了其中实情,以永从县(今从江县)为例:

> 客民即积渐而入各洞寨,虽有多寡不同,而典买苗产者甚至一户有多至数百分者,其苗民之殷实,亦不能如府属之潭溪、湖耳各司,故田产多出售于客民也。[③]

①(清)林溥:《古州杂记》,嘉庆刻本,第 5 页。
② 林芊:《凸洞三村:清至民国一个侗族山乡的经济与社会——清水江天柱文书研究》,巴蜀书社,2014 年,第 276 页。
③(清)罗绕典:《黔南职方纪略》卷 6《黎平府》,台北成文出版社,1974 年,第 166 页。

很明显,从永从县的土地买卖情况看,客民的经济实力远在苗民之上,客民有实力进行大规模的购买。中华人民共和国成立后,社会调查组专门对锦屏县启蒙乡的汉族各阶层占有耕地和林地进行了统计调查,这为我们提供了一定的参考(见表4.4)。

表4.4　锦屏县启蒙乡土地改革前汉族各阶层占有耕地、山林统计

阶层	户数（户）	田土（亩）	山林地（亩）	合计（亩）	每户平均亩数（亩）
地主	19	1009.4	132.1	1141.5	60.1
半地主式富农	6	183.3	7	190.3	31.7
富农	8	130.2	244.4	374.6	46.8
小土地出租者	8	94.1	6.4	100.5	12.6
富裕中农	17	233.1	33.7	266.8	15.7
中农	85	409.7[1]	24.4	434.1	5.1
佃中农	4	10.8	23.9	34.7	8.7
贫农	61	196.4	12.7	209.1	3.4
佃贫农	16	24.4	9.4	33.8	2.1
雇农	14	5	0.3	5.3	0.4
小手工业者	4	12[2]	8[3]	20	5
小商贩	1	0.4	0.3	0.7	0.7
贫农	5	3	0	3	0.6
其他	4	0.4	0	0.4	0.1
合计[4]	252	2312.2	502.6	2814.8	11.2

资料来源:《中国少数民族社会历史调查资料丛刊》修订编辑委员会编:《侗族社会历史调查》,民族出版社,2009年,第185页。

说明:原书中该表格部分数据有误,[1]原表为402.7,实际应为409.7。[2]原表为4,实际应为12。[3]原表为4,实际应为8。[4]原书合计有误,本表以实际统计数为准。

从表 4.4 可看出,土改前,占总户数 7.6% 的地主户已占有的田土数占总田土数 40.8%,如果加上半地主式富农和富农占地数,合计达到 61%。就土地改革前全国十二省区而言,地主占地最多的四川八县十二保,地主户占 7.1%,占有耕地 60%;地主占地较少的为云南砚山六诏村,地主户占 4%,占有土地 26.8%;其他十个省区地主占地量或高或低,但都不超过这个上限和不低于这个下限;十二省区地主平均占有耕地为 40.8%[①]。我们以贫农以上的数据作推算,锦屏县启蒙乡汉族平均一户占有田地为 12.6 亩,若以此平均数计,苗人卖给客民的田土应该在 47 万亩以上。

　　道光六年(1826),经贵州巡抚嵩溥编查,贵州各属买当苗人田土的客民数达到 37865 户,占整个客民总数的 74%。又如,据《黔南职方纪略》对黔东南黎平、都匀、镇远三府所做的客民"典买苗产"户数统计,亦可说明黔东南地区土地买卖的盛行,现将其统计资料整理如下(表 4.5)。

表4.5　道光年间黔东南客民数及土地占有情况

所属	客民数(户)	典买苗产客民数(户)	典买所占比例(%)	典买地域
都匀府亲辖地	2672	2396	90	府属六土司、四牌
八寨厅	780	724	93	厅属四土司、一卫
丹江厅	1261	612	49	厅属三土司、一百一十九牌
都江厅	466	435	93	厅属两营
麻哈州	971	679	70	州属七土司、八牌
独山州	753	690	92	州属六土司
清平县	1862	652	35	县属太平里、县丞属三土司

[①] 方行、经君健、魏金玉主编:《中国经济通史·清代经济卷》(下),中国社会科学出版社,2007 年,第 1023 页。

所属	客民数（户）	典买苗产客民数（户）	典买所占比例（%）	典买地域
荔波县	2267	1884	83	县属苗汉杂居十五里
小计	11032	8072[1]	73	
黎平府亲辖地	2493	495	20	府县两属屯所、县属天堂八洞
古州厅	3748	1488	40	厅管辖各苗寨、左右两卫
下江厅	539			厅属九十四寨典买苗产及承佃苗土之户共计五百三十九户
永从县	722	297	41	县所属六洞西山、西山及丙妹县丞所辖地方
小计	7502	2280	30	
镇远府亲辖地	576[1]	460	80	府所属邛水、边方二里与偏桥左右两土司、抱琴、苗度洞塘
清江厅	593	373	63	厅城周边及南洞土司地方
台拱厅	214	194	90	厅属十二屯堡
黄平州	668	446	67	昔日苗寨今尽变为汉寨
施秉县	26	11	42	县属景秉漏三洞
天柱县				无苗寨
小计	2077	1484	71	
三府总计	20611	11836	57	

　　资料来源：（清）罗绕典，《黔南职方纪略》，台北成文出版社，1974年，第123—198页。

　　说明：[1]罗绕典最终统计数与各州县数合计数不一致，原为8398户，实际为8072户，笔者以各府州厅县合计数。镇远府亲辖地总数罗绕典统计为561户，其实应是576户。

　　从表4.5统计数据来看，19世纪以来，贵州土客之间的土地买卖十分频繁，贫富分化情况极为严重。都匀府和镇远府的客民典买苗

产比例,平均都超过了 70%。相对来说,黎平府的客民典买苗产比
例则较低,平均只有 30%。总体客民典买苗产比例为 57%。府所
属州县厅的客民典买苗产差别也是较大,都匀府属八寨厅(今八寨
县)典买苗产客民占 92%,清平县典买苗产客民只占 35%,两者差
距极为明显。镇远府的情况也是如此,高者台拱厅典买苗产客民
占到 90%,低者施秉县典买苗产客民占 42%。对于客民土地占有
不均的情况,罗绕典对黎平府一带客民土地占有情况论述道:

> 地利肥美,物产丰亨,山土种木棉,苗妇勤于织纺,杉木
> 茶林到处皆有,于是客民之贸易者、手艺者、邻省邻府接踵而
> 来,此客民所以多也。而开泰县所管八堡十五所,锦屏乡所管
> 城内九甲,城外十二屯,自改卫为县时,军屯皆成土著,身住屯
> 所,业落苗寨。视彼邻省邻府客民,跋涉相依,尤为捷便。况
> 苗民家道既裕,又晓文义,族类蕃多,同气相助,间有力薄弃产
> 之户,不待客民计议筹画,合寨有力苗民已将田土垄断而得,
> 纵有可图之产,又为府县两属之土著,平日眈眈于侧者捷足先
> 登。客民始计未尝不借径于贸易、手艺窥伺苗产,及至身入苗
> 寨,已则势孤,竟无从得土田,故苗寨客民虽多于他地,而客民
> 当买田土则又寥寥者也。[①]

罗绕典分析了黎平府一带的客民有三种情况:一是在田土、山地资
源较好、交通便利的地方,客民典买苗产是最多的;二是由于改卫
设县,屯田的主体屯军已经转为地方民户,其屯田相应地"民田"

---

①(清)罗绕典:《黔南职方纪略》卷 6《黎平府》,台北成文出版社,1974 年,
第 157—158 页。

化，过去的屯田是政府分拨给各屯所耕种，不允许转移、买卖，现在则允许转移、买卖，并相应地承担租赋，缴纳民粮，但赋税较低，故吸引附近省份、周边地方的客民来此生业；三是在苗汉杂居之地，尽管客民人数较多，但土著势力强大，客民势单力薄，故这些地带客民占有土地极少。第一种情况如古州之朗洞各寨，"悬崖绝壑，地利甚微，非若清江之地接黎平，清水江界乎其中，更有柳霁县丞借地设官之处为下河要区，天柱邛水之客民易于蚕食而入，故清江客民又多于台拱"①。三种情况皆有的，主要分布在清水江流域的"生苗"地界，这些地方客民，"租挖苗人公山之棚户，其棚户土有定址，住有定向，与古州一带棚户相同，大率典买苗产者十居五六"，客民由最初的租佃到大量的购买苗产，超过了苗民一半的土地。与之对比，镇远之抱金、邛水，"棚户迁徙靡常也"。锦屏"幅员狭小，其十二屯今分为内七屯，外五屯，皆聚处一隅"。开泰县（今锦屏县）"则每所少者十屯，多者至三十屯，共设至三百数十屯堡之多，其间苗买客产，客买苗产转辗售卖，未易清厘。开泰县属又有苗光里及天堂、平莶等八洞地，苗光则地近清江，今已汉多苗少，八洞则危峰叠嶂，地僻道远，皆系高坡苗所居，客民无所图利，有产无产两者俱少，仅棚民数十户而已"②。

都匀府之麻哈州（今麻江县）则是另外一种景象，"寨有悉住汉民并亦无典买苗人田土者，亦有悉住苗民亦无田地典卖与汉人者，至于汉苗夹杂之寨，各司多寡不同，而每寨中有产客民较之无产之客民则相倍蓰，统计七司八牌，典买苗产不填丁口客

①（清）罗绕典：《黔南职方纪略》卷6《黎平府》，台北成文出版社，1974年，第173页。
②（清）罗绕典：《黔南职方纪略》卷6《黎平府》，台北成文出版社，1974年，第159—160页。

户共六百七十九户,未典买苗产者二百五十四户,棚户未置苗产者三十八户,三共客民九百七十一户"①。客民典买苗产比例达到70%,麻哈州尽管面积较小,"东西不及二百里,南北袤不及百里",但土司却有7个,管辖苗汉210个寨②。这些说明,在土客杂居之处客民购置土地已成为普遍现象。客民热衷于购置苗产,主要在于苗民土地一般不需要缴纳田赋。即使清政府想将他们所占有土地纳入赋役之中,但有些客民为了减少赋役负担,以各种手段规避,如以会馆的名义购置大量苗产③。这就是为什么"生苗"地界的土地更受客民青睐,罗绕典感慨道:"客民典买苗产无粮者多,有粮者少所由来也。"④此外,一些屯户也加入典买苗产的行列。如松桃厅,"客民之贸易营生及耕种度日之户,有附居苗寨者,亦有即于汛堡中间,相离咫尺,自盖房屋居住者。客民典买苗产既多,而营兵典买苗产者亦复不少"⑤。

无论是农业垦殖,还是经商,抑或是做苦力之人,获得土地是他们最大的梦想。以威宁的客民为例,威宁聚集有十余万客民,他们能够获得较多报酬,但只要有机会和资金,就会购置土地。罗绕典描述威宁州的客民时写道:"滇省昭东各厂运铜,陆道解至泸州,

① (清)罗绕典:《黔南职方纪略》卷5《都匀府》,台北成文出版社,1974年,第139页。
② (清)罗绕典:《黔南职方纪略》卷5《都匀府》,台北成文出版社,1974年,第137—138页。
③ (清)罗绕典:《黔南职方纪略》卷6《镇远府》,台北成文出版社,1974年,第196页。
④ (清)罗绕典:《黔南职方纪略》卷6《镇远府》,台北成文出版社,1974年,第196页。
⑤ (清)罗绕典:《黔南职方纪略》卷6《松桃直隶厅》,台北成文出版社,1974年,第196页。

必由州境,人夫背负,牛马装驮,终岁络绎于途。兼之州属所产黑白铅厂林立,砂丁炉户悉系客民,虽其地尽属夷疆,而客民之落业其间,因而置产者不少。"①《郎岱县访稿》特意把私有土地分为"苗田、夷田、汉民田、土目田、山地、园地"②六类,其中对"汉民田"解释道:"外来人既至厅属为住民矣,亦多购田置地以为恒业,凡业之所得者,厅人悉以汉民田称之,谓与他种有别也,始于混合杂居而优胜之观念渐盛。"③这反映出客民所买卖的土地成了地方社会的一种形态,所以,特意区分出来这些田地的所有者身份。

客民的众多,引起了政府的高度重视。光绪二年(1876),水城厅专门对客民进行户籍调查,"水城汉夷杂处,遵照章程,止清客户,不清夷户,恐夷民猜疑惊惧也"④。具体统计如下:

> 府志水城清册七千六百五十一户,新增五百五十户,共八千二百零一户,男妇大小二万九千九百零六口,此道光十六年以前编籍也。咸丰十年详核造册共一十五万六千二百零八户,男妇大小三十一万八千六百五十二口。⑤

从以上信息可以看出,道光十六年(1836),客民的总户数为8201,总人口数为29906人,相比道光以前,增加了550户。咸丰十年(1860),客民的总户数156208户,人口318652人,相比道光十六

① (清)罗绕典:《黔南职方纪略》卷3《大定府》,台北成文出版社,1974年,第87页。

② 民国《郎岱县访稿》卷3《经制志》,民国二十五年稿本,第1页。

③ 民国《郎岱县访稿》卷3《经制志》,民国二十五年稿本,第3页。

④ 光绪《水城厅采访册》卷4《食货门》,光绪二年钞本,第1页。

⑤ 光绪《水城厅采访册》卷4《食货门》,光绪二年钞本,第1—2页。

年,户数增长了近 20 倍,人口增长了 10 余倍。在不到三十年的时间内,客民数量激增,掀起了客民购置土地的热潮。

三、高利贷盘剥

清代贵州土地买卖十分频繁,与民间借贷、典当有着密切的关系。贵州的民间借贷往往通过田地、物品作为抵押进行借贷活动,与生产生活息息相关。民间借贷与典当有一个共性,都是具有剥削性质的高利贷行业。贵州客民利用高利贷、典当业相当活跃,而高利贷业、典当业的发展,必然又进一步加速土地的集中。众所周知,人们的财富大部分都集中在农业方面,但农业的收成回报率很低。据汪崇筼对清代徽州土地与商业投资回报率的比较研究,土地的年度投资回报率仅为 6.67%,一般商业投资的年度投资回报率则在 9% 至 18%,交租式与交地式土地典当的年利率,则分别为 25.73% 和 23.49%[①]。

长期以来,苗族对土地、财产的认知不是对自然产品的控制,而是对生产产品的控制。因而,苗族族群的迁徙性大而土地意识相对薄弱,从不与其他族群相冲突,这种自闭的模式在中原文化的冲击下必然导致苗族族群向高山转移[②]。客民正好利用苗族这样的特点占有苗民的田土。在贵州通常有两种高利贷,另一种是屯兵所放,称之"营账";另一种是客民所放,称之"客账"。严如熤对两种高利贷进行了详细介绍:

---

① 汪崇筼:《清代徽州土地与商业投资回报率的比较》,《清史研究》2006 年第 1 期。
② 袁轶峰:《文化与环境:清至民国时期黔西北农业生计模式》,《贵州大学学报》(社会科学版)2008 年第 5 期。

往时苗中尚有客帐、营帐二端,其害亦大。营帐为汛兵所
放,客帐多衡、宝、江右客民住市场者放之。制钱八百为一挂,
月加息钱五,至三月不完,辄归息作本,计周岁,息凡四转,息
过本数倍矣。约苞谷、杂粮熟时折取息钱,或乘其空乏催讨,
将田地折算。又有放新谷、放货谷诸名。放新谷则当青黄不
接之时,计贷钱若干,秋收还谷若干;货谷则赊以布盐什物,计
货若干,秋收还谷若干,借者必令挽富苗作保,贫不能偿,保人
代赔,故苗中有债必完。往往收获甫毕,盘无余粒,此债未清
又欠彼债,盘剥既久,田地罄尽。①

这则材料可以看出,放债者的身份主要是汛兵、客民。不少人从事
高利贷经营,是因为高利贷的经营成本较低,小有资财皆可放贷取
利。在江南等经济发达地区,高利贷的形式有抵押借贷和信用借
贷两种,而贵州高利贷的经营模式介于两者之间,这种模式可分为
两种:一种是放谷,即以田中尚未成熟的农作物为抵押,待收获后,
折算银两偿还;另一种是放货,放贷者以布匹、盐巴、钱谷等实物为
质,借贷者以作物或产品实物加息折还。这两种借贷方式都是用
实物进行贷放,即债务人借来的不是货币而是实物,当生产过程完
成后,以收成的农产品中一部分折本加利,仍以实物偿还。两种放
贷方式通常会请第三方担保人担任信用担保,担保人常会请家底
殷实或威望高或人缘好或有地位的人作为中保,由其负担代偿责
任。严如熤指出,有些借贷者会在高利贷盘剥下倾家荡产。

　　以锦屏县加池寨的姜廷德放贷为例。现收集到姜廷德放贷的
契约文书有 19 件,通过对这 19 件文书的梳理,大致可以复原出姜

──────────

① (清)严如熤:《苗防备览》卷 22《杂识》,道光刻本,第 21—22 页。

廷德的放贷情况。姜廷德其家族从江西迁居而来,《姜氏家谱》记载:"原籍江西吉安府太和县人氏,因其叔金和(系明嘉靖庚戌科探花)与严嵩有隙,恐被害,遂于嘉靖末年,始迁湖南之靖州,三世再迁黎平之铜鼓数世。"[①] 此后姜氏大家族析分出众多的房支,姜廷德这一支迁居至加池寨,加池寨隶属于黎平府龙里司,后在民国时改归锦屏县。这一带完全处于屯军的包围之中,在其周围有开泰县属的左所二十五屯、右所二十四屯、中所十四屯、前所十八屯、左所二十屯、铜鼓所六屯、平茶所二十八屯、新化所二十四屯、黎平所三十三屯[②]。由于这样的一个背景,加池寨的姜氏较早就受到屯军的影响。后来姜氏先祖与当地苗族通婚,娶妻生子。土客通婚是当地比较普遍的现象,罗绕典记载:"近年以来,虽间有贸易客民置买田产,落业居住,彼此联为婚媾,相习相安。"[③] 与此同时,屯军的官兵们在苗寨进行"营帐"的高利贷活动,姜廷德深受其影响,也开始了放贷、典当的经营活动。从 19 份文书看,姜廷德的放贷贯穿整个嘉庆朝,最早的一份是在嘉庆四年(1799),最后一份是在道光元年(1821)。22 年时间里进行了 19 次典贷,从最早的一份契约来看:

> 立借字人潘昌文,今因家下要银使用,无从得处,自己请

---

① (清)《姜氏族谱》,转引自杨有赓:《〈姜氏族谱〉反映的明清时期文斗苗族地区经济文化状况》,贵州省民族事务委员会、贵州民族研究所编:《贵州"六山六水"民族调查资料选编·苗族卷》,贵州民族出版社,2008 年,第189 页。
② 光绪《黎平府志》卷 2 上《地理志第二》,光绪十八年刻本,第 110—115 页。
③ (清)罗绕典:《黔南职方纪略》卷 6《镇远府》,台北成文出版社,1974 年,第 178 页。

中,上门问到姜廷德名下,借出纹三两整,其银行利加三相还,不得有误,如有者,将八家之地,栽手杉木一古(股)作当。今幸有凭,立此为照。

凭中　潘同□

笔　潘必达

嘉庆四年五月初二日 ①

从高利贷的利率来看,高利贷业有种种盘剥之法。如短期贷款,按长期计利;扣本出借,按足本计利;借钱按粮食归还本利;本利滚算,过期加利 ②。明代政府的规定是:"凡私放钱债及典当财物,每月取利并不得过三分。年月虽多,不过一本一利。"③ 清代借贷利息也是"月息三分"。"月息三分"是一个什么样水平? 晁中辰认为,经过康熙后期和雍正帝的整顿,雍乾年间呈现出利率较为平稳的状态。这时,借贷利率既有高于"月息三分"者,也有低于"月息三分"者,大体在"月息三分"上下徘徊,一般的公开借贷都以"月息三分"为准。在和平年代,这种 36% 的年息应算是很高了 ④。从姜廷德 22 年的放贷利息看,只有一份是以四分利,其余都是三分利,这样的利率水平普遍还是高于中东部地区。从契字中可以看到,借银者通常是以物,包括田土、林地、林木、粮食、猪等作抵押。如

---

① 张应强、王宗勋主编:《清水江文书》(第 1 辑第 1 册),广西师范大学出版社,2007 年,第 303 页。

② 方行:《清代前期农村的高利贷资本》,《清史研究》1994 年第 3 期。

③《明律》卷 9《户律六》,转引自方行:《清代前期农村的高利贷资本》,《清史研究》1994 年第 3 期。

④ 晁中辰:《清代有"康乾盛世",为何没有近代工业——以清前期高利贷为研究中心》,《社会科学辑刊》2010 年第 4 期。

潘同□以猪作当向姜廷德借银二两：

> 立借约人潘同□，今因要银使用，无从得处，自己上门问
> 到姜廷德名下，出银二两正，共银加四行利，不得误，如有者将
> 猪作当。今人不古，借约存照。
>
> 凭中笔 潘必达
> 嘉庆八年正月二十二日 立 ①

特别是道光以后，以田土作抵押的契约文书普遍多了起来。如道
光元年同在加池寨的高利贷者姜世宽的一份借贷契约，明确以田
土抵押：

> 立借当字人本寨姜开礼，为因家中缺少银用，自己借到姜
> 世宽名下，借过本银三两五钱整，亲手收回，照月加三行利，自
> 愿把党羊大田一丘作当，不拘远近相还。今恐无凭，立此当字
> 是实。
>
> 姜世黄 笔
> 道光元年三月十七日 ②

现将姜廷德的 19 份契约文书简化制成表格（表 4.6）。

---

① 张应强、王宗勋主编：《清水江文书》（第 1 辑第 1 册），广西师范大学出版
 社，2007 年，第 312 页。
② 张应强、王宗勋主编：《清水江文书》（第 1 辑第 1 册），广西师范大学出版
 社，2007 年，第 342 页。

表4.6　嘉庆年间姜廷德放贷情况

序号	借贷者	借贷银两	抵押物	交易时间
1	潘昌文	三两	杉木一股作当	嘉庆四年五月初二日
2	潘必朝	十两	谷六十勺九秤还	嘉庆七年四月初七日
3	潘登万	二两一钱	二石一斗还	嘉庆七年四月初九日
4	潘盛文	一两四钱	猪一头作当	嘉庆七年五月初十日
5	陆廷交	一两五钱	猪一头作当	嘉庆七年七月初五日
6	潘同□	一两四钱	无抵押	嘉庆七年十二月二十一日
7	潘同□	二两	猪作当	嘉庆八年正月二十二日
8	莫文远	十九两一钱	田六丘作当	嘉庆八年五月二十五日
9	潘必达	十九两四钱	无抵押	嘉庆八年十二月初十日
10	张和位	五两	收获粮食偿还	嘉庆十年十二月十八日
11	杨恒凤	三两四钱	猪二头作当	嘉庆十二年六月初四日
12	杨恒玉	三两三钱	无抵押	嘉庆十二年八月十五日
13	杨长福	七两	无抵押	嘉庆十九年二月十六日
14	杨□才	二两二钱	无抵押	嘉庆十九年三月十七日
15	姜东保	二两五钱	无抵押	嘉庆二十二年二月十二日
16	范文显	三两三钱	杉木一股作当	嘉庆二十二年十二月二十六日
17	龙腾贵	二两三钱	无抵押	嘉庆二十四年五月初四日
18	马宗荣 马宗和	四两	猪作当	嘉庆二十四年六月二十九日
19	□□□	十六两五钱	□□□	嘉庆二十五年八月初四日

资料来源：张应强、王宗勋主编：《清水江文书》（第1辑第1册），广西师范大学出版社，2007年，第307—339页。

姜廷德22年共贷出了109.4两，最大的一笔贷出了19.4两，最小的一笔1.4两。从放贷频率来看，嘉庆七年、八年最为活跃，共有8笔；从借贷人的地域来看，主要是本寨人，有14笔，其余5笔是村寨之外的人，其中有2笔借贷人为开泰县的中仰寨和格翁寨。中仰寨在城北 130 里,开泰县的格翁寨,在城北 140 里,与黎平府龙里司的加池寨相隔三四十里路远 [①]。可见,姜廷德的放贷业务已经超出府县;借贷者的身份也是复杂的,既有外姓、无血缘关系的人,也有与他有血缘关系的亲戚,如借贷者杨长福,称姜廷德为二舅。从上述的分析中可以看出姜廷德应该是有一定经济实力、专门从事高利贷业的人。当然,放贷者也会有一定风险,并非所有放贷都能成功回收。姜廷德的 19 份借贷契约中有一份嘉庆七年贷给中仰寨陆廷交的契约,就是一笔失败的放贷。姜廷德在该契约后写有"嘉庆九年成未收利成、嘉庆十一年半欠未收、嘉庆十二年□一年未收、嘉庆十三年未收、十四年未收" [②] 字样。从当初的嘉庆七年七月初五放贷出去,按契约本应在同年十月初十收回,但直至嘉庆十四年,七年的时间里未收回放贷。在姜廷德的放贷生涯里,这种情况还是十分少见的。总的来说,姜廷德的高利贷获利还是很可观的,否则无法持续下去。

很显然,姜廷德之所以能有如此持续的放贷能力,是因为他土地经营获利并积累了比较雄厚的资本,同时,又将高利贷所获利润再投资土地买卖,形成一种良性循环。以姜廷德的一张嘉庆十三年(1808)的买田合同为例:

> 立断卖田约人岩湾寨范绍恒,为因无银用度,自愿将到布新田一丘,出卖与加池寨姜廷德名下承买为业,当面议价银柒拾伍两整,亲手领回其田。其田自卖之后,日后不得异言,倘

---

① 光绪《黎平府志》卷 2 上《地理志第二》,光绪十八年刻本,第 106—115 页。
② 张应强、王宗勋主编:《清水江文书》(第 1 辑第 1 册),广西师范大学出版社,2007 年,第 310 页。

有异言,俱在卖主理落,不与买何干,口说无凭,立断约为据。

代笔 范绍良
凭中 范映彩
嘉庆十三年二月初九日 立 ①

由于贵州山多田少,水田极为珍贵,土地交易的价格也比较高,通常不到万不得已,不会轻易变卖。从契约可以看出范绍恒确实穷困潦倒,只得将其田卖与姜廷德,此次交易姜廷德花费 75 两购买到范绍恒的田地。同年,姜廷德还在岩湾寨又购买了一块田地:

> 立卖田约人岩湾寨范继尧、绍粹兄弟二人,为因要银无出,自愿将到本名田一丘,地名坐落补生冲头,在廷干田之下,请中出卖与加池寨姜廷德承买为业,当日凭中议定价银四十五两整,亲手收回应用。其田自卖之后,恁从买主耕种管业,卖主不得异言,倘有寻情,立此卖约存照。

代笔 范宗尧
凭中 范述尧、范映彩
嘉庆十三年十月初四日 立 ②

这一次,姜廷德又花费 45 两购买了岩湾寨范继尧、范绍粹兄弟的田地一丘。

姜廷德在典当、租佃、买卖山林、池塘等领域都有涉猎。如乾

---

① 张应强、王宗勋主编:《清水江文书》(第 1 辑第 2 册),广西师范大学出版社,2007 年,第 208 页。
② 张应强、王宗勋主编:《清水江文书》(第 1 辑第 2 册),广西师范大学出版社,2007 年,第 209 页。

隆六十年(1795)购买加池河塘的契约:

　　立卖清河塘约人本寨众上人等,因为红苗作反,老爷派我寨火绳八盘,众人无出处,众上自愿将河边地名叫做顽列,出卖与亦本寨姜廷德名下承买为业,当日议定价银四钱整,银契两交,不欠分厘。自今以后,任凭廷德下塘毒鱼管业,而寨内人等不得异言,争论寨塘之事。今欲有凭,立此卖字存照。

中人 姜文德、姜文献

乾隆六十年四月十二日 书

　　外批:此塘上以假陋而下,以顽列而上,皆归廷德名下承

买是实。①

如嘉庆二十三年(1818)购买山林的契约:

　　立断卖杉木约人天柱县杨昭贵,为因家下缺少银用,无处所出,自愿将得栽迫南皆也大与乌什溪边二处之木分为五股,地主占三股,昭贵栽手占一股,出卖与姜廷德名下承买为业。当三面二处议定价银六两正,亲手领回应用。其银自卖之后,应从买主上山管业,卖主兄弟不得异言。今恐无凭,立此断卖一纸为据。

外批:言定卖主修理四年。

凭中 孙松友代笔

嘉庆二十三年二月二十七日 立②

---

① 锦屏县地方县志编纂委员会编:《锦屏县志(1991—2009)》(下册),方志出版社,2011年,第1274页。

② 张应强、王宗勋主编:《清水江文书》(第1辑第3册),广西师范大学出版社,2007年,第327页。

该契约有点复杂,在订立买卖契约前还涉及原卖主的租佃合同关系,此外,契约后写有"外批言定卖主修理四年"字样,反映了贵州林地买卖的特殊性。由于卖主与栽手有租佃关系,意味着林地的所有权分为"林底"和"林面"两项权利。《清水江文书》中会特别强调买卖是买卖"林底"还是"林面"的所有权,还是两者都出让。从这份契约当中可以看出,姜廷德用了六两银购买了佃户杨昭贵的"林面"的所有权,即林地上栽的所有林木。

此外,客民还通过贸易、包揽词讼等手法占有苗民土地。通常贸易手法是在各集镇开设酒店、豆腐店、杂货店等。苗民虽能酿制酒,但不如客民所烤的烧酒酒精度高、味浓烈。苗民虽种食大豆,但不懂得用豆制成豆腐,客民将豆磨为浆,再拌以酸汤煮成豆腐。苗民的日常用品更是需要从客民杂货店中交易而来。苗民起初用农副产品向店主换取酒、豆腐和日用品等,无物换取者,店主则主动以酒、豆腐、日用品等赊给使用。日积月累,赊欠越多,无力偿还,最后只得以田产抵赔。苗人对此行为深为痛切。清人黄钧宰记载道:

> 每岁青黄不接,向汉民借谷一石,一月之内偿至二三石不等。甚至一酒一肉,重利朘削,积日既久,竟以百十余金田产抵偿。①

由于高利贷的猖獗,特别是进入"生苗"地界的客民与屯兵,对苗民的重利盘剥和巧取豪夺,造成苗民大量丧失土地。铜仁府"查汉民之黠者,多来自江右,抱布贸丝,游历苗寨,始则贷其赢余而厚取其

---

① (清)黄钧宰:《金壶七墨》卷5《苗寨》,同治十二年刊本,第13页。

息,继则准折其土地、庐舍以为值"①。《瓮安县志》记载了黄平州客民放贷的情况。黄平州东北境接近苗疆,所辖苗寨有数十百处,"平时多有商贾贸易其中,因而住居营什一之利者,久之,反客为主,即虐使苗民,该苗民等又时出与汉人往来,窘迫称贷,汉人则重利盘剥,干没田产,有事到官,官辄左袒汉民,益助其虐,坐是苗民穷困日甚,亦怨毒日深"②。贺长龄详细分析了苗民受客民高利贷盘剥的缘由:

> 黔不产盐布匹,又贵类,皆挹注于他省。苗民错居岩洞,所饶者杂粮、材木耳,非得客民与之交易,则盐布无所资,即杂粮材木亦无由错售,分余利以供日用,是客民未尝不有益于苗,且苗民务耕作而不知贸易,客民耐劳而俭用,多就谷贱之地以为家,是亦未尝不两有益。若谓纷华靡丽,皆由客民导之,以至穷乏,则汉人中悉称富户,今为贫民者正复不少,又将谁咎?盈虚消息,物理之常,即无客民固不能保苗民之常富也。访闻黎平之苗率多富,实固资山木之利,亦由善自经营,岂无客民往来,何以不能盘剥,然则苗民贫富之无常,犹之汉人耳。③

贺长龄认为,由于贵州经济落后,盐、布匹等生活资料完全需要通过外省输入,客民正好承担了这个媒介的作用,而苗民由于没有多余的金钱与之交易,只有用田土、杂粮、林木等物产、不动产进行抵押。苗民经济越落伍的地区,客民较多,客民在此获利甚厚。因此,在贺长龄看来,客民是苗民社会的不可或缺之人。贺长龄的分

---

① (清)爱必达:《黔南识略》卷19《铜仁府》,道光二十七年刻本,第7页。
② 民国《瓮安县志》卷3《纪年下》,民国四年贵阳文通书局铅印本,第11页。
③ 道光《大定府志》卷51《外篇一》,道光二十九年刻本,第17—18页。

析确有一定道理,但他没有认清客民的盘剥所带来的负面影响,即田地易手,苗民世世代代辛勤开垦出来的耕地,落入客民之手,令苗民的生活陷入了贫困状态。苗民失去土地所有权后,有些徭役却仍然保留。"苗产既归汉民,而采买差徭,仍出原户,秋冬催比之际,有自掘祖坟银饰,变价缴官者,良苗至食草实树根。终岁无粟米入口,斯亦仁人君子,所不忍闻也"①。都匀一带,"幅员宽阔,苗民固多,汉民亦复不少,其寨落有悉住苗民者,并有悉住汉民者,虽其地群峰叠嶂,跬步皆山,然而溪流萦绕,水泉汩汩,每多膏腴之田,客民之贸易流寓其间,易于托足焉"②。客民穿梭于苗民聚居之地,进行商品贸易、借贷等活动,借机以不平等贸易手段获取田地。严如熤感叹:"贵州一省则苗人十居六七,承平日久,地略膏腴多为汉人诱买,生齿日繁,生计日艰,懦者佣作民间以图口食,黠者亦间有坐草行劫之习。"③清人赵翼在《檐曝杂记》一书中描述客民盘剥苗民土地所带来的社会变化:

　　　黔、粤土司地苗、猓、瑶、僮之类,前朝叛乱无宁岁,非必法令不善,实其势盛也。黔东为罗施鬼国,率苗人所居。黔西为罗甸鬼国,率猓人所居。客民侨其间,不及十之一二,故无以钤制,而易于跳梁。然客民多黠,在其地贸易,稍以子母钱质其产蚕食之,久之,膏腴地皆为所占。苗、猓渐移入深山,而凡附城郭、通驿路之处,变为客民世业,今皆成土著,故民势盛而

①(清)黄钧宰:《金壶七墨》卷5《苗寨》,同治十二年刊本,第13页。
②(清)罗绕典:《黔南职方纪略》卷5《都匀府》,台北成文出版社,1974年,第127页。
③(清)严如熤:《苗防备览》卷22《杂识》,道光刻本,第9页。

苗、猓势弱,不复敢蠢动云。①

综上所述,客民源源不断地来到贵州,田地垦殖达到了极限,地少人多的矛盾越来越尖锐,土地兼并愈演愈烈。官府敲骨吸髓式的压榨,客民、屯军官兵、地主等的高利贷盘剥、典当业的欺诈,苗民田土为客民、流民所窥视、巧取和侵占,大量自耕农破产沦为佃农或流民,田地的租佃关系也发生了较大变化,苗民土地等生存资料的丧失使民生生计更加艰难,产生了不少诸如土客冲突等社会问题。

第二节　租佃关系的变动

一、租佃制的发展

随着清王朝权力深入和大量客民移居贵州,贵州的租佃关系有了长足发展。原土司政区和卫所辖区,也普遍实行租佃制,只是这种租佃制很明显带有地方特色。如兴义一带,改土归流之前,"苗民在昔为土目之佃人,亦即土兵也,分地而耕,纳租于主者是为公田,其余众苗通力合作,土目按亩收利者则属私田"②。所谓"公田",是指分配给粮庄百姓耕种的田,事实上是原先村社的"份地",但因收归土司后而成亭目领地,故种田人必须纳粮,这就是所谓"分地而耕,纳租于主";而"私田"是指土司、土目所占的土地,由土民合力为之代耕,将其收入交给田主,这就是所谓"众苗通力合作,土目按亩收

---

① (清)赵翼:《檐曝杂记》卷4《黔粤人民》,中华书局,1982年,第68页。
② 乾隆《南笼府志》卷2《地理志·苗类》,乾隆二十九年稿本。

利者"①。改土归流之后,兴义一带的租佃关系开始发生改变:

> 改土以来,土司裁汰,公田悉入粮册,遂为粮田,而私田仍
> 归于寨头马目等,以为口食之资。苗民耕种私田粮田,输纳而
> 外,出谷以供头人,是主田之名犹有存也。近年土目头人日益
> 贫困,将私田粮田展转售卖于汉人,以致业易数主,于是刁狡
> 苗民,纷纷讦告,不认主佃之名。汉人之加租逐佃者,固有其
> 人,顽苗之藉图霸产者,亦复不少。不特兴义府属为然,即上
> 游各郡比比皆是。此府属永怀二里之情形也。②

改土归流以来,土司的"公田"开始纳入国家的田赋之中,仅保留
"私田",土司的"私田"也开始租售于客民,通常租佃会多次易手,
这样就造成了租佃的矛盾和斗争。

兴义府的安仁里,"屯地原设于苗人巢穴之内,诚以地方之田
土有限,苗民之户口殷繁,既将苗地安插屯民,不得不仍令苗民耕
种屯地,其羁縻控驭之初,法至善也。迨后历年久远,屯民日渐滋
生,族党亲故,援引依附而来"③。嘉庆二年,"南笼起事"之后,土著
民日益减少,而客民日益增加。客民与苗民在租佃上存在竞争关
系,土客之间围绕租佃纠纷不断:

---

① 袁轶峰:《反客为主:清代黔西南民族区域的客民研究》,华中师范大学博士
　　学位论文,2013年,第41页。
② (清)罗绕典:《黔南职方纪略》卷2《兴义府》,台北成文出版社,1974年,
　　第52—53页。
③ (清)罗绕典:《黔南职方纪略》卷2《兴义府》,台北成文出版社,1974年,
　　第50页。

　　汉苗各佃同住一庄,情性本相水火,庄主远居城市,耳目所不能周。苗佃汉佃彼此纠争,讦讼不休,互助角力,或酿成巨案。庄主不必加租逐佃,即此因案拖累,已不可胜言,此则安仁旧屯地之情形也。①

从兴义的租佃关系变化可以看出,在土司土目辖区,过去实行的是封建领主制,部分存在租佃制,改土归流后,封建领主制开始解体,逐渐被租佃制所取代。在实行屯田的地区,一般为客民占有土地,苗民佃耕,完纳租赋。自改土归流以来,贵州大量田地、山林已经私有,土地买卖十分频繁,租佃关系也相当普遍。无论是原土司政区还是卫所政区,租佃制全面推行,土客之间的租佃关系发生了变化,这种变动也带来了地方社会的变动。

　　黔东南的清水江流域,由于木材贸易的兴盛,山地林场的买卖和租佃十分频繁。《贵州苗族林业契约文书汇编(1736—1950年)》辑录了最早的一份租佃契约文书,订立于乾隆四十五年(1780)正月二十九日。该契云:

　　立佃种山场合同人稿样寨龙文魁、龙文明,邦寨吴光才、吴光岳、吴光模、吴启白,蔡溪寨李富林、忠林三寨人等,亲自问到文斗下房姜兴周、永凤、姜文勷,得买乌养山一所、乌书山一所。今龙、吴、李三姓投山种地,以后栽杉修理长大发卖,乌书山二股平分;乌养山四六股分,栽手占四股,地主占六股;乌书山栽手占一股,地主占一股。其山有老木,各归地主,不得

━━━━━━━━━━
① (清)罗绕典:《黔南职方纪略》卷2《兴义府》,台北成文出版社,1974年,第51—52页。

霸占。今恐无凭,立此投佃字存照。

凭中 姜梦熊 姜安海

凭中代书 曹聚周

佃种人 龙文魁、吴光才、李富林

乾隆四十五年正月二十九日 立 ①

　　清水江流域的山地林场的租佃关系具有一定的特殊性,通常分两步确定租佃关系。第一步签订租佃契约,佃户取得了在指定的山上栽杉种粟的权利,当即开始人工造林,林粮间作,待五年幼林郁闭,进入管理阶段;第二步订立佃种合同,其主要内容是确定租佃的分成关系。从上述合同的内容来看,具有两个特点,其一,两种不同的主佃分成比例,即平分和四六分,分成比例可以由主佃双方商定;其二,佃户一方为稿样寨、邦寨和蔡溪寨的龙、吴、李三姓八户联合承租,地主一方姜姓三家,山地为乌养、乌书二山。这显然是一种个体农户间的联合造林模式,这种模式主要是因为林木的采伐极少零星进行,多是成片,甚至是一座山、一个岭地砍伐,个体或少数人单枪匹马的造林是很难实现的。这份租佃合约可以说明清水江流域的租佃关系已比较成熟,合约有主佃的分成比例,当然,由于林地与田地不同,林木的管理需要更多的人力、物力和财力,在清水江流域一带,这类共同租佃现象比较常见。

　　清代中期以后,随着木材贸易的发展繁荣,人工造林成为最重要的林业生产方式,山场租佃成了最常见的林业土地经营方式。

---

① 唐立、杨有赓、武内房司主编:《贵州苗族林业契约文书汇编(1736—1950年)》(第2卷史料编),东京外国语大学出版社,2002年,C—0001。

清水江流域人工造林的历史，由来已久。《黔南识略》对于人造杉林的情况，有翔实记载：

> 山多戴土，树宜杉，土人云：种杉之地，必豫种麦及包谷一二年，以松土性，欲其易植也。杉阅十五、六年，始有子，择其枝叶向上者，撷其子，乃为良，裂口坠地者弃之，择木以慎其选也。春至，则先粪土，覆以乱草，既干而后焚之，然后撒子于土面，护以杉枝，厚其气以御其芽也。秧初出，谓之杉秧，既出而覆移之，分行列界，相距以尺，沃之以土膏，欲其茂也。稍壮，见有拳曲者，则去之，补以他栽，欲其亭亭而上达也。树三五年即成林，二十年便供斧柯矣。①

佃山造林者多为少地或无地农民，但也有一些佃户同时是山主。这其中存在着较复杂的山主、佃户、栽手之间的关系。《锦屏县志》对锦屏县的租佃契约文书调查中发现：

> 不同的时期，不同的地区，不同的主佃之间，分成比例也不尽相同。在清水江沿岸村寨，嘉庆以前，主佃分成的比例一般是两下均分。嘉庆之后，主佃的分成比例则多变为主三佃二或主二佃一，此比例一直维持到民国后期。除栽种山林的自然条件外，主佃分成的比例多取决于双方的关系亲疏，若佃户与山主是亲友，或是山主急于招佃进山栽种，那么佃户所占比例就相对较高。反之亦然。在一般的契约文书中，佃户最大的分成比例是与主家对半平分，而最少的分成则是只获得

---

① (清)爱必达：《黔南识略》卷21《黎平府》，道光二十七年刻本，第8—9页。

林间所种杂粮,所栽杉木全归主家。而在今侗族聚居的小江、
魁胆、瑶白等地收集到的契约中,主佃之间的分成比例多为主
四佃六,只有少数是主佃平分,主多佃少的情况尚未发现,表
现出与沿江苗族村寨不同的特点。①

可以说,除了少数侗寨的租佃分成比例是主少佃多之外,绝大部分
地区租佃分成比例是主多佃少。分成比例的差异,有时跟地主提
供生产资本的种类或佃户所施劳力的多寡有关。若地主提供佃户
住房、种子、劳动工具,则佃户所分比例就下降。

　　清代贵州的分成租盛行,且主要以主多佃少的实物地租为主,
可以从两个"碎片化"进行分析:第一,耕地的碎片化。一方面,
耕地随着客民人口数量的不断增加而不断开发,开发出来的田土
散点式分布。另一方面,由于可耕地有限,使得每户所能拥有的耕
地数,不仅不足以供一家生活之需,甚至有逐渐减少的趋势,故每
家每户耕地零碎且不足,需要向不同地主租佃田土生活。第二,
土地买卖的碎片化。就贵州整体而言,大地主不算多,多为中小
地主,许多中小地主的田产通常是长年累月积累而来,平均每年
能买进田土不足一亩。前述大地主刘文举能一次性购置一亩以上
极少。由于土地买卖的零碎,导致其拥有的土地碎片化分布,不能
集中连片,因此,也不可能以较大面积租给佃户。在以上情形之
下,一个佃户必须向多个地主租佃才能维持生活,这样就出现一个
佃户可能要面对多个地主,一个地主可能要面对多个佃户的普遍
现象。

---

① 锦屏县地方县志编纂委员会编:《锦屏县志(1991—2009)》(下册),方志
　 出版社,2011年,第1275—1276页。

　　相对来说,租佃的租额采取实物性分成租则简单易行。特别对于清水江流域的林地而言,林地上的林木或竹木很少受气候的影响,地主主要提供林地、苗木,佃户主要提供劳力即可,因此,主佃平分、主三佃二成为这一带的通行租额比例。下面一份是嘉庆八年(1803)的契约文书,反映了一个佃户向多个地主租佃的情况。该合同非常清晰地说明了一个佃户先向八位地主进行佃种栽林,后又出卖其所栽林木给八位地主的情况:

　　　　立断卖杉木字人刘明秀,先年得佃加池寨八主山土名乌漫溪山场一所,种地栽杉,其木分为式股,主家占一股,栽手占一股。今家中缺少费用,无出,自愿将屋对门一块再(栽)木四千二百根,上凭田,下凭老木,左凭田冲,右凭干沟,四至分明,将栽手一股出卖与八主姜佐兴、仕周、宗周、草周、廷周、德相、朝正、廷德名下承买为业,当日议定价银二十二两整,亲手受回应用,其木种地不得朽坏、休(修)补成林,不得推躲。自卖之后,恁从买主管业,卖主弟兄人等不得异言,恐后无凭,立此断约一纸,永远为据。

　　　　　　　　　　　　　　　凭中　姜文玉、潘碧达
　　　　　　　　　　　嘉庆八年三月初十日亲笔立 ①

从以上内容可以读出,乌漫溪山场由八位地主共有,佃户刘明秀为了能将山地连在一起进行佃种栽林,当初与加池寨的八位地主签订了一份合同,可以在租佃山地里进行耕种,租额是其所栽的林木

---

① 张应强、王宗勋主编:《清水江文书》(第1辑第5册),广西师范大学出版社,2007年,第328页。

与地主平分。后由于家庭困难,只得以银22两的价格将成林的4200根杉木,也就是自己的一股卖给八位地主,并保证这几千根杉木完好没有损坏。

由于贵州佃户谋生不易,地主土地的占有"碎片化",地主需向多个佃户出租才能获得较好的收益,与之相应地,佃户需向多个地主承佃土地才能维持基本生活,这也是贵州,尤其是清水江流域土地租佃关系异常发展的原因。

这一特点,从杨有赓和相原佳之对贵州苗族林业契约文书的整体统计,可进一步得到证实。杨有赓对219块租佃山林契约的统计,主佃按1:1比例分成有55例,占总契约数的25.11%;按3:2比例分成有148例,占总契约数的67.58%。相原佳之对161份1770年至1914年的林业契约文书中山主与栽手的租佃分成比例进行了统计,从统计的结果看,主佃按1:1比例分成有26例,占总契约数的16.1%;按3:2比例分成有129例,占总契约数的80.1%[①]。

为了能将碎片化的田土尽量归拢在一起、方便耕种,清水江流域出现很多换田的契约文书。我们选取其中一份契约文书来看:

> 立换田字人岩湾寨范本宽,为因先年得换雷大志之田,大小三丘,土名乌晚,自愿换与李正伦名下,二比俱各得以移远就近,便于工,资所有沟水取土缺口等项,俱照老契料理管业,界址契约为凭,今以兑换,李姓子孙永远管业,范姓日后不得

---

① 分别参见杨有赓:《清代清水江林区林业租佃关系概述》,《贵州文史丛刊》1990年第2期。〔日〕相原佳之:《清代中国、贵州省清水江流域林业经营の一侧面》,唐立、杨有赓、武内房司:《贵州苗族林业契约文书汇编(1736—1950年)》(第3卷研究编),东京外国语大学出版社,2003年,第135页。

异言,今欲有凭,立此换田字为据。

凭中　范本清、(范)锡荣

范绍传　笔

咸丰四年八月二十一日　立 ①

岩湾寨范本宽为了集中耕作,将丘田与李正伦进行交换,有些甚至经过多次换田协议才得以实现,所换丘田前已与雷大志有过一次交易,频频换田说明清水江流域土地所有者的土地碎片化问题。

建立山林租佃关系过程中需先订佃约后订合同,嘉庆三年(1798)湖南黔阳县栽手周万镒向文斗地主姜朝瑾佃栽杉木的契约上,就载明了两个步骤:

> 立佃栽杉木字人勤(黔)阳县周万镒、周顺镒兄弟二人,自己亲身问到下文堵寨姜朝瑾兄弟五人之祖山,坐落土名乌格溪。其山下节,杉木成林,主家自己修理,周姓不得系分。其有上节,佃与周姓栽杉,言定五股均分,残木在内,主家占三股,周姓占二股。候四五年杉木成林,另分合同。如有不栽杉木修理,周姓无分。今欲有凭,立佃帖是实。

代笔　龙光地

嘉庆三年二月二十四日　立 ②

湖南省黔阳县的农民跑到清水江流域来栽杉谋生,至少说明了清

---

① 张应强、王宗勋主编:《清水江文书》(第1辑第13册),广西师范大学出版社,2007年,第280页。

② 唐立、杨有赓、武内房司:《贵州苗族林业契约文书汇编(1736—1950年)》(第2卷史料编),东京外国语大学出版社,2002年,C—0007。

水江流域以木材为主的商品经济开始冲破自然经济的壁垒,促进了地区间和民族间的经济、文化交流,这是社会发展进程中的进步现象。但是外地人到清水江流域造林,双方所订立的租佃合同明显比地主与本地佃农的租佃条款更为苛刻。对外省佃农在林木分成比例上悬殊,苛待尤劣。嘉庆二十五年(1820)天柱县佃客孙松友向地主姜廷德订立的租佃契约,就突出地表明了这一点:

> 立佃字人天柱县孙松友,为因问到加池寨姜廷德山场一块,坐落地名尾包山,其杉木分为五股,地主占四股,栽手占一股,其限杉木五年成林,何有不成,栽手并无异言,今兹有凭,立此佃字为据。
>
> 孙松友 亲笔
>
> 嘉庆二十五年六月十二日 字 ①

清水江流域的地主与佃客的分成比例大多以平分、主三佃二为主,但在这份租佃合同中,地主占四股,栽手只占一股。对外省外地佃客的苛刻并非个案,如嘉庆二十四年(1819)湖南行溪县人杨盈安父子向地主姜朝瑾订立的分树合同:

> 立分合同字人行溪县杨盈安父子,为因先年佃到文斗下寨姜朝瑾、朝甲,朝瑾兄弟山场一块,土名干十,其山界至,上凭路,下凭朝奇,左凭助周,右凭朝佐,四至分明。当日议定五股平分,地主占四股,栽手占一股。至今杉木长大成林,我兄弟与杨盈安父子二家,凭寨老、客长分合同,日后砍伐下河,照

---

① 张应强、王宗勋主编:《清水江文书》(第 1 辑第 3 册),广西师范大学出版社,2007 年,第 173 页。

合同股数均分,不得错乱。自分之后,杨姓要逐年修理,若不
修理,栽手无分。今欲有凭,立此合同,各执一纸,永远为据。

凭中 高贵茂 姜廷扬

姜绍魁 姜廷智

代笔 李正称

嘉庆二十四年二月三十日 立 [①]

湖南的杨氏父子来到文斗寨租佃,尽管条件苛刻,但佃客不得不接
受这样的苛刻条件,为了能获得一家的生存。由于林木生长周期较
长,一般都在二十年以上,佃客最终将 80% 的林木交归地主,自己
只获取 20% 的林木分成。在这二十余年间,佃客只有通过林粮间
作的模式,谋取口粮,由此可知其沉重的剥削与压迫。除此之外,地
主在订立租佃合同时还要求以财产做抵押,如湖南省岑杨(黔阳)县
蒋玉山、景春弟兄二人向姜朝瑾、朝理弟兄租佃山林,姜朝瑾、姜朝
理弟兄要求蒋氏兄弟"自愿将先年佃栽姜光前污救略之山栽手作
抵。倘有不成,恁凭朝瑾弟兄仰当管业"。在契约的末尾特别标注
"特立佃当字为据" [②]。这里出现了特殊的"佃当字",很明显有别于
其他佃契。佃客需要抵押财产才能进一步租佃,一般佃客也是以山
林的股份抵押给山主。地主对佃客附加的苛刻条件,意在防止其只
种粟自食而废造林,更防止其造林不成,逃逸他乡,无从追究责任。

　　田地的租佃关系也同样剥削较重,试选录一张立于道光八年
(1828)的租田契约于下:

① 唐立、杨有赓、武内房司:《贵州苗族林业契约文书汇编(1736—1950 年)》
(第 2 卷史料编),东京外国语大学出版社,2002 年,C—0028。

② 唐立、杨有赓、武内房司:《贵州苗族林业契约文书汇编(1736—1950 年)》
(第 2 卷史料编),东京外国语大学出版社,2002 年,C—0023。

　　　立佃种田字人家池姜世谟、世元、世杰兄弟三人,佃种到
姚玉坤老爷名下田土名格料大田一丘、冉腊一丘,共约谷拾柒
石。言定每年秋收上租谷贰拾贰秤半,每秤六十斤,不得短
少。如有此情,认从银主将田发卖。立此佃字为据。
　　　其谷包送下河。

凭中　塘东　姜学诗

瑶光　姜老安

道光八年十一月二十八日世元亲笔 立 [1]

这份契约写明姜世谟、姜世元、姜世杰兄弟三人租佃的这块田地能
产稻谷十七石,折合稻谷是2295斤。按照合同实行实物分成比
例,需要向地主姚玉坤交纳租谷二十二秤半,每秤六十斤,折合租
谷是1350斤,可见,分成比例为主三佃二。

　　所有的租佃关系最初的动因是为了生存的需要,尤其对于外
省籍客民,初入异乡,无田可种,也无地可垦的背景下,只有向地主
进行租佃,也只有接受地主提出的苛刻条件。这一情况,在一张订
立于道光二十六年(1846)的契约上可以看出:

　　　立佃字人元洲府无俄滩,住居念洞回龙坡姚发贵父子四
人,因无地种,亲身上门来到主家加池姜开让、开义,河边朱达
泉,岩湾范绍明、绍加、绍粹,本璠学恒、本真、乔素、老孔、老
在、老丙、绍恭等有共山一块。土名冉牛右边岭。界限:上凭
兄兜路为界,下凭岩洞,左凭岭直下破小冲为界,右凭冲,四至
分明。种粟栽杉,言定二股均分,地主占壹股,栽手占壹股,限

---

① 锦屏县地方县志编纂委员会编:《锦屏县志(1991—2009)》(下册),方志
出版社,2011年,第1278页。

至六年之内满山俱要成林。另分合约,如不成林,栽手无分,恁从主家另招别客,各安本分,不得客上招客,停留面生歹人,其有山内岭上蓄禁杂木油树竹子,一切等项俱作两股平分。今恐无凭,立此佃字二纸为据。姜开让收一张,范绍学收一张。

凭中　范绍昭

道光二十六年八月初一日范本大笔 立 ①

此契约开始即表明订立的原因是"因无地种",姚发贵父子四人亲自上门佃到冉牛右边岭山林一块,这一地块分属不同村寨的山主所有。订立租佃合同六年成林之后,再签订分成林合同,在这六年,佃客必须造林成功,否则地主将收回或另招佃客,不允许佃客将山林转租他人。佃客,尤其是外省来的佃客,生活十分艰辛。如嘉庆元年的一份合同:

　　　　立讨字人会同县山一里七甲唐如连,今因家务贫寒,盘(搬)移贵州黎坪(平)平鳌寨。问到惟周之山,耕种包谷,岩架斗寸,无去(法)起朋(棚)。惟周同客相求姜兴文兄弟等之山,土名格里党,起朋(棚)住坐。日后客人多事,在与惟周、客人二人一面承当,不与兴文兄弟相干。外有挖种杉木,不要挖根打桍。如有打桍,不许客人挖种。今欲有凭,立出字为据。

凭中　姜化龙、林必富子(执)笔

嘉庆元年四月初三日 立 ②

---

① 张应强、王宗勋主编:《清水江文书》(第1辑第4册),广西师范大学出版社,2007年,第63页。

② 唐立、杨有赓、武内房司:《贵州苗族林业契约文书汇编(1736—1950年)》(第2卷史料编),东京外国语大学出版社,2002年,C—0006。

这里出现了特殊的"立讨字"（"字"即契约），以区别于佃契。来自湖南省会同县的唐如连，由于家境贫寒，移居黎平的鳌寨，向山主姜惟周租佃山林一块，主要种植包谷。从合同中可以看出此山岩石众多，地势凹凸不平，还要租讨隔壁的姜兴文兄弟的山地建房居住。合同中还特意提到"客人"，以及"客人多事"，也反映出清水江流域客民数量庞大。不少合同的"凭中"都需要有客长的担保。

在这些契约中，也有不少主动招佃的文书合同。如嘉庆七年（1802）文斗寨姜映辉、姜老四的《文斗卧拦山场招佃帖》：

> 立招帖字人姜映辉、姜老四，为因有地一块，坐落土名卧拦，其山界至：上凭顶，下凭胞瑾之山，左凭岭，右凭冲，四至分明。此山映辉占一股，老四占贰股，佃与岩寨龙光地种粟栽杉。后木成林，言定贰大股平分。长大另分合同，栽主一股，地主占一股。恐后无凭，立此字据为据。佃帖在老四收。
>
> 　　　　　　　　　　　　　　　　代笔　姜锡补
> 　　　　　　　　　　　　　嘉庆七年四月初八日　立 ①

为了较全面地理解租佃关系的发展特点，我们对《贵州苗族林业契约文书汇编（1736—1950 年）》中的 87 份租佃合同进行分析 ②，通过统计栽手的身份，发现：第一，外寨、外县、外省异姓栽手

---

① 锦屏县地方县志编纂委员会编：《锦屏县志（1991—2009）》（下册），方志出版社，2011 年，第 1277 页。

② 《贵州苗族林业契约文书汇编（1736—1950 年）》将契约文书列为 C 类山林租佃或租佃合同，即 C0001—C0087，这 87 份文书订立时间从乾隆四十五年至宣统二年。参见唐立、杨有庚、武内房司：《贵州苗族林业契约文书汇编（1736—1950 年）》（第 2 卷史料编），东京外国语大学出版社，2002 年。

最多,占总数的 73%。大量的外籍人在清水江流域从事租佃活动,反映了清水江流域地主制经济的发展,吸引了大量的客民涌入清水江流域谋生。第二,按租佃合同签订的时间统计,乾隆年间有 5份,嘉庆年间有 27 份,道光年间有 29 份,咸丰年间有 4 份,同治年间有 3 份,光绪年间有 18 份,宣统年间有 1 份。其中,嘉道年间最多,共 56 份,占租佃合同总数的 64%,这体现出嘉道年间客民大量涌入贵州的历史事实,促进了当地经济的快速发展。咸同年间由于贵州爆发了全省性的苗民起义,贵州经济大受影响,该时期契约只有 7 份,光绪年间才又恢复。这反映出贵州的开发与客民流入贵州几乎是同步发展的。第三,从租佃形式来看,这 87 份租佃合同都是实物地租的活租制,即林木成材后按比例进行分成。第四,从租佃订立双方来看,大多都是联合出租和承租,合同制地主和合同制佃户普遍存在,这既反映出清水江流域的地形地貌的特点,即山地多田地少,佃户无田可佃,只有向山林谋生存,又反映出清水江流域的土地占有的"碎片化"和佃户谋生的不易,说明清水江流域的地主与自耕农普遍处于贫困之中。

二、租佃纠纷

相对于高利贷、典当等盘剥,客民通过租佃关系侵占土著田产的方式比较隐蔽。客民进入贵州之初,大都会租佃土著的田土,如进入兴义一带的客民,在每年的冬春之际,"日以数百计,于是汉佃亦多"[1]。据嘉庆二年的兴义县租佃客民统计数据,"土目招佃租土耕种客民一千七百三十三户,佃田客民三百六十三户"[2]。威宁州西

---

[1]（清）罗绕典:《黔南职方纪略》卷 2《兴义府》,台北成文出版社,1974 年,第 51 页。
[2] 民国《兴义县志》第 4 章《人民·人口》,民国三十七年稿本,第 2 页。

南偏僻的地方,尽管客民很多,但"悉皆佃土耕种"①。麻哈州(今麻
江县),"所有客户不过租土挖种而已"②。不归土司管辖的清水江
边之三江九寨的"高坡苗聚族而居,土多田少,客户数人悉皆承佃
苗土"③。这个阶段,客民多数是苗民的佃户,但没过多久,苗民大
多沦为客民的佃户。如遵义的苗族多半耕种汉族地主土地,"或为
佣田,或垦山土"④。正安州苗族"咸依汉户耕作"⑤。水城厅的五里
"竟无租种佃耕之客户"⑥。瓮安县"苗人数百户,散居各寨,为汉客
户佣工,并无产业"⑦。黔西州的黔兴里苗民"俱系汉民佃户"⑧。石
阡府"各里间有散处苗人,俱系汉民佃户,四散围绕汉寨而居,并无
成寨居住者。惟苗半里间有成寨苗户数处第,各苗户亦并无产业,
为客民典买"⑨。丹江厅"山系公山,土无专主,离寨近者,尚须向寨

---

① (清) 罗绕典:《黔南职方纪略》卷 3《大定府》,台北成文出版社,1974 年,
　第 89 页。
② (清) 罗绕典:《黔南职方纪略》卷 5《都匀府》,台北成文出版社,1974 年,
　第 141 页。
③ (清) 罗绕典:《黔南职方纪略》卷 6《黎平府》,台北成文出版社,1974 年,
　第 159 页。
④ (清) 罗绕典:《黔南职方纪略》卷 4《遵义府》,台北成文出版社,1974 年,
　第 104 页。
⑤ (清) 罗绕典:《黔南职方纪略》卷 4《遵义府》,台北成文出版社,1974 年,
　第 108 页。
⑥ (清) 罗绕典:《黔南职方纪略》卷 3《大定府》,台北成文出版社,1974 年,
　第 86 页。
⑦ (清) 罗绕典:《黔南职方纪略》卷 5《都匀府》,台北成文出版社,1974 年,
　第 51 页。
⑧ (清) 罗绕典:《黔南职方纪略》卷 3《大定府》,台北成文出版社,1974 年,
　第 93 页。
⑨ (清) 罗绕典:《黔南职方纪略》卷 6《石阡思南二府》,台北成文出版社,
　1974 年,第 187 页。

头承租,离寨远者,不肖客户欺侮愚苗,每多占种"①。都匀县"苗有独家黑苗二种,向随汉民佃种,已归入汉民甲内一体管束"②。都匀县的怀德、从化二里,"多系与汉户佣工耕种"③。以上各地材料反映出客民与土著的租佃关系转变,原先土著是地主,把土地租给客民耕种,现在客民反倒成为地主了。客民"反客为主"的租佃关系给地域社会带来深刻变化。

在此背景之下,各地不断出现与租佃有关的纠纷事件。如贞丰州的租佃纠纷处于理不清剪不断的状态:

> 自地遭兵革,铲削消磨,苗户陵夷殆尽。地既偏僻,产价必不能昂,于是客民之奸黠者,以一人向业户当产多分,展转招租,藉图余利,甚有欺侮。新来客民不知根底,转当转卖,日久月深,自称田主者。及至业户出而清项,以现在耕种者为佃户,而新来客民必不甘受佃户之名,以为其产曾经纳价,有契为凭,各执一词,互相涉讼。贞丰田土輵輵难清,半由于此。④

嘉庆二年苗乱之后,贞丰留下的大量地价比较便宜的田土,有些较早来的客民低价向地主承租土地,然后再高价转租给新来的客民,新来的客民不知道其所佃田土的历史,自认为是田主,又将田土转

---

① (清)罗绕典:《黔南职方纪略》卷5《都匀府》,台北成文出版社,1974年,第134页。

② (清)爱必达:《黔南识略》卷10《都匀县》,道光二十七年刻本,第2页。

③ (清)罗绕典:《黔南职方纪略》卷5《都匀府》,台北成文出版社,1974年,第137页。

④ (清)罗绕典:《黔南职方纪略》卷2《兴义府》,台北成文出版社,1974年,第60—61页。

卖或转佃,田土经过多道转手,而原初的业主并不承认新客民的交易,导致双方纠纷,上告官府诉讼。道光年间的一首竹枝词写道:

> 佃田四六好分花,写转耕栽租谷差。为省红银书老当,兴词重当两三家。①

石阡知府宋庆常生动描述了租佃纠纷的两种动因:当田、卖田之户,往往佃回原业自种、认租,名为写转耕栽。其故多因先将田业抵当于外,以分租为名掩饰其重当、重抵,然争租夺佃,讼端皆从此起。红银者,税银也。业户买业将卖契书作当契,以为可以避税,不知原业户又常借此重当、重卖、抢割、阻耕,讼端亦自此起②。

长期以来,"生苗"地界社会中存在"理讲""鸣神"来解决社会纠纷,随着王朝权力渗入地方社会,也随着客民进入地方社会,"鸣官"开始成为地方社会的一种解决纠纷的机制③。"理讲""鸣官""鸣神"是清水江流域维持社会秩序、解决社会纠纷的三种主要处理方式。"理讲"通常是请中人、乡约、客长、寨老等德高望重之人进行调解;"鸣官"是双方向官府申诉,由官府司法裁决;"鸣神"是请神来裁判。从发生在咸丰元年(1851)的一个案件

① 贵州省文史研究馆编:《贵州竹枝词集》,贵州人民出版社,2019年,第108页。
② 贵州省文史研究馆编:《贵州竹枝词集》,贵州人民出版社,2019年,第108—109页。
③ 较早将"理讲""鸣神""鸣官"作为解决纠纷机制进行研究的是日本学者武内房司。参见〔日〕武内房司:《鸣神と鸣官のめいだ——清代贵州苗族林业契约文书に见る苗族の习俗纷争处理》,唐立、杨有赓、武内房司:《贵州苗族林业契约文书汇编(1736—1950年)》(第3卷研究编),东京外国语大学出版社,2003年,第83—120页。

来看：

　　具禀平鳌寨民姜则相，为揹价业悬恳恩追给事。缘蚁有祖遗地名满天星田一丘，蚁父在日典与林正秀，正秀典与禹王官，禹王官转典与韩天相、天富弟兄为业。嗣蚁父亡故，家下萧条。于去岁六月内，央中龙天凤、姜吉断卖与天相弟兄，议价纹银式十五两，当立卖契，除典价外应补纹银五两，折扣大钱十串文。

　　奈伊弟兄心如蛇毒，忽云此田□贵，忽云典价过多，违契估骗。七月初三日蚁请中彭起华、唐老三、龙□才等往讨，伊逼蚁先立取字后方交钱。蚁无奈书立收字，又一文不交。至八月初六日蚁又催中追讨，伊方交钱六千文，中等活证。余四千文，去岁与今春蚁屡往取，一文不获。本年二月二十一日，蚁兄老合弟老贵往索。伊弟兄唆云此钱蚁俱已收足。蚁兄弟二人回家忿气不过，将蚁头颅砍伤一刀，有伤痕，并救证姜起灿等可证。

　　切思此钱蚁本未收足，天相弟兄以汉奸入夷，欺蚁等朴实，在地方惯于手持文契，揹价不偿，又屡重利盘剥，借升还斗，借两还十，今又害蚁弟兄骨肉，参商持刀相杀，若无救证，几乎性命莫保不已。只得禀乞大老爷台前，作主偿准拘提追给施行，沾恩不朽。咸丰元年二月□日 ①

---

① 〔日〕武内房司：《鸣神と鸣官のめいだ——清代贵州苗族林业契约文书に见る苗族の习俗纷争处理》，唐立、杨有赓、武内房司：《贵州苗族林业契约文书汇编（1736—1950年）》（第3卷研究编），东京外国语大学出版社，2003年，第112—113页。

案件的缘由是平鳌寨民姜则相的田地最开始典与林正秀,林正秀又典与禹王宫,禹王宫转典与韩天相、韩天富弟兄,最后,以纹银二十五两卖与韩天相、韩天富弟兄,但韩天相、韩天富兄弟以各种理由少付、拒付钱款,并挑唆相斗,自己身负重伤。姜则相不得已将此案告上官府,请求官府裁决。此案件说明了一些不法客民利用各种手段达到欺占苗民的田产。尤其像本案中的田地经过三次转让,为以后的纠纷埋下了伏笔。另外,客民又善于利用"鸣官"的手段解决纠纷,以此保证自己利益最大化。这样的手法越来越多地被苗民使用,他们也开始通过告官来解决纠纷。"好讼"之风由此形成,苗民的法治意识在客民的影响之下逐渐增强。即使过去的"理讲",也开始发生变化,在契约中通常加入了"客长""士绅""寨老"等凭中人,同时,契约订立之后,双方会主动将契约送至官府加盖官印,以增加契约的合法性和权威性。

清水江文书中有相当部分是买卖土地和土地、林地、山地等租佃纠纷的文书,称之为"清白契"。如道光十一年(1831)发生在文斗寨的一次纠纷:

> 立清白字人萧廷彩、范三保,为因道光七年内买到文堵(斗)寨姜绍略、姜载渭二家之山场木一块,砍伐下河生理,遭姜宝周具控,经天柱县主案下。廷彩所用规费,二比开馆面理,蒙中等于内排解。姜绍略、姜载渭二家出银六钱充公。上下南岳庙,二比自愿息和。中等并无强压。立此清白为据。
>
> 凭中:
>
> 客长:黎平向文清,江西张德朋,福建李林通、吴定谋,开泰朱陶廷,湖南杨选孝、黎平杨通林
>
> 绅士:姜荣、姜春发、姜本渭、姜钧渭、姜济灿

寨长:姜朝幹、姜通圣、姜宗智、姜廷贵、姜廷义、姜朝旺

道光十一年十一月初七日 清白人萧廷彩 立 ①

从这份清白契可以看出,道光七年(1827),萧廷彩、范三保购置了姜绍略、姜载渭的一块山林,由于越界砍伐了姜宝周的林木,被告到官府,这个案件争执了四年之久,最后三方在客长、寨老和士绅等干预下进行了和平协商。这起纠纷大致经历了"鸣官"到"理讲"的调解过程,最后通过"理讲"化解。对于疑难纠纷,有时候会出现两种或三种机制来调解,比如本案的解决就涉及"理讲""鸣官"的处理过程。从凭中的名单上看,客长不仅来自贵州省内,也有来自江西、四川、福建、湖南等各省府县的人,说明客民人数众多,需要来自各地的客民设置客长维护客民社会的秩序。黔东南在木材业迎来全盛时期的道光年间,大量客民从江西、湖南、福建等偏远地区迁入贵州乡村。这些客民通过在主要城镇地方设立会馆,祭祀原乡里的崇祀神,来加深相互之间的邻里关系,客长统率着以同乡关系为纽带的组织——会馆,因此,客长在地方社会中起到了积极的作用。凭中由五位绅士组成,这反映出地方社会重视文教科举,不少人取得科举功名。凭中有六位是寨长,说明该纠纷涉及的村寨较多。这些租佃纠纷冲击了原有的社会秩序,给清水江地域社会带来了深刻变化。

由于清水江流域的山林生长周期长,通常需要二十年以上,而在二十年里,会有租佃双方因各种因素出现变故。如道光二十五

---

① 〔日〕武内房司:《鸣神と鸣官のめいだ——清代贵州苗族林业契约文书に见る苗族の习俗纷争处理》,唐立、杨有赓、武内房司:《贵州苗族林业契约文书汇编(1736—1950年)》(第3卷研究编),东京外国语大学出版社,2003年,第111页。

年（1845），外省客民孙邦彦兄弟租佃加池寨姜凤仪兄弟三人名下的一块山林，经过两年的栽种，杉木最终没有栽成，只有向地主退佃[①]。山林产权的多次转让、造林前后的利益纠葛、地界不清、偷盗抢占等不法行径，这些都会造成纠纷。下面是一张嘉庆十八年（1813）因地界不清引发的山林纠纷，为此双方订立调解合同：

> 立清白平鳌姜廷周，为因先年所卖山场，地名东故汪，地土不清。今凭理论，地归文杰管业，日后不得翻悔。立此清白，补价银二两五钱，是实为凭。
>
> 凭中　姜宗海、文勋、连凤
> 亲笔（姜）长先
> 嘉庆十八年三月二十五日立[②]

很明显，姜廷周以地界不清为由，侵占了姜文杰的山林，经"理讲"后，地仍归姜文杰，且姜廷周补了价银二两五钱。在众多的纠纷中因界址不清引起的纠纷所占比重较多，有些确实难以划清，但更多的是由于山林、田土的碎片化、不连片所致。如光绪二十二年（1896）的一份纠纷清白和约：

> 立清白争论□荣培格山场字人姜玉连，情因中仰寨龙之成佃种蒙混界址，□玉连与得买之，姜凤来径（经）中理凭、蒙劝、解分，栽手与玉连，丢□场与凤来，日后玉连不得争论，两

---

① 锦屏县地方县志编纂委员会编：《锦屏县志（1991—2009）》（下册），方志出版社，2011年，第1277页。
② 唐立、杨有赓、武内房司：《贵州苗族林业契约文书汇编（1736—1950年）》（第3卷史料编），东京外国语大学出版社，2003年，F—0032。

造自愿清楚,日后凤来照买□边,凭凤仪管业。恐口无凭,立清白,各执一纸为据。

外批:右边凭凤仪与岩洞为界。

凭中　姜凤至、(姜)兆胡

笔(姜)凤文

光绪二十二年三月二十四日　立 ①

这种纠纷极为复杂,既牵涉龙之成佃种的林地与姜玉连、姜凤来的林地关系,又牵涉栽手、佃主、佃户等,即"田底"与"田面"的关系,一方面反映了林地的特殊性,另一方面反映了土地的碎片化。清代清水江流域此类问题一直纠纷不断。

有些租佃纠纷甚至引发命案。如嘉庆十四年三月十八日发生贵州普安县张以才等因多佃纠纷殴伤王登荣身死案。据寨民王德沛投称:本月十七日,张以才在封现潮家与伊父王登荣争论佃种田土,口角相殴,被何老二、余小六、张以才殴伤伊父手脚等语。事件的缘由是土目龙天麟有地名阿波拱田土一坽,向来张以才佃种。龙天麟因张以才欠他两石租谷,把田撤回另佃。王登荣加增租谷一石,佃田耕种。三月十七日,张以才同余小六、何老二在封现潮家闲坐,王登荣随后走来。张以才因王登荣加租夺田,指责他不是。双方由对骂到动手,最后,张以才将王登荣误伤致死②。

嘉道以来,贵州各地的纠纷不断,正值客民涌入贵州,在各地大

① 张应强、王宗勋主编:《清水江文书》(第1辑第8册),广西师范大学出版社,2007年,第275页。
② 南开大学历史学院暨中国社会史研究中心、中国第一历史档案馆编:《清嘉庆朝刑科题本社会史料辑刊》(第三册),天津古籍出版社,2008年,第1550—1551页。

量种植经济作物、杉木,并使其商品化的时期,村民之间、土客之间以及村寨之间为了获得收益权而产生各种各样的纷争是无法避免的。这一时期偷盗案件频频发生,土地买卖、租佃关系常有纠纷,最终破坏了契约精神。为应对这些情况,契约中出现订立合同式族约来恪守契约的现象。下面就是一张订立于嘉庆十一年(1806)的合约:

> 立分合同字人姜奇、姜廷辉、姜士朝等,为因严治盗方以镇地方事。缘我等四房田塘屋宅,每被忍心害理之徒,只图利己,不顾害人,屡屡偷盗。我等触目伤心,因而齐集公议,四房定立,各自弩心用力捕拿,倘捉获者,四房协心同力送官治罪,不得闪躲。如有此情,纸上有名人等同攻此人与贼同情,其有捉贼之人,四房赏银四两。恐口无凭,立此合同为据。
>
> 内禁杉桁、禾谷、包谷、小米、油茶、油子,此数项俱皆禁勒。
>
> 四房合同为据。
>
> 　　　　　　　　　　　　　　　姜士标 笔
> 　　　　　　　　　　　　　　　姜士朝 存一纸
> 　　　　　　　　　　　嘉庆十一年五月二十一日 立①

大量被盗的多是与民生有关的谷物、菜油、杉木等实物,在商品化浪潮之下,这些实物被少数品行不良的人所觊觎。各种偷盗实际上破坏了原有的租佃关系,因此,各家族联合起来订立合同式契约,一是通过奖励的办法来应对,二是通过送官治罪的办法来应

---

① 唐立、杨有赓、武内房司:《贵州苗族林业契约文书汇编(1736—1950年)》(第3卷史料编),东京外国语大学出版社,2003年,F—0045。

对,很显然,在这份契约中可以看出,各家族将国家权力纳入地方社会自治之中。

　　清水江流域经常有稻谷被盗现象,这与清水江流域普遍存在谷仓存贮稻谷的生产生活习惯有关。以道光十八年(1838)的契约为例:

　　　　立分合同字人龙玉宏、姜绍齐、姜绍宏、钟英、相德、绍周、昌后、绍廷、钟灵等,情因年岁不一,秋收在近,是以上下二房合同公议,日夜偷盗不法犯禁之徒,一经拿获,伸鸣合同有名之人,齐集议罚送官,所有费用,失主出一半,上下二房出一半。奈地方山多田少,田出寨者甚众,将谷出放我寨者日广,公议收获俱存寨内,不许私盘出境。日后照市价增减买卖,庶交易有赖。至于客谷存在境内,随客所喜,伸众交存,以免失遗客谷数目。自分合同之后,我上下二房不得推闪。倘有一人推闪,我合同有名之人,以内勾外引等情,禀官查究,则内己正而外人服也。今欲有凭,立此上下二房同心公议均分合同二纸,各房执一张为据。

　　　　　　　　　　　　　　　上房姜述圣存一张
　　　　　　　　　　　　　　　下房姜春发存一张
　　　　　　　　　　　　　　　代笔保长姜昌后
　　　　　　　　　　　道光十八年七月初四日　立 ①

清水江流域将田地根据距离远近分为近田、远田,无论近田还是远

---

① 唐立、杨有赓、武内房司:《贵州苗族林业契约文书汇编(1736—1950年)》(第3卷史料编),东京外国语大学出版社,2003年,F—0044。

田,收获的稻谷都寄存于谷仓,通常谷仓与住宅是隔开的,甚至有一定距离,谷仓稻谷常有被盗情形发生,因此,文斗寨的上下二房共同制订防盗、缉盗、保管粮谷的乡规族约式合同。

从乾隆至咸同年间,贵州各地战乱不断,社会秩序受到严重破坏。这一阶段,出现了大量的合同式族约和碑刻式乡规民约。从表面上看,是单个家族向众多村寨订立契约转变,其实质,并不一定意味着合同主体由单个家族变为众多的村寨,这种转变是以大量流入贵州的客民这种外部压力为契机而出现的。作为联合性质的乡规族约、民约凭借着向下传达统治权力的政策,才能发挥一定的社会功能,若脱离了国家的权力,乡规族约、民约也不会长久地存在。族约与民约性质上是相同的,都是国家希望通过家族、地方社会自治的方式实现维护地方社会秩序的目的。

第三节　土客冲突

清代贵州发生过多次苗民起义,对地方社会造成了非常大的影响。关于起义的原因和影响,积累了很多研究成果,这些研究成果多从阶级斗争、民族斗争的视角给出了答案①。如果仔细分析起义的经过,很多症结指向了土客之间的土地问题。雍正年间,云贵总督鄂尔泰在贵州全面推行"改土归流",改土归流的意义不仅在于王朝的权力渗透到土司地区,而且还打开了"苗蛮之地"的大门,更多的客民有机会深入"苗蛮之地",土客之间接触越来越频繁。如贵阳府的花苗,"在开州者与汉人零星杂处,在贵筑者亦

---

① 参阅袁轶峰:《二十年来清代苗民起义研究的回顾与展望》,《贵州大学学报》(社会科学版)2012年第2期。

与汉人零星杂处,在修文者与汉人杂处于四里"①。青苗"在贵筑者
散处四境,与汉人杂居,在修文者与汉人杂居"②。犵苗"在开州、龙
里、贵定者与汉人零星杂处,在贵筑、修文者散居四境,亦与汉人杂
处"③。蔡家苗"在贵筑、修文者与汉人杂居"④。客民经过几个世纪
的繁衍,原先土客清晰的聚居界限开始发生变化,客民的到来改变
了贵州族群聚居的状态。嘉道以来,土客杂居越来越成为聚落分
布的主流。客民的到来不仅仅促进了贵州社会经济的发展,也造
成了地方社会人地关系紧张,人地关系的紧张反过来加剧了土客
之间的矛盾。由于迁入当地时间不同,客民与土著、先来客民与后
来客民之间往往会因为土地、森林、河流的使用和归属产生矛盾纠
纷,加之土客之间文化信仰的不同,因此矛盾冲突不断发生。

一、土客之争

贵州在清前期以前本是宽乡,三藩之乱之后,贵州在百余年间
未再发生大的社会动乱。自雍正改土归流开发贵州以来,贵州成
为邻近各省输出人口和劳动力的重要基地。客民与苗民都在同一
片有限的土地上讨生活。当客民初来而荒地有余的时候,土著居
民多半是接纳和认可的,很少相争,客民与土著相处融洽,形成较
为和谐的共生关系。

清中期后,客民的大量涌入,尤其是黔东南、黔西北变成了狭
乡。"佃众田稀"和抢耕的现象十分严重,土地成为土客争斗的焦
点,并由争斗而相互仇视、相互对峙,形成一种以籍贯为划分标准

① 道光《贵阳府志》卷88《苗蛮传》,咸丰二年刻本,第20页。
② 道光《贵阳府志》卷88《苗蛮传》,咸丰二年刻本,第21页。
③ 道光《贵阳府志》卷88《苗蛮传》,咸丰二年刻本,第22页。
④ 道光《贵阳府志》卷88《苗蛮传》,咸丰二年刻本,第23页。

的社会冲突。这种冲突因土客双方当时的势均力敌而得以强化和延续，又因土客双方的贫富转化而变得错综复杂。

客民所带来的问题已经蔓延至全省。松桃厅"苗地多瘠，苗民嗜利而无远虑，好饮酒宴会，罄所入以供之，不知积储。汉奸因以重财盘剥，算其宅园田土以偿债，苗日以贫，则或偷窃度日，或窝贼分赃。自道光七年清查苗寨后，汉人不敢当买苗民田宅，苗寨颇称安静。惟黠苗亦或自盘剥其同类，则在随时查禁。苗民得免于冻馁，庶可久安长治云"[①]。清政府能禁止客民放高利贷，但很难禁止高利贷行业的发展，由于苗民的需求，高利贷业仍然会在苗民社会中存在，只是放贷主体换成了有一定资本的苗民。古州厅"分屯各堡星罗棋布，与各苗寨牙交绣错，原其设屯之始，所以诘奸禁暴，稽察汉奸播煽愚苗及熟苗，潜入私相勾引，迄今日久，其流弊几于前明之五则、铜鼓二卫相等。见在外来客民未易窥测，而两卫屯军实逼处此，侵削刻剥，其病既深，况住居苗寨有千例禁，而住居屯堡则未有明文。迩年以来，客民之依傍屯军，潜身汛堡而耽耽苗寨者，亦复不少矣"[②]。屯军驻苗地，以达到治苗的目的，但由于对屯军的约束不够，客民盘踞于屯军与苗地周围，逐步蚕食苗民的田土，引起土客的冲突。镇远府苗汉杂居之处，"恃其强悍，硬开挖成群结党，每启苗民争竞之端"[③]。与铜仁、麻阳接壤地方，"密箐崇山，民苗杂处，黄道所辖土民极驯，附近鹿隆山明时，间有跳梁，施

---

① （清）爱必达：《黔南识略》卷20《松桃直隶同知》，道光二十七年刻本，第14页。

② （清）罗绕典：《黔南职方纪略》卷6《黎平府》，台北成文出版社，1974年，第162—163页。

③ （清）罗绕典：《黔南职方纪略》卷6《镇远府》，台北成文出版社，1974年，第170页。

溪土民亦驯,而川楚奸匪往往流徙其中,土民愚而客民诈,将欲宁人息事,当以诘奸禁暴为亟亟"①。上述各地客民盘剥的情形,其共性就是:客民利用放高利贷手段盘剥苗民,最终瞄准的是苗民手中的土地。

土客矛盾与冲突往往发生在苗汉杂居之处,而杂居之处以黔东南地区比较普遍,而这一带又是屯军较多的地方。屯户为非作歹行为也不少,清江、台拱两厅"设屯之制相待不可谓不厚,不料各屯户即因其笼畔相连,窥伺愚苗,得其虚实,日肆朘削,以致苗民有虎狼之畏,其盘剥勾引更甚于客民远矣"②。因此,地方官员向朝廷呼吁"此屯军之不可不严为约束者也"③。屯户的为非作歹又进一步加剧了土著与客民之间的矛盾。

有些土客冲突非常激烈,甚至导致命案。如上江之要隘在来牛,下江之咽喉在溶硐,"初十日,又据报杀死挑麻客民一人,十四日,又报杀死种菜客民二人"④。铜仁知府刘应题在其《石岘平苗纪略》中记载了这些土客冲突造成命案的原因:"嘉庆六年三月初五日,平头司苗匪白老寅等勾结楚苗,肆行焚抢杀伤人命,掳掠妇女并烧及巡检外委衙署,延及镇远府属之四十八溪……论者又谓祸之发也,由汉奸盘剥所致,其事则诚有之。而要其敢于不靖,实则贪财肆掠之故,智(致)积久而成,彼汉民者于附近或可施盘剥之

<hr>

① (清)严如熤:《苗防备览》卷9《风俗考下》,道光刻本,第15页。
② (清)罗绕典:《黔南职方纪略》卷6《镇远府》,台北成文出版社,1974年,第174—175页。
③ (清)罗绕典:《黔南职方纪略》卷6《镇远府》,台北成文出版社,1974年,第175页。
④ 中国第一历史档案馆、中国人民大学清史研究所、贵州省档案馆编:《清前期苗民起义档案史料汇编》(上册),光明日报出版社,1987年,第54页。

技,若夫岩峦阻绝,老死不相往来,汉民即黠能入,其望衡对宇,穷山密箐中以肆其奸乎。吾又有以知其不尽出此矣。"① 这次小规模的动乱也是因为客民的盘剥所致。

清政府对客民采取严禁政策,禁止客民随意进入苗地,通过严格隔绝土客之间的接触与交往的方式应对土客之争,于是,客民瞄准自然环境比较恶劣且"三不管"的地方。在黔仕宦多年的爱必达评论道:

> 府属与诸郡县交错之区,非苗蛮之窟穴,即防御之要冲也。故其幅员狭,宿重兵焉。地架亚寨二处又为诸隘中之要隘,《方舆纪要》言之详矣。嘉庆初,逆苗石柳邓及白老寅等先后煽动,大兵深入,旋即扫除。虽蜂屯蚁聚,何足劳我熊罴,究其取戾之由,实亦受愚于汉奸,非尽其性好仇杀也。鹰以饥而思攫,鹿以死而走险,蚩蚩者类然,况苗乎。②

爱必达认为以上种种土客矛盾与冲突,多发生在府与县、县与县等边界,以及土客杂居之地。爱必达回顾了从乾隆末年至道光年间的苗民叛乱,认为根源在于客民,只有对客民进行严格管理、阻止客民进入苗地,土客之间的矛盾才能化解。

严禁土客之间的交往是很难实现的,土著的生产生活或多或少都要与客民接触。地方政府官员又受"华夷之辨"思想的影响,往往会偏袒客民,在土客之争的过程中,土著苗民经常处于劣势,为了避免客民的欺凌与官府的压榨,在安顺的鸡场、新场一带,苗

---

① 道光《松桃厅志》卷 19《师旅考》,道光十六年刻本,第 18—24 页。
②（清）爱必达:《黔南识略》卷 19《铜仁府》,道光二十七年刻本,第 6—7 页。

民采取"投庄",即依附于地方豪强,做依附民,颇有魏晋时期"佃客"的属性。为何土著要"投庄",《续修安顺府志》解释道:

> 安顺地区古称岩疆,苗夷杂处。自汉族南移以后,播迁来此者日众,土著则日趋减少。举凡日常之生活以及田地、户、婚、完粮纳税等事在在俱与汉人相接触,而汉人中良莠不齐,官吏则循污互见,对于土著不免有愚弄甚至欺骗讹诈之情事。土著思得一保障之法,其惟择社会中之有权势者认之为主,遇事仗其声威以杜他人之欺凌,甚而可免胥吏之舞弄与差役之苛扰。是之谓"投庄"。①

苗民通过依靠地方大族或有权势之人,以规避来自客民的各种盘剥。对于客民盘剥行为,地方官员就此事纷纷上奏朝廷。乾隆六十年(1795),"楚黔等省苗疆地方,前曾闻有客民等平日任意欺凌,或将盐包布匹给与苗民,暗行盘剥,令将地亩准折,肆行侵占耕种。又闻湖南地方官又改在苗寨采买,未免吏胥扰累,以致苗民不堪侵占,激成事端"。土客矛盾直至导致土著奋起抗争,"今据石老唐所供,是此等事皆所不免"②。道光十八年(1838)十二月,朝廷得到奏报:

> 川、楚、粤各省穷苦之民,前赴滇黔租种苗人田地,与之贸

---

① 民国《续修安顺府志》卷8《农林志·投庄》,民国三十年稿本,1983年安顺市志编纂委员会整理排印,第395页。
② 中国第一历史档案馆、中国人民大学清史研究所、贵州省档案馆编:《清代前期苗民起义档案史料汇编》(中册),光明日报出版社,1987年,第322—323页。

易,诱以酒食衣锦。俾入不敷出,乃重利借与银两,将田典质,继而加价作抵,而苗人所与佃种之地悉归客民、流民。至土司遇有互争案件,客民为之包揽词讼,借贷银两,皆以田土抵债。①

朝廷着伊里布、颜伯涛、贺长龄进行调查,贵州巡抚贺长龄的调查证实了上述说法。为此,贺长龄专门撰写了近三千字的《覆奏汉奸盘剥苗民疏》,给朝廷提供治黔的参考②。可以说,土客之争基本上是围绕"土地争夺"为核心的经济斗争。

围绕土地而发生的种种纠葛长期存在于土客之中,它既存在于土客之间,也存在于土司与土司之间,以及各族群之间。既有土著地主欺压客民,也有客民地主欺压土著,还有土籍或客籍的汉籍地主欺压回族、苗族,可谓错综复杂。贺长龄不得不承认:"自今观之,盖未尝少其势亦难强行禁止,即所称苗民习染纷华,生计渐蹙,亦不尽由客民之诱煽,奚以明其然也。"③贺长龄分析了土客之争的种种情形,认为客民是土客之争的重要因素的同时,苗民、土司等也有原因。换句话说,并非全是客民欺压苗民的事实,亦有苗族之间的族群冲突。如下江厅靠近广东边界一带,"有生苗一种,素称恭顺懦弱易愚,向为楚南永凤一带红苗之所欺侮"④。由于这一带的生苗近高坡,"不谙文义,比之台拱、清江尤为朴野,当买田土亦

---

① 道光十八年十一月戊午,《清实录》(第37册)卷316,中华书局,1986年,第934—935页。

② 道光《大定府志》卷51《外篇一》,道光二十九年刻本,第15—21页。

③ 道光《大定府志》卷51《外篇一》,道光二十九年刻本,第17页。

④ (清)罗绕典:《黔南职方纪略》卷6《黎平府》,台北成文出版社,1974年,第164页。

用木刻居多"①。道光三年(1823),"古州下江生苗与红苗构讼,红苗之逞凶占种,即与棚户无异,其弊不可胜言。惟赖地方官责令引进之头人稽查,各户不准迁移,只向一处开挖则所占之荒地尚属有限,若再听其任意开挖,则棚户较苗人善于力作,又与各客户亲情乡谊,气味相投,势必将佃种客业之苗人互相排挤,此棚户之不可不勤为防范者也"②。清水江下游苗族交恶,"先是清江苗在黎平古州境者与八九十峒诸苗不合,时起内讧,清江苗被峒苗逐杀,潜入西山,唆高坡苗与峒苗为仇,高坡苗烛其奸,反约峒苗逐之,清江苗不支,遣人到柳霁,投诚不纳"③。清水江流域苗族种类众多,从清朝政府视角看,最主要的区别就是"生苗"与"熟苗",两者经常发生矛盾,民国《贵州通志》对两者的风俗记载曰:

　　生苗多而熟苗寡,其俗各以其党自相沿袭,大抵懁忮猜祸,睚眦之隙,遂至杀人,被杀之家,举族为仇必报,当而后已,否则亲戚亦助之,谚云:"苗家仇,九世休。"言不可遽解也。④

雍正三年,贵州巡抚毛文铨在奏折中称:"贵州苗人自相仇杀者甚

①(清)罗绕典:《黔南职方纪略》卷6《黎平府》,台北成文出版社,1974年,第165页。
②(清)罗绕典:《黔南职方纪略》卷6《镇远府》,台北成文出版社,1974年,第170—171页。
③民国《贵州通志》《前事志二十五》,民国三十七年贵阳书局铅印本,第49页。
④民国《贵州通志》《土民志一》,民国三十七年贵阳书局铅印本,第27—28页。

多,有数世数十年所不能解者。"① 生苗与红苗世代为仇,长期水火不容。贺长龄也表达了类似的观点:"汉苗固多争控,即苗与苗或因口角,或因争佃,亦复互控不休。甚至苗唆苗以控苗,且勾串汉匪以控苗,颠倒簸弄,从中分肥,刁诈殆难言状。"② 在这些冲突中,客民也会参与其中,起到推波助澜的作用。再如,道光三年发生在下江通判"生苗"与"红苗"的矛盾,《黔南识略》有所记载:

> 万山丛杂,久为生苗巢穴,外人无与往来。乾隆五十年后,始有汉人入山伐木者。嘉庆中黔楚军兴,有镇筸、铜仁红苗窜入其中,诡为生苗佃种地土。红苗故黠,而生苗故暗,未之觉也。后遂稍稍侵占,阴埋碑记于土内,给生苗共掘之,指为祖业,生苗无以解,于是生苗老果等始悉其众以逐红苗,势颇汹涌。经有司访闻,会同文武立时弹压,押红苗归故土,而罪生苗之杀红苗者,以是得安堵,此道光三年事也。③

下江一带本是"生苗"地界,乾隆五十年以后,客民开始进入下江。至嘉庆中,"红苗"也进入下江,后"红苗"不断蚕食"生苗"的田土,其蚕食的手法与客民侵占土著田土手段颇有几分相似,最后双方矛盾越来越大,进而引起大规模的械斗。这些矛盾冲突应是很多年前就已积累,康熙《贵州通志》有一幅图很形象地描绘了生苗与红苗的争斗(图4.1)。

---

① 中国第一历史档案馆编:《雍正朝汉文朱批奏折汇编》(第4册),江苏古籍出版社,1988年,第609页。
② 道光《大定府志》卷51《外篇一》,道光二十九年刻本,第19页。
③(清)爱必达:《黔南识略》卷22《下江通判》,道光二十七年刻本,第11—12页。

图4.1　生苗红苗同类斗妇权图①

　　土司与土司之间也有矛盾。如普安直隶厅，针对"汉户滋多，侵占盘剥在所不免"的问题，爱必达发表评论，论曰："普安自兴义平定以后，土旷人稀，其土目大姓招佃种土，流民凑聚气类不一，滇蜀失业穷黎携妻挈子而来者踵相接也。土目以龙姓为尊，陇姓亦其支庶，每有小忿辄互率其佃户肆为角斗，以众为强，此风殆未可长也。"②与上述苗族各族群之间的冲突相似，客民成为土司之间较量的重要筹码。

　　亦有客民被欺负的情况。如册亨客民，于嘉庆二年（1797），"俱被逆苗戕害净尽。现在客户悉系五六年间事平之后，陆续搬住者。而客户中半系下游之苗，客苗结党成群，势盛于客民，民皆望

① 康熙《贵州通志》卷30《土司》，凤凰出版社，2010年，第489页。
② （清）爱必达：《黔南识略》卷29《普安直隶厅》，道光二十七年刻本，第7—
　　8页。

而知畏,又不得不酌议禁止也"①。土客之间的冲突造成族群关系不再那么单纯。岳昭奏陈黔事时,针对黔西州的情况曰:"昔下游苗夷,本无知识,外来奸商与本地汉民,利其土地田产,借贷银钱,多方盘剥,冤抑莫伸,积久愤生,酿成控案。地方官不能平情论断,屈抑居多,遂致聚众为非,铤而走险,此其迹为叛逆,而其情实出于迫胁也。"② 清水江流域"从前汉人视苗人如奴隶,多方凌虐,以致激成变端,皆由地方官不能豫为劝导之故"③。

当然,客民与客民之间也有矛盾与冲突。如嘉庆十年,兴义府客民郑松庭因佣工牟老大索讨工钱将其殴伤致死案。据贵州巡抚福庆疏称:缘郑松庭籍隶江西金溪县,于嘉庆九年前至兴义府城开张饭店生理。牟老大系四川永宁厅人,亦至府属地方佣工,曾在郑松庭店中受雇工作,每月议给工价银六钱。是年十二月郑松庭因生意淡薄歇店,搬往俄革寨居住,将牟老大辞去,欠伊一月工银未楚。牟老大随投算命营生之胡占魁为师学习算命,屡向郑松庭索取欠银未偿。嘉庆十年三月十二日牟老大复往索欠,郑松庭在家劈柴,答以现在无银,约伊月底往取。牟老大以其哄骗多次,出言混骂,郑松庭不依,回骂。双方于是厮打在一起,造成佣工牟老大死亡④。当事双方由于工钱问题发生纠纷,最后郑松庭失手将牟老

---

① (清)罗绕典:《黔南职方纪略》卷2《兴义府》,台北成文出版社,1974年,第62页。

② (清)罗文彬、王秉恩编纂:《平黔纪略》,贵州大学历史系中国近代史教研室点校,贵州人民出版社,1988年,第382—383页。

③ (清)罗文彬、王秉恩编纂:《平黔纪略》,贵州大学历史系中国近代史教研室点校,贵州人民出版社,1988年,第533—534页。

④ 南开大学历史学院暨中国社会史研究中心、中国第一历史档案馆编:《清嘉庆朝刑科题本社会史料辑刊》(第三册),天津古籍出版社,2008年,第1384页。

大打死。

在贵州有不少汉人自称"穿青人",他们特意强调自己与汉族之间的差异,不认同自己是汉人。杨庭硕考证,清初朝廷对"里民子"政治上多有优待,赋役很轻。雍正改土归流后,大批新的客民涌入"里民子"定居地,于是"里民子"与新客民之间的矛盾开始暴露出来。"里民子"自称"穿青",而将后到客民称作"穿兰"。"穿青"与"穿兰"围绕赋税与政治待遇问题争执不休 ①。

二、走向战争

清代中期以来,贵州的人口压力和社会竞争加剧,客民迁徙带来的利益冲突,尤其是以土地资源为核心的争夺已经构成了贵州社会生活的基本内容。在这种充满对立和敌意的社会环境中,土客之间的冲突颇为常见。土著与客民交往时,土著常受到各种欺侮。有些客民放高利贷,让借贷的苗民无力偿还,苗民饱受欺凌;有些客民通过以物易物的交易手段进行商品流通,苗民常常受到经济剥削;有些客民包揽讼词,借机侵占苗民田产。这些均造成土客社会中纠纷仇杀不断。土地的高度集中,加剧了土客之间关系的恶化,最终导致雍正、乾隆、咸丰、同治年间苗民起义的大爆发。

发生于雍正十三年(1735),黔东南地区包利、红银起事一案,史称"雍乾苗民起义"。由于苗民逐渐失去土地,而人口却不断增加,苗民的田地根本不够养活家庭,因而生计日益艰难,只得奋起反抗。贵州学政邹一桂将其总结为"绅衿欺压苗民""兵役欺压苗

---

① 杨庭硕:《〈百苗图〉对〈贵州通志·苗蛮志〉(乾隆)的批判与匡正(下)》,《吉首大学学报》(社会科学版)2006 年第 5 期。

民"和"平民欺压苗民"三种情况：

　　查黔省地方苗多民少，一应劳苦力役之事，皆出于苗。任田畴之耕种者苗也，应官府之徭役者苗也，当民间之佣作者苗也，充富豪之奴婢者苗也。凡肩挑背负，手胼足胝之事，皆苗民为之，而军民安享其逸。然此亦苗之自食其力，而无如人皆目为异类，稍不如意，詈骂随之，鞭挞继之。用其力而不偿其值，利其有而不恤其生，相习成风，恬不为怪。即如田土一项，悉系苗人开垦，始因不谙办粮，寄放绅衿户下，每年议补完粮米谷，久之而刻薄绅衿恃有印串，即捏造假契，指称伊祖伊父所卖，因而责令分花，分花不足，即另招佃种，于是苗民数十年血垦之田，遂为绅衿所有。故黔省以霸占苗田而结讼者，比比而是，地方官但据纳粮印串为凭，不分曲直，以致苗民失业，无以为生，此绅衿欺压苗民之积习也。

　　至于苗疆汛兵，看守出入要路。凡苗民负货经过者，多短价勒买。稍不从命，即殴辱拴锁，苗民畏其威势，有弃其负担而逃者。故沿汛之处，每年帮草贴料出有陋规，凡遇巡查递送经过歇宿，亦骚扰不宁，需索无已，至欺压凌辱之事，有不可明言者。其管辖之弁，多系本籍出身，原视苗为不甚爱惜之物，间有受屈鸣冤者，则置之不问，而汛兵遂无所顾忌矣，汛兵如此，营兵可知，兵丁如此，衙役可知，此兵役欺压苗民之积习也。

　　至于城市屯堡居民于贸易之间，苛刻刁蹬，凡粮草牲畜之类，苗民有出而鬻卖者，值价银一钱只还银四五分，有愿多出者，同类从而攻之，以故不约而同，以苗物为应贱。苗民无可奈何，只得依价贱卖。至苗民有所欲买者，铺户人等则又高抬价值，勒掯刁难，故贵州市语有无苗不富之说，此平民欺压苗民之积习也。①

乾隆六十年(1795)至嘉庆二年(1797)爆发的苗民起义,苗民起义
首领在被俘受审讯时都控诉了客民欺凌之事。被俘人员的供词印
证了学政邹一桂的分析。乾隆六十年审讯石柳邓之胞侄石老唐,
其供称:"因苗子地方多被汉人占去耕种,心里不服,是以纠约起事
等语。"② 石三保也在供词中说道:"苗子的土地都不完钱粮,也不
当什么差使,地方官如何克剥呢? 实在为的是客家们渐渐把田地
诓买去了,这是大家心里不服的,所以小的们前年起义造反,就借
抢回田地为名,各寨苗子都各情愿。"③ 还有人供称:"各寨苗子实
因客民占了田地,穷苦的狠,多一时愤恨起事。"④ 杨国安等人的口
供笔录,也说道:"平日苗子与客民交易,钱财被客民盘剥,将田亩
多卖与客民。他们气忿,说要杀害夺回,这话是常有的。"⑤ 苗民领
袖吴八月、石三保在供词中讲到造反的原因:"苗子的田地多被客

---

① 中国第一历史档案馆、中国人民大学清史研究所、贵州省档案馆编:《清
代前期苗民起义档案史料汇编》(上册),光明日报出版社,1987年,第
229页。

② 中国第一历史档案馆、中国人民大学清史研究所、贵州省档案馆编:《清
代前期苗民起义档案史料汇编》(中册),光明日报出版社,1987年,第
322页。

③ 中国第一历史档案馆、中国人民大学清史研究所、贵州省档案馆编:《清
代前期苗民起义档案史料汇编》(下册),光明日报出版社,1987年,第
234页。

④ 中国第一历史档案馆、中国人民大学清史研究所、贵州省档案馆编:《清代
前期苗民起义档案史料汇编》(上册),光明日报出版社,1987年,第10页。

⑤ 中国第一历史档案馆、中国人民大学清史研究所、贵州省档案馆编:《清
代前期苗民起义档案史料汇编》(中册),光明日报出版社,1987年,第
281页。

家盘剥占据去了，所以要杀客家，夺回田土。"① 从苗民的口供可以看出，土客之间的矛盾极为突出，客民的种种劣迹引起苗民的极大愤怒。于是，苗民起义首领石柳邓喊出"驱逐客民，夺还苗地"② 的口号，苗寨苗民纷纷起来响应。在这次起义过程中，贵州各地纷纷禀报出现"杀毙客民，烧毁房屋"情形。

其实，朝廷大多数官员并非不知根源，通过审讯人的口供以及一些官员身临其境的感受会发现问题的根源在于客民的欺凌与盘剥：

此次聚众抢劫，杀毙客民，自有起衅根由。必系外来客民平日有侵占地亩，恣意欺凌等事，以致苗民不堪其虐，激成事端，不可不严行查办。福安康久侍禁廷，屡经历练，能知事体轻重，闻信后自己驰赴黔省，督同办理，惟应查明首恶，擒拿究办，其余安分苗民，妥为抚驭，迅速完事，以靖苗疆。

至该处客民平日恃强，欺占苗民，最为可恶。即着福康安会同福宁，切实查究，将为首肇衅之客民从重惩办数人，并将办理缘由明白晓谕苗众。此等苗民具有人心，见平日被其扰累之客民业经惩办，伊等自当悦服。而苗民中滋事首恶，亦擒拿惩治，更知所儆畏，奉公安分，不敢复滋事端。至客民欺虐苗人起自何时，此事必不仅止胥役等藉端扰累所致，自由历任地方大小官员漫无觉察，一任客民肆意欺凌，置之不问，以致

① 中国第一历史档案馆、中国人民大学清史研究所、贵州省档案馆编：《清代前期苗民起义档案史料汇编》（下册），光明日报出版社，1987年，第141页。
②（清）严如熤：《苗防备览》卷22《杂识》，道光刻本，第21页。

苗民忿激生事,贻累地方。①

朝廷对此深以为然,"此次石柳邓、石三保、吴陇登纠众滋事,即因附近客民平时在彼盘占苗产,以致日久生隙,酿成叛案。此等招乱客民,不但当驱之回籍,更应查明治罪。但现值剿捕贼匪之际,尚无暇查办。及此事定后,着福康安、和琳入于善后事宜内,会同毕沅悉心妥议,逐一清理,毋许客民再与苗民私相往来交易,以期永断葛藤,为绥靖苗疆之计。此为最要"②。清政府要求地方肃清苗民之乱后,再采取严禁客民之法。《清代前期苗民起义档案史料汇编》编著者总结为:官府的压榨;汉族地主、富豪用欺骗的手法,侵夺苗民的土地;汛兵、差役对苗民大肆勒索;汉族奸商对苗民的盘剥③。这四条总结其实归结为一点,苗民的土地被不断地兼并、侵占,导致苗民连最基本的生活都难以维持,苗民被迫反抗。

雍乾苗民起事总算平息下去了,但客民的问题依然没有解决,土客的矛盾与冲突仍然存在。黔东南的八寨、丹江、都江、台拱、清江、古州等地经历了雍乾苗民事件后,大量的土地并没有回到苗民手里。反而随着社会由动乱转为安定,社会生产又有了一定的发展,贵州各地再次掀起新的移民浪潮,出现了由"夷多汉少"到"汉

---

① 中国第一历史档案馆、中国人民大学清史研究所、贵州省档案馆编:《清代前期苗民起义档案史料汇编》(中册),光明日报出版社,1987年,第168页。

② 中国第一历史档案馆、中国人民大学清史研究所、贵州省档案馆编:《清代前期苗民起义档案史料汇编》(中册),光明日报出版社,1987年,第445页。

③ 中国第一历史档案馆、中国人民大学清史研究所、贵州省档案馆编:《清代前期苗民起义档案史料汇编》(上册),光明日报出版社,1987年,第3—4页。

多夷少"的分布格局。其结果是进一步压缩了土著居民的生存空间,土著不得不从交通便利的、耕作良好的平坝转向偏僻的、土地硗瘠的地方,土著居民的生活更加贫困。

土客之间基于争夺生存空间加剧了彼此的不信任,仇恨的种子在此埋下。此时在土著心目中的"客民"一词含义也发生了转变,不仅仅指其籍贯,更多的是客民大规模移居贵州的符号。而清政府只是一味地采取禁隔土客交流接触的政策,限制土客之间的经济交流,刻意让双方保持距离,这反而不利于土客关系的缓解。

嘉道以来,客民侵占苗民土地的情况并没有缓解,反而更为严重。如松桃厅西北的石岘卫一带土客矛盾比较激烈,刘世美、田瑞龙率领苗民反抗,其斗争锋芒指向侵夺其土地的屯军。嘉庆平定苗乱后,"清厘逆产,奏设卫屯,苗屯杂居。时苗贼乘乱思逞,谓屯地皆其祖业,谋夺回,瑞龙因与结"[①]。黄平州"汉民错处其间,历年久远,苗产尽为汉有,苗民无土可依,悉皆围绕汉户而居,承佃客民田土耕种,昔日之苗寨,今尽变为汉寨矣"[②]。没过多久,贵州又一次爆发了苗民起义。此次起义可以说是雍乾苗民起义争夺社会资源、生存空间的延续,其规模更大、范围更广。

贵州各地起义不断,大规模的起义有黔东南的张秀眉起义、杨元保起义、姜映芳起义,黔西北的猪拱箐苗民起义,黔西南的回民起义,黔东北的刘仪顺的号军起义[③]。这些起义统称为"咸同苗民

---

① (清)罗文彬、王秉恩编纂:《平黔纪略》,贵州大学历史系中国近代史教研室点校,贵州人民出版社,1988年,第46页。

② (清)罗绕典:《黔南职方纪略》卷2《兴义府》,台北成文出版社,1974年,第176—177页。

③ 参阅刘毅翔《咸同贵州农民起义研究概述》,《贵州社会科学》1985年第7期。

起义"。起义范围波及贵州 73 个州县 [①]，几乎遍及全省。小规模的战争则更多，如镇宁县，"先是，感佑族人卖粮于陇黑汉寨孙发甲，感佑阻之，因争殴。寻聚众交讧，感佑败，沿途剽掠，团众集防，并迁怒相杀" [②]。威宁果木、车朗红苗，"数百突聚毕节朵俵山，犯七星关。为团首金研箴等击却，团众亦颇伤亡，因虐及本山佃种苗户。苗户惧，逸，旋纠白夷、干波罗夷图报复，啸聚果木之水塘。毕节知县龚秉琳遣生员罗仁安赴果木，土目安致钧谕令解散外苗，以安佃苗" [③]。

民国凌惕安列举了咸同时期苗民起义的缘由，就客民的原因有三：

良苗终日采芒为食，四时不能得一粟入口，耕种所入遇。青黄不接之际，借谷一石，一月之内须还至二石三石不等，名为断头谷。借钱借米亦然，甚至一酒一肉积至多时，变抵田产数十百金，心怨之而口不敢言，其黠者则怨恨所积，引群盗以仇之，而汉奸终不自悟方，且失之于盗劫，而取偿于盘剥。

苗产尽入汉奸而差役采买仍出于原户。当秋冬催比之际，有自掘祖坟银饰者矣，蒿目痛心莫此为甚。各厅并无钱粮盈余，专恃差徭采买，一切陋规以为公私之用。近年民力日绌，官事日多，即令如数收纳，尚呼瘠苦。何能禁止，而强以不

---

① 笔者根据凌惕安"咸同贵州城池失陷统计表"的统计数。参阅（民国）凌惕安编著：《咸同贵州军事史》，台北文海出版社，1966 年，第 1251—1256 页。
② （清）罗文彬、王秉恩编纂：《平黔纪略》，贵州大学历史系中国近代史教研室点校，贵州人民出版社，1988 年，第 115 页。
③ （清）罗文彬、王秉恩编纂：《平黔纪略》，贵州大学历史系中国近代史教研室点校，贵州人民出版社，1988 年，第 159 页。

情,且力役粟米之征一概停止,则苗民脱身化外,不复知有上
下之分,是禁之,固难将纵之而任其多取乎,则穷愁怨叹。苗
民日见其蹙,将更法而归于受田之汉民乎,则差役采买有已成
之俗例,而非赋役之正供。苗寨本无钱粮,汉民岂肯领受。讦
告纷纭,上下其手。

　　汉奸恐喝苗民无所不至。即如上年十月倡言某人带兵见
黑便杀,虽大张晓谕,开布公诚,而浮言不止,其造言恐喝之人
即平日盘剥之人,亦即异日倡乱之人,欲借以快其私耳,人心
思乱,无理可喻。①

凌惕安列举的三条可归结为:客民的高利贷盘剥;客民占有苗产,
但徭役并没有随田产转移而转移,仍然落在苗民头上;为达到侵占
苗民田土目的,客民故意制造官军见苗即杀的谣言,迫使苗民客走
他乡。尽管各地的苗民起义缘由各有不同,但这些起义几乎都有
共同性,即生存空间的竞争。我们再以兴义一带的回民起义为例。
在平定兴义动乱之后,兴义府知府孙清彦总结此次动乱的原因:

　　兴义之乱,倡自回贼,实由分类相仇。又有仲家,即土著
也。青苗,即生苗也。三者惟仲家最旧,凡水田沃壤,皆其祖
业,自为客家盘据,多有反主为佃,买田割地,狱讼不休。客
家者,一名大教,即汉民也。青苗,质既愚鲁,性尤犷野,以射
猎攘夺为业,其火枪尤利。汉民又奴仆之,回因乘势煽惑,使
互相劫杀,而居间取利。今虽窥破,自愿反戈,而中心之恨,

---

①（民国）凌惕安:《咸同贵州军事史》,台北文海出版社,1966年,第117—
　119页。

实未释也。非得威望素著者,坐镇其间,即回焰虽息,终不能
无事。①

孙清彦的这段分析反映了他长期以来对咸丰同治年间兴义地方发
生动乱的观察,他指出:土地问题是动乱的根源。

　　就全省而言,这些苗民起义对贵州产生了深远影响。雍乾苗
民起义是一次规模相当大的苗族起义,据张广泗奏称,有1224个
寨,多达10万以上苗民参与了起义②。咸同苗民起义则更为惨烈,
据凌惕安统计:"兵连祸结历二十年之长岁月,公私财产耗费至
一万万五千万两,合五省之兵力,先后动员至七八万人,死于兵疫
者几四百九十万众。蹂躏遍十二府、一直隶州、三直隶厅、四十八
散州厅县,失陷城池至百余座,被兵市镇四千余处,于役职官三千
余人,洵可谓空前之浩劫也矣。"③

　　具体而言,黔中、黔东南、黔西南动乱最为激烈。如安顺一带,
自咸同之乱后呈现出一片萧条的景象。《续修安顺府志》描述了当
时的场景:

　　　　民众大批死亡或逃散,大姓夷为寒族,大村夷为小寨,甚
　　至有全家灭绝,村寨化为乌有者。如旧志所载之彭家庄、杨家
　　庄、破头山、上补衣、下补衣、可瓦等寨,今皆已化为乌有。昔
　　之大村今已夷为小寨者占十之七八,观各村寨之败址颓垣,足

①（清）罗文彬、王秉恩:《平黔纪略》,贵州大学历史系中国近代史教研室点
　校,贵州人民出版社1988年,第237页。
② 中国第一历史档案馆、中国人民大学清史研究所、贵州省档案馆编:《清前
　期苗民起义档案史料汇编》(上册),光明日报出版社,1987年,第210页。
③（民国）凌惕安:《咸同贵州军事史》,台北文海出版社,1966年,第1257页。

可知今昔之盛衰。又如大、小洞口、本寨、腊平、各什、木当、木头、讨兑各寨之赵姓、谢姓,在昔族众甚繁,几占民户十分之六七,今则一村仅数户;狗场、长山之胡姓,潘家庄、杨家庄之潘姓、杨姓,段许家庄之段姓、许姓,金家大山之金姓,菖蒲苑之李姓,昔皆大族,今已寥如晨星。民众死于兵戈者,十之二三,死于饥寒、死于疾疫、死于散离逃亡者,十之七八。①

镇压苗民起义后不久,清廷派员勘察安顺地方,所到之处,惨不忍睹,该官员作诗云:

> 躬承简命到黔安,满目饥民不忍看。十里坟添千万冢,一家人哭八九棺。犬衔枯骨筋犹在,鸟啄襟胸血未干。寄与西南君子视,铁石人闻心也寒。②

有感于咸同苗民起义的影响,贵州按察使易佩绅作《去黔杂感诗》:

> 自有此天地,即有此鬼方。苗蛮同覆载,各自安其常。流官肆侵渔,客户纷夺攘。欺之为犬豕,逼之为虎狼。一朝成反噬,官走客户亡。用兵遂难休,积冤愈为殃。试数百余年,几日无战场。病不穷其源,投药安得良。③

---

① 民国《续修安顺府志》卷 20《杂志》,民国三十年稿本,1983 年安顺市志编纂委员会整理排印,第 643 页。
② 民国《续修安顺府志》卷 20《杂志》,民国三十年稿本,1983 年安顺市志编纂委员会整理排印,第 643 页。
③ 民国《开阳县志稿》第 6 章《军事·祸变》,民国二十九年铅印本,第 33 页。

这首诗表达了咸同苗民起义的根源在于地方政府的压迫、客民侵占苗民的土地,以及对苗民的经济盘剥。在清代中后期,贵州频频出现反抗事件,贵州始终处于"三十年一小反,六十年一大反"的社会变动之中。

　　总之,土地买卖的集中性与分散性均体现了地主制经济的快速发展。租佃制度普遍存在于贵州社会的各个领域,反映出贵州民众普遍贫困,土地的易手、高利贷的盘剥、租佃的冲突使得单个佃户与地主的纠纷和矛盾向大规模的苗民起义转变。

第四节　社会风气变化

一、社会风尚的转变

　　贵州向来以"苗蛮之地"的形象示人,语言、行为、习惯、习俗、信仰等成为"苗蛮之地"的标签和注脚,士人们对贵州社会风气多有描述。乾隆《贵州通志》对改土归流之前贵州各地的社会风气皆有描述和记载,摘录于下:

　　　　贵阳府:"俗尚朴实敦礼教,士秀而文,民知务本。"
　　　　安顺府:"其俗勤俭,尚儒重信。"
　　　　平越府:"俗尚威武,渐知礼仪。"
　　　　都匀府:"男无游手,妇勤女工,民风谨厚,守分安贫。"
　　　　镇远府:"地狭民贫,耕读织纺,多从朴素。"
　　　　思南府:"士子多兼力农,妇女恒羞逾阃,急于输将,贫不为盗,惟尚巫信鬼,陋习未除。"
　　　　石阡府:"士无佻达之风,农尽胼胝之力,地非四达,鲜有贸迁。"

　　思州府："俗不喜争,健讼者少,民勤而俭,颇有余积。"

　　铜仁府："民性淳和,俗尚俭约。"

　　黎平府："地称沃壤,民习勤俭,士敦弦诵,俗少嚣凌。"

　　大定府："不事商贾,惟务农业,声教渐讫,向慕儒雅,人多勤俭,文风武略,渐有可观。"

　　南笼府："士安弦诵,农乐耰锄。"

　　遵义府："勤耕凿,重蚕桑,士质而文,民朴易治。"①

乾隆《贵州通志》对各地社会风尚的描述无一例外都是朴实无华、勤劳节俭。具体到地方来说,如正安州的社会风气情况,嘉庆《正安州志》记载:

　　土裔惟郑、骆、冉、韩数姓,城中则江西、湖广侨寓者居多。乡场苫草为庐,贸易不过鸡猪盐米,其人奸猾者少,淳朴者多。农尽胼胝之力,贫鲜为盗,公急输将,虽山陬僻处,民气敦庞,然于变时雍,非复夜郎之旧矣。②

　　改土归流之前,虽然有一些客民流入贵州,但大多数还是零星的迁移。改土归流之后,出现了较大规模的人口迁入,使得整个社会风气为之一变。

　　在族群分布上出现杂居现象,土著与客民在很多方面有了交

_____

① 以上记载见乾隆《贵州通志》卷7《地理·风俗》,乾隆六年刻本,第1—4页。

② 嘉庆《正安州志》卷2《风俗》,嘉庆二十三年刻本,第4页。

流和融合。乾隆《镇远府志》对土客杂居的情况,记载曰:

> 今屯归于民而屯名存。山石多洞,往苗人居之,而名峒,
> 峒与洞通,蒋心余有图,村落之篴,今故不必图。土著皆他乡
> 寄籍,烝烝向化于声明文物之时,苏明允有言:"公以齐鲁之民
> 待斯民,斯民亦当以齐鲁自为矣。"①

上述材料表明,至乾隆时期,镇远的居民主要是由屯户、苗民、外籍
的土著构成。当时的军屯已经"民田"化,屯户就地转化为民户。
居住山洞的苗民可以通过"教化"达到治理的目的。那些离开故
土长期居住外地的客民,最后落籍当地,日久成为土著。最后借用
苏洵的名言来表达土客和谐共生的局面。但事实上,由于客民与
各族群分布格局的变化,客民逐渐进入少数民族聚居的村寨,既给
地方经济带来变化,又促使地方社会风气发生转变。
　　自嘉道以来,过去较为单纯的社会风气,逐渐变得复杂起来。
土客在长期的聚居与交往中,由于客民带有先天的文化优越感,土
著纷纷模仿学习客民的习俗风尚,以汉族为中心的文化价值观逐
渐盛行于地方,少数民族以能成为汉人或能仿效汉人而骄傲。如
"僰人俗呼为民家子,自滇迁来,其族多赵、何等姓,又仡佬俗呼为
老巴子,自楚流入,其族多邓、杨等姓,二种服色,土俗多与汉同"②。
"民家子""老巴子"早期由云南、湖北一带迁至贵州,时间久了就
成了贵州土著,但他们又不愿意与土生土长的土著为伍,有意与其

---

① 乾隆《镇远府志》卷 12《峒寨志》,乾隆五十四年刻本,第 1 页。
② (清)爱必达:《黔南识略》卷 29《普安直隶厅》,道光二十七年刻本,第 6—
　 7 页。

保持一定距离，自认为是汉族。同时，土著也不认同这些迁徙的土著，将这些人称为"民家子""老巴子"。称呼的背后反映出以汉文化为中心的价值观，带有区分种群优劣的意味。清代陈鼎叙述了这种价值观下的社会风气。陈鼎，江苏江阴人，少年即随其叔父至云贵生活，对贵州一带的民族风情、历史地理很有研究。在其著作《黔游记》中写到他们一行路过贵州苗地时的情景："山峒中诸苗男女见吾辈鲜衣怒马，仆从呼拥而至，举家皆出而膜拜，有不知者辄大声呼之而出，曰：'睨汉郎睨者视也。'汉郎者汉官也。或下马过其家乞水火，必举家男女跪而奉之，其爱慕中国如此惜乎。"[1] 再如仲家，"通汉语知汉书到处皆有，其种盖其商贾于诸苗之中，如徽人绍人之于中原也"[2]。

　　清中期，黔东南地区款组织逐渐衰落和瓦解，取而代之的是汉族以血缘关系为纽带的宗族组织。寻宗觅祖风行，有姓的加荣于祖先，无姓或小姓依附大姓或创姓。每隔数年或数十年修谱或续谱一次，每年清明时，集中全族成年男子聚会"晒谱"，即制订、修改族规，通报族务。大族都建有祠堂，置有田、山等族产，以济修谱、聚会或其他重大活动之资[3]。受汉化影响较深的苗族甚至自称为汉族，如镇远府一带苗族"俱循汉礼，耻居苗类，称之以苗，则怒目相向云"[4]。同治年间，发生了安顺城西将军山的"六合团"变乱，其事件的起因是：

---

① （清）陈鼎：《黔游记》，兰州大学出版社，2003 年，第 218 页。

② （清）陈鼎：《黔游记》，兰州大学出版社，2003 年，第 215 页。

③ 贵州省锦屏县志编制委员会编：《锦屏县志》，贵州人民出版社，1995 年，第 127 页。

④ （清）爱必达：《黔南识略》卷 12《镇远府》，道光二十七年刻本，第 10 页。

　　将军山附近龙家寨与茅口庄居民均系夷族。龙家寨田土
肥沃，民生殷富，常与汉人往来，自视为汉人，对夷人心存轻
视，因与茅庄夷人相仇，时相斗殴。夷人不敌，遂与乌速龙、蜜
蜂寨、养马寨、四旗寨等处夷人阴相联络，企图报复。初尚惧
怕官府，不敢肆行无忌。会老谭堡余祥二在马堡一带闹事，镇
宁十三旗夷人闻风附会，祥二乘机占据其地，声势日大。茅庄
夷人得此后盾，势焰益张，竟在龙家寨、白旗屯附近各寨，日则
盗牛抢马，夜则打村劫寨。乡民禀报，官府虽经出示晓谕，抢
劫如故，以致道路梗塞，商旅裹足。官府派兵缉拿，兵来则避，
兵去则出，无可如何。[①]

　　由于汉化的问题，龙家寨与茅口庄积怨由来已久。在将军山一带，
龙家寨的土著是较早接触汉民的族群，年长月久，他们逐渐被汉
化，甚至自耻为夷族，竟以汉族自居，不屑于与周边的夷人交往。
龙家寨夷人的种种汉化行径引起了其他夷人的强烈不满，他们通
过作谣歌历数他们灭宗忘祖，于是，双方仇恨遂起。龙家寨夷人由
于得到官府的庇护，总是处于优势，茅口庄夷人只有加入六合团以
对抗龙家寨夷人，最后走上反叛朝廷的道路。这个故事的背后反
映出少数民族文化在汉族文化的冲击下，有趋于同化的趋势。茅
口庄等少数民族为保护自己文化，最后演变成盗匪，行抢劫之事，
以致到动乱的地步。

　　社会风尚的变化与贫富分化的加剧相关。大量客民的涌入，
使得整个社会由勤俭淳朴到浇漓俗盛。随着社会生产力提高，劳

---

① 民国《续修安顺府志》卷20《杂志》，民国三十年稿本，1983 年安顺市志编
　纂委员会整理排印，第 642 页。

动产品大量增加,造成贫富分化日益加剧,贫富差距诱发族群对利益的追求。随着大量客民的进入,部分客民的恶劣行径,使得苗人逐渐改变了对客民的看法,如贵西苗痛恨"汉人欺其愚而侮之太过,忿激而成也"①。

二、赌博、盗匪、土棍横行

清初各地客民迁徙入贵州,占插为业,勤俭持家,逐渐定居并生存下来。定居之初,由于生存环境较为恶劣,生活和生产资料有限,人们必须勤俭节约、安分守己才能维持生计,因此诸地居民勤俭节约、民风淳朴,过着小农经济的生活。

但是从嘉庆年间开始,这种社会风气开始发生转变。嘉庆、道光、咸丰、同治年间贵州很多地方赌博之风盛行。如兴义县,自嘉道以来,"嗜好赌博者,无论男女老少,城区最多,打麻雀牌、扑克牌、字纸牌者几乎无处无之。乡间以字纸牌,铜钱作赌具者颇多,凡市场村庄常常见之"②。根据《黔西南布依族清代乡规民约碑文选》统计,该资料有24通碑刻,其中绝大多数集中在道光、咸丰、同治三朝,这三朝的碑刻有20通,主要涉及盗匪、赌博等社会风尚败坏问题。试举《永垂千古》一篇:

> 盖闻士农工商,是君王之正民;奸诈淫恶,乃乡里之匪类。所有奸情盗贼,起于赌博。我等生居乡末弹丸,少睹王化之典,各宜所有。务要出入相友,守望相助,勿以相仇之心,少男当以耕种,女绩纺。庶乎家家盈宁,殷室安居,乐享光天化日。自立

①(清)许缵曾:《滇行纪程》,上海商务印书馆,1939年,第9页。
②民国《兴义县志》第11章《社会·民生》,民国三十七年稿本,第35页。

碑之后，严示子弟。贫不可为贼，贱只宜卖气，倘忽行乱偷，通寨
一力禁革。上下邻村多有被盗苦案，只因强盗告失主之事。今
我寨上，若有为非及行强盗告失主者，人众必同力面差吊打，支
用银钱不能相丢。倘有白日夜晚，拿得是贼是盗者，众人一力上
前砍手剜目，使成废人。若窝藏匪类，勾引外贼，必定擒拿送官
治罪。若有贼人枉告中人，以为磕索者，此事指鹿为马，众人不
致相丢。兹恐无凭，特立碑为照，再列禁革款目，列载于后：

　　一、禁革不许赌钱。

　　一、禁革不许偷笋盗瓜。

　　一、禁革不许掳抢孤单。

　　一、禁革不许调戏人家妇女。

　　一、禁革不许游手好闲。

　　一、禁革不许窝藏匪类。

　　一、禁革不许偷鸡盗狗。

　　一、禁革不许作贼反告。

　　寨老：岑抱台、黄朝通、覃抱必、覃应贤、岑抱慕、覃抱赖、
杨卜平、陈抱龙、班卜改、黄秉秀同众花户人等共立。

　　　　　　　　　　道光二十七年秋七月谷旦　立①

　　这是一份由各村寨自发组织，经协商共同订立的乡规民约碑。该
碑为册亨县马黑寨碑，位于册亨县东南面南盘江上，隔江与广西田
林县相望。清朝初年，马黑寨地处泗城府和西隆州的交界地。雍
正五年拔粤归黔，为永丰州与册亨州同的分界。马黑寨地处要冲，

---

① 黔西南布依族苗族自治州史志办公室编：《黔西南布依族清代乡规民约碑
　文选》，册亨县印刷厂铅印本，1986年，第48—50页。

南来北往商客汇聚于此,嘉庆、道光年间有居民七八十家,近五百人。随着外来客民增多,马黑寨的赌博之风渐至流行起来。碑文记述马黑寨的赌博问题已成了当地毒瘤,赌博盛行进而引发了社会风气败坏,如游手好闲、道德沦丧、偷盗、抢劫等问题时有发生。从碑文中可以读出,盗匪的猖獗已经相当严重,甚至出现被盗之人反被盗匪诬告的咄咄怪事。

明清时期,平塘县克度分上里、中里、下里,为大塘理苗分州所辖。地处边隅的下里,苗汉杂居,一些"奸民"、土棍对乡邻的安全构成了极大威胁,严重损害了群众的生命财产安全。为了稳定社会,缓和民族矛盾,在道光七年(1827),大塘理苗分州特颁布告示碑。《平塘新店晓谕碑》①碑文如下:

> 为严禁汉奸欺压愚苗,以安良善而靖地方事:照得大塘地方,原系苗疆民寨,火耨刀耕,各安本分。惟近有外来不法流棍,勾引汉奸,视苗民为鱼肉,借端磕索。甚至明目张胆并捆缚赫(或)诈情事,形同凶恶棍徒。言之实堪发指。本分州下车伊始,业经出示剀切晓谕在案。现杨氏荣等,具□□□□□苗者寨苗民阿台等树木,反行捏词先控,旋红(经)提审实,除将总等分另枷责外,合行出示晓谕。为此示蛮者、摆赖等寨民、苗等知悉:嗣后如有此匪徒,借端磕索欺压苗诈□,苗等一面投鸣乡约、场头协拿送究。本分州为除安民起见,执法如山,断不容此匪徒混游境内,贻害地方。但苗人等亦不得挟持妄拿。致于并毋违。特示遵

---

① 该碑在平塘县城西南 125 公里处的塘边镇新店村,碑高 100 厘米、宽 60 厘米,楷书阴刻 289 字。

告示。

　　　　道光七年三月十一日定贴下里、摆赖、摆朋、
　　　　蛮者、摆细、粟木、满隆、上塘等寨 ①

这是一份由官府倡导，由下里等八个村寨协同进行防治的民约碑。碑文开篇指出碑文的目的是"为严禁汉奸欺压愚苗"，换句话说，即要解决"汉奸"、土棍在乡邻为非作歹的问题。这些人的所作所为激起了各寨民众的强烈不满，碑文特意以杨氏荣欺压苗民阿台为案例进行警示教育，以后再有类似行为即先由"乡约""场头"协拿，再送官究办，乡规民约是由民间社会组织倡导所立。下面的一通民约碑记载不法之徒最容易滞留在偏僻乡村以及流动人口较多的厂矿区域。道光年间贞丰州的流民、盗匪横行，不法行为严重干扰了民众的正常生活，故官府于道光十八年（1838）立民约碑以警示：

　　　为严禁贼匪，以安闾阎事：案据者党亭、岂凡、龙骨、岩沙、旧寨等处地方民众禀称"流民恃强讨乞，乘间肆窃，恳请示禁"等情到州。据此，附批示外，查该处附近册属矿厂，往往匪徒混杂，良莠不齐，兼系偏僻乡村，难保磕窃扰害。现当山粮将熟之期，若不先为防范，事必攘成事端。邻里有守望相助之义，如遇被窃，自应闻声帮拿，岂宜畏嫌膜（漠）视？种种弊实，委属乡愚实际情形。除密差查访拿究外，合行剀切晓谕。为此，示仰各该处乡长，以及地方人等知悉。嗣后，如遇三五成

---

① 贵州省地方志编纂委员会编：《贵州省志·文物志》，贵州人民出版社，2003年，第 292 页。

群,强气窃摸,贻害居民。或日则游荡聚赌,夜则鼠窃狗偷。甚至借事为名,生风讹诈,稍不遂意,伙同拷勒。此等奸宄,断难轻纵。许尔等投明乡长,协力捆解赴州,以凭尽法究办。亦不得挟意诬指,自取反坐之咎,各宜凛遵勿违。

　　特此右谕通知

　　　　　　　　大清道光拾捌年六月十七日良吉　立 ①

该民约明确指出党亭、岂凡、龙骨、岩沙、旧寨等偏僻的地方出现"流民恃强讨乞,乘间肆窃"的不良社会现象,原因在于这些村寨周边有大量厂矿,流动人口较多。厂矿区、偏僻乡村最易藏不法之徒,尤其在粮食即将成熟之际,最要防范。碑文后特别提出警示,凡"三五成群""强气窃摸""游荡聚赌""鼠窃狗偷"等行径一律由乡长缉拿送官。

　　扰乱地方社会秩序的多是"流棍""汉奸",属于王朝的"边缘人群",这批人使得地方政府寝食难安,而且对乡邻的安全构成了威胁。这些"流棍""汉奸"多是凶恶光棍,普遍存在于集镇和乡村,他们聚众赌博,惹是生非。此外,欺行霸市、打斗和吃喝玩乐是这批人的特点。贵州巡抚贺长龄记载了贵州"土棍"的所作所为:

　　　　呼朋聚党,数十成群,平时于地方善良之家,每每借端讹索,手持刀棍,辱骂纠殴,甚或捆缚吊拷,欲饱方息。及遇赶场日期,则持断戮片包等物,撞人掷地,即借词诬赖,其人不服,与之争辩,则其伙党辄从而聚殴,将其银物抢掠一空,莫敢谁

---

① 贵州省黔西南布依族苗族自治州史志征集编纂委员会编:《黔西南布依族苗族自治州志·文物志》,贵州民族出版社,1987年,第125页。

何。此等恶棍,如镇宁州属之曾周马场、张官堡、双堡场,安顺府属之旧州场、鲊笼场等处最多,至岁暮时尤甚。此外各处场市亦皆不免。[1]

册亨者冲总路口石碑对贺长龄描述的"土棍"行为方式作了很好的注脚:"居民杂处,往往有无籍游民,三五成群,诱赌盘剥。以乞丐为名,身栖岩洞,日则窥探门户,夜则鼠窃狗偷,盗谷物杂粮。或遇良善,估讨估要,稍有不遂,即撞头蚤骗,贻害地方。"[2] "土棍"的不法行径给地方社会造成恶劣的影响。因此,贵州各地通过乡规民约试图防范社会风气的不断恶化。如贵定县甘塘乡一带盗匪出没,为防止"寡廉鲜耻之徒,日窃山林五谷,夜盗牛马家财,扰害乡村",道光三十年(1850),特邀集十六寨乡耆、明人合议乡规九条,其中最重要的有四条:一、乡间大小事故不得以强欺弱,逞力蚤骗;二、乡户不窝藏匪徒,勾引外棍、磕害地方;三、盗窃牛马家财,各散户自办饭食,追赶捉拿;四、牛马践踏五谷,相地赔还,不准田坎放牧[3]。

　　一些走上盗匪之路的人往往会将富裕的客民、苗民作为自己抢劫的目标。云贵总督高其倬在奏折中称:"贵州诸苗之中仲家一种固最为顽恶,然各苗亦多抢杀之事,多云由于苗性记仇嗜杀而然。臣细察之,实皆起于图利,其复仇亦借端实利,其所有嗜杀

① (清)贺长龄:《耐庵公牍存稿》,转引自萧公权:《中国乡村——19世纪的帝国控制》,张皓、张升译,九州出版社,2018年,第546页。
② 黔西南布依族苗族自治州史志办公室编:《黔西南布依族清代乡规民约碑文选》,册亨县印刷厂铅印本,1986年,第36页。
③ 贵州省地方志编纂委员会编:《贵州省志·文物志》,贵州人民出版社,2003年,第345页。

亦有故,乃欲得彼财,凡他人银物一经其目,必生心抢杀夺之而后已。"① 高其倬总结了贵州社会风气恶化的情形,大致来说,原因有三:

其一,对于贵州来说,民众普遍较贫困,有银物可抢者亦少,于是不少盗匪干起了拐卖人口的勾当。贵州与四川交界地带,人价颇高,盗匪与四川的人贩勾结,"诸苗每得一人卖与地棍可得四五两,地棍卖与川贩每一人可得十余两,川贩贩入川中每一人可得二十余两,辗转获利,诸苗争相效尤"②。地方政府对此进行了大力打击,但效果并不理想,"用雕剿法,稍知畏戢,仍时出劫掠汉夷男女售与汉奸,转贩他省以获重利,居民苦之"③。这是一个暴利的行当,尽管政府打击严厉,但无法阻挡盗匪的人口买卖勾当,故很多人参与其中,甚至土司、官员、兵丁等看到这其中的暴利也参与到人口贩卖中。高其倬不得不承认:"贵州各土司地小人穷,多以窝贩窝盗为事,而劣衿亦把持隐蔽共为,桩主兵丁坐汛亦复卖放。是以治捆贩之法未尝不严,然不将各种弊窦详酌整顿,奸棍顽苗冒险趋利,此风终不能息。"④

其二,贵州"捉白放黑"问题严重,即通过绑架人质或掠夺牲畜来获取暴利。"贵州有拿白放黑之习,如此人与人有仇,或为人所抢己身力单不能报复,即寻一有力之家,或抢其人口,或掠其牲畜,暗插标纸,说明情故,令彼家代为报复或为赎取,然后还其所掠。"⑤ 史籍上一般将这种勾当归结于仲家。其实,仲家一般分布

---

① 哈恩忠编选:《雍正年间整饬贵州川贩史料》,《历史档案》2009 年第 4 期。
② 哈恩忠编选:《雍正年间整饬贵州川贩史料》,《历史档案》2009 年第 4 期。
③ 乾隆《贵州通志》卷 24《武备·师旅考》,乾隆六年刻本,第 11 页。
④ 哈恩忠编选:《雍正年间整饬贵州川贩史料》,《历史档案》2009 年第 4 期。
⑤ 哈恩忠编选:《雍正年间整饬贵州川贩史料》,《历史档案》2009 年第 4 期。

在贵阳、平越、都匀、安顺、南笼一带，仲家按家族结寨而居，内部很难劫掠人口，皆为外来客民人贩、无赖之徒所为。从事盗匪行当者应当汉人居多，尽管在史籍中没有明确记载，但在众多的文献互证中，我们仍然能发现蛛丝马迹。如贵州的峒人，在乾隆《贵州通志》记载："在洪州者，地沃多稼，而惰于耕，惟喜剽劫，每持刀弩，潜伏陂塘，踉跄篁薄中，飘忽杀越，不可踪迹，又招致四方亡命，窝分掳获，故黎平之盗，向以洪州为多。"①《贵州全省诸苗图说》"洪州苗"条则曰："在黎平境内，男子与汉人无异，耕作为业。妇女善纺织棉葛二布，其葛布颇精细，故有洪州葛布之名。"② 两者对"洪州苗"的描述完全是两种形象，前者将"洪州苗"描述成盗匪，干杀人越货的勾当；后者则将其描述成勤劳持家的好男人形象。为何"洪州苗"有两种截然相反的记载呢？杨庭硕研究发现，明清之际，洪州先后经历南明王朝割据，平定三藩之乱后，有些汉族散兵游勇流落洪州，这些散兵游勇为生存而干起了抢劫的勾当。而很多官方文献笼统地将这批人归结于少数民族所为，称之为"洪州多盗"。恶劣行为本与当地侗族无关，清人陈浩不便正面指责"乾志"记载不实，另列"洪州苗"专条，着意介绍当地侗族善纺织和勤俭耕作的善良本性，以此为洪州侗族正名③。

其三，"三不管"地带更易存在不法行为。高其倬在《为整治贵州苗情及川贩等事奏折》中提道："贵州各府州县与各省接界之处土司彝目亦多互相抢杀之事。"④ 具体如独山州，"境接广西之南丹土

① 乾隆《贵州通志》卷 7《地理·苗蛮》，乾隆六年刻本，第 21—22 页。
②（清）佚名：《贵州全省诸苗图说》，嘉庆钞本，第 22 页。
③ 杨庭硕：《〈百苗图〉对〈贵州通志·苗蛮志〉（乾隆）的批判与匡正（下）》，《吉首大学学报》（社会科学版）2006 年第 5 期。
④ 哈恩忠编选：《雍正年间整饬贵州川贩史料》，《历史档案》2009 年第 4 期。

州,独山之苗性既凶顽,而南丹土彝亦复强悍,中间路几三百里,最易藏奸,客民往来常遭劫夺"。从查获各类不法之徒的藏身之所看,多为地形险要之处,"至于各种贩棍原即系汉奸,伙同苗仲则残害汉民,伙同汉民愚弄苗仲。其行踪诡秘,半潜住于山峒石窟、密箐深林"①。且"三不管"地带的地方政府多徇私舞弊,"贵州一省境邻楚、蜀、滇、粤,交界之处皆系苗彝,多互相仇杀偷抢之事,各地方府厅州县将备等官历来各庇各民,竟成积习"②。流入"三不管"地带的人多未入版籍,也未纳入王朝的有效控制范围,加上地方官员的不作为,因而其地很容易成为流民、亡命汇聚之"乐土"和盗寇之渊薮。

① 哈恩忠编选:《雍正年间整饬贵州川贩史料》,《历史档案》2009 年第 4 期。
② 哈恩忠编选:《雍正年间整饬贵州川贩史料》,《历史档案》2009 年第 4 期。

第五章　国家与地方的社会治理

　　清前期国家依然延续明代"插花地"行政管理的政策。但随着客民大量涌入,在贵州逐渐形成了一个庞大的汉人社会群体,原有的"插花地"行政制度逐渐成了社会治理的桎梏。"插花地"行政最突出的弊病是会造成"三不管"问题,这也是贵州社会治理的难点。面对客民引起的社会变迁,国家与地方调整客民政策,制订客民相关措施,极力推行保甲制度,将所有客民编入保甲之中,最典型的是胡林翼在黎平府的保甲实践。

第一节　客民政策调整

　　改土归流之前,明清政府对苗民主要采取镇压和防范的政策,对客民主要采取鼓励和扶持政策以致力于贵州的垦殖与开发。改土归流之后,清政府注重苗民"教化",致力于儒学教育,采取化"生苗"为"熟苗"、化"熟苗"为民的策略,对客民采取严格限制和防范的措施。随着改土归流的深入,客民也趁国家权力渗入苗地的契机纷纷进入苗地。土客关系越来越紧张,清廷需要重新调整有关土客关系的政策和法律。

一、嘉道以前的客民政策

雍正五年，署湖广总督傅敏上奏朝廷《苗疆要务五款》，其中针对客民有两个条款："请禁民苗结亲；兵民与苗借债卖产尤宜禁绝。"他指出："汉民柔奸利，愚苗之所有哄诱典卖田产或借贷银谷，始甚亲昵，骗其财物后即图赖，苗目不识丁，不能控诉，即告官无不袒护百姓者，苗有屈无伸，甚则操刀相向报复无已。自后，除粜籴粮食、买卖布帛等项，见钱交易，毋容禁止外，至民与苗卖产借债责之郡县；有司兵与苗卖产借债责之营协汛弁，自本年为始，许其自首，勒限赎还，犯者照律治罪，失察官弁严加参处。"①傅敏希望通过严禁民苗结亲，严禁官兵、客民与民苗经济贸易往来等五条来禁革民苗关系，朝廷批准了傅敏的建议。

乾隆末年的苗民动乱，使得清政府开始对过去的政策进行修订。乾隆六十年（1795）二月，谕军机大臣："贵州、湖南等处苗民，数十年来甚为安静守法，与民人等分别居住，向来原有民人不准擅入苗寨之例。今因日久懈驰，往来无禁，地方官吏暨该处土著及客民等，见其柔弱易欺，恣行鱼肉，以至苗民不堪其虐，劫杀滋事。"②嘉庆二年（1797）三月，云贵总督鄂辉经过深思熟虑，奏定了黔省苗疆善后条款。该章程涉及客民的内容主要有两条：

> 一、自此番查办之后，申明例禁，汉民永远不许典买苗田，苗人亦不得承买民地。倘有违犯，一经查出，即将田地给还原主，追价入官，仍从重治以应得之罪。至举放利债，盘剥欺凌，

---

① 民国《贵州通志》《土民志九》，民国三十七年贵阳书局铅印本，第43页。
② 乾隆六十年二月上丙辰，《清实录》（第27册）卷1470，中华书局，1986年，第629—630页。

现亦一并严加申禁。并令有业汉民,除按额收租之外,不许借佃户名目,驱使苗民。如敢有犯,即以原田赏给被役之人,田主仍行枷责发落。或是凌虐致死情事,另行加重治罪。

　　二、厘定民苗村寨,毋许混杂,并严禁差役擅入苗寨,勾摄公事,以杜藏奸滋事也。查黔省在在苗疆,原非湖南仅有三厅苗地者可比。但汉人所居,则曰民村,苗人所居,则曰苗寨,未尝不各分界限,只缘通省各属,毗连川、楚、滇、粤,五方杂处。苗人不能出外贸易,亦资客民赶场互市,以通有无,是民苗往来,势难禁绝。但不厘定章程,严行示禁,恐日久弊生,或有游民潜住煽惑愚弄等事,应请嗣后贸易客民,只准住居民村,不得假宿苗寨。其地方官勾摄公事,皆当责令苗弁传唤,毋许差役前往,致滋扰累。①

鄂辉的这两款黔省苗疆善后章程,对客民行为做出多项规定,以保护苗民利益。章程禁止客民典买苗民田产,禁止客民放债盘剥苗民,禁止客民借佃户名目驱使苗民,禁止客民借宿苗寨,禁止地方官、差役擅入苗寨勾摄公事扰累苗民。鄂辉要求地方政府严格执行,"现在通行上下游各府厅州县,按季查报,凡有苗寨地方者,一概照此奉行,倘有故违,官则立予严参,民则从重治罪"②。针对客民与卫所屯军经常欺压土著的情况,嘉庆十年(1805)清廷颁布《屯田章程》,规定:

① 中国第一历史档案馆、中国人民大学清史研究所、贵州省档案馆编:《清代前期苗民起义档案史料汇编》(下册),光明日报出版社,1987年,第428—429页。
② 中国第一历史档案馆、中国人民大学清史研究所、贵州省档案馆编:《清代前期苗民起义档案史料汇编》(下册),光明日报出版社,1987年,第429页。

　　　　严禁民人擅入苗寨索诈欺凌,以期民苗相安也。查旧例
　　民人原不准擅入苗地,自乾隆二十九年以苗人向化日久,准与
　　内地民人姻娅,往来渐资化导而日久弊生,苗人遂藉口客民盘
　　剥侵占纠结滋事。现在苗民界址划分清楚,应申明旧例,汉民
　　仍不许擅入苗地,私为婚姻,以免滋事。惟各处集场原许民苗
　　按期赶场,应令汛屯员弁亲为弹压,无许市侩侵欺,其有苗人
　　控诉词讼,即令苗弁传送,秉公审结,不许擅差兵役入寨,倘有
　　奸民无故擅入苗地及不肖兵役私入索扰,立即惩究。①

　　嘉庆十年的《屯田章程》,概括而言,就是“禁止客民擅入苗寨”“土
客界址划分清楚”和“不准擅差兵役入苗寨”等三条禁规。

　　在贵州任职过或了解贵州的官员多主张禁革土客之间的接
触。如傅鼐,作为凤凰厅同知身份曾参与镇压乾嘉苗民起义的官
员,鉴于乾嘉苗民起义,认识到要治理好苗疆,客民乃关键因素,其
《治苗论》曰:“客民盘剥,差役吓索,历来扰苗之大者。”② 他提出:
“严禁客民扰苗”的策略,即“于苗民交界处设集场,限期交易,官
弁监之,负贩小民入苗巢者,则有刑遇争讼书差俱禁入寨。令苗弁
送两造入城,朝讼夕结,不使牵累至偷盗,细端责苗弁查察,机密事
故责边员确访,凡干法者置重典,夫如是,则苗之身家,无扰苗之气
习,亦渐驯矣。”③ 嘉庆十四年(1809),傅鼐已升至湖南布政使司,
他将原先限期交易的集场取消,从源头上切断客民进入苗寨的机
会。他在《详禁苗寨私开集场》中提出:“寨内私行开场交易,则私

---

①(清)严如熤:《苗防备览》卷13《屯防》,道光刻本,第18页。
②(清)但湘良:《湖南苗防屯政考》卷15《勋绩》,光绪九年刻本,第19页。
③(清)但湘良:《湖南苗防屯政考》卷15《勋绩》,光绪九年刻本,第19—20页。

场一设,设有奸民借赶场为名混入苗地,虽以稽查,实所关匪细,不可不预为防范封闭。"①

有着丰富地方任职经验的贵州布政使糜奇瑜,针对"苗性顽钝,向来不善经营,又与汉民久处,每被引诱盘剥,家业渐消,兼之生齿日繁,年复一年,益形贫穷"的问题,建议采取"汉苗典卖田土宜分别查办,以杜衅端也。查各苗寨向无汉人寄居者稽查易周,只须严禁汉民,不准混迹入寨,并晓谕苗众,毋得私自容留,即杜绝弊窦。其汉民盘剥苗田,见在严行查禁,有犯必惩,似可不蹈前辙"②。可以看出,上述两位地方大员的策略主要采取"隔绝土客之间接触"。

这些措施的制定和施行,在一定程度上缓和了土客之间的冲突,有助于维持整个社会秩序的稳定,但这种作用是有限的。如,黎平府即使"设卡巡缉",但还是无法阻止客民,原因在于"其地距楚最近,奸徒扬帆而下,须臾间耳"③。这说明朝廷的律例只是禁止土客杂糅在一起,但很难禁止土客之间的正常交往,如经济贸易、人情往来、婚姻等。比如婚姻,朝廷对土客通婚政策摇摆不定,"近今数十年来,休养生息,虽地土不在输纳之内,人丁不在徭役之中,但户口日滋,地界有限,既未免生计日绌,兼自乾隆二十九年弛苗民结亲之禁,客土二民均得与苗人互为姻娅。"嘉庆帝在奏折上批注:"先年所办未免失之斟酌,盖急于化苗矣。"④ 早期清政府为防

① (清)但湘良:《湖南苗防屯政考》卷4《征服下》,光绪九年刻本,第82页。
② 民国《贵州通志》《土民志九》,民国三十七年贵阳书局铅印本,第38页。
③ (清)爱必达:《黔南识略》卷21《黎平府》,道光二十七年刻本,第9页。
④ 中国第一历史档案馆、中国人民大学清史研究所、贵州省档案馆编:《清代前期苗民起义档案史料汇编》(下册),光明日报出版社,1987年,第260页。

止"汉奸"私入苗疆"播弄构衅",严格土客界限。由此可见,清政府也看到了人口日益增加,为了生计,土客之间的界限很难避免会突破。

正是由于客民带来的问题极为严重,故道光六年朝廷对客民进行了一次全省范围的人口普查。自此普查之后,地方政府认识到客民是治理贵州的难点。面对源源不断的客民涌入,总督阮元上奏"严禁客民章程",主要从四个方面着手:"严禁外省流民潜入私佃苗田","不准客户勾引流民续入苗寨","客户不得续行当买苗产","续来流民豫宜盘诘、递送并稽查游棍"①。朝廷批准了阮元、裕泰等大臣的奏章,该奏章成了道光年间处理客民的基本准则,同时督促贵州地方政府落实严禁客民章程。道光七年,贵州巡抚嵩溥奏:"编查附居苗寨客民保甲完竣,并酌拟随时稽核章程,一禁续增流民;一禁续置苗产;一禁盘剥准折;一禁加租逐佃;一禁棚户垦占。"② 禁增客民、禁增置苗产、禁棚民垦占等成为嘉道时期清廷治黔的主要政策。

道光帝要求贵州各地遵照执行,在清廷的旨意下,各地纷纷出台土客分隔的措施。普安直隶厅,"自道光七年清查汉户保甲,嗣后流民户口不准续增,汉民不准续置苗产,从此立明限制,可以杜绝其流矣"③。务川县,"黠者则不免作奸行窃,散处村寨,防范尤宜密焉"④。黎平府,"楚粤奸民,往往混迹于工匠之内,恣为抢窃,芽

① 民国《贵州通志》《前事志二十一》,民国三十七年贵阳书局铅印本,第52—54页。
② 道光七年九月庚申,《清实录》(第34册)卷126,中华书局,1985年,第1101页。
③(清)爱必达:《黔南识略》卷29《普安直隶厅》,道光二十七年刻本,第7页。
④(清)爱必达:《黔南识略》卷16《务川县》,道光二十七年刻本,第12页。

坪、王寨、卦治三处,商旅几数十万,距府治几二百余里,前径贵东道会同总兵官,于三处地方设卡巡缉,派拨兵役,互相稽查,稍稍敛迹"[1]。上述几则禁例,重点是为了防止苗民与客民往来引起纠纷和动乱,条例禁止客民无故擅入苗疆和苗人无故擅入客民地,禁止客民私通苗人互相买卖借贷、诓骗财物引惹边衅或潜入苗寨教诱为乱。

朝廷将落实较好的地方树立为典型。如安平县的西堡十二支成为地方治理的标本。嘉庆年间是贵州各地苗乱不断的时期,由于铜仁与兴义在嘉庆二年发生动乱,安平县地处交通要道上,因此地方政府密切关注苗民的动向。当时的苗乱与之前的苗乱已经发生变化。《安平县志》记载:"(嘉庆九年)今之治苗,与昔时异。昔时溪峒深山,皆为苗民穴窟,稍弗其性,便相勾引结连,跳梁跋扈。今自嘉庆二年铜兴苗变之后,大经惩创,畏威日甚。加以苗疆重地,兵将如云,率皆用命,犷悍之性,久已潜消,而且汉苗杂处,无事则鸡酒言欢,有事则风声先露,所虑者田土尽为汉民所买,苗民无以谋生,或勾引而为乱耳。"[2]嘉庆以来的苗乱根源在于大量土地被客民所占,苗民的生存空间被挤压。

道光六年,清政府委派熟悉苗疆的黎平府知府杜友李、能通苗语之抚标中军李可仁等前往安平县苗地,重点编查客民户口,对典买苗产的情况进行统计,编查之后不准再勾引流民,增添户口。一般客民越多的地方,苗民受剥削的情况也会越严重。朝廷再三谕令严禁客民进入苗地,"固为汉户愈多,苗民愈苦起见,亦因虑及尔等招集游民,受其连累,是以严立限制,不许增添,禁外来之游匪,

---

① (清)爱必达:《黔南识略》卷21《黎平府》,道光二十七年刻本,第9页。
② 道光《安平县志》卷7《武备志·师旅》,道光七年刻本,第11页。

正所以卫现在之善良。又曰：苗民田产，若尽为客民典买净尽，苗民无以为生，苗寨是其乡土，无处可以迁徙，岂能甘受冻馁，隐忍待毙，势必争收占种，拘讼斗争，尔等又何能安枕等语。反覆开导，自此以后，苗汉相安，而苗民亦不至于穷而为非。今日治苗之法，盖无有善于此者矣"①。安平县，"经杜太守编查详报，祖宪欲其法之无变，故备录"。自此以后，"中丞及各宪编查之法，以为后之治苗者鉴"②。

嘉道以来，客民欺占苗民土地的问题更为突出，为了加强对苗疆地区的统治，道光帝决定将鄂辉的章程进一步完善，对于客民与苗民之间的往来及田产问题，制定了《番界苗疆禁例》。该条例非常细致且十分严格，共有十五条，其中涉及贵州的有十一条，笔者称之为"贵州十一条"，现将"贵州十一条"内容录于下：

1. 民人无故擅入苗地，及苗人无故擅入民地，均照越渡沿关边寨律治罪，失察各官议处。民人有往苗地贸易者，令开明所置货物，并运往某司某寨贸易，行户姓名，自限何日回籍，取具行户邻佑保结，报官给照，令塘汛验放，逾限不出，报明文武官弁，严查究拟。

2. 贵州汉苗杂处地方，贸易客民只准居住民村，不得假宿苗寨，其地方官勾摄公事，责令苗弁传唤，毋许差役滋扰，违者严参究办。

3. 贵州省汉苗呈控典卖田土事件，该地方官查其卖业年分远近，是否盘剥，折责秉公定断，仍查禁汉苗，不许交易田

① 道光《安平县志》卷7《武备志·师旅》，道光七年刻本，第12页。
② 道光《安平县志》卷7《武备志·师旅》，道光七年刻本，第12页。

产,倘有汉民再行引诱侵欺,一经告发,田地给还苗人,追价入官,并治以应得之罪,查禁不力之地方官,严参究办。

4.解送饷鞘囚犯,及各衙门因公往来差使,俱不准向苗寨签派,如兵役藉端扰累,严行惩办。

5.土司等缺出,倘例应充补之弁,非苗众悦服之人,而所辖各寨,原设寨头,足资管束,即照从前裁汰之案,奏明办理。

6.附居苗寨客民,凡系承领门牌之家,概不许招外来之户。如有私相勾引,假称亲族,来寨居住,许本寨土目、乡约指名呈首,将流民递籍,并将勾引之客民连家口驱逐出境,田土断还苗民,追价入官。如土目、乡约知情容留,酌量惩治。至贸易、手艺、佣工客民,已经房主乡约出具保结编入户册者,准其在寨附居。

7.清查以后,凡系黔省汉民,无论居黔年分久暂,相距苗寨远近,及从前曾否置有苗产,此次曾否承领门牌,一概不准再有买当苗产之事。倘敢违禁私置苗产,许乡约禀究地方官查明,立时驱逐,田产给还苗民,追价入官,仍照违制律治罪。其所置苗产系土目管辖,私相授受者,应将土目一并严惩。如有客民迁移回籍,其所遗产业,苗民无力收买,方准售与有业汉民。其所当苗产,许苗民呈明取赎,地方官秉公查勘,如系客民垦荒成熟,酌断工本,倘有苗民诬告及当主勒掯情弊,照例究治。其营卫兵丁违禁射利,及邻省汉民越境私置苗产,责成地方官会同邻省该管官及营卫各弁,稽查惩办。

8.苗寨内外及肩挑贸易开店客民,将钱米货物借给苗民,止许取利三分。如有重利盘剥准折田土子女者,将田土子女给还苗民,钱债追给入官。放债之客民,仍照盘剥准折例,加等治罪,家口驱逐出境。土目、乡约不行举首,查出一并严惩,如实系苗民藉端捏控,加等坐诬。

9. 客民所招佃户,本系苗民者,仍令照旧承佃,不准另招流民耕种,其租谷均照原契数目,不得额外加收。随田陆地,如系未耕平土,先尽苗佃开垦,所出租谷,照苗寨旧规酌分。至荒山菁林,仍听苗民樵牧栖止,栽种杂粮,业主不得征收颗粒,如有加租逐佃等事,一经查出,立予重惩,所招新佃,概行递籍。其苗民承佃客田,捐不纳租,准客民控官究追。

10. 客民所招佃户,本系汉人者,仍准住种,责成业主稽查。其兴义、普安一带客民,有置当苗民全庄田土者,所招佃户多系汉人,遇有退佃,先尽原庄苗人承佃,如苗人不愿佃种,仍准汉人佃种。

11. 外来客民租出种地,责令该业户确查,实系良民,方许佃种,倘混行租给设有作奸犯科,本犯按律究办,该业户照容匪类例治罪。①

该章程是清中期以前对贵州政策的全面总结。从其内容可以看出,它是把雍乾嘉时期制定的法律措施系统化和条文化了。通过"贵州十一条"的内容,可以明显看出,随着客民源源不断地进入贵州,土客之间接触越加频繁,矛盾和冲突日趋激烈。道光之前,经历了几次苗民起义的冲击后,清政府已经意识到客民问题的严重性,即客民活动空间越来越大,而苗民生存空间日益缩小。同时,客民的到来,严重冲击了贵州的地方社会秩序,危及清政府在苗疆社会的稳固统治。为了防止土客往来引起冲突和动乱,"贵州十一条"专

①(同治)《钦定户部则例》卷4《户口四》,同治十三年校刊本,第17—22页。

门针对客民的问题提出：一是禁续增流民，从客民入口把关；二是禁客民续置苗产，不允许客民不加限制购买苗民土地；三是禁客民盘剥苗民，从法律层面禁止客民通过不法手段获取苗民的土地；四是禁客民加租逐佃，从法律层面禁止客民盘剥苗民；五是禁客民垦占，从法律层面禁止客民漫无边际地开垦土地；六是从法律层面规范土客之间的租佃关系。"贵州十一条"看到了问题之所在，试图通过禁止客民的所作所为，达到土客之间的和谐相处，实现苗疆的社会稳定。然而，"贵州十一条"仅仅是清政府的一厢情愿。道光时期，商品经济全国化趋势日益明显，中国被卷入到西方资本主义经济的大潮之中。贵州大量的商品需要通过客民与苗民进行交易，手工业、商业、农业等各领域都离不开客民，因此，清政府试图通过强力政治手段中止土客之间的交往，其效果大打折扣。

二、嘉道以后的客民政策调整

在地方大员中，和琳是少数几位认为不宜一味严禁客民进入苗地的官员之一。嘉庆二年，和琳提出六条善后章程，其中针对"因之奸民出入，逐渐设计盘剥，将苗疆地亩侵占错处，是以苗众转致失业，贫难无度者日多"的问题，和琳认为应就具体情况而论，他提出：

被难民人亦应分别安顿，以示体恤也。查此次苗匪滋事，虽由于客民盘剥地亩，有激而成。但客民之在苗地，亦非一朝一夕。即所占田地，有用价置买者，有以货物易换者。兹因苗匪不法，转致此等客民全行失业，亦未便向隅。因查客民之内，除回赴原籍及逃亡病故不计外，如现在就赈之民无可归束者，应即准于苗疆以外本系民村地方，先行酌给搭盖房屋之费，俾资栖止，然后再令地方官查明户口，分别抚恤。盖苗疆

以外民村屡被焚掠,隙地亦多,正可官为查核,分别向在苗地
内之汉民居住。至于苗匪此时虽因客民盘剥田地,心怀怨恨,
而其实苗地之盐斤、布匹等类,胥藉客民负贩,以供日用。如
一概禁绝,又多不便。嗣后民苗买卖,应于交界处所择地设立
场市,定期交易,官为弹压,不准用田亩易换物件,以杜侵占盘
剥衅端,则民苗永可相安无扰矣。[①]

　　经历乾隆六十年的苗乱后,除回籍、死亡、迁移之外,大多数客民穷
困潦倒,政府应该对客民进行抚恤,一概加以驱逐、禁革,对社会经
济恢复是不利的。况且苗地所需盐斤、布匹等类,均借客民负贩,
就近易买,以资日用。一概禁绝,会给民众生活带来极大困难。和
琳提出:嗣后民苗买卖,于交界处所设立场市,定期交易,官为弹
压,不准将地亩抵押易换商品,这样,可杜绝客民盘剥,民苗日久相
安,不致滋事。难能可贵的是和琳在陈述此条章程时提到客民侵
占苗产,并非都是非法获得的,"有用价置买者,有以货物易换者",
也有用合法的手段获得的。糜奇瑜也提到客民占有苗产的情况有:
"私相授受,或因借欠准折,或用价值典卖。"[②]

　　道光十八年,贵州巡抚贺长龄提出自己对土客关系的见解:
"通饬各属,悉心访查。惩盘剥之习,警包揽之风,杜侵占之渐,加
以殷勤告诫,使之归真返朴,不务奢华,冀以锄汉奸而苏苗困。而
又将苗民之凶悍劫掠者,严行究办,其诬控平民之案,照例治罪,则
苗民之为汉人害者亦去。苗民互控,勾串唆使,诡诈百端,若能迅

---

①　中国第一历史档案馆、中国人民大学清史研究所、贵州省档案馆编:《清
　　代前期苗民起义档案史料汇编》(下册),光明日报出版社,1987年,第
　　265页。

②　民国《贵州通志》《土民志九》,民国三十七年贵阳书局铅印本,第38页。

速听断,不令胥役、客民,得售其奸,则苗民之自为害者亦去。土司无违例科派之事,苗民无藉端挟制之心,则土司与苗民之互相为害者亦去。至于诗礼之家,苗民亦同于汉。生苗一种,原不与汉人为缘,固无庸议及者也。"[1]贺长龄认为土客关系恶化不仅仅是客民的问题,也有苗民、土司的问题,清政府要防范的不是所有客民,而是客民、苗民、土司中的个别违法者。这种认识是很有见地的。

正如前述,严禁客民政策在贵州大部分地区实施得并不理想,云贵总督张广泗道出了实情:

> 内地新疆逆苗绝户田产,应请酌量安插汉民领种一条。内云,查此番以数省兵力办理一年,深僻险远之地,兵威无处不到,剿苗寨八百有余。凡经附逆之寨逐为稽核,有十去其二三者,有十去其五六或八九者,统计现在户口较之从前未及其半。所有绝户田土实多,其现在收抚余苗,当日亦系附和之类,予以半全已属厚幸,即使赏给亦不能尽行耕种,且既有如许田产,小民趋利若鹜,诚恐汉奸无赖之徒私行占种,日久反滋事端。以此时情形而论,实可安插汉人,且有不容不安插汉人之势。[2]

苗民经历大劫之后,人口大量减少,成片的田土荒芜,清政府既希望再次招徕客民进行垦殖,又怕客民盘剥苗民的情况复演,既要禁止客民进入苗寨,又不得不依赖客民恢复社会经济,地方政府是很难做到两全其美的。随着道光年间客民的不断增加,贵州各地都出现了"客强土弱"的社会格局,苗民被侵凌的情况时有发生,"反

---

① 道光《大定府志》卷51《外篇一》,道光二十九年刻本,第20页。
② 光绪《古州厅志》卷3《田赋志》,光绪十四年刻本,第26—27页。

客为主"的现象向全省各地蔓延。中央王朝及地方政府采取的分隔政策，并没有收到应有的效果，反而进一步强化了土与客的分别，成为土客冲突的制度根源，社会问题越来越突出。乾嘉苗民起义之后几十年，又发生了咸同年间大规模的苗民起义，这说明过去的民族政策成效并不大。

咸同苗民起义之后，清廷转而放松对客民的限制和制裁，并相应地进行了若干政策上的调整。陈宝箴在"筹办苗疆善后事宜五条"中提出了消泯土客矛盾的办法：

> 欲永绝苗患，必先化苗为汉，除令剃发缴械外，欲令其习礼教、知正朔，先自知读书、能汉语始。拟以绝逆田产所入官租，募能通汉苗语音而知书者数十百人为教习，或一大寨数小寨各置一人，设义学一，使苗子弟入学读书，习汉语。年长者，农隙时亦令学汉语。……复严禁苗俗，如男女跳月、兄弟转婚及椎髻拖裙、黑衣带刀、祀牛角、不奉祖宗之类。但于立法之初，严刑斩不率教者一二人，余自畏服。①

陈宝箴的策略主要有两个方面：一实行汉化教育；二"严禁苗俗"。也就是通过"化苗为汉"，以此消泯苗民与汉民之间的文化差异，从而实现土客共治。持同样见解的贵州游击邓善燮，提出了更为详细的应对土客冲突的办法，这些方法和措施相对过去简单的分隔政策要全面而具体。他提出的苗疆善后事宜十五条，是对"贵州十一条"的修正。他认为不宜用堵的方式，而应采取导的策略，例

---

① （清）罗文彬、王秉恩编纂：《平黔纪略》，贵州大学历史系中国近代史教研室点校，贵州人民出版社，1988年，第535页。

如，"严禁客民进入苗疆"条，他认为宜采取"言语衣服，宜令苗民从汉，庶行贩通商，不致有抑勒之病；错居杂处，不致有异类之嫌"。即采取三种办法："割正华离地界，以免凌杂混淆""正婚姻以端风化"和"设义学以正蒙养"①。自此至清亡，朝廷上下基本推行"化苗为汉"的策略。如光绪时黎平知府袁开第在《禁革苗俗告示》中规定"严禁陋俗以端风化"②。民国时期，"化苗为汉"成为地方官员主政的主要社会治理手段。如贵州东部的岑巩县，作为与湖南省交界的县，客民迁入岑巩时间较早，客民在与各族群接触过程中产生了不少矛盾。《岑巩县志》对此记载曰：

> 岑巩之在黔中开化独早，故住民均为汉族，大多迁贾流宦创业于此，子孙递嬗。迄今以著，江西籍者最多。又因县属居黔东边陲，地近川湘，有来自川东及湘西者亦颇众，由粤桂闽鄂等省迁入稍逊。至土著之苗族间有仡佬，不过闻诸父老传述为某寨某姓，是而其生活、语言、风俗、习惯亦早与汉人同化，毫无差别。其婚嫁已改乘彩舆，曩者，汉人见之辄予捣毁，互相械斗，往往酿成讼端。查革家婚嫁原系执盖，步行男女结队沿路歌唱，且歌且饮，久已知为可耻，遂遵行汉人礼制，变野蛮而进文明，正宜嘉许，何用阻遏。今则倡言平等，汉苗待遇，政府本一视同仁。年来提倡苗族教育、增进苗夷文化，尤不遗余力，故汉人之传统思想终于逐渐打破，消灭民族间之斗争矣。③

① （清）罗文彬、王秉恩编纂：《平黔纪略》，贵州大学历史系中国近代史教研室点校，贵州人民出版社，1988年，第541—542页。
② 民国《贵州通志》《土民志九》，民国三十七年贵阳书局铅印本，第44页。
③ 民国《岑巩县志》卷8《地理志三·民族》，民国三十五年稿本，第4—5页。

民国三十三年（1944）岑巩县掀起苗民文化改造运动,这次改造运动主要还是针对清代遗留下来的各族群矛盾问题。这些矛盾主要集中在土客之间语言、文化、习俗等方面,双方之间为此经常发生械斗。地方政府试图通过"文化"改造,消泯双方的隔阂,但阻力不少。

无论是地方有识之士,还是地方要员,都希望通过"化苗"的形式来调和土客之间的关系。清代著名官员陈宏谋等奏:

> 许民苗结婚,当其时急于化苗,以民苗婚姻洽比可使气类相感,自当闻风慕义,仍着令凡结亲者必设立婚书,报官以便稽查,于禁弛之中寓防维之意。久之而娶苗妇者日众,官不胜其繁。报官之令不行,地方棍徒勾结痞苗,贩卖苗妇女射利。沿边厅邑几于村有苗妇,其父母兄弟往来探视,与内地姻娅无异,或佣工亲贯家中,径路无不谙熟。一旦变生呼吸,村落遍受其害,苗妇虽在外数十年,无不从。其寨人归者传曰:"非我族类,其心必异。"①

陈宏谋强调族群之间最大的差别是文化上的差别。文中通过对比通婚与拐卖婚,说明教化的重要性,只有教化才能将苗民纳入朝廷的大一统秩序之中。陈宏谋相信各族是能够被教化的,陈宏谋主张与苗族通婚是实现地方社会治理的有效手段,因此,不应该禁止苗汉通婚,应该将其作为民族同化的有力工具而积极倡导,具有"禁弛之中寓防维之意"。

通观整个清代的客民政策,以政治的视角,嘉道年间是清政府调整客民的关键时期,客民政策由宽松转向严苛,此后,清政府对客

---

① (清)严如熤:《苗防备览》卷22《杂识》,道光刻本,第21页。

民的社会治理大致沿袭了严禁客民的办法,并无明显变动。嘉道以后,客民由一种籍贯含义逐渐转变为一种"内地化"社会现象,严禁客民政策徒具其名;以文化的视角,由"以客治苗"转变为"化苗为汉",教化是国家和地方治理天下最基本的方法之一,客民与少数民族的交流日益频繁,清政府认识到教化比以往更加重要,"为政以教化为先"成为清朝上下的治国理念,严禁政策并非长久之策,最终还得依靠"以文化人"达至"大一统"的天下;以经济的视角,由鼓励客民进入苗地转变为严禁客民进入苗地,但客民已成为贵州地方经济发展不可或缺的一员,政府很难阻止土客之间的经济贸易往来。从这几个方面来说,严禁客民政策是很难行之有效的。

第二节　"插花地"行政与社会控制

自明代始,"插花地"开始在贵州各地普遍存在,这是由贵州州县、土司、卫所,以及"生苗"地界等多元交错的行政政区所致。"插花地"的形成既有历史的原因,也有政治统治的需要,至清代"插花地"已严重阻碍了清政府在地方的社会治理,基于此,地方政府进行了多次"插花地"清理工作,但效果并不太理想,直至今日仍广泛存在。以往研究,多为胡林翼的思维,主要关注"插花地"的成因及其带来的问题,以及如何清理"插花地",对"插花地"的问题多持否定态度,但对"插花地"在贵州为何长时期存在关注不够,甚至忽视,而这恰恰是考察明清贵州行政演变与地方社会控制薄弱与否的关键所在。

一、"插花地"行政的缘由

光绪十年(1884),署贵州巡抚李用清奏陈黔省情形时说:"可

虑者四：曰插花,曰鸦片,曰客民,曰饷项。"① 他将"插花地"列为
贵州四大问题之首。李用清是晚清很有才干的一名大臣,《清李菊
圃先生用清年谱》记曰："(光绪九年)十月蒙恩超升贵州布政使。
按清廷旧例,道员必须先任按察使,乃能升任布政使,特以公公正
廉能之声洽闻于朝野,所以朝廷破例擢升为布政使。此在当时为
不可多得之异数也。"②《清史稿》对其评价曰："实仓储,兴农利,裁
冗员,劾缺额之提镇,擒粤匪莫梦弼等置诸法。巡阅所至,召士子
讲说经传,将吏环厅,相与动容。"③ 李用清在其贵州任上认清了治
理贵州的四大问题,鸦片是晚清时期贵州的一个新问题,其余三个
问题贯穿于有清一代。

胡林翼将"插花地"的形成原因归结有三：

> 贵州所以多插花者,其故又有三：贵州之郡县一因乎明之
> 卫所；一因于元明之土司；一因于剿抚蛮苗所得之土田。④

胡林翼认为的第一个原因是明代卫所遗留；第二个原因是土司遗
留；第三个原因是征苗田土遗留。胡林翼的分析其实没有注意到
这种"插花地"状态是王朝统治地方社会的有意为之。

何谓"插花地"行政,首先需理解什么是"插花地"。1930 年国

---

① 光绪十年五月丁亥,《清实录》(第 54 册)卷 183,中华书局,1987 年,第
562 页。
② 李玉玺编著:《清李菊圃先生用清年谱》,台北商务印书馆,1985 年,第 14 页。
③ (清)赵尔巽等:《清史稿》卷 451《列传二百三十八》,中华书局,第 12566 页。
④ 民国《贵州通志》《前事志二十一》,民国三十七年贵阳书局铅印本,第
69 页。

民政府为了省市县勘界,特颁布《省市县勘界条例》[1],将"插花地"列为勘界的对象。为厘清"插花地"包含"插花地""飞地""嵌地"三种形态,后内政部出台文件《咨复为解释插花地等三项性质分别请查照》中,进一步解释《省市县勘界条例》所指"插花地"的含义:

> 属于甲县之地,并不因天然界线,而伸入于乙县境内,致使两县间界域,成为穿插不整形状,其伸入之地段,因形势狭长,遂致三面均与乙县辖境毗连,此种地段,如在两部分以上,即构成所谓犬牙交错之地。[2]

从上述"插花地"概念可以看出,大部分贵州行政区划不以"山川形便"原则作为行政区域的边界,而是以"犬牙相入"的原则划分,在行政上分属不同行政管辖,从而实现"犬牙相制"的统治。本书把后者称之为"插花地"行政。很多学者没有注意到明代王士性就已经关注到这种"插花地"行政的用意:

> 晃州以西,贵州地也,而清浪、偏桥以隶湖广,黄平以隶四川。五开,楚辖也,而黎平以隶贵州。此皆犬牙相制,祖宗建立,自有深意。[3]

---

[1] 第二历史档案馆:《国民党政府政治制度档案史料选编》(下),安徽教育出版社,1994年,第316—317页。
[2] 内政部:《咨复为解释插花地等三项性质分别请查照——咨湖南省政府》,《内政公报》1936年第12期。
[3] (明)王士性:《王士性地理书三种》,周振鹤编校,上海人民出版社,1993年,第242页。

很明显，"插花地"行政是为了统治的需要设置的。明代"插花地"行政是为对付贵州土司、少数民族而广泛设置的一种行政手段。王士性在《广志绎》一书中，就提道："出沅州而西，晃州即贵竹地。顾清浪、镇远、偏桥诸卫旧辖湖省，故犬牙相制之。其地止借一线之路入滇，两岸皆苗。"①

至清代，由于改土归流，土司所辖地改为各府亲辖地，卫所之地改为州县管辖，土著居住地改为政府管辖。但清政府并没有因为上述行政体系改变而改变，仍然保留原来的"插花地"行政。早期清政府鼓励客民进入土著地区，尤其是"生苗"地界，建立星罗棋布的村寨、屯堡，或插入"生苗"地界，或插入土司辖区。而这些村寨、屯堡主要划归州县管辖，它们之间互相穿插；卫所的屯田与民田两套体系的互相插花；清代贵州客民占有大量苗地，但清廷仍然按照"以赋为标准"，将其划归所属赋役县管辖，这样很容易出现民与地分离的"插花"。清政府早已看到"插花地"所带来的负面影响，但其更多出于社会控制的需要继续维持"插花地"行政。

首先，"插花地"行政是地理环境的选择。由于贵州自然地理的多元化，其自然条件有许多差异性，在行政上分属卫所、州县、土司以及半自治的管理，形成了多地犬牙交错的"插花地"状态。其次，"插花地"行政是统治手段的需要。由于贵州族群的复杂，王朝仍然按照"内外服制"的统治格局来定义各族群，"化内"民族与"化外"民族经常交织在一起，需要通过"插花地"行政既能防范可能的动乱，又能不断渗入"化外"之地。再次，延续明代的管理体

---

① (明)王士性：《王士性地理书三种》，周振鹤编校，上海人民出版社，1993年，第398页。

制。永乐十一年设立贵州布政使司,但大部分地区仍在卫所管辖之下,绝大多数汉族人口也是以卫所编制定居贵州,可以说,贵州设省就是为了钳制贵州土司而设立的。《贵阳府志》曰:"明设卫所,所以屏藩州县。"① 清代接管以后,卫所的军事性质基本消失,但作为一种同州县类似的地理单位却依然保留下来。今人顾诚认为明代的疆土管理体系是由行政系统和军事系统分别管辖的②。最后,"插花地"行政是行政区划的策略。早期,由于地广人稀,行政分区少,而管辖面积大,与此同时,所辖的行政中心又比较遥远,形成行政区过大而管理不力的局面。实行"插花地"行政将行政区域碎片化,以加强对地方的统治。

　　制度设计是基于地理与人文因素的,但在具体的行政过程中,确实存在诸多问题。明代,卫所与州县分隶于湖广和贵州,带来权责不明的问题。"靖州、铜鼓、五开、偏桥、镇远、清浪、平溪、沅州八卫属湖广,黎平、镇远、思州、铜仁四府属贵州,犬牙相制,军民杂处,或有词讼,例二处官勘问,事难归结"③。如何解决? 成化元年(1465),守备靖州都指挥同知庄荣建言:"黎平府十四长官司地连思州、思南、镇远、铜仁、石阡等八府,其地虽隶贵州,而经隔二十一驿,密迩湖广五开、铜鼓、靖州、清浪等卫,今将臣既分彼此,则兵、夷不相统摄,遇有警,卫难为调度,请因往年例,仍命大臣兼统。"④

––––––––––––––––––

① 道光《贵阳府志》卷 75《明耆旧传三》,咸丰二年刻本,第 1 页。
② 顾诚:《隐匿的疆土——卫所制度与明帝国》,光明日报出版社,2012 年,第 48—61 页。
③ 贵州民族研究所编:《〈明实录〉贵州资料辑录》,贵州人民出版社,1983 年,第 512 页。
④ 贵州民族研究所编:《〈明实录〉贵州资料辑录》,贵州人民出版社,1983 年,第 439 页。

从中可以看出,明代遇到此类纠纷,通常临时派遣大臣进行协调。很显然,这种办法是治标不治本的。一方面,明代"插花地"难以解决,反映出明代的王权还没有完全渗入地方的事实,因而,在行政体制上存在着州县行政体制、卫所行政体制与土司行政体制三种类型,三者又交织在一起。在文化层面上,存在着"生苗"与"熟苗"的疆域。另一方面,贵州独特地形地貌、各不统属的族群,也契合明代治理贵州的需要。这种政治格局也是朝廷乐见其成的,王朝希望通过三套行政体制的相互钳制,在错综复杂的政治格局中达到政治平衡的目的。

二、客民与"插花地"行政的关系

随着清王朝的权力逐步深入贵州,乃至边缘区域,土司权力成为极大的羁绊;随着客民等外省人口大量涌入,在贵州逐渐形成一个庞大的汉人社会,成为贵州地方社会一个重要的社会群体。明代遗留下来的三套行政体制已很难应对新的局面,"插花地"反成为贵州推行地方社会治理的很大障碍。多位贵州地方大员都谈到贵州"插花地"给地方行政带来的危害,纷纷提出需要清理"插花地",从而理顺行政区划[1]。"插花地"行政的调整成为清代地方政府长期以来的工作。从先秦到近代,中国历史上有过三次大的移民,这三次移民对政区的设置与分布都产生了重要影响。周振鹤认为:"行政区划的置废与人口分布的稀密直接相关,当人口增加到一定程度时,就要设置新政区,反之,就要撤销原有政区。"[2]如果说明代的"插花地"行政是因治理土司、"生苗"而设置的话,那么

---

[1] 如云贵总督鄂尔泰、安顺知府胡林翼、贵州巡抚张广泗、林绍年、岑春蓂、署贵州巡抚李用清等。

[2] 周振鹤:《中国地方行政制度史》,上海人民出版社,2005年,第294页。

清代的"插花地"行政的调整则还包括客民的因素在内。下面主要就其与客民关系进行论述。

　　大量的客民迁徙贵州，地方政府为安顿这些客民，就在他们的聚居之地设置新的郡县行政区划，并以教化性的汉名命名，如贞丰州的设置。鄂尔泰提出："泗城府延袤二千余里，北与黔省普安、南笼、永宁、定番相错，山高地险，夷狁杂处，奸匪藉为渊薮。请改土归流，以红水江为界，割江以北地，泗城之长坝、桑郎、罗斛等十六里，并西隆州之罗烦、册亨等四甲半零二十一寨，拨归贵州，建永丰州于长坝。"[①] 他向朝廷建议增设永丰州。朝廷采纳了鄂尔泰的建议，"黄草坝民居稠密，汉多夷少，且距州遥远，请于普安州、添设州判一员，分驻其地，稽查奸宄。即将贵州按察司经历裁汰，改设普安州判，均应如所请。从之。寻定长坝，新设州曰永丰"[②]。清廷很清楚地看到，客民数量增多，且与政治中心相距遥远，原有的行政区划很难加以管辖，于是增设州判，分驻其地，后又提高其行政级别，改设为贞丰州，治地仍设在长坝。贵州的州县，大多数创设于明代，那时人口稀少，土地荒芜，所以州县的管辖范围极广。清代以降，客民日益增多，土地大量垦殖，州县无法应付日益繁杂的政务，清政府不得不在原有州县中划拨出一部分的土地设立新县。

　　尽管，朝廷通过增设行政区划的形式来应对客民带来的问题，但实际上仍然不想真正解决"插花地"问题。清代在雍正、道光、咸丰、光绪四个朝代计划实施"插花地"清理工作，只有雍正、光绪

---

① 咸丰《兴义府志》卷2《地理志·沿革》，咸丰四年刻本，第82—83页。

② 雍正五年八月癸卯，《清实录》（第7册）卷60，中华书局，1985年，第920页。

朝在贵州施行过,而道光、咸丰朝未加以施行①。就雍正和光绪朝两次清理工作来说,只有雍正朝时期的"插花地"清理较为成功,而光绪朝只是局部性清理,且遭到了地方政府、地方精英、民众的反对。"以致办插花仍属插花"②。巡抚岑春萁不得不承认,各处"不愿改隶,系属实情"③。这里因诸多因素所致,但笔者认为清理"插花地"的最大障碍是其自身的"插花地"行政手段。"插花地"行政作为清政府治理贵州地方的政治策略而长期存在,随着清王朝政权稳定,尤其在平定吴三桂叛乱之后,朝廷需要加强对贵州边地的统治,王朝权力开始不断深入苗地,与此同时,客民大量涌入苗地。康熙五十九年(1720),贵州巡抚杨名时称:

> 贵州接壤苗疆,生苗在南,汉人在北,而熟苗居其中,与内地犬牙相错,为汉人佣工相安已久,若生苗则盘踞深箐,足迹不入内地,且有熟苗以为捍御,时以官兵威力相恐喝,故生苗不萌窥伺之想。自开拓苗疆之计,行官兵驻生苗地界,其土地渐为官兵所占,日寻干戈,而生苗始不得安其所。官兵驻扎之地,山高路阻,水泉不通,食货百无一产,军粮运至山下,官兵接运上山,尚有二三十里之遥。劳苦惊惶,妻孥隔绝,而官兵亦不得安其所。④

---

① 杨斌:《插花地研究:以明清以来贵州与四川、重庆交界地区为例》,中国社会科学出版社,2015年,第229页。
② 民国《石阡县志》卷1《舆地志》,民国十一年未刊稿,第4页。
③ 民国《贵州通志》《前事志四十二》,民国三十七年贵阳书局铅印本,第124页。
④ 道光《贵阳府志》卷64《政绩录三》,咸丰二年刻本,第13页。

"生苗"地界原本是没有真正统一的行政体制,既不是土司的辖地,也不是州县官僚政治统治的范围,他们有自己的族属,处于封建领主制社会形态,这一地带被清朝廷称为"化外之地",这一带的族群被称为"生苗"。在清王朝统治力量的压力之下,"生苗"地界的反叛分子被镇压,其苗产没收,或纷纷献土投降,朝廷渐渐深入"生苗"地界,开始安营设汛,建立军事据点。雍正年间,在黔东南新附苗区共设置九个营,二十九个汛,七十八个塘,驻兵六千多名,其后又增加到一万五千名。另一方面,又派驻流官,建立地方政权。这些新设流官有:雍正四年设长寨同知;雍正六年设八寨同知、丹江通判;雍正七年设古州同知、都匀府理苗同知、都匀通判、镇远府理苗同知、黎平府理苗同知;雍正八年设清江同知;雍正九年设都江通判;雍正十年设归化通判;雍正十一年设清江通判、台拱同知等①。此后,清王朝在黔东南正式设置黎平、镇远、都匀三府,下辖古州厅、台拱厅、都江厅、丹江厅、八寨厅和清江厅。这套行政体制是以"插花地"形态构成的。如都匀府亲辖地属五所之地,"虽与府属各司插花,其寨落尚皆缀聚,非若松桃汛堡牙交绣错于苗寨之中,是以县属客民偶亦有典买府属苗产之户,然皆已附见于府属各司之籍内"②。三脚州同"分辖之地与都江、八寨犬牙相错,有客民之寨比比皆是"③。客民的人口大量增加,逐步形成交错杂居的局面,与之对应的,其管辖的行政组织也犬牙相制。

---

① 张捷夫:《关于雍正西南改土归流的几个问题》,《清史论丛》(第5辑),中华书局,1984年,第275页。

② (清)罗绕典:《黔南职方纪略》卷5《都匀府》,台北成文出版社,1974年,第129—130页。

③ (清)罗绕典:《黔南职方纪略》卷5《都匀府》,台北成文出版社,1974年,第140—141页。

明代朝廷主要是从政治、军事的视角出发,为了羁縻苗地的需要,在苗地重要关口交错设置卫所、流官等行政体制,即"插花地"行政,试图对贵州的土司,以及"生苗"地界形成钳制,将三套行政体制的行政区域分割开,设置行政机构的多重交叉,以此相互制衡、相互监督,达到削弱地方权力、加强皇权的目的。随着清王朝逐渐加强对地方社会的治理,需要明确界域,明确管辖,而"插花地"所导致的隐匿户籍、逃避赋役等问题就更为明显,尤其是大量客民进入贵州以后,造成土地资源紧张,进而导致民族关系复杂化。

从客民迁移贵州的几个时间节点看,嘉道年间、光绪年间是客民迁徙贵州的高峰时段,而"插花地"成为严重问题也是在雍正、道光、光绪三朝。过去,"插花地"是作为政治、军事的一个重要地方行政手段,而嘉道以来,"插花地"成为制约地方社会的经济手段。"插花地"的土地往往是州县最为肥沃之地,表象上看,"插花地"的清理是一个界域纠纷,实质是一个行政区划问题。在贵州,"插花地"有着纷繁复杂的形态,造成"插花地"的局面,恰恰体现了中央在地方治理上的因地制宜的智慧。当然,任何制度都必须适时地进行调整和改革,才能适应社会不断进步的需要。清前期依然延续明代"插花地"行政的统治手段,不但体现了中央集权与地方分权的此消彼长,也体现了土客之间的竞争关系。清后期客民逐渐"土著化"后,土客逐渐走向融合,"插花地"行政越来越成为地方治理的桎梏。

三、客民与"插花地"行政控制

客民的迁入、土地的垦殖、地方经济的发展等都会引起行政区划的变动。

　　兴义府亲辖地东北的回龙厂，正北的羊场、阿棒塘、阿西，东南的邑皓皆为"插花地"、飞地，其中回龙厂作为一块飞地插入贞丰、普安、安南三州县之中，"水银厂旧名回龙厂，今土人呼为烂木厂。康熙二年初开厂，隶普安县。雍正间复开采，改永丰州辖。至嘉庆五年，始改归府亲辖。其地在郡城东北一百七十五里，贞丰城北九十里，孤悬于贞丰、普安、安南三州县境之中。东界安南之阿计城，西界安南之会昌里，南界贞丰之木角喜洞，北界普安之阿计、安逸二里，为今府亲辖之插花地"①。其主要原因在于回龙厂地理位置十分重要，"新城丞所驻之地，为兴义一府适中之所。滇粤两省客货往来，背负肩承，骑驼络绎，东去兴义府之回龙厂仅数十里，人烟辏集"②。因此，镶入一块飞地能有效控制南来北往的客商。见图5.1。

　　兴义府亲辖境共有三里，在府城周边的曰安仁里，东乡南乡曰怀德里，西乡北乡曰永化里，三里共有二百八十九寨。从三个地名能明显地看出这些地方主要是客民聚居之地。如普安县亦有三个汉里，"曰兴仁里、兴让里、忠顺里，本安南卫及新城、新兴二所屯地，设县后拨属者皆汉民居之"③。随着客民的增多，清政府需要增设新的政区，但在设置新的政区过程中处处以"插花地"行政的思维进行行政区划。《兴义府志》讲述府亲辖地行政区划的设计：

　　　　安仁里昔之屯田也；东南乡为怀德里，西北乡为永化里，则

---

① 咸丰《兴义府志》卷 2《地理志·沿革》，咸丰四年刻本，第 87 页。
②（清）罗绕典：《黔南职方纪略》卷 2《兴义府》，台北成文出版社，1974 年，第 67 页。
③ 咸丰《兴义府志》卷 9《地理志·屯寨》，咸丰四年刻本，第 12 页。

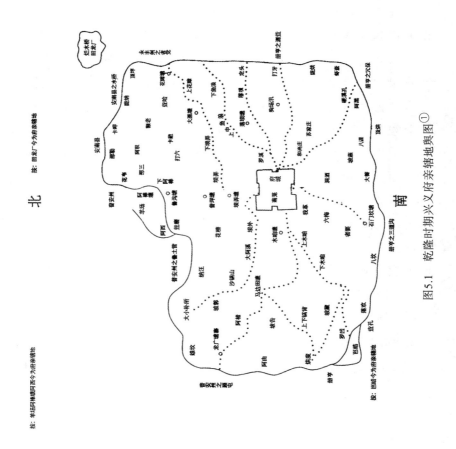

图5.1 乾隆时期兴义府亲辖地舆图①

---

① 本图在咸丰《兴义府志》卷首《图说》,贵州省安龙县史志办公室校注本,贵
州人民出版社,2009 年,第 35—36 页基础上制成。

属昔之阿能十八寨也。安仁里之地虽近府城,亦相错于各寨之中。而怀德、永化二里之十八寨,今则一寨分为四五十小寨。[①]

安仁里是由卫所屯军所在地转设而来,原有"插花地"相错于各寨之中;怀德里、永化里则是从土司十八寨中转设而来。清政府将一寨细分成四五十个小寨,进一步分割原土司的辖地。清政府在调整普安州之黄草坝时,除一部分割归兴义县外,"尚有喇坡、者达诸屯错出于县南,且又相错于四乡诸寨之中,盖屯地原设于苗人巢穴之内也"[②]。很显然,清政府并不打算改变"插花地"的现状,而是将其作为一种行政手段。因此,在黔西南处处体现"插花地"行政的控制手段。如安南县辖有新化、安仁、淳德、会昌、长牛等五里,其五里皆"犬牙相制":

> 新化里分十甲,汉苗杂处,内有普安州之村寨插入。
>
> 安仁里地分为上半枝、下半枝,汉苗杂处,内有普安州、普安县地插入。
>
> 淳德里地分为上中下三股,汉苗杂处,内有普安州、普安县属屯寨插入颇多。
>
> 会昌里地分为上中下三股,汉苗杂处,内有永丰州、普安县属村寨插入颇多。
>
> 长牛六甲昔属普安州土司辖,乾隆二十七年酌割长牛、郎斗鸡场等二十三寨,共计六甲,归县管辖。……长牛里六甲在县城西北,狆苗老巴子杂处,内有普安厅、普安县、郎岱厅、水

---

① 咸丰《兴义府志》卷9《地理志·屯寨》,咸丰四年刻本,第2页。
② 咸丰《兴义府志》卷9《地理志·屯寨》,咸丰四年刻本,第2页。

城厅所辖村寨插入,其归安南县辖者,今凡三十一寨。①

从上述五里的"插花地"情形可以看出,凡是"汉苗杂处""狆苗老巴子杂处"等土客杂居的地方就有"插花地",而且插入村寨类型不一,如村寨插入、屯寨插入。可以说,州县、卫所和土司辖区之间互有"插花地"。《兴义府志》在其《屯寨》篇做出总结道:

　　全境屯寨都计千有奇,郡制不分设地保,第设乡约、寨头,分寨巡查;贞丰则分设土目以治。然乡约、土目之类,岂可专信全任? 郡之知府、州、县,既分境而治,则各有守土之责,尚其时巡以通民隐,以戢群小,庶全境屯寨安以治。②

"插花地"行政制度的设计是因清政府对地方社会不信任,且兴义府又是全省客民最多的地区,土客杂居现象比比皆是。所以,兴义府全境的屯寨都是通过"插花地"形式对地方社会进行行政控制的。

安顺府的屯寨"插花地"情况亦呈星罗棋布式分布,"郡地虽分起、分枝,而起、枝之村寨,不能皆聚于其方也"③。但相对于兴义府的插花地情况略有不同。安顺一带出现一地被两个或两个以上地方行政管辖的现象。试列举安顺府亲辖地的几则材料:

　　宁谷枝的五官屯,又属上道俸,又隶普定永丰里;蔡官屯

① 咸丰《兴义府志》卷9《地理志·屯寨》,咸丰四年刻本,第16—19页。
② 咸丰《兴义府志》卷9《地理志·屯寨》,咸丰四年刻本,第25—26页。
③ 咸丰《安顺府志》卷4《地理志·府亲辖疆里》,咸丰元年刻本,第1页。

又属阿得枝,又隶普定定下里。①

　　府枝的阿窝、横水塘、小高寨、马路、仡佬湾,又属沐官庄。②

　　上道俸的朱官堡,又隶普定定上里;颜旗屯,又隶镇宁;宋旗屯,又隶普定永丰里;董官,又隶普定江靖里;左蒋,又隶普定奠安里;泡木山,又隶普定西门。③

　　下九庄的王官堡,又隶镇宁下九枝。④

上述这些村寨多为"一地两属""一地三属"的行政区划,是一种特殊的"插花地"行政。犹如上道俸的村寨形容为"散见四方,共一十七寨"⑤。安顺府的一地多属的行政区划现象与明代卫所军屯有关。"沐官庄、道俸枝、九庄枝旧皆官田,每枝里寨,不相联络,皆杂居各枝之间。沐官庄者,沐国公之庄田也;道俸枝分上下,则前明兵备道之官田也;九庄枝亦分上下,则国初之官田也。十四枝皆在治南,惟诸官田则有插治西北者"⑥。明代平定贵州以后,择其险要的地方设立卫所,驻军屯守,在每一卫所的管辖内进行屯田。由于贵州平地少,多崇山峻岭,所以可供屯田的地方星散四出,不相连属。到了清朝,改卫所为州县,安顺府亲辖地的沐官庄、道俸枝、九庄枝即昔日卫所的辖区,概划归州县管辖,遂造成一地多属,这也是清政府乐见其成的。

---

① 咸丰《安顺府志》卷 4《地理志·府亲辖疆里》,咸丰元年刻本,第 19 页。
② 咸丰《安顺府志》卷 4《地理志·府亲辖疆里》,咸丰元年刻本,第 31 页。
③ 咸丰《安顺府志》卷 4《地理志·府亲辖疆里》,咸丰元年刻本,第 36—37 页。
④ 咸丰《安顺府志》卷 4《地理志·府亲辖疆里》,咸丰元年刻本,第 38 页。
⑤ 咸丰《安顺府志》卷 4《地理志·府亲辖疆里》,咸丰元年刻本,第 36 页。
⑥ 咸丰《安顺府志》卷 4《地理志·府亲辖疆里》,咸丰元年刻本,第 3 页。

黎平府的情况也比较复杂。黎平府所辖地方长期隶属于湖广与贵州,但随着王权渗入"生苗"地界,也随着客民涌入"生苗"地界,原有的"插花地"行政带来诸多不便。雍正五年,贵州巡抚高其倬向朝廷上疏曰:"黎平府与楚省五开卫同在一城,民苗杂处,分隶两省,事权不一。"同年,黎平府知府张广泗"改五开卫为开泰县,铜鼓卫为锦屏县,又以靖州之天柱县改属黎平府"①朝廷批准了高其倬"请改五开卫归黔疏"。黎平府行政区划的置废主要出于客民日益增多与少数民族聚居的考虑。"黎平自明以来,设官建长,画井分疆,各有专属。然汉夷杂处,臣叛靡常。逮今疆宇日增,百蛮贴服"②。现根据《黎平府志》制作了明清时期黎平府行政区划沿革表(表5.1)。

表5.1 明清黎平府行政区划演变

朝代	省	郡	县、卫、司
明	湖广	思州宣慰司	乐敦洞长官司、上黎平长官司(裁乐敦洞、上黎平长官司,增中林、龙里、赤溪、西山四司)、永从司、潭溪司、八舟司、洪州司、曹滴司、古州司、新化司、湖耳司、亮寨司、欧阳司共十四司
明	贵州布政使司	黎平府(永乐十一年置,辖七;宣德十年裁新化府入黎平,移驻卫城,并领土司十四)新化府(永乐十一年置,辖七司)	五开卫(洪武十八年设五所于城,设十所及两屯于城外要地)、铜鼓卫(洪武三十年设,与五开卫并隶湖广)、永从县(正统七年废福禄司置永从县)
	贵州湖广	黎平军民府(万历十年改军民府兼治卫事,知府归沅辰靖道节制;万历二十八年以黎平隶湖广,三十一年复隶贵州)	潭溪司、八舟司、古州司、曹滴司、洪州泊里司、福禄永从司、西山阳洞司、新化司、欧阳司、亮寨司、湖耳司、龙里司、中林验洞司、赤溪楠洞司

① 光绪《黎平府志》卷2上《地理志第二》,光绪十八年刻本,第25—26页。
② 光绪《黎平府志》卷2上《地理志第二》,光绪十八年刻本,第30页。

续表

朝代	省	郡	县、卫、司
清	贵州	黎平府	古州厅同知（雍正八年开辟新疆置）、下江通判（乾隆三十五年置）、开泰县（雍正五年改五开卫置）、永从县、锦屏县（雍正五年改铜鼓卫置，道光十二年改为乡，设县丞） 郎洞县丞、丙妹县丞、府经历、洪州吏目、潭溪司、潭溪副司、八舟司、古州司、洪州司、洪州副司、亮寨司、欧阳司、欧阳副司、湖耳司、湖耳副司、中林司、新化司、龙里司、三郎司

资料来源：光绪《黎平府志》卷2上《地理志》，光绪十八年刻本，第33—35页。

从表5.1可知，明清两代黎平府的行政区划变动非常大，明代，省、郡、县三级行政层级的隶属关系变化不定，省与省之间、郡与郡之间、县卫司之间互相"插花"；清代，逐渐将明代的省、郡两级隶属关系厘清，但州县一级互相"插花"的状况并没有改变。对比明清两代，可以清晰地看出，清代的国家权力已经渗入贵州腹地，表现为将卫所、土司改设州县，因人口增加、政务繁杂增设州县，但仍保留大量"插花地"以此钳制地方。

以松桃厅为例，对客民与"插花地"行政进一步考察。松桃厅有其他州县插入其地，同时，松桃厅有九处地方插入其他州县，其"插花地"之繁杂程度十分罕见，《黔南识略》详细记载道：

外有所辖之地孤悬于思南、石阡两府之间，俗名插花地，凡九处。厅之西南五百六十里为平贵、外洞、陆曲，外洞东北斜长五十里，南北三十里，界思州、镇远、施秉、思南、石阡、铜仁府等处；西南二百八十里为黄羊坝，长五里、横半里，界思南、印江；西南三百七十里为督陀洞，纵横十里；西南四百一十里为豆麻

洞,俱界思南、安化、务川;西南四百三十里为宽平洞,纵横十二
里,界思南、安化、龙泉;西四百一十里为大保洞,纵横六里,界思
南、务川、龙泉、安化;西四百七十里为小溪,纵横四里,界思南、
务川、安化;西四百一十里为卜居洞,纵横二十里,界思南、安化、
龙泉;西四百五十里为黑水,纵横十二里,界思南、安化。①

松桃厅原是"生苗"地界,既不属于州县管辖,不归土司管理,亦
不隶属于卫所。"松地苗蛮率以寨计,有与汉民分寨而居者,有自
相毗连至数十寨不等者,所居多幽阻险隘之地,崇山广谷,自为风
气。前明设府以来,其窎远者均为数土司所不能辖,又其地北接酉
秀,东连辰永,松桃所领实介川楚之交,设城最后,饮食衣服居室有
与汉民迥别者"②。显然,明代松桃厅的"插花地"更多是政治、军事
所需。《读史方舆纪要》记载:"(平头)司孤悬苗界,地最广饶,赋
役出办居多,与乌罗、朗溪及四川之邑梅司接壤,守御至切,而油蓬
堡、苗羊坪、冠带河皆置戍处也。嘉靖中议者以孟溪堡偏守一隅,
宜迁于油蓬堡,乃平乌二司适中处,且可与四十八旗相应援云。又
冠带河堡,在司西南。苗犯思、石,此为必由之道,有险囤可以固
守。四十八旗屯军,在司东南,为湖广军民杂处之地。嘉靖中议筑
堡于此,恃为险囤。"③ 设置卫所是为了互相钳制,采取"你中有我
我中有你"的行政插花手段,加强对"生苗"地界的控制。道光时
期松桃厅的一幅舆图标示了各行政区划的位置(图 5.2)。

---

① (清)爱必达:《黔南识略》卷 20《松桃直隶同知》,道光二十七年刻本,第
　　2—3 页。
② 道光《松桃厅志》卷 6《苗蛮》,道光十六年刻本,第 1 页。
③ (明)顾祖禹:《读史方舆纪要》(第 11 册),贺次君、施和金点校,中华书局,
　　2005 年,第 5325 页。

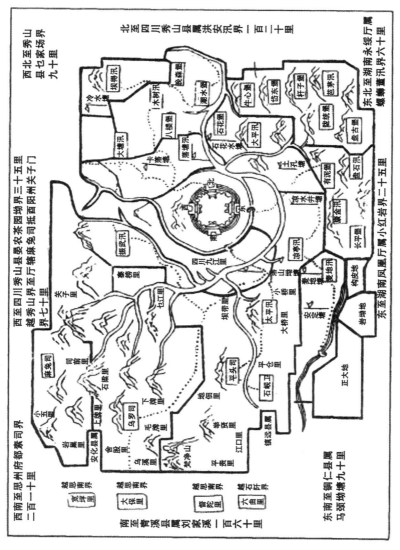

图5.2　清代松桃厅舆图①

<hr />

① 本图在道光《松桃厅志》卷2《地理门·舆图》,道光十六年刻本,第2页基础上制成。

　　从道光《松桃厅志》中的舆图看,城东一带卫所的屯堡塘汛密布,城西一带土司和流官交错其中,舆图展现出其行政区划的复杂性,政区与政区之间犬牙交错。原任江西建昌府新城县知县、《松桃厅志》纂修者萧琯,在松桃厅舆图旁白曰:"奋武崇墉建,修文闿泽敷。犬牙交楚蜀,绣错绘鸠图" ①。《松桃厅志》记述了松桃的行政沿革情况:

　　　　康熙四十三年,平红苗,设正大营,以同知驻其地。雍正八年,平松桃红苗,移同知驻松桃,为铜仁理苗同知。至乾隆六十年,有逆苗石柳邓之变。事平后,曾设碉堡,乃就其地设松桃直隶军民府,而以乌罗、平头四司之地拨入松桃,于是版图四至几四百里,四司者,平头正副长官、乌罗正副长官也。②

松桃厅是在不断地征服苗地的过程中进行行政区划的,这种层层叠加的行政架构,至道光初年,松桃厅行政系统包括有松桃理苗同知、松桃直隶军民厅、乌罗正副司、平头正副司和石岘卫。这与清政府逐渐削弱卫所、土司有所不同,松桃厅通过新置卫所、土司来加强地方统治,又通过"插花地"行政防范土客冲突。譬如设置石岘卫的原因是嘉庆六年"逆苗白老寅等辄敢纠其凶党劫掠汉民一十八寨,大宪以乾隆六十年之役受其降,未经大创,故无忌惮也。洗其穴而空之不稍贷,于是毗连之苗乃帖耳焉。事平,藉其地设屯田,而以屯兵填实之。更相度险隘之区,分置八堡,以为石岘护卫,

① 道光《松桃厅志》卷2《地理门·舆图》,道光十六年刻本,第2页。
② 道光《松桃厅志》卷2《地理门·建置》,道光十六年刻本,第1—2页。

堡以碉为门者四,余又增设四十八碉,各分屯兵五名以司巡察"。[①]
苗乱因客民占有苗地所致,实质上,松桃厅设置州县、卫所、土司、
军民厅等行政机构主要是为了处理土客复杂的族群关系。

从道光时期松桃厅的客民人口变化可看出清政府"插花地"
行政控制的用意。由于松桃的地理环境险峻,原为苗族聚族之地,
随后,客民源源不断地迁徙松桃,形成客多土少的人口分布局面
(见表 5.2、5.3)。

表5.2 道光十四年松桃厅汉民户口数

辖区	地名	汉户数	汉口数
城厢内外	厅城	307	2284
小计		307	2284
坡西各汛	太平汛	845	7124
	大塘汛	670	5542
	木树汛	125	1086
	坝得汛	557	4613
	大平茶汛	337	2867
小计		2534	21232
城东各汛	正大汛	442	3521
	麦地汛	253	1987
	构皮汛	350	2770
	岩坳汛	322	2556
	盘石汛	237	1997
	康金汛	248	1953
小计		1852	14784
乌罗、麻兔司各牌里	上下毛牌三股	4124	10581
	上里舍股、石梁	3261	8371
	下里贯坪	1638	4257

① 道光《松桃厅志》卷18《屯兵》,道光十六年刻本,第1页。

辖区	地名	汉户数	汉口数
乌罗、麻兔司各牌里	司前、吴溪、凯牌、关子里	2715	6931
	小五岩上下里	690	1792
	乌溪、乜江寨、榜里	1044	2872
	八曲、贵外、督陀、豆麻	2561	6737
	宽坪五里	1714	4486
小计		17747	46027
平头司	内十里	7154	16976
	地举、落满里	5257	12523
	平贵、江口里	3259	7831
小计		15670	37330
合计		38110	121657

资料来源：道光《松桃厅志》卷12《食货门·户口》，道光十六年刻本，第1—11页。

表5.3　道光十四年松桃厅苗民户口数

辖区	苗户数	苗口数
平头司、石岘	468	2956
坡东、坡西	3980	18423
合计	4448	21379

资料来源：道光《松桃厅志》卷12《食货门·户口》，道光十六年刻本，第11页。

从上述两表可知，松桃厅苗汉总户数为42865，总口数为145320，苗户4448户，占总户数10%，汉户38417户，占总户数90%。通过简单的计算可得出，按照总的户与口比例为1∶3.39，具体而言，苗户户口比1∶4.80，汉户户口比1∶3.23，厅城户口比1∶7.44，坡西各汛户口比1∶8.28，坡东各汛户口比1∶7.98，乌罗、麻兔司户口比1∶2.59，平头司户口比1∶2.38。汉民家庭规模明显高于苗民,也高于全省平均数约 2 倍,这意味着改土归流以降客民的大量涌入,给族群人口布局和社会造成较大的影响。从康熙四十三年(1704)至道光十四年(1834),正好 130 年时间,客民涌入松桃"生苗"之地达 123941 人,相当于苗民的 6 倍。松桃多系屯军及后裔,加上客民,松桃厅汉民占据绝对优势。与此同时,雍、乾、嘉时期清政府的几次平苗运动使苗民人口遭受重大损失,客民在此之后又一次次掀起移民浪潮,自此,客民人数占据绝对优势。

第三节　"三不管"地带的社会治理

一、"三不管"地带的问题

"插花地"行政最初的设计是控制地方,但这套行政制度也会造成"三不管"问题。一般"三不管"地带通常是在省与省、州县与州县、州县与土司、土司与卫所之间的交界区域,该地带的共同性是地形险峻、气候多变、少数民族聚居、奸良混杂、颇为难治。这在地方志中多有印证。根据乾隆《贵州通志》对贵州各地的记载,平越府属湄潭县"去郡治最远,孤悬岩门江外者也"。都匀府"居省治之东,南接粤西,北与平越之地犬牙相入",所属之地自明代以来即为诸苗的主要居住之地,"为生苗出入之咽喉,防守最须严密",特别是与粤西交界之地,"皆苗历来剿掠最甚者"。镇远府为"黔省之门户",其所辖"九股生苗剿掠,旧县因迁治于偏桥以避之"。思南府,"诸关雄峙东西,形势险固"。石阡府,属于少数不与他省接壤的府厅,境内"诸山连岗,叠嶂鸡翁,北蟠义阳"。思州府,"各土司村寨孤悬于境外者,极其所至而为言耳,若辨方正位,则南三十里即与沅州界,北四十里即与镇远界矣"。黎平府,在省会的东南部,

"去省之远未有如黎平者,然其地居楚粤之交,都江南绕,由古州以下粤,清江北环,由锦屏以归楚,古州、湖耳等十三司环处其间"。大定府,"幅员之辽阔,形势之险固,黔中诸郡殆未有过之者"。其所辖威宁"三面接壤滇南,乌门山径崎岖,石龙蜿蜒起伏,昔之乌撒府也";毕节"当滇蜀之要冲";七星关,"扼其西木稀关,障其东,旧毕节、赤水二卫也";水城,"居郡治之西南,汉夷杂处"。南笼府,"西控滇,南联粤"①。

　　大量客民的涌入,打破了"犬牙交错"的格局。客民有些能成功地在当地扎根下来,而另外一些沦为盗匪,原先长期有效的"插花地"行政就变成了治理地方的桎梏,也成为清代贵州的一个严重社会问题。雍正二年,朝廷论及贵州"三不管"问题时指出:"滇黔蜀粤四省接壤之区,猓猓杂处,不时统众,越境仇杀,扰害邻封,地方文武官员,往往以责任不专,彼此推诿,苟且因循,以致尘案莫结者甚多。"②不法之徒在遇到官府追缉时,往往会藏身各省或各县的交界地带,由于治理困难,官员也会互相推诿,进而产生"三不管"地带,这些地带很容易成为清政府权力的真空地带。

　　卫所的屯田与土司的管辖区域,都不是整齐划一之地。清前期,王朝进入"生苗"地界是通过交错设置卫所和流官的行政体制,这套行政体制确实能对"生苗"区域进行有效统治,但只能在户籍与土地固定在一起的时候发挥功能,一旦户籍与土地分割,问题就出来了。嘉道年间,客民涌入贵州,打破了原有的地方社会管理模式,地方政府的治理就会出现困难。新设的政区又在逐渐推行的过程之中,很难对所属辖区进行清理,行政区划的交叉地带容

---

① 乾隆《贵州通志》卷2《地理·舆图》,乾隆六年刻本,第10—29页。
② 乾隆《贵州通志》卷33《艺文·谕》,乾隆六年刻本,第12页。

易形成政府管辖的盲区，这为客民等各色人集聚提供了最佳场所。如松桃厅的"三不管"地带，乾隆《贵州通志》记曰："松桃一营，绾楚、蜀之枢，俗名为'三不管'之地，实红苗盘踞之区也。"[1] 前述三套行政机构中，州县的治民、卫所的屯民和土司的土民本互不干扰，州县、土司、卫所的三套行政体系会随着政治形势的变化而发生变化，就造成三者之间的政区边界划分始终不明晰，政区边界模糊不清会引发一系列的问题。

二、清政府对"三不管"地带的治理

"三不管"地带很容易成为地方社会治理的薄弱环节。各种社会问题，如盗匪、赌博、秘密结社、械斗等，给地方社会造成很大危害。不同地方引发的社会问题原因各有不同，就贵州而言，客民是一个非常重要的影响因素。客民的流动性、不确定性，使其生活没有保障，很容易与隐秘的社会组织发生关系。在进入苗地定居过程中，又容易与苗民、土著等因土地资源、文化差别等发生冲突，这些问题扰乱了社会秩序，威胁了地方统治。嘉道以后，客民日益成为社会不稳定因素，因此，朝廷出台了一系列限制客民的政策。对于客民来说，遵守朝廷法律严重损害了自己的利益，因而，客民只有采取变通之法加以应对，比如躲避政府统治比较严厉的地方，来到"三不管"地带，在这一带能获得比原先居住之地更大的利益。

对于上述问题，尽管朝廷再三谕令地方政府加强治理，但始终无法根本解决。内阁侍读学士董瀛山奏称："邪教盗贼，在在皆有，而避藏之巧，蔓延之多，惟交界处所为最。"[2] 各类不法之徒往往利

---

[1] 乾隆《贵州通志》卷2《地理·舆图》，乾隆六年刻本，第22页。
[2] 道光三十年四月丙寅，《清实录》（第40册）卷7，中华书局，1986年，第134页。

用"三不管"地带与地方政府周旋。如广顺州之长寨、者贡、同笋、焦山一带各寨不下数百,他们凭借"陡峻,山顶有水,易于藏奸",安顺所属十三枝、普定所属五枝之苗,与"长寨等处居地相连,暗相依倚,虽不似阿近等之穷凶极恶,但数百里深阻之地、数百寨凶顽之苗连成一片,地方文武相离甚远,鞭长莫及"①。由于外来不法客民扰害地方,盗匪活动十分猖獗。道光六年道光帝下诏,要求地方政府加强防范和治理。上谕:

> 御史但明伦奏筹办党匪一折。据称:贵州地僻山深,向有红尚、黑尚两种贼匪,各同结党行强,民遭扰害,甚至勾结外来游民,盘踞各州县交界,及云南、四川、广西等省接壤之处,出没无常,其地近广西之贵阳、安顺、兴义、都匀等府属地方,为害尤甚。其匪徒恃强滋事,扰累平民,自应严行查办。着贵州巡抚嵩溥派委妥干员弁严密查拿,务期根株净尽。至各州县交界及邻省接壤地方,会同设法协缉,无许彼此推诿,以靖闾阎,而安良善。钦此。②

清政府提出可从两个方面进行解决。一是提升地方行政层级。如遵义府知府于芳柱上奏贵州布政使,请将仁怀通判提升设为仁怀直隶厅。其理由是:"查所属之仁怀通判远驻极边之赤水河,与川省之泸州合江、叙永厅联界,原系五方杂处,率皆闽、广、楚、蜀之人烧窑、种靛、贸易其间,咽匪最易藏匿,兼之民风强悍,案件繁多,相距府城十有一站,不惟道路崎岖,文移稽迟,即通判事权不专,遇

---

① 哈恩忠编选:《雍正年间整饬贵州川贩史料》,《历史档案》2009年第4期。
② 道光《贵阳府志》冠编卷2《宸章下》,咸丰二年刻本,第14页。

有要务更多掣肘,诚如宪鉴,今昔繁简不同,所当因地制宜,随时酌改,以收实效,应将仁怀通判改为直隶。"① 仁怀为"五方杂处"之地,随着南来北往的客民迁徙于此,原先设置通判的地方政府很难应对繁芜的政务,且治所离所管辖地相距较远。于芳柱提议将仁怀通判改设直隶厅。贵州布政使郑大进也赞同于芳柱的奏请,郑大进将于芳柱的奏请上奏朝廷曰:

> 乾隆三年移仁怀县城于亭子坝,始以通判分驻其地,拨仁怀、河西、土城三里属之。改拨之初,以居民无多,案牍稀少,定为中缺。至今三十余年,户口滋植,五方杂处,闽、广、楚、蜀之人种靛、烧窑者云集,民风强悍,俗喜争讼,兼之处处林深箐密最易藏奸,案件繁多,比从前十倍。事无距细,例由本府核转,虽无贻误,但自厅至府十有一站,道路驰驱,跬步艰难,不免有稽迟之患。通判事权不专,遇有要务,更多掣肘之虞,且列粮捕衔,名实不符,直改为要缺。②

仁怀通判通过划拨仁怀县之仁怀、河西、土城三里而设立。早期仁怀人口较少,政务也不繁忙,设置仁怀通判足够应付差事。但经过三十多年的发展,人口急剧增加,原有行政层级无法应对新的形势变化。康熙五十一年,仁怀县原有"户口五千四百八十九户"。自设立仁怀直隶厅以来,其"地仅仁怀县十之三"③。改为直隶厅时其户

---

① 道光《遵义府志》卷2《建置》,道光二十一年刻本,第77—78页。
② 道光《贵阳府志》卷67《录十四·总部政绩录第八之六》,咸丰二年刻本,第13页。
③ 道光《仁怀直隶厅志》卷4《会计志·户口》,道光二十一年刻本,第5—6页。

数达到9017户,此后一直维持在这个数字左右,至道光二十年编查
户口,统计数为8917户,总人口是35064①。对比人口的变化可知,
仁怀通判的人口大量增加,以致政务十分繁杂,其地位由"中缺"到
"冲、繁、难",于是乾隆四十一年,朝廷改设为仁怀直隶厅,"改为直
隶同知,兼冲、繁、难三要缺,隶粮储道"②。清政府一般通过提高地
方行政层级来应对人口增加和日益繁重的政务。如光绪三十四年
(1908),兴义府知府聂树楷奏请将新城改设为县治,提高行政级别。
其理由之一:"惟其为各属插花交错之点,距城治约百余里,词讼案
犯、凶盗游匪皆藉以为逋逃之薮,此挈彼窜,十不获一。"③提升行政
级别,有利于调动地方政府的积极性,发挥政府治理的效果。

二是划清界址。"三不管"地带往往界址不清,这带来很多社
会问题。康熙年间,黄六鸿就指出清查界址的重大意义:

> 夫州县四境之界址不清,每有村庄道路,失事窝逃邻境,
> 互相推诿。往往上司委官踏勘,大费周旋,甚至两不输情,题
> 参会审,此皆平日疏略不留意清理之故也。凡保甲既严于境
> 内,而邻封接壤之地宜票委捕尉,单骑自备饭食,率同该约地
> 并保正等,某处与某州为邻,某处与某县接界,务要寸土清查,
> 立石为表。每有界久不清,两相蒙混,举其人则曰在彼隶籍当
> 差,问其地则曰在此纳粮输税。若庄村失事窝逃,彼自难辞,
> 以其人隶籍于彼也;若道路劫财伤人,彼置不问,以其地纳粮
> 于此也。是乃从前忽而不理,一旦有事,遂尔茫然,始追悔之

---

① 光绪《增修仁怀厅志》卷2《户口》,光绪二十八年刻本,第59页。
② 光绪《增修仁怀厅志》卷1《建置》,光绪二十八年刻本,第19页。
③ 民国《兴仁县志》卷20《别录志·公文》,民国二十三年稿本,第3页。

无及不已晚乎！　①

黄六鸿列举了界址不清的危害性，一旦遇有事，地方官员往往极力
推诿；由于界址不清，赋役和力役很难厘清。交界地带犬牙交错，
是盗贼活跃的场所，各地方官又各分畛域，盗贼是很难消泯的。附
生于其间的许多盗贼，因疆界交错引起的地方官之责任推诿，而得
以滋生蔓延。这类犬牙交错的交界地区，被鲁西奇称之为"内地的
边缘"，这些地区虽在王朝的版图之内，但却并未真正纳入王朝国
家控制体系②。

　　雍正年间，"三不管"地带引发的问题越来越严重。如绥阳县，
"近湄潭赵里之四五甲，近桐梓去城辽远，时防匪徒，民多争控界址
及婚姻之事，盖界从未立石，而合婚俗以插香为定也"③。地方官员
纷纷陈述划清界址的重要性。贵州巡抚毛文铨奏曰："两省交壤
之地，界址多不清，川广云贵尤甚。一省之内，各州县地界亦有不
清者，命盗重案则互相推诿，矿厂盐茶则互相争竞，非息事宁民之
道。各督抚其委贤员勘定地界，土地人民皆为朕有，无容分视，间
有难辨之处，但平心勘处，即使稍有不协，一定之后，永远遵据，无
推诿争竞之患矣。"④御史伍辅祥提出若要肃清黔蜀边界的盗匪，须
划清黔蜀疆界，"窃以黔蜀交界各县类皆八九百里，山多田少，林深
箐密，道路险峻，盗贼易于藏匿。又犬牙交错，缉捕为难，即如四川

①（清）黄六鸿：《福惠全书》卷23《保甲部·清查界址》，黄山书社，1997年，
　　第269页。
②鲁西奇：《内地的边缘：传统中国内部的"化外之区"》，《学术月刊》2010年
　　第5期。
③（清）爱必达：《黔南识略》卷31《绥阳县》，道光二十七年刻本，第11页。
④道光《贵阳府志》卷64《录十一·总部政绩录第八之三》，咸丰二年刻本，
　　第2页。

之綦江县,贵州之桐梓、仁怀,三县交界处所,数十里之中,本为綦界者忽插入桐仁一段,本为桐仁界者忽插入綦江一段,似此之类不一而足。从前遇有盗窃之案,綦往捕则窜入桐仁,桐仁往捕则窜入綦,迨用公文会拿而贼已远扬无迹矣。且该三县地瘠民贫,无缉捕经费,地方官任其盗贼充斥,粉饰弥缝以冀邀免处分,所以贼匪愈积愈多"①。雍正三年三月,雍正帝谕令:

> 各省督抚等,《周礼》称"惟王建国,体国经野"。《孟子》亦言"仁政,必自经界始",经界所关,诚为至重。从来两省交壤之地,其界址多有不清,云贵川广等处为尤甚。间有一省之内,各州县地界,亦有不清者,每遇命盗等事,则互相推诿,矿厂盐茶等有利之事,则互相争竞,甚非息事宁民之意。各省督抚,其共矢公心详细清查。②

"三不管"地带社会问题丛生,而地方官员的不作为,甚至助纣为虐,令中央王朝极为头痛。御史李绍昉奏:"据称广西泗城府属之西隆州百隘地方,与云南广南府贵州兴义府连界,三省通衢,距城窎远,匪徒易于丛集。近日广东会匪犯案后,多窜匿于此,勾通土恶,结党成群,名为大货手,大为乡里过客之害,其山溪僻处,时有不全尸骸。地方官既失于查拿,百姓又不敢首告,甚至被扰之家,逼胁入伙等语。"③ 其实,不能完全怪罪于地方官员的不专与推诿。萧公权论及王朝控制地方的难度在于:

---

① 民国《桐梓县志》卷 2《舆地志上》,民国十九年铅印本,第 39—40 页。
② 道光《贵阳府志》冠编卷 1《宸章上》,咸丰二年刻本,第 5 页。
③ 道光十六年五月辛丑,《清实录》(第 37 册)卷 283,中华书局,1986 年,第 374 页。

　　由于中华帝国地域广阔,通信和交通不发达,加上绝大多数的人民目不识丁,不问政事,因此政府公布的法律与命令,要让百姓知道都极为困难,更不用说去加以实施或贯彻了。知县——其直接的职责应该是解决百姓的需要——的管辖范围常常超过 1000 平方英里。全国大约有 1500 名各种类型的州县官,每名官员要管辖 10 万名或 25 万名居民。由于职责规定得广泛而且模糊,知县的负担过重,即使他有意愿或能力,也没有时间或条件允许他把任何一项事务做好。[①]

“三不管”地带的州县官员尤为艰难,连建立正常的赋役征收的经济秩序和基本的社会秩序都无法保障。“三不管”地带赋役负担本来就轻,又难以征收,致使地方政府长期陷于财政困境之中,这些又反过来进一步削弱地方社会治理能力。地方社会秩序的混乱与官府统治力量的削弱,使得“三不管”地带成为边缘化区域,也是盗匪等不法之徒的“乐土”,这块“乐土”逐渐地吸引更多的不法之徒。

　　清政府更加清醒地认识到政区界限的模糊给地方治理带来很大的麻烦。贵州巡抚张广泗奏称:“窃照铜仁府属附近三不管苗地坡东、坡西各寨,新经就抚,缘系黔楚接壤之区……檄令铜仁协副将张禹谟,酌带官兵前往适中之地驻扎弹压,并令知府姚谦,公同楚员听候抚臣赵弘恩,将所招三不管苗地,先行判划黔楚疆界,然后查明寨分户口,作何设汛安兵,与楚省营汛联络关照,并一切善后治理事宜,详加妥议,绘图具复,以便咨商督臣确核饬遵去后。”[②]

_____

① 萧公权:《中国乡村——19 世纪的帝国控制》,张皓、张升译,九州出版社,2018 年,第 5—6 页。
② 中国第一历史档案馆、中国人民大学清史研究所、贵州省档案馆编:《清代前期苗民起义档案史料汇编》(上册),光明日报出版社,1987 年,第 66 页。

雍正帝对于地方官员的奏请回应道:"朕思古州等处苗蛮介在黔粤之间,自古未通声教,其种类互相仇杀,草营人命,又尝越境扰害邻近之居民,劫夺往来之商客,以致数省通衢,行旅阻滞迂道然后得达,而内地犯法之匪类又往往逃窜藏匿其中,此实地方之患,不得不为经理者。今总督鄂尔泰筹划周至,调度有方,巡抚张广泗敬谨奉行,殚心奋力,俾苗众等革面革心输诚向化,地方宁谧,和气致祥。感负天和,黔粤二省岁登大稔。"① 雍正五年,鄂尔泰、张广泗等地方大员全面推行改土归流,其用意之一是清理各政区之间的犬牙交错的三不管地带。在贵州大部分地区采取改土设官、改卫设县、提升行政级别、废置行政机构等方式,在"生苗"地界实现"新疆六厅"的行政设置,这样,过去三套行政体系逐渐被官僚政治体制所取代,多重而交叉的政区逐步整齐划一。经过两年的实施,取得一定成效。当然,这样的过程是曲折复杂的,并非一蹴而就的。

第四节　客民保甲法

清代大量客民给整个贵州社会带来很大的变化,客民与少数民族之间的关系变得复杂起来,与此同时,客民具有流动性强的特点,客民在定居地基本上没有户籍,在人口管理上存在较大难度,这给社会秩序带来了不安定因素,也给地方政府旧有的行政管理模式提出了新的挑战。苗民,尤其是"生苗"地界的苗民从来没有认真进行过人口统计。有鉴于不法客民严重危害地方,苗民不断地抗争,动摇了地方政府的统治,朝廷试图推行多项政治制度以加强对地方的统治,将所有在贵州疆域范围内的民众编入保甲,纳入

---

① 乾隆《贵州通志》卷33《艺文·谕》,乾隆六年刻本,第21页。

政府的掌控之中,实现王朝权力渗入基层社会的目的。这里就引发出一个旧有问题,即历代王朝是如何统治地方社会的? 换言之,历代王朝的国家与社会是一种什么关系? 费孝通提出"双轨政治"的概念,即"政治绝不能只是在自上而下的单轨上运行的。一个健全的,能持久的政治必须是上通下达,来还自如的双轨形式"①。也就是自上而下的皇权和自下而上的绅权和族权所构成的地方社会治理模式,被学者称之为"皇权止于县"。它成为了研究中国传统基层社会的重要理论之一。与之相反,萧公权通过对基础社会组织的考察,认为"乡村社会每一个重要方面在理论上都被置于清政府的监督和指导之下"②,被学者称之为"乡村控制"。两位前辈的研究论断被概况为"皇权止于县"与"皇权下县"的两大地方社会治理模式。早期,温铁军在《半个世纪的农村制度变迁》一文中,将"皇权止于县"理解为"乡村自治"③。这一论断在学术界引起广泛关注与讨论④。最近几年,有学者对"皇权止于县"提出质疑,认为"皇权下县"已付诸实践之中⑤。

---

① 费孝通:《乡土中国》(修订本),上海人民出版社,2013 年,第 288 页。
② 萧公权:《中国乡村——19 世纪的帝国控制》,张皓、张升译,九州出版社,2018 年,第 602 页。
③ 温铁军:《半个世纪的农村制度变迁》,《战略与管理》1999 年第 6 期。
④ 高寿仙:《"官不下县"还是"权不下县"?——对基层治理中"皇权不下县"的一点思考》,《史学理论研究》2020 年第 5 期。
⑤ 胡恒认为"皇权下县",即国家权力在乡村的政权建设始于清初,尤其是雍正中期以后。参阅胡恒:《皇权不下县?——清代县辖政区与基层社会治理》,北京师范大学出版社,2015 年,第 316—323 页。鲁西奇提出"下县的皇权"概念,并通过乡里制度研究王朝国家实现其社会控制的制度性安排,认为王朝国家政治控制权力在县级政权以下的延伸。参阅鲁西奇:《"下县的皇权":中国古代乡里制度及其实质》,《北京大学学报》(哲学社会科学版)2019 年第 4 期。

为有效控制地方社会,自秦统一天下以来,历代王朝试图设计一套地方行政制度以加强地方统治,至北宋时期,王安石正式创制保甲制度。保甲制度即历朝政府所重视的行政组织制度和社会控制制度。但保甲制度与制度运作之间还是有相当的差距,推行起来困难不少。明代并未在全国推广开来,只有王阳明曾在江西建立保甲制度,王阳明所创保甲制度对清代影响较大,清朝入主中原将正式采用保甲制度。保甲制度成为了清代基层统治体系最为重要的组成部分。

就贵州地方基层制度而言,存在保甲制度、甲亭制度、洞款制度、客长制度、寨头制度、枝里制度、土弁制度等,这些制度有些是清政府设计的,有些是地方社会自发形成的,可以说,贵州地方社会形成了官僚政治体制下的多元地方社会控制模式。而对于清朝政府而言,保持地方社会的稳定是其制订政策的出发点,也是终极目标,因此,清代地方社会治理不能简单地理解为"皇权止于县"和"皇权下县",需将"皇权"置于地方社会治理的实践与地方社会回应"皇权"中去理解国家权力。

一、推行保甲法

早在清入主中原之时,就要求全国推行保甲制度,顺治元年(1644)诏令:"置各州县甲长。总甲之役,各府州县卫所属乡村,十家置一甲长,百家置一总甲。凡遇盗贼逃人奸宄窃发事件,邻佑即报知甲长,甲长报知总甲,总甲报知府州县卫,核实申解兵部。若一家隐匿,其邻佑九家甲长总甲不行首告,俱治以罪。"① 保甲制度最重要的是要控制人头,为了有效地控制基层社会,具体的做法

①《清朝文献通考》卷21《职役考一》,浙江古籍出版社,1988年,第5043页。

首先是对地方人口进行核查,并将户籍情况书写于门牌,悬挂在门前醒目位置。乾隆四十一年(1776),谕:"直省各州县城市乡村,每户由该地方官岁给门牌,书家长姓名生叶,附注丁男名数,出注所往,入稽所来,有不遵照编桂者治罪。十户为牌,立牌长,十为甲,立甲长,十甲为保,立保长,限年更代以均劳逸。"①悬门牌于每户门前(见图5.3),以方便稽查和管理。

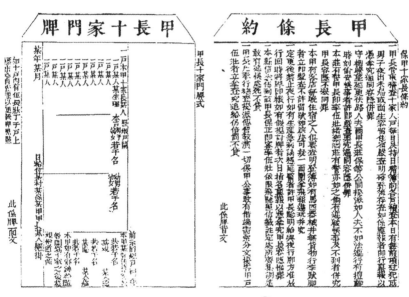

图5.3　保甲门牌格式①

① 民国《三合县志略》卷23《庶政略·团务》,民国二十九年贵阳文通书局铅印本,第1页。

② (清)黄六鸿:《福惠全书》卷21《保甲部·保甲之制》,黄山书社,1997年,第244—245页。

　　清政府希望通过严格的社会控制加强对地方的统治。在很长一段时间内,保甲法并没有在地方社会有效推行。康熙四十七年(1708)再次申行保甲之法,先是顺治元年即议力行保甲,至是以有司奉行不力,言者请加申饬部臣议奏①。尽管康熙年间对保甲法严加申令推行,但仍然效果不佳。雍正四年,雍正帝谈道:

　　　卿详议具奏,寻议:已行之法,照例饬行。地方各官不实力奉行,处以降调。如村落畸零户不及数者,即就其少数编之,至熟苗、熟狪已经向化,令地方官一体编排保甲,如保正、甲长、牌头果能实力查访,据实举首者,照捕役获盗过半之例酌量奖赏。②

雍正帝认为保甲推行不力是因为地方官员的不作为,因此,加大对地方官员及保甲长的惩罚力度,实行"连坐法",并再次严饬力行保甲之法。但很快,雍正本人也对保甲法推行不力进行自我反省,"今九卿不识朕意,议称如有盗窃不行举首者,将同甲之人及保正、甲长、牌头一概从重治罪,其实不知情而未首者,亦将保正、甲长、牌头分别治罪,所引治罪之例实属太过,未免牵累多人,良民必受烦扰,将本发回着再议具奏"③。乾隆二十二年(1757),进一步更定为十五条,其要点为:(1)直省所属每户岁给门牌,牌长、甲长三年更代,保长一年更代;(2)绅衿之家,与齐民一体编列;(3)旗民杂处村庄,一体编列;(4)边外蒙古地方种地民人,设立牌头总甲及

---

① 《清朝文献通考》卷22《职役考二》,浙江古籍出版社,1988年,第5051页。
② 《清朝文献通考》卷23《职役考三》,浙江古籍出版社,1988年,第5055页。
③ 中国第一历史档案馆编:《雍正朝汉文谕旨汇编》(第6册上谕内阁),广西师范大学出版社,1999年,第295页。

十家长等；（5）凡客民在内地贸易，或置有产业者，与土著一律顺编；（6）盐场井灶，另编排甲，所雇工人，随灶户填注；（7）矿厂丁户，厂员督率厂商、课长及峒长、炉头等编查；（8）各省山居棚民，按户编册，地主并保甲结报；（9）沿海等省商渔船只，取具澳甲族邻保结，报官给照；（10）苗人寄籍内地，久经编入民甲者，照民人一例编查；（11）云南有夷、民错处者，一体编入保甲；（12）川省客民，同土著一例编查；（13）甘肃番子土民，责成土司查察。系地方官管辖者，令所管头目编查，地方官给牌册报；（14）寺观僧道，令僧纲、道纪按季册报；（15）外来流丐，保正督率丐头稽查，少壮者递回原籍安插，其余归入栖流等所管束①。这是清前期全国推行保甲制度的情况。

贵州推行清政府保甲制度是在雍正朝时期，雍正四年（1726）八月，鄂尔泰在奏陈《宜重流官职守宜严土司考成以靖边地管见折》中奏称"清盗之源者，莫善于保甲之法"，其具体做法是：

> 保甲之法，旧以十户为率，云贵土苗杂处，户多畸零，保甲之不行多主此议，不知除生苗外，无论民夷，凡自三户起皆可编为一甲；其不及三户者，令迁附近地方，毋许独住，则逐村清理，逐户稽查，责在乡保甲长。一遇有事，罚先及之，一家被盗，一村干连，乡保甲长不能觉察，左邻右舍不能救护，各皆酌拟无所逃罪。此法一行，则盗贼来时，合村百姓鸣锣呐喊，互相守望，互相救护，即有凶狼之盗不可敌当，而看其来踪，尾其

---

① （清）赵尔巽等：《清史稿》卷120《志九十五》，中华书局，1977年，第3481—3482页。

去路,尽力跟寻访缉,应亦无所逃。[①]

鄂尔泰对保甲法做了变通,不拘于"十户为牌,立牌长,十牌为甲,立甲长,十甲为保,立保长",可以灵活处理,如不足户数也可编甲,重点是人口统计和社会控制。鄂尔泰的保甲制度是模仿王阳明的做法来建立自己的体系,通过地方共同体的形式,实行连带责任,达到发现盗匪、侦查犯罪的目的。乾隆元年(1736)正月,贵州按察使方显提出:"各寨编立烟户册。每十人为一甲,择一老成者为甲长,给以委牌。每十甲为一保,择一强干者为保长,给以委牌。凡遇朔望,令保长赴就近地方官衙门听讲上谕,通事、番译,仍量赏盐烟,以示奖励。并令保长回寨,督率甲长,家喻户晓。"[②] 鄂尔泰、方显希望通过保甲法将国家权力完全渗入苗疆领域。

二、客民保甲法的效果

在实际中,针对不断迁徙的人、购买房屋但没有本地户籍的人、购买奴婢的人、收留雇工的人、赎身离开本地的人、逃亡死亡的人等,若因保甲经费短缺、保甲长能力低下而未及时编入或删除保甲,都会使保甲法不能顺利推行下去。要想在全省全面推行保甲法确实有难度,不少地方官员纷纷陈述保甲的弊端。御史但明伦奏编查苗疆保甲多有不便一折:"据称夷苗性蠢多疑,特派大员带员弁前往,势必惊惧不安,并恐所带胥役,及经过州县书差里保滋弊,汉苗相安,不宜稍事纷更,请停止派员。"贵州巡抚嵩溥也奏称:"黔省苗寨,客民渐多,久经占籍,势难概行驱逐,苗人生计日蹙,恐

---

① 中国第一历史档案馆编:《雍正朝汉文朱批奏折汇编》(第7册),江苏古籍出版社影印本,1989年,第852页。

② 中国第一历史档案馆、中国人民大学清史研究所、贵州省档案馆编:《清代前期苗民起义档案史料汇编》(上册),光明日报出版社,1987年,第132页。

致滋生事端,当经降旨令其详细编查,造册稽核,以杜续增流民及盘剥准折等事。原系专查客民,其苗多之处,仍照旧停止稽查。"①这也引起了道光帝对保甲法的反思。道光帝鉴于前几次因客民侵占苗地导致大规模苗民起义的教训,为有效管理住居苗寨的客民,同意在土客杂居的地方专门对客民实行保甲。"黔省汉苗杂处,近来客民渐多,非土司所能约束,自应编入保甲以便稽查,除苗多之处,仍照旧例停止外,其现居寨内客民,无论户口田土多寡,俱着一律详细编查"②。

　　贵州的保甲法主要还是在客民聚居或土客杂居的地方推行。清人刘书年记曰:"苗之种类有百……今向化日久,渐习华风,遂有汉奸私入苗寨为之,客佃多方盘剥,就其土地为准折驯,致苗人生计日蹙,狡悍复萌,实事势之可虑者。道光六年,奉旨编查苗寨保甲,严禁汉人擅入勾引,私置苗产,违者治罪。"③保甲法遇到最大的难题就是"流动"的人,主要是在阶层上下之间、族群平行之间的社会流动。他们的人身依附关系越来越松散,而保甲是建立在人身依附与社会治安紧密相连的基础之上,因而就失去了朝廷最初的设计功效。如黎平府一带,"黎郡山势险峻,遍处皆藏盗之区,又有窝户以为匿迹销赃之所,一经上道,动辄数十人,毋论数户小村,肆行劫掠,即数百户大村亦能出其不意,劫掠一空"④。面对这类来

① 道光六年七月癸卯,《清实录》(第 34 册) 卷 101,中华书局,1986 年,第656 页。

② 道光六年六月庚辰,《清实录》(第 34 册) 卷 99,中华书局,1986 年,第624—625 页。

③ (清) 刘书年:《刘贵阳遗稿》卷 3《黔行日记》,龚红、康文、蒙育民、郝向玲点校,贵州人民出版社,2009 年,第 253—254 页。

④ 光绪《黎平府志》卷 5 上《武备志第五》,光绪十八年刻本,第 81 页。

无影去无踪的情况,保甲则无能为力。严如熤在《三省边防备览》中指出,保甲法在流动人口面前就显得苍白无力:

> 保甲本弭盗良法,而山内州县则只可行之城市,不能行于村落。棚民本无定居,今年在此,明岁在彼,甚至一岁之中迁徙数处。即其已造房屋者亦零星散处,非望衡瞻宇,比邻而居也。保正、甲长相距恒数里数十里,讵能朝夕稽查?　①

清代贵州籍官员陈法同样论述了贵州保甲法之难:

> 照得编查保甲,遵行已久,往往有保甲之名,无保甲之实,有编查之累,无编查之益者,总因地方官视为故套,一任地保、书役照依旧册,依样葫芦。《册籍》到官,亦即束之高阁,并不寓目。里甲中某富某贫,某邪某正,某去某留,亦漠不关心。所以,遇有盗贼,则邪正不辨;遇有赈济,则贫富混淆。即如刻下平籴减价,能保其实在贫民乎? 设或遇赈遇借,能保其不无冒滥乎? 若果于保甲一事彻底澄清,则一目了然,诸弊俱绝。费今日之劳,可以享将来之永逸。　②

在流动性人口中,客民是主体,而各种严重的社会问题与客民都有密切的关系,这不能不引起清政府的高度重视。面对客民流动性较大的特点,保甲法需要有新的应对。

从保甲落实的情况看,贵筑县,"每十户立一头人,十头人立

---

① （清）严如熤:《三省边防备览》卷11《策略》,道光二年刻本,第25页。
② （清）陈法:《犹存集》卷2《檄札》,陈德远点校,贵州人民出版社,2009年,第45—46页。

一寨长"①。清镇县,"县辖清定镇安四里,共二十甲"②。都匀县,"苗有犵家黑苗二种,向随汉民佃种,已归入汉民甲内,一体管束。无苗寨土司,计汉甲三十有一,共三千二百六十户"③。独山州,"汉苗户口于道光六年查清,苗疆将苗寨汉户俱已编入保甲,共计汉人三千九百零九户,苗人一万三千二百一十五户"④。思州府,"户口编查保甲,共计一万四千五百九十户,约七万九千余名口"⑤。兴义县,"汉苗户口统计二百八十六寨三十屯,一万五百七十五户,内仅五十四寨系苗户,其余二百三十二寨及三十屯则均属客民。缘自嘉庆二年苗变后,土著之苗民日耗,流寓之客民日增。现在统计男妇大小四万五百六十二名口,客民十居七八,苗民不过十之二三,五方糅杂,良莠不齐,较苗民为难治"⑥。桐梓县,"苗有犵佬、雅雀、红头三种,旧有六百六十余户,近迁兴义及安南等处,散住零星共一百一十七户,均系剃发苗民,无土司管辖,皆编入保甲"⑦。石阡县共有七里,这七里原属石阡长官司、苗民长官司和葛彰长官司地,在康熙五十年裁并归府,上述七里并未编甲,只以各里设乡保稽查,乾隆四年造报民数,"据各里造报甲名,共六十五甲,每甲三四十户,或六七十户不等,所开者多系地名,非十户为一甲也"⑧。从上述各地的编甲情况来看,实施的效果参差不齐。

① (清)爱必达:《黔南识略》卷2《贵筑县》,道光二十七年刻本,第2页。

② (清)爱必达:《黔南识略》卷6《清镇县》,道光二十七年刻本,第2页。

③ (清)爱必达:《黔南识略》卷10《都匀县》,道光二十七年刻本,第2页。

④ (清)爱必达:《黔南识略》卷10《独山州》,道光二十七年刻本,第7页。

⑤ (清)爱必达:《黔南识略》卷18《思州府》,道光二十七年刻本,第5页。

⑥ (清)爱必达:《黔南识略》卷27《兴义县》,道光二十七年刻本,第12—13页。

⑦ (清)爱必达:《黔南识略》卷31《桐梓县》,道光二十七年刻本,第6页。

⑧ 民国《石阡县志》卷1《舆地志》,民国十一年未刊稿,第24页。

光绪四年（1878）十一月，贵州巡抚林肇元进一步修订保甲法：

> 一、城乡情形不同，宜划清界限以便稽查也；
>
> 二、总甲里长甲长，宜慎选承充也；
>
> 三、门牌，宜兼立循环册籍也；
>
> 四、门牌，宜量从简易也；
>
> 五、牌册，宜分别先后更番查挂也；
>
> 六、良户保户之外，宜更立自新册也；
>
> 七、零星山户及交界畸零户口，宜酌量归并也；
>
> 八、村寨山洞，宜全行封禁也；
>
> 九、办理保甲，宜量筹经费也；
>
> 十、总甲里长甲长，不准干预钱粮词讼也；
>
> 十一、传提词讼催征等事，不得贻累总甲、里长、甲长也；
>
> 十二、土司故绝地面苗户，准其编入汉甲也；
>
> 十三、烟馆赌博，宜分别严禁也。①

从内容上看，光绪年间与前朝的保甲法发生很大的转变，即保甲的重点放在了对流动人口的控制上。如第七条，林肇元进一步对该条进行详细布置："黔省跬步皆山，每有客籍游民，于溪山幽僻地面搭盖茅棚，以辟种火山为业。此等零居独户，山重水复，易于为匪，尤易于容奸，即属好人，亦恐势孤为匪所制，应即责成总甲人等，破

---

① 林肇元在十三条之后皆有详细的陈述，限于篇幅，本文只选择条目列举出来。参见光绪《黎平府志》卷 5 上《武备志第五》，光绪十八年刻本，第 91—98 页。

除情面,认真确查,如果本面实有山田熟土,系属己业,或佃种山主确知来历,相离山主居址不远,本村邻村均有熟识亲族代出连环切结,酌量免其迁徙,其自愿迁附近寨者,听。此外,但系外来游民,仅止开种火山,并无山主,则黔省荒土最多,既可开荒于此,又何不可开荒于彼,皆一体勒令迁附邻近村寨,归入保户册内,准其另自辟种官山,及发给执照开种绝逆荒芜田土。"①

如何对客民进行保甲,地方精英也纷纷提出自己的建议。贵州籍学者但明伦上奏朝廷两则应对之策。第一则《严禁党匪疏》,疏曰:

> 近有外来无赖游民相结入党,日积日多,盘踞各州县交界,已及云南、四川、广西等省接壤之处,逃窜甚便,出没无常,以致有案难办,各大员亦无由得知,其地近广西之贵阳、安顺、兴义、都匀等府所属地方,为害尤甚。况接壤地面多系苗疆,党匪潜匿其间,不惟扰害民苗,更虑勾引刁悍之苗,渐行滋事。现在贵州查办保甲,经抚臣嵩溥奏请派员编查,诚为绥靖苗疆起见,窃思保甲一法正以除莠安良。②

第二则《奏请停派大员编查苗疆保甲疏》,疏曰:

> 贵州汉苗杂处,亟应编查保甲,以靖苗疆,但揆之苗疆情形,多有不便,且益滋烦扰之虞,请敬陈之保甲一法,例由地方官编查。……其客民之附近苗寨分隶土司者,一例由乡约寨

---

① 光绪《黎平府志》卷5上《武备志第五》,光绪十八年刻本,第94—95页。
② 道光《贵阳府志》余编卷1《文征一》,咸丰二年刻本,第17页。

头查明户口、田产数目,所有应纳丁粮许附该管州县输纳,则户口自归核实,而弊窦亦可肃清,抑臣更有请者。夷苗种类不齐,愚者极愚,黠者极黠,地方官尤当因俗制宜,恩威并济,汉民寸田尺土无非买自夷苗,诚恐藉此编查或被奸徒唆使,即客民价买产业,捏为盘剥,希冀退还,亦非安集良民之道,并请敕交抚臣转饬该管地方官,遇有□等案件,虚中审讯,毋枉毋偏,庶汉夷相安,亦绥靖边陲之一道也。①

　　但明伦认为保甲是地方社会治理的最佳手段,两则奏疏的区别在于:保甲的对象发生了改变,第一份奏疏里,但明伦提出对所有的苗民客民进行保甲之法,第二份奏疏但明伦认识到苗疆保甲法很难操作,需要因地制宜。他认为保甲的难度并非"苗性蠢多疑",而在于客民渐多,为了更好地管理客民,政府需在客民聚居地实行保甲制度,但客民通常与苗民杂处,编制保甲就很麻烦,他在最后提出忠告,地方政府需要警惕有人借保甲之名夺取客民合法买卖苗地的行径,否则,又会制造新的社会矛盾。但明伦认识上的变化应该是基于贵州巡抚嵩溥核查苗疆客民人口和田产情况的。

　　此外,在实际推行过程中,出现了由于推行保甲制度引起的苗民反抗。《苗疆闻见录》即记载了丹江厅苗民起事的缘由:

　　　　苗疆既肃清之明年,而丹江又有复叛之事者,何也? 先是屠君瀚通判丹江事,以善后章程有编联保甲一条,恣意侵削,每门牌一张,索取钱八百文,有不应者,则勒团保迫之。疮痍未复,苗不聊生,一二悍鸷之徒遂相率而谋为之抗,团保告请

---

① 道光《贵阳府志》余编卷1《文征一》,咸丰二年刻本,第18—20页。

减,曰:"此纸墨费钱,一户取八百不为苛。"仍令团保严追,不少缓,于是苗情汹汹,遂聚数百人乘夜扑厅城,入署执屠君杀之,剖其腹,并戕其妻子数人。发其藏得钱数百吊,皆苗纳之门牌费也。并署内所有抄掠而去,分据鸡讲、黄茅岭,勾结古州滥苗众至数千人,苗疆大震。计肇乱于九月二十七夜至十一月始平。①

同治十二年(1873),丹江苗民再次起事。该事件是由丹江通判屠君瀚强制在丹江厅地方收取保甲门牌费所引发的。苗民生活比较艰难,不少家庭八百文钱的门牌费都无法筹措,因此,徐家幹感慨:"苗人聚处苗疆,产业有限,耕种所入仅只此多,岁久齿繁,谋生日拙,则相率而萌狡启之心,故有六十年一乱,百年一大乱之谣。"②

地方政府针对客民聚居地、苗民聚居地和土客杂居地采取三种不同的保甲办法:

　　　黔省各府厅州县所管地方,寨落内如系尽属苗人者,遵照乾隆四十一年上谕,停止编查保甲,令该管土弁严行管束稽查,毋许容留匪类,将随时查察缘由,按月具报查考;如尽系汉民仍一体编查。

　　　黔省汉苗杂处,村庄如汉民多于苗人,即由地方官归于汉民册内查办;如苗人多于汉民,即由土弁归于苗人数内查报。

　　　苗瑶寄籍内地久经编入民甲者,照民人一例编查,其余各

_____

① (清)徐家幹:《同治苗疆闻见录》,光绪四年刻本,第26页。
② (清)徐家幹:《同治苗疆闻见录》,光绪四年刻本,第30页。

处苗瑶,责令千百户及头人峒长等稽查约束,倘有生事犯法不行举报,分别定罪。①

清政府因地制宜,采取了不同的办法。在苗民聚居地不行保甲之法,让土弁自行管理;在客民聚居地则实行保甲法;在土客杂居地,分两种情况处理,若客民多于苗民的村寨,由地方官编入保甲,若苗民多于客民的村寨,则由土弁管理。针对已经"向化"的少数民族,可以编入保甲,还没有"化内"的少数民族则由其各自的村寨首领管束。该办法被清政府写进了《大清会典事例》之中,成为清代治理贵州地方社会的法典。我们从贵州巡抚嵩溥的奏折中可以看到嵩溥因地制宜的处置措施,他说道:"贵州地僻山深,向有红尚、黑尚两种贼匪结党行强,民遭扰害,甚至勾结外来游民,盘踞各州县交界,出没无常。若派委员弁往查拿,势必闻风远遁,除州县地方侦有匪徒踪迹,迅速查拿外,其远乡僻壤,地方官耳目难周,民人应责成乡约保长,苗人即责成土弁寨头,实力稽查。遇有为匪之人、窝匪之家,密行报官,立时拿获究办。其各府厅县交界及与邻省接壤,饬文武员弁会同邻封设法协缉,不使一名漏网。"② 实行分头管理,采取保甲与土司、官府与民间相结合的治理方式,既能有效地治理地方,又能很大程度上缓和土客之间以及族群与地方政府之间的关系。

保甲的最初职责是人口编查与社会治安,如黎平府创设保甲,开篇论曰:"安民莫要于弭盗,弭盗莫要于行保甲。保甲行,则本境

---

① (清)席裕福、沈师徐辑:《皇朝政典类纂》卷31《户役二》,沈云龙主编:《近代中国史料丛刊续编》(第88辑),台北文海出版社,1982年,第64—65页。

② 民国《贵州通志》《前事志二十一》,民国三十七年贵阳书局铅印本,第38页。

之盗无从生,外境之盗无所容,法之善也。"[1] 在施行过程中不断增加保甲的职责范围。贵州各地根据自己的实际情况对保甲法进行了"创造"。如永宁州举人修武谟制订的《永宁州保甲条目摘要》,修武谟总结其要点为四:

> 一条设立门牌。十家为一牌,十牌为一团。公举保正甲头各二人,勿论本城四乡,有一家窝藏盗贼匪徒,九家公同举报,隐匿者查出同罪。
>
> 二条蓄积米粮。每年秋收后各乡村议收义谷,以备公用,须按力量捐输,几斗几升不拘,贫者勿强。
>
> 三条操练教训。每团内甲长保正,须择一宽敞之地,按四季月朔约集丁壮操演,熟查地方形势,州尊颁发乡守集,大家看熟,教训丁壮。
>
> 四条申明禁约。每乡村甲长保正,须与各处生(绅)士人民,严立禁约不许轻听邪说,学习邪教,不准纠众斗龙,纠众抗公,违者从重治罪。[2]

从保甲条目内容可以看出,修武谟对保甲制度进行了"改造",他赋予保甲的职责有四项,一是设立门牌,通过"连坐法"强调地方共同责任,以此加强社会治安;二是蓄积米粮,鼓励民众根据自己财力捐纳,以防范可能的灾异;三是操练教训,每个季度的月初招集丁壮进行操练和演习;四是申明禁约,保甲长与士绅联合对民众进行乡约教化。在修武谟看来,保甲是能够战胜"邪教"的重要手段

---

① 光绪《黎平府志》卷5上《武备志第五》,光绪十八年刻本,第77页。
② (清)修武谟:《永宁州志补遗·附补遗》,咸丰四年刻本,第3页。

（这里的"邪教"指的是咸同苗民起义），他希望赋予保甲更大的职责。修武谟对保甲制度很有自己的想法，他在咸丰三年六月向云贵总督罗绕典《上制军罗书》建议："请饬各省府厅州县教官，遵照定例宣读《圣谕广训》，化导士民和乡党，以息争讼，联保甲以弭盗贼，二条于边，方更为切要。"地方只有施行保甲与教化才能永保地方安宁。这样，"合兵民为一体，合城乡为一家，即请力行保甲之法，用寓兵于农，民自为兵之意，有防守之实，无招募之烦，庶几民气和睦，众志成城，较之团练之行名虽小异，其实相为表里，所谓广教化以固人心者也。"①咸丰三年（1853）八月，修武谟撰写《劝捐团练序》进一步表达了保甲在地方治理的重要性，并制订《永宁州保甲条目摘要》。很明显，修武谟眼中的保甲是"法"，《圣谕广训》是"儒"，"儒表法里"才是治理地方的有力武器。因此，地方的很多事务会不断地叠加到保甲身上，赋予保甲更多的职责。萧公权论及国家对臣民的控制，有三种方式：

　　　　其一，通过保障其臣民基本的物质需求，避免臣民因难以忍受的生活而"铤而走险"；其二，通过反复向臣民灌输经过严格筛选的道德教条（大部分是从儒家学说中筛选出来的），使臣民接受或认同现存的统治秩序；其三，通过不断监视臣民，从而查出"奸民"并及时采取措施。②

这三种方式都是各级行政官员的职责范围。朝廷通过层层推导的

---

① （清）修武谟：《永宁州志补遗》卷4《艺文》，咸丰四年刻本，第14页。
② 萧公权：《中国乡村——19世纪的帝国控制》，张皓、张升译，九州出版社，2018年，第3页。

方式将国家权力传到各地,作为地方的行政长官,州县官应当通晓当地的所有情况,并对其辖界内的一切事情负有责任,尤其重要的是,他们必须维持辖区的秩序。他们是法官、税官和一般行政官。他们对邮驿、盐政、保甲、警察、公共工程、仓储、社会福利、教育、宗教和礼仪事务等都负有责任①。《清史稿》给知县职责界定:"知县掌一县治理,决讼断辟,劝农赈贫,讨猾除奸,兴养立教。凡贡士、读法、养老、祀神,靡所不综。"② 但现实政治生活中,地方官员对其辖区内的基层社会治理往往力不从心,无法进行有效的直接管理,所以在基层社会,尤其在边缘社会中存在一定的权力真空。清地方政府也清楚地认识到:"地方一役最重,凡一州县分地若干,一地方管村若干,其管内税粮完欠、田宅争辩、词讼曲直、盗贼生发、命案审理,一切皆与有责。遇有差役所需器物,责令催办;所用人夫,责令摄管。稍有违误扑责立加终岁奔走,少有暇时,乡约、里长、甲长、保长,各省责成轻重不同,凡在民之役大略若此。"③

　　朝廷赋予知县的职责无所不包,这对知县而言,是几乎不可能完成的,知县会把部分权力下移,寻找地方社会的代理人。于是,有些知县借保甲以推进道德教化。贵州巡抚林肇元明确保甲的"宣讲"之责,政府对宣讲有具体要求:"责成各村寨里长各领二本,每值场市日期,于空旷处所,累桌为台,将圣谕从头宣讲,必字句分明,高声讲解,恭谨将事,毋许错漏。将讲之先,鸣锣传集赶场之人,环台恭听,不许喧哗吵杂,必听讲完一遍,然后各就交易而散。

---

① 瞿同祖:《清代地方政府》,范忠信、晏锋译,法律出版社,2003 年,第 31 页。
②(清)赵尔巽等:《清史稿》卷116《志九十一》,中华书局,1977 年,第 3357 页。
③《清朝文献通考》卷 21《职役考一》,浙江古籍出版社,1988 年,第 5045 页。

期期如是,处处如是。譬之今日鼠场,明日牛场,系一里长所管者,则分日逐场宣讲,不得顾此失彼,使百姓耳濡目染,咸知懔遵,共为良民,则一切作奸犯科,伤风败俗之事,自不除而尽。"[1] 从而达到"以广教化,以收保甲全效也"。对于里长宣讲的效果,政府进行奖惩,"如一年之中,该里无犯法之事,词控到官,则该里长之讲解有功,即其效验,准开具该里长姓名年貌,径详藩司衙门,酌为优奖。其甲长能随时早晚集所管十家宣讲者,亦听其便,其宣讲不怠者,里长呈之总甲,请地方官奖赏。至总甲有专管稽查之责,各里长之宣讲勤惰及有无效验,按三个月禀明地方官一次,地方官亦即随时申谕,使之实力奉行,总甲若稽查不力,举报不公,地方官饬罚之"[2]。

在清政府治国策略中,"教化"是非常重要的手段。从康熙九年(1670)颁布圣谕十六条,通行全国,使庶民日常诵记。士子考试,并须默写。雍正二年对圣谕详细加以申解,成广训一万余言,定名为《圣谕广训》,嗣即推广全国,成为清代民间销行最广的书。下至知书之士,上自地方高官,均须亲身倡率宣讲。直至清末,二百余年间,一直定为平民日常读物[3]。《圣谕广训》一书,是经历了康熙、雍正的用心编制而成,其宗旨与保甲一样,试图谋取大清皇朝统治的长治久安,保持对臣民的牢固控制。但与保甲制度不同的是,保甲制度作为社会控制的主要手段在清前期普遍推行,至道光三十

---

[1] 光绪《黎平府志》卷5 上《武备志第五》,光绪十八年刻本,第98页。
[2] 光绪《黎平府志》卷5 上《武备志第五》,光绪十八年刻本,第98—99页。
[3] 王尔敏:《清廷〈圣谕广训〉之颁行及民间之宣讲拾遗》,《"中研院"近代史研究所集刊》1993 年第 22 期。

年基本上就瓦解了①,而《圣谕广训》贯穿整个清代,主要是王朝将《圣谕广训》纳入科举考试之中,乡试、会试、殿试必考,凡科考必经默写《圣谕广训》,这样才有机会得进仕之阶。因此,教化既是官府的职责,又是维护民间社会秩序的重要手段(见图5.4)。

再如,谢台弼,康熙四十二年(1703)任安平县县令,在安平县民众心中留下了良好的印象,"性俭政勤,廉明慈惠,捐义租以设义学"。乡绅们纷纷歌颂,"颂其善政十则:曰宣圣谕、修学宫、劝农桑、祈雨泽、杜苞苴、禁粮耗、折疑狱、靖盗源、瑞麦生、嘉禾见"②。后人立祠祀之。可以说,谢台弼是一位优秀的知县,他在"决讼断辟,劝农赈贫,讨猾除奸,兴养立教"各方面都有建树,谢台弼这样有才干的县官应该是少见的,现摘抄县志所载诗歌两首:

宣圣谕

边黎无自识龙颜,幸有循良宣圣言。

一幅丝纶申命切,日斜车马未回轩。③

靖盗源

守望村村绝盗声,角吹山月静边城。

澄清莫谓无良策,德化诸苗久胰耕。④

还有些知县借保甲以自卫自保,"凡甲长门前各置一木架,上列长枪、马刀八杆、三眼铳十杆,以备仓猝之用,麻搭、火钩各一杆,以备

---

① 赵轶峰:《八旗、保甲与清前期社会结构》,《吉林大学社会科学学报》2017 年第 1 期。

② 道光《安平县志》卷 8《秩官志・名宦》,道光七年刻本,第 14 页。

③ 道光《安平县志》卷 10《艺文志・诗》,道光七年刻本,第 30 页。

④ 道光《安平县志》卷 10《艺文志・诗》,道光七年刻本,第 32 页。

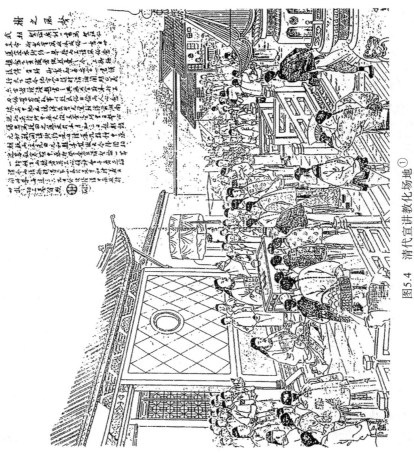

图5.4　清代宣讲教化场地①

① 上海《点石斋画报》,转引自王尔敏:《清廷〈圣谕广训〉之颁行及民间之宣
讲拾遗》,《"中研院"近代史研究所集刊》1993 年第 22 期。

火烛之虞。其器械俱要坚明鲜利,铳要火药、硝绳齐备,麻搭要多麻扎紧,火钩要长杆厚铁为之,不可视为故套也"①。尤其在咸同以后,社会存在诸多不稳定因素,地方社会更是借助保甲法进行自卫自保,地方半军事化色彩越来越浓厚。

三、胡林翼在黎平府的实验

胡林翼,晚清中兴名臣之一,早年仕宦经历主要是在贵州,颇有政声。《清史稿》对其在贵州的仕途经历,评曰:"咸丰元年,补黎平,实行保甲团练,千五百余寨,建碉楼四百余座,严扼要隘,储谷备城守。地邻湘、桂,匪戢而民安。"② 从对其评价可以看出,胡林翼在黎平府的地方社会治理很有成效。但从地方文献来看,胡林翼通过保甲法治理地方的成效是有限的。咸丰元年(1851),胡林翼初至黎平,面临黎平一带盗匪猖獗,社会治安恶化的局面,"黎属多盗,抢劫成风,行旅乡村深以为患"。"黎平界连楚粤,地杂民苗,久为盗贼出没之薮,或一日连劫十余家,或一家惨杀三五命,妇女污辱,鸡犬一空"③。胡林翼对保甲法十分看重,"与其失事而后捕之,曷若先事而预防之,则保甲洵为救时急务矣"④。提出:"于东西南北四路共建碉百十余座,兼筑堡于厄要处,屯兵驻守,作坚壁清野。《议保甲团练条规》《团练必要》等书刊布民间,使民知捍御之法。"⑤ 通过军事与民间两手办法消除不法之徒,他充满自信地表

---

① 光绪《黎平府志》卷 5 上《武备志第五》,光绪十八年刻本,第 78 页。
②(清)赵尔巽等:《清史稿》卷 406《列传一百九十三》,中华书局,1977 年,第 11927 页。
③ 光绪《黎平府志》卷 6 下《秩官志第六》,光绪十八年刻本,第 70 页。
④ 光绪《黎平府志》卷 5 上《武备志第五》,光绪十八年刻本,第 77 页。
⑤ 光绪《黎平府志》卷 6 下《秩官志第六》,光绪十八年刻本,第 70 页。

示:"以为御外寇莫如团练,清内匪莫如保甲,严定条约,实力举行。如本寨有人出外为盗,则责成本寨乡正、团长、牌长交人;如外寨有盗入境而不救援、不追捕,则责成本寨、邻寨乡正、团长罚钱,入寨充公备用,而官不经手。其乡正团长等册常时披阅,有事即按册札饬勒交。因公来署,待以殊礼,送贼到府给以重资。一刻不迟、一钱不花,随到随审。又因营兵捕盗,见盗即抛弃军械,拼命先逃,差役不能捕盗,反妄拿良善。乃自行招募壮勇百余人,分巡游徼。"① 编制保甲法的总原则是:"编保甲以十一户立一甲长,十甲立一保正,东西南北四乡各立一保长,以总之。城厢既不统于四乡,亦立一保长,以总之,共设保正若干名,甲长若干名,烟户清册若干,一存官,一给保,以便稽查填注。"② 其具体做法如下:

　　其法以十一家为一甲,内以一家择为甲长,以统十家。自一甲至十甲为一百一十家,内以十家为十甲长,另以一家择为保正,以统十甲。如十甲之外,尚有畸零甲,即附统于末保之保正;十家之外尚有畸零户,即附统于末甲之甲长。其庄村不及百家者,附近有二三十家,即十数家之小村,准其附入,以足一保;不及十家者,附近有二三家之小村,准其附入,以足一甲;如村外独户及窎远孤村不过数家,即于数家中,择一年力精壮晓事者为庄头,即于附近之保正兼统之;其庵观寺院如在本甲,开于甲尾,以不入丁差,不便列于十户之数也,但僧道若干名,仍照民户开报,以便稽查;其在城及城外关厢,统于城厢保长,余俱如四乡。凡甲长、保正、保长俱选之庶民,不及青

① 光绪《黎平府志》卷 6 下《秩官志第六》,光绪十八年刻本,第 70—71 页。
② 光绪《黎平府志》卷 5 上《武备志第五》,光绪十八年刻本,第 77—78 页。

衿、衙役,以青衿有妨肆业,衙役善作奸也。其乡绅、举贡监、文武生员在本甲居住者,不必编入十家之内,以不便悬门牌,令甲长稽查,然亦宜自爱也,惟将某户系某乡绅,某举贡监衿,开明姓讳、籍贯、官职附编本甲十家之后,城乡俱同。每家门悬一牌,谓之门牌,上书本户姓名、年貌、生理及同居人亦如之;甲长门悬一牌,谓之十家,牌上书本户姓名、年貌、生理及同居人亦如之。后并列所统之十家姓名等如前,以便日夕省览稽查,其烟户十家门牌,各保正汇齐送保长呈署印发。①

黎平保甲法首先对标准的"十户为牌,立牌长,十牌为甲,立甲长,十甲为保,立保长"进行调整,不足户数进行归并;其次,不纳赋役的特殊阶层,以及有身份、有功名的人不编入保甲,但须对其进行人口统计稽查;再次,保甲长选拔从庶民中产生;最后,汇编保甲册逐级上报。胡林翼的保甲法不可谓不详备、不可谓不严,但实行起来有很大的难度,如"凡有走索、跑马、弄猴、打拳、唱曲、说书、卖药、算卦及无衣单度牒之游方僧道,内中多有奸宄潜踪,概行出示严禁,市镇村庄不许容留敛钱,歇店、饭铺、庵观、寺院不许容留住宿,如敢逗留,保甲查拿禀究,即将外来匪人递解本籍"②。面对这些来去不定、居无定所之人,保甲是很难确定的;如何判断其中是否有奸宄之徒,保甲是很难明辨的;是否收容无籍之人,保甲是很难稽查到的;递解奸宄之徒回籍,保甲是难以办到的。咸丰二年(1852),也就是胡林翼颁布保甲法的第二年,针对上述很多问题和困难,知府胡林翼不得不再次申谕《保甲团练章程》,这一次将前述

① 光绪《黎平府志》卷5上《武备志第五》,光绪十八年刻本,第78页。
② 光绪《黎平府志》卷5上《武备志第五》,光绪十八年刻本,第81页。

保甲法中的繁杂之处、关键问题之处精简至五条：

　　　　一、卡所以盘查匪徒宜昼夜防守也；
　　　　二、各村寨经费宜筹也；
　　　　三、稽查编册宜严明详备也；
　　　　四、守御诸法平日宜预定也；
　　　　五、调遣须用传签递信也。①

胡林翼在检查保甲推行情况时，发现保甲的问题较多，针对这些问题，胡林翼将其归结为以下条款：第一条"卡所以盘查匪徒宜昼夜防守也"针对"今本府查各村寨间有玩而不守者；有守而人数与结内不符者；亦有徒手不带鸟枪刀杆者；至夜间无人防守各处"②；第二条"各村寨经费宜筹也"针对"本府查各村寨中除已有预备外，尚多不筹经费者，大款辄以人心不一，小款辄以户口不繁为辞"③；第三条"稽查编册宜严明详备也"针对"查现因保甲团练严紧伏而不动，然举报不尽，将来必至肆行无忌"④；第四条"守御诸法平日宜预定也"针对"鸟枪不精则临时手头发必不中，一发不中势必弃枪而走，刀杆手亦因之"；第五条"调遣须用传签递信也"针对"获盗处之乡正团长总须得一二人沿途长解"⑤。在实际过程中，上述问题是很难破解的，效果也并不明显。胡林翼也不得不感叹保甲之难，他说道："近年保甲团练，人人言之，亦人人行之，然文告徒烦，

① 光绪《黎平府志》卷5上《武备志第五》，光绪十八年刻本，第88—91页。
② 光绪《黎平府志》卷5上《武备志第五》，光绪十八年刻本，第88页。
③ 光绪《黎平府志》卷5上《武备志第五》，光绪十八年刻本，第88页。
④ 光绪《黎平府志》卷5上《武备志第五》，光绪十八年刻本，第89页。
⑤ 光绪《黎平府志》卷5上《武备志第五》，光绪十八年刻本，第91页。

实政无补,牌籍空设,良莠不分。其交给土司差役分发各乡者,徒资讹索,尤为浮伪。"① 咸丰四年(1854),胡林翼很快调离黎平府,保甲制度在黎平基本上流产了。

黎平保甲制度所有的问题出在保甲与村寨之间,两者有矛盾且难以协调。萧公权指出 :"一个原因可能是,由于村庄里的户数变化幅度大,因而这种自然单位总是同政府所规定的十进制保甲编组规则相矛盾。另一原因或许是,由于设置保甲的目的在于监督并控制乡村居民的行动,因而朝廷认为最可行的,是在村组织影响之外设置一套同村完全分开的组织体系。"因此,"保甲组织同乡、村自然单位相混合,让前者不可避免地处于各地特殊情况的影响之下 ;而这也部分地说明了上面所指出的矛盾"②。另外,保甲的一个很重要的特点,即实行"连坐法",通过强制性措施迫使村寨民众相互监督,相互控制,并鼓励检举揭发,以达到牢牢控制地方社会的目的。这使得官与民之间会对立起来,因而保甲制度很难在地方社会获得认同。与此同时,由于客民逐渐渗入"生苗"聚居之区,土客杂居成为普遍现象,客民的流入,使村寨与保甲、官与民之间的隔阂进一步加深。

四、客长制度

除有保甲制度之外,在贵州还存在一种客长制度。关于客长制度产生原因,梁勇认为 :"政府需要从各省移民中指派人员,赋予其相当的责任 ;另一方面,移民为了解决生活中所遇到的各类纠纷,也需要公推客长来代为处理或进行裁决。两方面的需求催

---

① 光绪《黎平府志》卷 5 上《武备志第五》,光绪十八年刻本,第 105 页。
② 萧公权 :《中国乡村——19 世纪的帝国控制》,张皓、张升译,九州出版社,2018 年,第 44 页。

生了客长制度的诞生。"① 尽管很难追寻贵州客长制度具体是何时创建的,但这个制度可以反映出客民数量已经在当地成为一股重要的力量,需要通过设置客长来约束客民、承担起保甲制度中的社会治安和差役等职责。如威宁州是贵州主要的矿产区,其铅产量是全国之最,"妈姑、羊角、新发、白崖、马街、猓纳、黑泥、三家湾等厂额抽课及采办白铅共四百二十八万有奇。柞子硃矿、猓布戛等厂额抽课及采办黑铅共五六十万斤不等,陈家沟铜厂额办铜六万斤"②。吸引了五湖四海的客民纷至沓来,并在厂矿周围形成了十二个规模较大的场市,场市不仅聚居有客民,还有苗民、土著、土司等,给地方管理带来新的复杂的情况,有鉴于此,威宁地方政府在保甲上进行责任划分:

　　其民夷多汉少,汉人多江南、湖广、江西、福建、陕西、云南、四川等处流寓,各以其省设一头人;夷人则有土目,其次曰得暮麻色土目。多安姓,大约田多而佃户众者即称土目,非官设也。夷民俱听土目约束,地方有命盗案及征粮等事,皆责成土目协差分办,如乡约。③

这则材料说明,在各省之中选举一位客长或头人,对各省客民加以约束,土司辖区由土目对其治下的土民进行管束,地方政府都赋予客长、土目等以基层社会管理职能。尽管客长主要是为加强客民管理而设置的,但在实际的责任范围上并没有清晰的边界,以丹

① 梁勇:《移民、国家与地方权势——以清代巴县为例》,中华书局,2014年,第139页。
②(清)爱必达:《黔南识略》卷26《威宁州》,道光二十七年刻本,第4页。
③(清)爱必达:《黔南识略》卷26《威宁州》,道光二十七年刻本,第4—5页。

江厅为例来说,丹江厅处于"熟苗"与"生苗"交界地带。罗绕典记曰:"地多险隘,为上下九股之门户,都江、古州、台拱四面相环,仅西北一隅丹江卫各堡毗连,凯里熟苗之地,于苗疆中尤为扼要之厅。"[1]这一带情况非常复杂,苗寨散居各处,不相连属,不少客民穿插各苗寨之中,流民散漫各地,匪盗也混迹其中[2]。这为社会管理增加了难度。仅在西北方向设有丹江卫,显然,"皇权"不能覆盖丹江全境。于是,清政府在乡村社会设置"客长",与"乡约""牌头"一起协助管理地方,"客户共一百一十九牌,内有产之户五百七十五户,无业之户六百四十九户,计一千二百二十四户,每司各设客长、乡约数名约束,牌头互相稽查"[3]。可见,地方设置的客长制度与保甲制度在社会治安和徭役征收等方面的职责是重叠的。

此外,贵州的客长制度主要活跃在场市之中,负责场市的社会治安和徭役征收。松桃厅,"男女共之贸易,以赶场为期,场多客民,各立客总以约束之。场以五日为期。工匠不务淫巧,惟锻铁之工例禁,不准入苗寨"[4]。松桃作为"西南之都会",也作为川黔楚交界之区,是贵州"繁难冲"之地,地方社会治理难度不小,因此,在松桃的坡东十九汛堡,设置有"土弁八十八名、乡约三十名、客长十八名,共管汉苗三百七十三寨,内附居苗寨"。在坡西十一汛堡及松桃城,设置有"土弁六十二名、乡约六十二名、客长三名,共管

---

[1]（清）罗绕典:《黔南职方纪略》卷5《都匀府》,台北成文出版社,1974年,第132—133页。

[2]（清）罗绕典:《黔南职方纪略》卷5《都匀府》,台北成文出版社,1974年,第136页。

[3]（清）罗绕典:《黔南职方纪略》卷5《都匀府》,台北成文出版社,1974年,第136页。

[4]（清）爱必达:《黔南识略》卷20《松桃直隶同知》,道光二十七年刻本,第13页。

汉苗三百零九寨,并无附居苗寨"①。松桃设置客长除了对客民进行
管理之外,还有一项重要职责就是约束客民进入苗寨。设置客长
这一现象遍及全国,故在官方文献《皇朝政典类纂》中特意针对客
长一条进行规定:"往来无定商贾,则责令客长查察。"②

①（清）罗绕典:《黔南职方纪略》卷6《镇远府》,台北成文出版社,1974年,
第197页。
②（清）席裕福、沈师徐辑:《皇朝政典类纂》卷30《户役一》,沈云龙主编:《近
代中国史料丛刊续编》（第88辑）,台北文海出版社,1982年,第30页。

第六章　客民土著化与地域认同

　　客民打拼多年就是希望在地方扎根下来,并取得正式户籍,客民入籍之后必然带来客民的"土著化"问题。客民成为"贵州人"大致经过两个阶段:第一个阶段,移居者从"客民"身份逐渐转化为"土著",在这个过程中,客民特别强调祖籍地的认同,是为了在移居地与不同族群竞争时维持身份认同。第二个阶段,客民由"土著"逐渐成为"贵州人",客民及其后裔子孙在土著化后对祖籍地的认同开始发生改变,他们更加强调对地域的认同。客民从原乡认同到地域认同的过程中,土地、会馆、户籍、科举等构成了清代贵州土著化进程中的关键要素。"调北征南"开始被客民不断地强化、记忆,并用"调北征南"建构身份的合法性和正统性。在与客民的互动过程中,土著也会附会客民的"调北征南"传说,努力使自己成为王朝的"化内"之民,最终形成了以围绕"调北征南"传说的各族群的地域认同。本章从会馆、科举和"调北征南"等入手探讨客民土著化与地域认同的统一与分歧。

第一节　会馆与客民土著化

　　清代客民遍布贵州各地,很多客民来到异地他乡,难免会有孤独之感,缺乏安全感。刚到一个陌生之地的客民群体与土著及其他省的客民间存在较大的隔阂,缺乏认同感和信任感,这使得各省和各地区的客民内部迫切需要有一种内聚的集体组织,能互相帮助,共同抵御外来势力。而对乡土的眷念和共同的民间信仰等因素,使这种组织以会馆及其相应的庙会形式出现①。何炳棣通过苏州、汉口、归绥、重庆与四川四地的会馆研究,说明会馆与地域观念消融的关系②。会馆研究主要集中在社会活动方面③。会馆不能简单地看成是一个社会组织,事实上,会馆在时人心目中不仅仅是一个同乡联谊组织,还是同籍移民的信仰组织④。由于贵州客民众多,与之相应地在各地建立的会馆亦非常多,有学者统计清代贵州的会馆有214个⑤。这些会馆都是他省客民所建,几乎每一县都有几个至十几个之多。如古州"自设盐埠以来,广东、广西、湖南、江西贸迁成市,各省俱建会馆"⑥。可见,客民会馆与地方社会变迁有着密切关系,因此,本节将通过对客民会馆的考察,以此理解贵州客民土著化过程,进而揭示客民会馆与地方社会之间的互动关系。

一、客民的"乡土之链"

随着留居贵州的客籍人口越来越多,为了站稳脚跟、提高自身在地方的威望,客籍民众多以乡缘、业缘、家族、亲朋等关系为纽

① 蓝勇:《清代西南移民会馆名实与职能研究》,《中国史研究》1996年第4期。
② 何炳棣:《中国会馆史论》,中华书局,2017年,第97—111页。
③ 王日根:《乡土之链:明清会馆与社会变迁》,天津人民出版社,1996年。
④ 王东杰:《"乡神"的建构与重构:方志所见清代四川地区移民会馆崇祀中的地域认同》,《历史研究》2008年第2期。
⑤ 蓝勇:《明清时期云贵汉族移民的时间和地理特征》,《西南师范大学学报》(哲学社会科学版)1996年第2期。
⑥ (清)林溥:《古州杂记》,嘉庆刻本,第2页。

带,建立"相帮、相亲、乐善、重义"的团体。共同的乡土观念有利于籍贯、方言及生活习惯、思维方式、宗教信仰一致的人群自然地聚集在一起。民国窦季良对乡土观念理解为:"乡土观念是在其乡土的自然环境、乡土的社会关系、乡土的文化和乡土政治地域区划的历史传统之下,培养以成。"①可见,乡土观念包括乡土的自然环境、乡土的社会关系、乡土的文化等要素,但这三大要素都没有清晰的边界,不能使乡土观念明晰而确定,我们知道乡土观念之所以明晰而确定,在于乡土行政区划的历史传统。以籍贯划分就成了客籍在外聚集的重要依据。明清两代,以地域、籍贯为基础形成的客民会馆,成为客籍在异乡联络、聚会、议事之所,牵连着移民群体的乡土之情。我国籍贯观念深厚与地方行政对官吏的任用回避制有关,地方各级政府中的主要职务由不同籍贯官员异地担任,使得各地府、厅、州、县衙门居住着大批外省籍流官。何炳棣指出,自秦统一天下以来,"我国传统行政法中特色之一,是对官吏铨选任用的籍贯禁限"②。客民群体中的籍贯观念尤为强烈,籍贯成为区分不同地域的标签。《黔南职方纪略》记载客民"迁徙靡有定处,携室而来,渐招亲故"③。因有共同的籍贯观念,客民才能招集亲人汇聚一处,团结乡情。

另外,土客之间矛盾的激化,也在不断强化着乡土观念。大量来自不同地域的客民进入贵州同一片天地后,由于语言、习俗等差异,土客间存在较大隔阂。客民社会所必然带来的土客冲突、资源分享、利益纷争皆出于对自我的保护机制,使得各省、地区间的

---

① (民国)窦季良编著:《同乡组织之研究》,正中书局,1943年,第9页。
② 何炳棣:《中国会馆史论》,中华书局,2017年,第3页。
③ (清)罗绕典:《黔南职方纪略》卷6《镇远府》,台北成文出版社,1974年,第170页。

移民迫切需要建立一种团体组织,能够互相帮助,共同抵御外来势力,实现自我更大发展。这种"排外"思想尤其是在涉及政治、经济利益时便显现出来。客民入黔在涉及土地开垦、种植、商业贸易等问题时会形成强大的竞争力。这种土客之间的矛盾冲突,会造成客民出于权益上的捍卫心理、客居他乡心理相依的需求,对原乡土的认同感越发强烈,加速客民会馆的建立。

　　同省或同乡的人,在离开家乡后,来到新的地方,充满了很多未知的因素,诸如,如何顺利地进入新的地方,如何团结乡邻,如何自我保护,以及如何融入地方社会体系之中。客民在正式取得户籍前,通常需要寻找彼此出生于同一地区的特殊感情来建立会馆,可以联络乡谊,并求得神明保佑之所,进一步借由情感的联络和共同的神祇信仰来加强彼此关系,共同面对所遇到的难题。会馆就是同乡人在京师和其他异乡城市所建立、专为同乡停留聚会或推进业务的场所[①]。何炳棣对会馆做出最简要而权威的解释。但从贵州众多史料来看,会馆未必仅仅分布在城市、在交通要道上。在集镇上都有会馆,甚至可以说,有客民的地方就有会馆。会馆的成立反映的是客民客居异乡的一种不安全感,是客民初到异地尚未土著化并对地方缺乏认同感时,所采取的一种过渡及自我保护的措施。

　　各省客民的数量及其在当地的势力可以通过建立会馆的多少反映出来。"总体上各会馆数量的不同,则反映了来自各省客民数量多少的大致差别"[②]。蓝勇根据清至民国时期的贵州各地地方志,对客民会馆进行了详尽的数量统计,兹列于下(表6.1):

---

① 何炳棣:《中国会馆史论》,中华书局,2017年,第12页。
② 蓝勇:《明清时期云贵汉族移民的时间和地理特征》,《西南师范大学学报》(哲学社会科学版)1996年第2期。

表6.1　清代贵州客民会馆统计

分区	府州县地名	江西会馆	四川会馆	湖广会馆	广东会馆	福建会馆	秦晋会馆	江南会馆
黔北	遵义	2	2			1		
	正安		2	1			1	
	桐梓	4	6	3	1			
	绥阳	1	1	1				
	仁怀	1		1			1	
	毕节		1	2		1	1	
	大定	1	1	1		1	1	
	思南	1		1		1		
	沿河	2	2	1				
	黔西	1	1	1				
	湄潭	9	7	8			2	
	石阡	1	1					
合计		78	23	24	20	1	4	6
黔东	铜仁		1			1		
	思州	2						
	镇远	2		1		1	1	1
	天柱	2				1		
	玉屏	1		1				
	剑河	3		3		1		
	黄平	7	2	5				
合计		36	17	3	10		4	1	1
黔中	贵阳	3	4	2				
	平远	1		1				
	息烽	1	5				1	
	安平	1					2	
	平越	1	1	1				
	瓮安		2	1				
	麻江	4	2	3		1		

续表

分区	府州县地名	江西会馆	四川会馆	湖广会馆	广东会馆	福建会馆	秦晋会馆	江南会馆
黔中	定番		1	1				
	广顺	3	1					
	龙里	1						
	贵定	2	2	1				
合计		49	17	18	1	1	3	
黔西	水城		1					
	安南	1		1				
	兴仁	3	3	3				1
合计		13	4	4				1
黔南	兴义府	1	1	2		1		
	兴义县	1		1		1		
	贞丰	1		1				
	古城厅	1	1	1	2	1		3
	独山	5	1	2	1			
	都匀	4	2	3		1		
合计		38	13	10	3	4		3
总计		214	74	54	4	13	10	5

资料来源：蓝勇：《西南历史文化地理》，西南师范大学出版社，1997年，第525—526页。

总体而言，江西会馆、四川会馆、湖广会馆占贵州全部会馆总数的85%，具体来说，江西会馆在黔北、黔东、黔中、黔西、黔南基本上占三分之一强，四川会馆主要集中在黔北、黔中、黔西，占三分之一左右，而黔东、黔南相对较少；湖广会馆与江西会馆相似，比较平均分布在上述五个地区，占20%—30%之间；广东会馆主要集中在黔南，福建会馆主要集中在黔东、黔南，秦晋会馆主要集中在黔北、黔中，江南会馆主要集中在黔南。除了江西会馆、湖广会馆之外,其他会馆体现了地理位置上的距离递减规律,以及移民传统经营行业和移民进入的背景①。总之,客民会馆的数量和地理分布大致反映了客民在贵州的实力与分布情况。

再从时间视角来看,笔者对地方志中客民创建会馆的时间进行了统计(见表6.2)。

表6.2 明清贵州客民会馆创建时间统计

明代	康雍乾	嘉道	光绪
9	41	38	29

清代客民创建会馆高峰期主要集中在康雍乾时期、嘉道时期和光绪时期,这三个时期与客民涌入贵州的时间基本上是契合的。第一,康雍乾时期,王朝对少数民族地区实施改土归流,实现地方的州县化,为客民的到来创造了良好的政策条件,如普安县"自清改土入流后,外省官军、商贾、流寓渐多,各区苗蛮无形消灭。今入夷苗村中,佥称夷人曰老户,汉人曰客户"②。第二,嘉道以来,随着王朝权力的不断深入贵州,自发性移民纷纷踏入贵州,并逐渐由城镇向乡村发展,这时的客民达到顶峰。贺长龄提到:"黔省固多客民,兴义府尤其渊薮。自嘉庆年间平定苗匪之后,地旷人稀,每有黔省下游及四川、湖广客民携眷而来。"③第三,咸同时期,苗民起义被平定后,客民又一次掀起移居贵州的浪潮。

修建会馆活动本身有利于增强同乡的祖籍观念,实现同乡的凝聚。早期的会馆职能比较简单,以联络乡谊、扶持乡友、抵御外

---

① 蓝勇:《明清时期云贵汉族移民的时间和地理特征》,《西南师范大学学报》(哲学社会科学版)1996年第2期。
② 民国《普安县志》卷15《土司志·苗蛮》,民国十五年石印本,第4页。
③ 民国《大定县志》卷20《艺文志·文》,大方县志办铅印本,1985年,第511页。

敌为主。他们以同乡会相组织,这些组织的主要活动场所即同乡会馆。李红在《重安江江西会馆记》中开篇即论述道:"凡士商之客于四方者必设会馆,为岁时颂祷地,有事则聚而议焉,而出于吾乡人为多,其在黔楚间尤盛,盖犹古者乡校之意,特侨寄为异耳,然人情比闾托处,习而忘之,及远游日久,闻乡音辄喜,虽旁州郡之人,如亲戚然,因是有以联其情谊,不然者则乡人是非之公亦于是出焉,顾不善欤。"①

　　建一座会馆需要花费大量时间和银两,非一般人或同乡会之类所能承受,一般由经济实力较强的客民建造。从事商业的客民是客民会馆的主要倡导者。江西程岩在《黔南黄平州万寿宫碑记》中提到建成万寿宫的情景:"经始于乾隆七年四月,越十二年八月工乃竣,其址上下二十二丈,左右二十三丈,其宇堂十楹,门四进,余屋两间,戏台一座,共用银九百五十余两。"②同城的仁寿宫,"临江郡人客于州者,醵三百金买向氏街基"③。目前贵州最大的江西会馆即石阡府的万寿宫。《石阡县志》叙述了万寿宫的修建过程:

> 万寿宫规模阔大。由举人左维祥之父成宪前贩南川笋往江南,数年致大富,归。筹巨款生息,谅可大加振兴,复往江南绘图,以曾见江南会馆之壮丽也。后依图改修,数年监视辛苦,聿观厥成,耳目一新,人皆称羡,遂遗留至今。④

石阡万寿宫早在明末即已建立,后历经多次重修。该材料讲的是

---

① 嘉庆《黄平州志》卷9《艺文志·记》,嘉庆六年刻本,第68页。
② 嘉庆《黄平州志》卷9《艺文志·记》,嘉庆六年刻本,第75页。
③ 嘉庆《黄平州志》卷12《轶事志·寺观》,嘉庆六年刻本,第6页。
④ 民国《石阡县志》卷3《秩祀志》,民国十一年未刊稿,第6页。

雍正十三年（1735）至乾隆三年（1738）这四年重修的情况。乾隆三十二年（1767），江西南昌、抚州、临江（今樟树市）、瑞州（今高安市）、吉安五府在石阡居住的江西客民，捐资改扩建万寿宫。此次重修基本奠定了现在万寿宫的规模。从建筑规模看，万寿宫占地3800余平方米，是石阡县最大的古建筑群①。在贵州大部分地方，江西会馆是最多的，可见，江西客民的实力十分强大。诚如会馆史研究者王日根所讲："在移民集中区域，在移民移入的高峰期往往也是会馆建立最多的时期。"②会馆所涵盖的地域大小大体与各省移黔人数的多少有关。这也映衬出在贵州各地方之中，如江西、四川、湖广等地移往贵州人数较多。有的一县之内有多座会馆，比如，独山县，乾隆十四年（1749）在"城内南三甲昭武馆左"修有一座，嘉庆初年在"鸡场下街"创建一座，光绪三年（1877）重建于"上司街中"；道光二十五年（1845）在"下司上街"创建一座③，总共有三座万寿宫。都匀县有四座万寿宫，最大的在城内大西街，光绪初年建，有正殿五间，后殿三间，戏台一座，两厢酒楼各六间，其余三座较小，分布在王司街、平浪和凯口。两湖会馆有三座，分布在城内南街、平浪和凯口④。郎岱厅也有四座万寿宫，乾隆三十年（1765），在厅城北门内，由全体江西客民共建。道光二十九年（1849）又进行了一次重修。嘉庆三年（1798），在城西门外，江西客民共同创建一座。其他两座在六枝和大岩脚⑤。有了会馆就有

---

① 贵州省石阡县地方志编纂委员会编：《石阡县志》，贵州人民出版社，1992年，第570页。

② 王日根：《中国会馆史》，东方出版中心，2007年，第144页。

③ 民国《独山县志》卷9《坛庙》，民国四年稿本，第5页。

④ 民国《都匀县志稿》卷11《营建志》，民国十四年铅印本，第14页。

⑤ 咸丰《安顺府志》卷19《营建志二》，咸丰元年刻本，第3页。

了依靠,万寿宫以"乡土之链"将江西的地域文化移入石阡,与商业文化密切结合。为了团聚乡人,每逢祭祀许真人的日子,江西籍男女老少相聚一堂,说家乡话,吃家乡菜,唱家乡戏,以此方式共叙乡情①。

二、会馆的"在地化"

很多学者注意到,会馆是建立在原籍之神的搬移,保护同乡并与土著以及其他省客民的抗衡之上。蓝勇指出,"移民会馆的建立使移民的乡土观念得以较长期地保留下来,减缓了移民与土著及各移民团体之间的同化"②。其结论是会馆减缓了客民融入当地。王东杰认为,会馆应放在"移民社会"的大环境下去考察,会馆既维系移民原乡情感,又参与"土著化"进程,从这一意义上说,会馆中的"乡神"一方面被视作移民原乡认同的象征,另一方面又被赋予超地域性内涵,实现新的认同③。这一结论笔者深以为然。客民入籍地方历经几代之后,客民后裔与原籍关系逐渐疏远,乡土观念随之逐渐淡化,于是,会馆的"乡土之链"功能开始发生转变。

就贵州客民会馆发展历程来看,其早期主要是以庙、神、寺、宫的形态出现。如毕节县,"晏公庙,在东关,雍正年间江西客商建,遇公事群集于此以为会馆。寿佛寺,在南关大定街,雍正年间湖广客商建,遇公事群集于此以为会馆。护国寺,在寿佛寺左,湖广

---

① 史继忠:《石阡万寿宫》,《当代贵州》2007 年第 24 期。
② 蓝勇:《清代西南移民会馆名实与职能研究》,《中国史研究》1996 年第 4 期。
③ 王东杰:《"乡神"的建构与重构:方志所见清代四川地区移民会馆崇祀中的地域认同》,《历史研究》2008 年第 2 期。

黄州人建,遇公事群集于此以为会馆"①。玉屏县,"万寿宫,在城北倚城面江,康熙年间江西客民公建,乾隆二十一年筑堤拓基增建戏台。寿佛寺,在朱家场,乾隆十一年湖广客民公建"②。平远州,"万寿宫,在州城南门外,前戏楼三间,正殿五间,后殿三间,江西客民新建。寿佛寺,在州城南门外,前戏楼三间,正殿五间,后殿三间,湖广客民新建"③。从上述材料可知,各地所建坛庙规模较小,是商议公事之所,以及在重大节庆日时供同乡聚集看戏。

　　早期客民会馆主要是以同乡为主的社会组织,从其神灵崇祀可见,如平坝县的川主庙,"川主即四川福王之义,相传蜀郡守李公讳冰多惠政,子二郎入江斩蛟除水患,蜀人立祠祀其父子,奉为福王,凡寄籍他省者必共同组织此庙,一以报祀功德,一以团结乡情,故亦称四川会馆"④。可见,来自四川的移民对会馆寄予重望,想要通过共同的祭祀神来联谊宗族。同样,江西客民建立江西会馆也是如此,"万寿宫祀晋旌阳令许逊,相传逊亦斩蛟除水患,江西被其功德奉为福主,凡寄籍他省者必共同组织此宫,一以报祀功德,一以团结乡情,故亦称江西会馆"⑤。黄平州的仁寿宫,"盖凡江西人客他省率建万寿宫,兹易万言仁者,以所祀诸神中萧公为其郡人,有仁侯称,用以别于合省,然曰仁寿,则犹祝厘意也"⑥。清代思南府郡人盛朝辅在《募建禹王宫序》中说道:"秦之人祀关帝,则曰山陕会馆;蜀之人祀二郎,则曰四川会馆;江右之人祀萧晏许仙,则曰豫

---

① 乾隆《毕节县志》卷 1《疆舆志·坛庙》,乾隆二十三年刻本,第 54 页。
② 乾隆《玉屏县志》卷 3《寺观》,乾隆二十二年刻本,第 15 页。
③ 乾隆《平远州志》卷 13《祠祀》,乾隆二十一年刻本,第 4 页。
④ 民国《平坝县志》第 4 册《祀祷志》,民国二十一年铅印本,第 54 页。
⑤ 民国《平坝县志》第 4 册《祀祷志》,民国二十一年铅印本,第 54 页。
⑥ 嘉庆《黄平州志》卷 12《轶事志·寺观》,嘉庆六年刻本,第 6 页。

章会馆。"①因此，乡土之神最初是作为客籍联络乡土关系的精神纽带，维系着对原籍观念的认同。移民在社会关系中普遍纳入以原籍地缘关系为纽带的组织群体之中，这就使得原籍观念在相当长的一段时间内能够得到强化和保持，各省移民之间以及移民和土著之间的同化过程相当缓慢。

清代贵州各地会馆林立、帮派众多，不仅仅要对付土著，还要对付其他省份的客民。随着各省客民在地方上实力较量的展开，经济与社会的力量重组，逐渐削弱各种地缘组织原有的畛域观念。共同的经济利益促成超地缘的业缘结合，长期全面接触促成土客间的社会同化②。以安顺来看，"外省人之旅居安顺者，多有乡团之组织，普遍称之为帮，如江西帮、四川帮、两湖帮与两广帮等。各帮之中，俱设有会馆，以为该帮聚会之所。又有盐帮、油帮、米帮、布帮、京果帮、裁缝帮、染坊帮、石、木工帮等名称，乃系以营业或工作范围为组合基础之团体，成员多少不定，恒以营业领域、工作繁简之伸缩为转移，俗称为帮口"③。根据各个行业组织各大"帮口"，同时，以地缘垄断为特征的行业"帮口"遍及整个安顺地区，"有油店、盐店、京果海味店、叶烟店、纸烟店、特货（鸦片）商等数种。盐店专营食盐，多为四川人所经营；京果海味店专营京果海味，多为两广人所经营；特货店专营鸦片，此业者两广、两湖、四川及赣、皖之人皆有，而以川、湘、两广之人为最多；其他如油店、烟店，则多为本县人所经营"④。具有职业组织性质的"帮口"孕育而生。

---

① 道光《思南府续志》卷10《艺文门·序》，道光二十一年刻本，第45页。
② 何炳棣：《中国会馆史论》，中华书局，2017年，第111页。
③ 民国《续修安顺府志》卷16《礼俗志·社会组织》，民国三十年稿本，1983年安顺市志编纂委员会整理排印，第505页。
④ 民国《续修安顺府志》卷10《商业志·类别》，民国三十年稿本，1983年安顺市志编纂委员会整理排印，第423页。

　　嘉道以后,各省会馆开始从城市向集镇、乡村广泛深入。如思南府,"禹王宫在城内南街,道光六年两湖商民重建,郡属各场市均有禹王宫,皆湖商公建,不具列。天后宫,在城东门外,嘉庆十七年福建商民公建,道光十八年知府郭鸣高添设对厅廊房,郡属各场市间有天后宫,皆闽商公建,不具列"①。兴仁县,"江西会馆,一名万寿宫,兴仁有三:治城一;巴林一;狮子坟一"②。郎岱厅,"三楚宫,在城西门外,乾隆五十八年两湖客民建,一在大岩脚"③。独山县的寿佛寺,又名湖南会馆,有三座:一在治城湖南路(上街);一在烂土司;一在普安舍④。建筑规模比清前期的会馆更大,如兴仁县的两湖会馆,"一名三楚宫,兴仁有二:一在治城;一在巴林。治城两湖会馆,上殿三楹,附左右殿桷各一楹,左右厢各五楹,下殿五楹,中为戏台,左厢后三楹为僧舍,右厢后五楹客厅,太公石屹立其前,醴泉硐卑居其下,诚兴仁十景之一也"⑤。同城的四川会馆,"一名万天宫,兴仁有三:治城一;平安村一;狮子坟一。治城四川会馆,上殿三楹,清嘉庆十二年建,殿左右各两楹,下殿五楹,中为戏台,左右厢各七楹,均道光九年建,左厢后客厅三楹"⑥。

　　嘉道以后,会馆参与贵州社会的活动也呈上升趋势。如开阳县的客籍会馆,"光绪初年,川籍人来开者日多,新建此为集会游宴

---

① 道光《思南府续志》卷2《营建门·坛庙》,道光二十一年刻本,第59页。
② 民国《兴仁县志》卷2《地理志·祠庙》,民国二十三年稿本,第7页。
③ 咸丰《安顺府志》卷19《营建志二》,咸丰元年刻本,第3页。
④ 民国《三合县志略》卷12《营建略·祠祀》,民国二十九年贵阳文通书局铅印本,第1页。
⑤ 民国《兴仁县志》卷2《地理志·祠庙》,民国二十三年稿本,第7页。
⑥ 民国《兴仁县志》卷2《地理志·祠庙》,民国二十三年稿本,第8页。

之所"①。兴仁县的四川会馆,"历来地方办公处所,多藉设其中"②。
镇远县"江西、湖广各省会馆向苗人当买之产,亦复不少"③。光绪
十七年(1891)夏五月兴仁县发生大饥荒,地方人士在两湖会馆
设施粥厂,解救了不少民众,为此,《兴仁县补志》在"大事记"中
记载:

> 上年久旱,秋收过歉,本年夏四月又雨冰雹,以致每米一
> 斗售银八钱余,遂大饥。杨兴骥、邹国玺、陈光耀、熊邦彦等
> 募捐五百余两,设粥厂于两湖会馆,每日施粥二次,每次每人
> 一碗,每日计煮米二石,五月初起六月中止,存活饥者六七千
> 云。④

至光绪年间,创建会馆不再限于各省的客民,地方官员、地方精英、
地方普通民众也都参与进来。以八寨县的寺观创建为例,《八寨县
志稿》将寺庙分为城镇祠庙与乡间祠庙。

城镇祠庙情况:

> 文昌庙,在城内东街孔庙右,光绪十六年地方绅民募捐创
> 建,共二十七间,现移设两等学校于内。
> 火神庙,在城内东后街,前清光绪九年地方绅民募捐创
> 建,现已朽坏。

---

① 民国《开阳县志稿》第2章《地理·寺观》,民国二十九年铅印本,第49页。
② 民国《兴仁县志》卷2《地理志·祠庙》,民国二十三年稿本,第8页。
③ (清)罗绕典:《黔南职方纪略》卷6《镇远府》,台北成文出版社,1974年,第196页。
④ 民国《兴仁县补志》卷5《大事志·年纪五》,民国三十二年稿本,第15页。

昭忠祠,在城内东后街,清光绪三年地方官绅募捐修造,殿宇五间,大半朽坏,现改为忠烈祠。

龙王庙,在城内西街,清光绪五年地方绅民募捐修造,庙宇一间,现尚完整。

城隍庙,在城内西南隅,前清光绪十年地方人民募捐修造,正殿左右厢房戏台酒楼共二十二间,历年修理,现尚完整。

报恩寺,在城内南街,民国九年地方绅民募捐修建。

观音庵,在城内东后街,前清光绪八年女尼史广明捐资修建,后由地方补修。又一在城内南后街,清光绪三年地方人民捐资修建。

白衣庵,在城内南后街,清光绪七年地方人民捐资修建。

万寿宫,在城内南街,清光绪八年地方人士捐资修建。①

乡间祠庙情况:

关岳庙有四,一在城东北十里长青堡,清光绪二十四年地方绅民募捐修建;一在城北二十五里兴仁堡,同治十二年绅民捐资修造;一在城北三十里中孚堡,光绪三十四年人民募捐修造;一在城东七十里双守堡,光绪十二年人民募捐修造。

城隍二,一在城东十里长青堡,清光绪十年人民募捐修造;一在城东九十里排调场,光绪四年人民募捐修建。

魁星阁,在城东十里长青堡,光绪三十年人民募捐修造。

观音庵,在城东十里长青堡,清光绪三年人民募捐修造。

万寿宫,在城东七十里南皋场,清光绪二年人民募捐修造。

① 民国《八寨县志稿》卷5《祠庙寺观》,民国二十一年铅印本,第14—15页。

　　　三元官,在城东北六十里石硚堡,清光绪三年人民募捐修
造。①

八寨县城镇与乡间的庙坛会馆的主要创建者已不再是各省客民,
很有可能这些客民已经"土著化",因此,在县志中用"绅民""官
绅""人士""人民"等词表述。城镇的祠庙一般由地方精英主
导,乡村的祠庙一般由地方民众主导。在其他地方亦是如此。下
江厅的天后宫,即福建会馆,咸同苗乱期间被毁,"光绪三年,会馆
首事林万利等集资重修"②。永从县的万寿宫,"在南门内正街,系
江西会馆,乾隆五十八年建,咸丰五年毁,光绪五年,邑绅民捐资
重建"③。丙妹分县的四省馆,"旧祀财神,在城东门外里许,道光
二十一年建,苗乱毁,光绪十六年,县丞周立昌倡捐重修"④。镇宁县
寿佛寺,即湖南会馆,"在城内北街,原名三楚宫。建自清朝中叶,
年代无考,同治丙寅城陷,毁于兵燹。光绪十一年,知州刘大琮率
首人雷培基、段书纶等倡募,重修正殿三间。光绪三十三年,首人
周封鲁、周寿图等补修后殿三间,左侧厢房三间,创设端本女学堂
于内"⑤。同样,川主庙,"清道光元年,川人叶春扬倡募建修正殿三
间,二十一年夏,复补修左右厢房及戏楼一座。同治丙寅城陷,全
毁于贼。光绪元年,首人叶春生倡募重修正殿及左右厢房各三间。
十八年重修戏楼及左右住房"⑥。福建会馆,"建于清嘉道间,年代无

① 民国《八寨县志稿》卷5《祠庙寺观》,民国二十一年铅印本,第15页。
② 光绪《黎平府志》卷2下《地理志第二》,光绪十八年刻本,第70页。
③ 光绪《黎平府志》卷2下《地理志第二》,光绪十八年刻本,第71页。
④ 光绪《黎平府志》卷2下《地理志第二》,光绪十八年刻本,第72页。
⑤ 民国《镇宁县志》卷3《祠祀·会馆》,民国三十六年石印本,第37—38页。
⑥ 民国《镇宁县志》卷3《祠祀·会馆》,民国三十六年石印本,第38页。

考。同治五年毁于贼，后未修复，遗址今为首人黄叔齐等租与李姓建造住宅"①。镇宁的三座会馆，最初应该都是客民所建，至咸同苗乱被毁之后，光绪年间主要是地方官、地方精英参与会馆的建设。我们对兴义县客民会馆的创建时间、创建人籍贯以及演变情况进行了简单整理，以此观察修建客民会馆的主体变化，及由此反映出客民与地域认同的关系（表6.3）。

表6.3　兴义县客民会馆演变情况

会馆名称	创建时间	创建人籍贯	演变情况
禹王宫	乾隆二十五年（1760）	湖北	嘉庆十五年重修，咸丰三年知县胡霖澍增修，民国改为黄草镇第一中心国民学校。
天后宫	道光九年（1829）	福建	无碑记可考。
万寿宫	乾隆三十八年（1773）	江西南昌	光绪六年重修，民国半多坍毁。
铁树宫	康熙中	江西抚州	乾隆中黄泰清建戏台，道光二年增廖公祠、观音堂，民初为驻兵之所后警察局设其内。
南华宫	嘉庆中	广东	道光十六年全部落成，民国改为黄草镇第三中心国民学校。
仁寿宫	光绪末年	江西	中祀许真君，侧祀药王孙思邈。
川主庙	咸丰中期	四川	分新旧二庙，新庙俱全系光绪末知县马桢等醵资建，民国时商会设于内。
云南庙	无考	云南	无碑记可考，民国改为私立复兴小学。

资料来源：民国《兴义县志》第5章《营造·坛庙》，民国三十七年未刊稿，第18—20页。

从客民会馆的演变，可以清晰地看到：一是会馆创建之初几乎都是由各省客民占主导，之后会馆增建、修缮或重建主要由地方官、地方

① 民国《镇宁县志》卷3《祠祀·会馆》，民国三十六年石印本，第38页。

精英主导；二是会馆由单一神崇祀到多元神的崇祀演变；三是会馆由最初的同乡联谊之所转变为地方性机构，会馆与地方的联动更为密切。

三、会馆与客民的地域认同

随着客民逐渐"土著化"，会馆的包容性和开放性特征更加明显。思南府的万寿宫的演变最具代表性：

> 万寿宫在府署右，旧名水府祠，祀英佑侯，在城外即今普济庵址。明正德五年没于水，嘉靖十三年长官张镫重建，万历二年郡人市张姓临街店基作祠，祀许旌阳，兼祀萧英佑侯、晏平浪侯，即今址。康熙二十三年江右荀士英等募众，增市敖氏宅添建，嘉庆六年江右商民大加恢拓，更今名。临街为山门，门以内为牌坊，由坊而上为门楼，又上为拜厅，为正殿，左右为厢楼，曲其庑，与门楼相环抱。后为观音堂，左为关圣殿，右为紫云宫，侧为梓潼宫，左右为僧舍，为客厨，俱慢以石瓷砖为墉，壮丽倍前。①

这则材料表明，不同的人群可以在万寿宫里找到不同的神坛进行祭祀。思南府会馆自明代建立至清代，从规模上看，由明代的祠发展至嘉庆六年（1801）气势恢宏的会馆；从崇祀上看，由明代祀英佑侯到万历二年（1574）祀许旌阳，兼祀萧英佑侯、晏平浪侯，至嘉庆六年，崇祀对象既崇祀观音，亦崇祀关公、道教祖师、文曲星以及佛教，祭祀之神从地域性的乡神到全国性的祭祀神；从创建者看，明代的祠主要是地方官和地方精英所建，清代主要是由江西的客

---

① 道光《思南府续志》卷2《营建门·坛庙》，道光二十一年刻本，第58—59页。

商所建。上述三个方面的变化反映出明代的会馆具有强烈而自闭的地域性,至清前期的会馆强调原乡认同,具有客民社会整合的功能。嘉道以后,随着客民融入当地,会馆又具有了整合整个贵州社会的功能,会馆的包容与开放体现了客民真正融入贵州社会并成为"贵州人"的某种姿态。

通常各地会馆都是由本籍客民共同筹建,有本地域特征的祭祀对象,也是由本籍人士进行管理,最初的会馆具有较强的排他性。随着时间的推移,这种排他性不断淡化。会馆年久失修,在重建维修资金来源上也不再局限于本籍同乡身份,而是积极鼓动各籍人士参与进行。思南府人盛朝辅在《募建禹王宫序》中写道:

> 郡城之南,向建有禹王祠,多历年所,风雨漂摇,即于颓塌。前郡伯周出百金倡首修复,资斧不济,未观厥成。董事者思呼将伯问序于余,告余曰:"我同人建此祠未成,三湘七泽之人家此地者绝少,今欲求输于外人以玉成此举,得毋嫌于私而戛戛乎难之。"予告之曰:"世之有鬼神犹天之有日月,人人得仰其照临,瞻其光彩。"①

这则材料很有意思,通常会馆告竣,会请同乡中有声望之人作序,但该序请的却是思南府地方人士盛朝辅。从序文来看,禹王宫由自闭性向开放性转变,表面上是迫于经济的压力,其实反映出的是土客之间的关系由隔阂转为交融。禹王并非两湖人的禹王,禹王宫也并非两湖人的禹王宫。禹王可以是两湖人的祭祀对象,也可以是思南地方,乃至全国民众的共同祭祀对象。正如其序末所写:

---

① 道光《思南府续志》卷10《艺文门·序》,道光二十一年刻本,第45页。

"巍巍禹王岂两湖之地所得而私之乎？岂两湖之人所得而私之乎？持此说以往而私心亦可爽然释矣。"[1]

另外，会馆祀神由单一神转变为多元神。清初，贵州的会馆以祭祀原籍乡土神为主；清代中后期，这些会馆也兼祀其他神灵。政府敕封的众神以及其他民间信仰的本土神也被请入会馆，会馆正殿祀奉本土神，其他殿宇则广祀众神。始建于嘉庆二年（1797）黎平府的两湖会馆，其殿内明间设神龛，供禹王塑像；次间龛台分别供文财神及武财神等。佛殿明次三间，明间供无量寿佛、观音、普贤像；两次间分别供孔圣神主牌和鲁班神像[2]。不属于同籍的神灵能在同一座庙宇中进行祭祀，一方面，是因为会馆崇祀对象的不断叠加，将不同族群纳入以会馆为中心的信仰体系之中；另一方面，体现出会馆逐渐在消融凸显原籍的个性，显现出兼容性。这种神灵祭祀的共通性，体现了各省会馆在不断发展的过程中，从互异走向一致，从对立走向融合。会馆神灵崇拜经历了从单一乡土神祭祀，演变为以乡土神为主，众神兼祀，对移居地的淡化，对新的地域认同感与归属感逐渐加深。窦季良认为："乡土观念层次的愈扩大，则血缘关系的色彩愈淡薄，地缘关系的色彩愈浓重，国家观念之所以由地缘关系而来。"[3] 由乡土观念到地域认同，再至国家认同，这是每一个移民社会所经历的阶段。会馆作为客民的"乡土之链"实现了"在地化"，反映了会馆的功能也由凝聚同乡转变为社会整合。嘉庆六年（1801），黄平州重安江客民共同修建会馆，请李红作序，名《重安江江西会馆记》。李红在序言中刻意回避会馆的"地

---

[1] 道光《思南府续志》卷10《艺文门·序》，道光二十一年刻本，第46页。

[2] 贵州省地方志编纂委员会编：《贵州省志·文物志》，贵州人民出版社，2003年，第153页。

[3]（民国）窦季良编著：《同乡组织之研究》，正中书局，1943年，第12页。

域观念",而专门强调会馆的地域认同和国家认同。其碑记曰：

> 重安江城在平越、都匀、镇远三郡之交，前临大江，风景闳
> 阔，又为滇黔通道，仕宦商贾肩摩而踵接，驿舍之外阛阓连属，
> 亦繁盛之区也。乾隆十八年，乡人魏捷万、徐必祥、曾良友、熊
> 天祥、蔡以文、蔡远臣、吴学万等始合谋，酿金购基与田。二十
> 年，鸠工庀材。越十年，熊人河、魏及万、蔡作舟等乃蒇其事。
> 又三十余年，嘉庆戊午，予以瓮安令摄平越篆，乡人蔡麟舟、魏
> 国仲、施奇珍等以勒石之文来请。因为论馆之所由设，在于笃
> 桑梓亲睦之风，而公其是非，非仅为党同之具，其所祀神皆乡
> 之德施于人者，人皆知之，不具论。至万寿名宫，昉自昔代，然
> 今当四海会同之世，自神及人，实皆为圣天子祝无疆之福、则
> 尊严之地，凡往来差使皆未可假馆住宿，停寄物料，以亵越视
> 之也。①

从碑记中可以看出，会馆设置的目的是联合团体，敦睦乡谊。从乾
隆十八年（1753）江西客民开始筹划修建会馆始，历经四十余年，
直至嘉庆三年（1798）才最终落成。从占地面积来看，江西会馆是
一座比较雄伟的会馆。序文后，李红特意强调会馆"非仅为党同之
具，其所祀神皆乡之德施于人者"，其意强调会馆不是秘密社会聚
集之所，而是同乡共祀乡神之处，以此实现地域认同。最后，李红
巧妙地论述"自神及人，实皆为圣天子祝无疆之福、则尊严之地"，
将地域认同与王朝认同联系在一起。

嘉道以来是贵州土客关系深化的时期。客民正式入籍地方，

---

① 嘉庆《黄平州志》卷9《艺文志·记》，嘉庆六年刻本，第68—69页。

并开始朝着土著化方向发展,其间至少需要经过两个关键阶段:一是客民从移居者身份到入籍的阶段。很多客民来到他乡,难免会有孤独感和不安全感。来自外省的客民内部迫切需要有一种"联合团体、敦睦乡谊"的会馆,以此特别强调祖籍地的认同。二是客民土著化阶段。由于客民的子孙后代已没有太多祖辈的原乡认同,他们更加强调对地域的认同。因此,会馆的功能悄然发生变化,会馆由单一性的同乡聚会场所变为开放性的地域公共空间。

会馆是明清史研究领域的一个重要的议题。从贵州客民会馆的兴衰可以看出,仅将会馆视作"乡土之链"或"祭祀之所",是有所偏颇的。首先,贵州客民会馆由盛转衰,其原因综合性的,诸如政治、族群、社会诸因素等;其次,贵州客民会馆功能的变化,反映了客民在地方社会角色的转变;再次,贵州客民会馆作为客民生存发展的一种重要策略,既协调了客民之间的关系,也促进了地方社会的整合。

清代,贵州是重要的移民之地,大量的客民涌入贵州,客民会馆促进了客民地域观念的强化。随着客民的"土著化",会馆最初的"联合团体、敦睦乡谊"功能渐已失去,逐步转型成地方性供所有民众多重信仰之所,地方政府需要的议政之所,地方民众需要的集会之所,直至会馆已失去了这些公共职能,转变成清末民初的新式学堂,或者民居。随着客民定居的时间推移,客民与土著民族的社会生活方式的差异越来越小,土客之间的交流也越来越容易,双方之间都采取了积极接受的态度,逐步走向融合,会馆作为客民最重要的公共场所,由以籍贯为主的半封闭空间转变为向地方全面开放的社会空间。会馆的式微说明客民原有地域观念的逐渐消融与新的地域认同的产生。

第二节　科举与客民的社会流动

　　客民要在地方社会中取得较高的社会地位,在传统社会里,尤其对于移居他乡的客民而言,科举是改变社会地位的重要途径。在宋代,一个宗族能否成为地方的名门望族,基本上取决于这个宗族的出仕人数及其官职的大小。士人出仕以后,能为宗族带来很多利益:(1)创置或增置族产;(2)恩荫宗族子弟;(3)赋税徭役的庇护;(4)利用手中的权力为宗族谋取非法利益①。对于客民来说,获得科举功名,能够大大提高宗族在地方的威望。明清的科举与宋代科举的功能相似。何炳棣在《明清社会史论》一书中对明清时期生员进入仕途的家庭背景进行统计,得出:明代平均近四分之三的生员,清代超过一半的生员,来自先前连初阶科目都没有的寒微家庭②。由于功名对一个家族的影响重大,因此,各家族会倾其所有帮助子弟读书,走上科举考试之路,从中获得功名。长期以来,科举制所带来的社会流动是科举史研究的重要领域之一。

　　学者在理论和经验层次纠缠于科举制下"流动"还是"非流动",两派的分歧背后都是考察科举制度本身的研究。有学者提出应将研究视野从科举之内扩展到科举之外③。科举制度作为一种国家制度,不同的地区、群体、家庭、个体会有不同的经历和选择。就少数民族地区的客民群体的社会流动而言,客民要在地方社会中取得较高的社会地位,科举是一条重要途径。

---

① 王善军:《宋代宗族和宗族制度研究》,河北教育出版社,2000年,第266—267页。
② 何炳棣:《明清社会史论》,中华书局,2019年,第119—160页。
③ 张天虹:《"走出科举":七至二十世纪初中国社会流动研究的再思考》,《历史研究》2017年第3期。

有清一代，贵州客民在与土著的科举较量中往往处于上风，他们面临的社会流动问题可能并不是清代其他地区移民都会遭遇的问题，正所谓"家家都有一本难念的经"，这就需要从自身地域出发来解答了。本节通过客民的科举应试以及个体科举生活史的研究，揭示科举在少数民族地区的客民中所起的作用，由此理解科举制之下少数民族地区的客民社会群体的社会流动机制。

一、土客科举比较

从个人经由科举制向上社会流动立论，达到贡生或举人地位，是极为重要的，因为拥有二者之一，就具备出任下级官员的资格。从朝廷的视角，管控贡生和举人的数目，及设计维持地域或社会代表性的公平制度，是明清政府主要的职责 ①。从明正统六年（1441）开始："府学，一年贡一人；州学，三年贡二人；县学，二年贡一人，遵为定则。" ② 清顺治二年（1645）规定："府学每年贡一名；州学三年二名；县学二年一名。"康熙元年（1662）规定："府学一年一名；各州学二年一名；县学三年一名。"康熙八年（1669）规定："府学一年一贡，州学三年二贡；县学二年一贡，永为定例。" ③ 这些学额一直维持到光绪三十一年（1905）废科举制度之前都未改变。相对来说，举人的名额没有固定配额规定，明清最关注对进士名额的管控 ④。贵州举人的解额数，明代从正统六年七名，以后

---

① 何炳棣：《明清社会史论》，中华书局，2019 年，第 230 页。

②（明）李东阳等撰：《大明会典》（第 3 册）卷 77《礼部三十五》，广陵书社，2007 年，第 1221 页。

③ 光绪《黎平府志》卷 7 上《人物志第七》，光绪十八年刻本，第 9 页。

④ 何炳棣：《明清社会史论》，中华书局，2019 年，第 232—237 页。

渐增至二三十名不等①。清顺治十七年（1660）贵州定额 20 名，康熙三十五年（1696）定额 30 名，雍正七年（1729），加上副榜名额为 44 名，副榜 8 名，乾隆年间定额 40 名，副榜 8 名，至光绪八年（1882）定额为 50 名②。

长期以来，在政治上，贵州是一个边缘之地；在经济上，贵州是一个经济十分落后的省份；在文化上，贵州被看成"苗蛮之地"。尽管贵州在全国而言处于弱势地位，但士子在贵州科举考试中的机会反而比江南地区大得多。与全国的对比来说，贵州科举取得功名的机率更大；与土著比较来说，客民科举考试的优势则更为明显。以下将从四个方面来进行比较分析。

首先，贵州与全国比较。从何炳棣的清代进士地理分布统计和平均每百万人口的进士数统计做分析③，从进士数量上看，江苏、浙江、河北、山东、江西排在全国前 5 名，贵州排第 17 名，仅高于广西、辽宁，位列全国倒数第三位。若以平均每百万人口的进士数比较，明代贵州排全国第 17 名，但至清代，贵州排在全国第 5 名。这些数据说明，在贵州参加科举的难度要远远低于江南地区，这也就意味着，在贵州获得功名更容易些。可从何炳棣的另两个表格统计中看出④，贵州的社会流动率为 45.4%，高于全国平均 38.5% 的水平，在全国排第 5 位。进士的平民出身，每百万人口进士数，贵州在明代时，排第 16 名，在全国排倒数第 2 名，但至清代，贵州与

---

① 光绪《黎平府志》卷 7 上《人物志第七》，光绪十八年刻本，第 7 页。
② 光绪《黎平府志》卷 7 上《人物志第七》，光绪十八年刻本，第 7 页。
③ 详见表 28、表 29，何炳棣：《明清社会史论》，中华书局，2019 年，第 290—291 页。
④ 详见表 32、表 33，何炳棣：《明清社会史论》，中华书局，2019 年，第 306—307 页。

浙江、辽宁并列第 2 名。何炳棣认为,广西、云南和贵州,以及辽宁,由于汉族人口较少,特别是由于康熙五十一年(1712)定额制度的改革,其社会流动率实际上高出很多,即使从平均人口来看也是如此①。

其次,我们以镇远府为例来看贵州的科举难度。笔者根据《镇远府志》,对清前期镇远府的举人数和贡生数分别制作了以下两个表格(表 6.4、表 6.5)。

表6.4　清前期镇远府举人数

考试时间	镇远府附郭	镇远县	施秉县	天柱县
顺治庚子科	1			
康熙癸卯科			3	
丙午科	1		1	
甲午科		1		
壬子科			2	
丁卯科	1			
辛卯科	2			
辛酉科			1	
甲子科			2	
癸巳科	1			
丁酉科	1	1		
丁卯科			1	
癸酉科			1	
己卯科			2	
壬午科			2	
乙酉科			1	
辛卯科			1	
庚子科	1			

① 何炳棣:《明清社会史论》,中华书局,2019 年,第 308 页。

续表

考试时间	镇远府附郭	镇远县	施秉县	天柱县
雍正癸卯恩科	3	1	2	
甲辰科			1	
丙午科	2			
己酉科	1	1		1
壬子科	1	1	1	1
乾隆戊午科	2			1
丙辰恩科			1	
庚午科	1			
戊午科			1	
庚午科			1	
壬申科	1		1	
己亥恩科	1			
乙酉科				1
辛酉科			1	1
辛卯科			3	
甲午科				2
庚子科	1	1	1	1
戊申科				1
癸卯科	3		1	
丙子科		1	2	
己卯科		1		
庚寅恩科		1	1	
丙午科	1	1	1	
己酉科	2	1		2
合计	27	11	35	11

资料来源：乾隆《镇远府志》卷18《选举志》，乾隆五十七年刻本，第1—38页。

说明：天柱县于雍正五年改隶贵州，属黎平府，雍正十一年改属镇远府，从顺治至雍正期间由于资料缺失，雍正之前天柱县没有统计数据。

表6.5　清前期镇远府贡生数

时期	镇远府附郭	镇远县	施秉县	天柱县
顺治年间	3			3
康熙年间	32	9	81	31
雍正年间	12	7		8
乾隆年间	72	40		45
合计	119	56	81	87

资料来源：乾隆《镇远府志》卷18《选举志》，乾隆五十七年刻本，第1—38页。

说明：施秉县只有偏桥卫有卫学，属湖广，康熙二十六年改卫设县，此数据为偏桥卫贡生数，且不分时期，故以总数计算。

从两个表格中可以看出，施秉县和镇远府附郭获取贡生和举人功名的人数较多。从获取功名时间上看，主要集中在雍正以后。这与以下因素有关：第一，镇远府附郭和施秉县一带原先主要是卫所政区，屯军后裔、客民较多，如施秉县"湖南客半之，江右客所在皆是"①。客民参加科举人数较多，且竞争力强；第二，清前期，康熙平定吴三桂叛乱，以及雍正六年至乾隆元年开辟苗疆，这两件大事之后，贵州进入一个相对平稳的时期，"边境焕然一新，绝无蜉屯蚁聚之患且涵濡"②。

《镇远府志》在其户口卷中，对四地的户籍数进行了详尽统计，下面我们通过户籍数和生员数的对比，对士子的中举难度进行分析（表6.6、表6.7）。

表6.6　乾隆镇远府户籍数

镇远府附郭	镇远县	施秉县	天柱县	合计
4882	1251	829	2564	9526

资料来源：乾隆《镇远府志》卷14《户口志》，乾隆五十七年刻本，第2—4页。

---

① 乾隆《镇远府志》卷9《风俗志》，乾隆五十七年刻本，第18页。

② 乾隆《镇远府志》卷4《沿革志》，乾隆五十七年刻本，第15页。

表6.7　乾隆镇远府生员学额

府县	文生员	廪增生	贡生
府亲辖	20	40	每年1人
镇远县	8	20	闰年1人
施秉县	12	20	闰年1人
天柱县	12	20	闰年1人

资料来源：乾隆《镇远府志》卷8《学校志》，乾隆五十七年刻本，第3页。

通过对两表的比较，以生员数除以户籍数，可以得出，镇远府附郭平均每百户文生员数 0.4，平均每百户廪增生数 0.8；镇远县分别为 0.6、1.6；施秉县分别为 1.4、2.4；天柱县分别为 0.5、0.8。镇远府中举的难度，可与江西省永新县的横向比较来看。永新县人丁数为 34708 丁口 [1]，这个数据仅仅只是赋役数，还无法判断永新县到底有多少户籍。尽管如此，丁与人口数并非全无关系，只是丁赋有轻重，比例不一，如 1781 年清政府的编审，盛京 1 丁合 9.5 口，吉林 1 丁合 4.5 口，内地比数较小，或谓 1 丁合 3 口余，一般"一户一丁"概念比较普遍 [2]。据此，我们以永新县户籍数 34708 为准。同治年间该县获取的文生员额数 21 名，廪增生数 17 名，通过计算，平均每百户文生员数是 0.06，平均每百户廪增生数是 0.05，与镇远府属各县相差至少 10 倍以上，远远低于镇远府属任何一个县。在永新县的士子获取科举功名是非常难的，故每年地方士绅尽力向朝廷争取更多的名额。《永新县志》记载了他们努力争取学额的历程：

---

[1] 同治《永新县志》卷8《食货志·户口》，台北成文出版社，1975 年，第635 页。

[2] 吴承明：《中国的现代化：市场与社会》，生活·读书·新知三联书店，2001 年，第 243 页。

邑原额为中学入学文生员十二名，武生十名，廪膳增广各二十。缺康熙间举人刘之藩等公禀。邑令张景龄详请上宪，题升大学每入学文生员十五名，武生十名，廪膳增广皆如旧。乾隆八年分文生员额三名，分武生员额二名，廪膳增广各三，缺归莲花厅学。同治三年阖邑捐军饷银八万九千两，增永远文武生员各八名。八年邑绅吴世修捐饷银一万两，增永远文武生员各一名。①

由于永新县人口多，学额少，康熙年间，在县令和士绅的强烈呼吁下，文生员增加了 3 名，其他学额不变。乾隆八年（1743）分莲花厅文生员 3 名，武生员 2 名，廪膳增广各 3 名，这样，永新县学额仍恢复康熙年的水平，还略有减少。同治三年（1864），集全县之力，通过捐军饷银近九万两增加了文武生员各 8 名，这样全县文生员学额共 20 名，武生员 16 名。同治八年（1869）地方士绅又通过捐纳饷银一万两，增加了文武生员各 1 名，至此，该县获得文生员数为 21 名，武生员数 17 名。尽管名额有所增加，但对于永新县地方而言仍是杯水车薪。

再次，贵州平均每百户学额分配数较多，与清政府的政策倾斜有关。有学者对清代各省乡试中额变化进行研究，从研究中可以看出贵州作为小省，中额数虽然不及大、中省，但由于"不及百人而中一人"，比例算是很高的，并且清政府不时对贵州增加中额②。此外，清政府对来自贵州边缘地区的举子提供经费资助，雍正二年

① 同治《永新县志》卷 14《学校志·学额》，台北成文出版社，1975 年，第1163 页。
② 李世愉、胡平：《中国科举制度通史·清代卷》（上册），上海人民出版社，2017 年，第 138 页。

"命会试举人,分别道里远近,赏给归途路费。云南、广东、广西、贵州、四川五省,每人银十两"①。因此,虽然边远落后地区划定的录取名额较少,但毕竟还是以硬性的政策保障了这些地区的读书人有机会参加会试,并有较大机会考中进士②。有清一代共开一百十二科,顺治九年、十二年分满汉榜,有状元一百十四人,其中贵州有2人③,状元数排名中,贵州在21省中排名第12位,处于中偏下水平。科举上的排名与贵州社会经济发展水平很不相称,说明在贵州获取功名相对容易得多。因此,大量客民进入贵州,想方设法获得参加科举考试的资格。

最后,客民与土著在科举较量上占有绝对优势。一旦客民入籍,其在科举路上的考试优势就非常明显。一般客民迁徙至贵州,立稳脚跟后,会将科举文化带入异乡,特别是来自江南、江西、湖广等科甲鼎盛之区的客民尤其重视科举。如都匀府,"府治苗多汉少,汉人勤于耕读"④。镇远府,"居民皆江楚流寓,向称俭朴,掇科第者不乏人"⑤。安顺府属之清镇大部分客民,"家口随之至黔。妇人以银索绾髪,髻分三绺,长簪大环,皆凤阳汉装也。故多江南大族,至今科名尤众,余皆勤耕务本"⑥。绥阳县,"时会所趋风俗,所尚一群之民,莫不因地方之风气而默化潜移。县属士风特盛,人才间出,崇尚气节者代有,名儒擅长文学者不乏贤士,其影响所及,社

① 章中如:《清代考试制度资料》,山西人民出版社,2014年,第28页。
② 李世愉、胡平:《中国科举制度通史·清代卷》(下册),上海人民出版社,2017年,第776页。
③ 李世愉、胡平:《中国科举制度通史·清代卷》(上册),上海人民出版社,2017年,第260页。
④（清）爱必达:《黔南识略》卷8《都匀府》,道光二十七年刻本,第7页。
⑤（清）爱必达:《黔南识略》卷12《镇远府》,道光二十七年刻本,第9页。
⑥ 咸丰《安顺府志》卷15《地理志·风俗》,咸丰元年刻本,第11页。

会上遂成一良好之现象,故人敦礼让,士多有守,廉隅自持,不耻贫贱"①。湄潭县,"湄自建县设学后,俱系四方客民以实其地,刚柔异尚,燥湿难齐,崇廉讲让者固多,而竞气激烈者亦有。戊巳兵凶,流亡灭耗,无复盛时,清朝定鼎,招集开垦,教养备至,明伦乡学,不失先民矩矱,人文蔚起,科岁振兴,彬彬乎,大雅之足观矣"②。

在客民科举文化带动下,苗民也开始读书识字,考科举。如古州,"苗人种类不一,黑洞苗、山苗最多,白洞苗、水西苗参错其间,有一二十户,苗人自称为百姓,谓汉民为客家。椎髻跣足,言语吱呀不可辨。厅役亦有能通其语者听断,时代为传译,近则苗人多有能通汉语且剃发者。苗人素不识字,无文券即货买田产,惟锯一木刻,各执其半以为符信,今则附郭苗民悉敦弦诵。数年来入郡庠生者接踵而起,且有举孝廉者一人"③。黎平府,"洞苗向化已久,男子耕凿诵读,与汉民无异"④。黎平府亲辖地,"读书识字之苗民各寨俱有,其间客民之住居苗寨者又较别地为多"⑤。都匀府,"苗民于务农纺织之外,亦间有读书应试者"⑥尽管苗民在读书识字上有所进步,但还是无法与客民匹敌。以荔波县为例(见表6.8)。

表6.8　清代荔波县科举情况

科目	汉族	布依族	水族	合计
文举	4	1		5
武举	1			1

① 民国《绥阳县志》卷1《地理志·风俗》,民国十七年铅印本,第17页。
② 康熙《湄潭县志》卷2《风俗》,康熙二十六年刻本,第38页。
③(清)林溥:《古州杂记》,嘉庆刻本,第2—3页。
④(清)爱必达:《黔南识略》卷9《黎平府》,道光二十七年刻本,第9页。
⑤(清)罗绕典:《黔南职方纪略》卷6《黎平府》,台北成文出版社,1974年,第157页。
⑥(清)爱必达:《黔南识略》卷8《都匀府》,道光二十七年刻本,第7页。

科目	汉族	布依族	水族	合计
拔贡	10			10
恩贡	17	4	3	24
岁贡	15	9	1	25
廪附生	117	123	52	292

资料来源:(民国)佚名:《荔波县志资料稿》第3编《社会资料·文化情况》,1954年潘一志重编本,第79页。

表中数据可以清晰地表明,汉族在科举考试上完全占据优势,且越往上的科举考试,汉族的优势越明显,少数民族基本上无法获取功名,偶尔出现一两位,也是朝廷予以照顾的结果。

二、客民的入籍应试

在客民深厚的科举文化面前,苗民是很难在科举上占到便宜的。在黎平府流传着"万历元年癸酉科乡试,据湖南靖州志人物传,解元为陈仁,永从学,原籍江西丰城,寓绥宁,游贵州,托籍中式,以籍异削,复中丙子魁,又以故黜"①。当然,这个故事是否属实,志书是存疑的。无论这个故事是否属实,其实反映的是黎平府一带冒籍问题极为突出。如永从县"设学之初,土著汉民应试寥寥,半系五开卫人充考,故隆庆万历间有卫人胡志相、蒋镇楚、张文光皆由永从县学中式,嗣后,歧考冒考者多,而学废矣"②。而客民又有着天然的科举教育优势,再加上利用"冒籍""歧考"手法,"冒籍"即越籍参加科举考试,"歧考"即跨地域参加科举考试。嘉道年间,黎平府属"各苗寨及古州、下江等处"皆有大量客民冒籍考试。这

① 光绪《黎平府志》卷7上《人物志第七》,光绪十八年刻本,第27页。
② 光绪《黎平府志》卷4上《典礼志第四》,光绪十八年刻本,第86页。

引起苗民的极大不满,苗生欧必达屡屡向朝廷告状①。最为突出的是嘉庆十三年(1808),新化司生员欧必达等控告黎平府客民冒考,生员钟献言以"世居府城,向隶府学,不应考县"加以反驳,双方争讼不休。苗民与客民在科举学额、应试条件、考试方式、录取名额等方面发生矛盾和冲突②。黎平府知府沈乐善针对此案进行了调查,他论述了客民在贵州"冒籍"科举的前因后果:

　　　卑府等查,贵州通省皆属苗疆,自各省汉民陆续搬来,耕读贸迁,不但开苗人风气之先,即汉人亦久成土著,历今数百余年,汉苗原不容歧视。又查,贵州惟遵义一府,体制与各直省相同,及无附郭首县之思州、石阡、大定、兴义四府,体制仅如直隶州,外凡府县同城之处,其昔隶土司,今归府辖者,皆苗民也;如黎平及贵阳、镇远、都匀等府,昔为卫城,今改县治者,皆屯军及汉民也;如附郭之开泰及贵筑、镇远、都匀等县,而从前屯军所屯之地,即错综在苗地之中,畸零参差,到处犬牙交互。至考试籍贯,例以田庐坟墓为凭,而黔省风俗情形迥不相同,有田庐在此而坟墓在彼者,亦有两地俱有田庐坟墓者,是以止能禁其歧考,不能斥为冒籍,不尽如他省之可以按步以计亩,画疆而定籍也。查黎平府学设自前明,未闻苗生考试之例。至国朝顺治十七年,每考取进苗生五名。康熙二十二年改为土生二名。四十四年始准与汉人一体同考,是该府学在明代原不专为苗人而设,至本朝则一视同仁,兼收并录。初不重汉而轻

---

① 光绪《黎平府志》卷4上《典礼志第四》,光绪十八年刻本,第79页。
② 嘉庆十三年发生黎平府苗童欧阳五彩赴京控告冒籍事件,一时引起了朝廷与地方政府的重视。参见王澈选编:《乾嘉时期科举冒籍史料》,《历史档案》2000年第4期。

苗,该处涵濡圣泽百数十年,应试苗童现有七八十名之多,其
文理纵不及汉人之优长,而平适者亦正复不少。在苗生欧必
达等纷纷累控,其意不过欲关厢子弟归县考试,十二司苗人归
府考试,以遂其倡议自便之私,殊不知,论田土则汉附于苗,论
学校则苗附于汉,若将黎平府学汉生汉童尽归开泰县考试,则
该县人多额少,未免向隅,而以苗人占二十余名之学额,亦觉
过滥。①

从上述引文中,我们可以发现四点:一是复杂而交错的地方行政对
科举造成较大的危害和影响。二是贵州客民比较容易获得户籍,
只要有房屋田产、祖坟就可以落籍地方。但贵州客民的落籍比较
特殊,有些可能房屋田产与祖坟相隔较远,有些可能在犬牙交错
的行政区都有田产祖坟,这样就造成了"一户两属"的现象。三是
雍正以来的"改土归流"虽对各政区进行置废、改设,但犬牙交错
的地方行政制度并没有太多改变,致使户籍与科考相分离。四是
"冒籍""歧考"的背后其实是学额之争。学额划分与分配存在不
公平,造成土客之间的录取出现不公问题。例如黎平府的"十二
司苗人应府试者八百余人,检查历来岁科考案,每届取进自七八至
十一二名不等;关厢子弟应府试者约三百余人,每届取进自九名十
名至十三四名不等"②。客民三百余人科考录取九至十四名,而苗民
八百余人科考只录取七至十二名,两者录取率相差三倍。鉴于土
客之间"冒籍"现象严重,知府沈乐善提出解决办法:

①　光绪《黎平府志》卷4上《典礼志第四》,光绪十八年刻本,第78—79页。
②　光绪《黎平府志》卷4上《典礼志第四》,光绪十八年刻本,第79页。

　　嗣后每逢考试,以十名分与关厢,以十名分与十二司苗人,尚余一名,应听学宪视汉苗中文理较优者酌量录取,以示鼓励。其卷面应照雍正二年之案,将苗人子弟另缮一册,填注十二司童生字样,关厢子弟另缮一册,填注关厢童生字样,以便阅卷者一目了然,不相牵混。其外十所童生,仍归该县考试,不许换入府学,并会府县同日岳试,以杜歧考之弊……所有附籍汉民有田园庐墓已满二十年者,应附入关厢子弟照旧归府考试,其城内词讼命盗案件,请仍归开泰办理,以符体制。①

沈乐善针对客民的"冒籍"和"歧考"问题,提出三个解决办法:一是同场竞试但分别土客身份录取;二是各府县同日举行考试,以免客民错时参加考试;三是增加客民入籍的难度,客民的田园庐墓需满二十年以上,才能有资格参加其居住地科举考试,显然是想给客民参加科考提高门槛。客民居住地的社会治安仍归开泰县管辖。前两个办法主要针对客民中出现的"一户两属""双籍"问题,后一种就是针对"冒籍"问题的应对之策。

　　与湖南交界的贵州铜仁府也与黎平府面临同样的问题。爱必达对此评论道:

　　思州紧邻楚沅,切近铜仁二处,有事郡当其冲,无事则僻简之区不见为繁也。平溪、清浪二卫改县来属,郡之藩篱固矣。惟玉屏幅员太狭,民之庐舍籍于县,其田地仍籍于楚,想拨隶时经理者或未详察也。玉屏多巨室,习诗书,以粮田隶楚

_____

① 光绪《黎平府志》卷4上《典礼志第四》,光绪十八年刻本,第79—80页。

之故,赴试太远,岁以为苦。康熙中巡抚田雯疏称,平溪、清
浪二卫学,历系黔属思南府提调,应试贵阳不过五百余里,前
因用兵之际,将驿站改隶楚南,而学校随之,诸生应试东下武
昌,迢递川涂不下二千五六百里,资斧既艰,而鼓枻洞庭,骇
浪惊涛,士心恒多畏阻。臣赴任时,身过其地,同时呼吁云,
两科以来,从无一士能赴武昌应试者,情殊可悯。应请复还黔
属,就近提调之制,以示作养。嗣以二卫改县来隶,虽均设有
学校,而凡粮田隶于晃州者,仍须随粮赴楚考试,以故冒考之
案多。①

就贵州而言,贵州客民的"冒籍"是地方行政制度下的产物。其
一,在于"插花地"地方行政制度所造成的土客科考矛盾。州县、
卫所、土司三套行政体系,尽管在行政政区有较为清晰的边界,但
户籍、土地与科举之间则没有必然的一致性。比如徐渭及其父兄
利用祖先的卫籍,远赴贵州龙里卫居住并参加该省乡试。明代军
户具有"双籍",而法令并未严格限制原籍与卫籍之间的转换,这实
际上就出现了一个漏洞,即军户家庭可以利用"双籍"选择参试地
点②。安顺府亲辖地的插花地呈满天星状,大量以姓氏命名的插花
地插入其他州县之中,如董官、许家、鲍家、安家、王家、毛家等等,
众多以姓氏命名的插花地,与"按籍分民,随民分土"的地方行政
有密切关系③,安顺的卫所具有实土卫所性质,即领有屯军及其家

---

① (清)爱必达:《黔南识略》卷18《思州府》,道光二十七年刻本,第6页。
② 高寿仙:《徐渭及其父兄与贵州龙里卫的关系》,《北京联合大学学报》(人
　文社会科学版)2019年第2期。
③ 傅辉:《插花地对土地数据的影响及处理方法》,《中国社会经济史研究》
　2004年第2期。

属,据有屯田,通常卫所设置在府州县,统辖非州县所属的屯军,于周边州县境内广置屯田,与周边州县的民田交错。明代安顺是贵州卫所较多的地方,随着卫所或改设州县,或裁汰归并,以及大量屯军后裔逐渐在安顺定居,其所据有的田地并没有随着卫所行政区划的变化而改变。清代卫所改制仅是名称及政区类型上的变化,很少对其辖区范围内的土地进行清理,民户与田土的隶属关系也没有变化,"土"和"籍"并非合二为一。而对于地方政府而言,只要客民纳粮当差,成为王朝控制下的"编户齐民",给与客民考试也是理所当然的,因此准许参加科考,只是把门槛提高至拥有二十年以上田产、祖坟为依据。

　　其二,明清卫所屯军的军户具有"双籍"身份。于志嘉研究认为军户有"原籍军户""卫所军户"和"附籍军户"的情况[①]。有些军户在卫所附近州县购置田产,因而附籍于州县办纳粮差,还有些军户调往他卫,其卫籍已迁至新调卫所,但留下余丁在原卫所看守坟地田产,这些人也以附籍方式归原卫所附近州县管辖。这样一个军户可能有两个籍贯,原籍所在地和卫籍所在地,而明清法令并未对军户"双籍"进行严格限制,客民抓住这一漏洞,利用"双籍"选择科举地点,甚至有些考生会在两地分别参加考试,以此增加录取机会。土著对于这种现状很是无奈,土著本身文化资本、经济资本都处于劣势,正如黎平知府沈乐善所说:"论田土则汉附于苗,论

---

① 于志嘉《自序》中对此有所解释,她在李龙潜研究基础上对"原籍军户""卫所军户""附籍军户"进行了区别,以"原籍军户"称呼留在原籍的军户,并将卫所军户中附籍于州县者称为"附籍军户";由于卫所军户成员包括卫军、民兵甚至募兵,为避免误解,直接以"卫所军户"称之。参见于志嘉:《卫所、军户与军役:以明清江西地区为中心的研究》,北京大学出版社,2010年,第2—3页。

学校则苗附于汉。"

　　土客的学额之争、客民的科考"冒籍"皆由清政府的"插花地"行政制度所导致。一方面,清政府利用"插花地"行政控制地方,导致行政效率低下,给民众带来诸多不便。另一方面,清政府地方行政政区的不断置废改变了原有的行政区划,造成了行政区划下的民众"土"与"籍"的分离。政区的改隶,学区的重置,导致学额的重新分配,客民利用政区的籍贯的异动,在科举上达到自己获取功名的目的。对于客民来说,他们也会抓住清代的户籍漏洞去参加科考。这是贵州客民有别于其他地方入籍应试的独特之处。

　　客民通过自身的努力,以及利用清政府的多次行政调整,获得了正式的户籍,从而有了科考的权利,最后也扎根于地方。"客强土弱"既表现在经济实力上,又表现在文化上,土著不得不接受现实,与客民共处。《瓮安县志》记载:

　　　　瓮邑始有商、袁、朱、冷、江、戎、刘等姓,率皆南京、浙江等处人,自后文明日启,来者愈众,而以豫章人为最发达,相处既久,世通婚媾,皆各秉其高曾,矩矱混合为一。①

至道光年间,客民的"冒籍""歧考"等问题已不再突出。也由于清政府采取分别给予学额政策,土客之间为学额问题的争执不再那么激烈。他们现在面临一个共同的问题,由于"插花地"行政制度,使得士子千里迢迢去异地科考,给他们带来了极大的不便。贵州士子,也不再分土客士子,他们共同呼吁朝廷增设考棚。如南笼府、黎平府等地考生都要赴很远的地方参加科举,黎平府的应试生

────────────

① 民国《瓮安县志》卷9《户口》,民国四年贵阳文通书局铅印本,第3页。

需赴镇远赶考,南笼府的应试生需赴安顺赶考,路途较远,清政府最终同意了就近设置考场(见图 6.1):

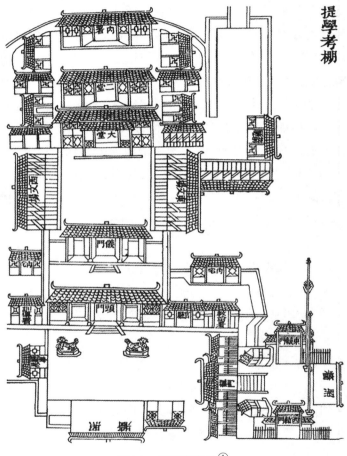

图6.1 黎平府考棚①

---

① 黎平县县志编纂委员会办公室校注:《(光绪)黎平府志》,方志出版社,2013年,第 1051 页。

南笼、黎平未设考棚,生童应试皆赴镇远、安顺。自开泰、天柱改隶黎平,应试生童几二千人,自黎平赴镇远,计程五百六十里,生童苦之。永丰距南笼计程四五日,生童赴南笼府试,又赴安顺院试,远至十余驿。南笼、普安州及普安、安南二县距安顺皆三百里以外,亦以赴试为苦,纷纷赴诉,广泗奏请各设考棚,其资费皆生童自捐。从之。①

三、科举与社会流动

考生通过科考可以获得生员、贡生、举人等功名,尽管最后能获得一官半职的机会很小,但一旦他们获得功名,哪怕低级功名,都会享有一定的政治和经济特权。相当多的客民入籍之后,走上了科举之路。客民要在移居地取得社会地位,稳定的经济基础固不可缺,在传统科举时代,功名的取得更重要。清代贵州获取功名的人数估计超过万人②。要对上万人区分土客功名,还是有一定难度的,我们可通过对其中一些府县获取科名的情况进行整体勾勒,来分析客民的科举与社会流动的关系。以锦屏县获得举人、进士功名的籍贯为例来确定客民的身份(表6.9)。

---

① 道光《贵阳府志》卷65《政绩录四》,咸丰二年刻本,第12页。
②《贵州教育志》只统计清代贵州获得较高功名的人数,进士714人,举人4814人。参见贵州省地方志编纂委员会编:《贵州省志·教育志》,贵州人民出版社,1990年,第64页。各类贡生尽管没有统计数,但按照清代学额小县8名、中县10名、大县12名,清代贵州有56个州县厅,粗略估算应有贡生13000名以上,故全部加起来至少有万名以上。

表6.9 清代锦屏县举人、进士一览

姓名	籍贯	科名甲第	姓名	籍贯	科名甲第
胡定之	新化所	康熙八年举人	刘芳早	新化所	康熙二十三年举人
王伟	隆里所	康熙十年举人	龙亨极	亮司人	康熙五十年举人
张应诏	隆里所	康熙二十年举人	杨渤	钟灵司	乾隆二十八年举人
江有本	隆里所	乾隆二十四年举人，乾隆三十一年进士	王师泰	隆里所	乾隆三十五年举人
杨涛	钟灵人	嘉庆三年举人，嘉庆四年进士	徐之琢	铜鼓人	乾隆四十八年举人
王之干	隆里所	嘉庆九年举人，嘉庆十四年进士	朱维塾	雷屯人	乾隆五十七年举人
曾统一	曾家屯	嘉庆二十四年举人，嘉庆二十五年进士	杨学沛	娄江人	嘉庆九年举人
徐之铭	铜鼓所	道光十年举人，道光十六年恩科进士	王之弼	隆里所	嘉庆十三年恩科举人
王德元	隆里所	嘉庆二十四年举人	杨光实	龙里司	嘉庆十五年举人
姜吉兆	瑶光人	道光六年举人	徐占魁	湖耳司	嘉庆十五年举人
王云鹤	隆里人	道光八年举人	朱达清	文斗人	道光十一年举人
胡之凤	隆里所	道光十五年举人	龙绍纳	亮司人	道光十七年举人
吴师贤	钟灵人	道光二十三年举人	姜吉瑞	瑶光人	道光二十六年举人
姜兴渭	瑶光人	光绪五年举人	李宗湘	铜鼓人	光绪十七年举人
江化龙	隆里所	光绪恩科进士	刘榕	新化所	光绪十九年恩科举人
唐吉祥	小江人	光绪二十一年举人			

资料来源：贵州省锦屏县志编纂委员会编：《锦屏县志》，贵州人民出版社，1995年，第742—743页。

从上述取得举人、进士功名的士子籍贯看，主要出自原卫所政区，即使现在为村寨，也基本是在卫所政区基础上的改设，卫所政区主要聚居地是屯军后裔和客民，对科举较为熟悉。比如瑶光寨，"旧名苗光，明为懋广屯，附隆里指挥辖，国朝雍正五年改卫设县，七年拨属开泰为新安、苗光九寨。咸丰二年知府胡林翼度地设碉，面谕,以后公牍文字改写瑶光"①。瑶光出的三位举人,姜吉兆、姜吉瑞、姜兴渭皆出自同一个大家族。姜氏家族特别重视科举教育,据《姜氏家谱》记载:姜兴渭"天资聪明,过目成诵,肄业时屡为师友器重,府考屡拔前茅";姜荣渭"诚于学问,早岁游庠,中年补增";姜毓芳"生平好道勤学",庠贵卿、元卿"次第入学补廪"②。道光以后,姜吉兆、姜吉瑞、姜兴渭三人先后考中举人,除家族重视以外,还与其先世姜志远经营木材生意、家族兴旺发达、有经济能力实现族人的科举梦想有关。可见,客民家族在地方能取得较高的社会地位与科举有着密切关系。下表是据《续安顺府志》对明清时期安顺主要家族的举人、进士进行的调查统计(表6.10)。

表6.10 安顺著姓明清两代举人、进士数

姓氏	明代		自清初至苗变以前	
	进士	举人	进士	举人
潘姓	3	13	2	5
胡姓		13		7
伍姓		12		
陈姓		10	4	18
张姓		11	3	23
汪姓	1	9		
娄姓	1	8		
李姓		8		9
黄姓		8	5	23
薛姓		7		
梅姓	2	4	2	22
赵姓	1	5	1	6

① 光绪《黎平府志》卷2上《地理志第二》,光绪十八年刻本,第115页。
② 转引自杨有赓:《文斗苗族地区的明清社会经济文化发展状况——〈姜氏家谱〉剖析》,《贵州民族学院学报》(社会科学版)1989年第4期。

姓氏	明代		自清初至苗变以前	
	进士	举人	进士	举人
孙姓		6	1	5
吴姓		5	1	6
王姓		5	1	10
刘姓		5	1	14
杨姓		4	1	10
朱姓		4	1	3
何姓		2	2	11
马姓		4		1
夏姓		3		9
周姓		1		9
谭姓		2		9
任姓			1	6
合计	8	149	26	206

资料来源：民国《续修安顺府志》卷4《氏族志·各氏族之现状》，民国三十年稿本，1983年安顺市志编纂委员会整理排印，第267页。

　　明清两代，安顺绝大部分主要家族在科举上具有明显的延续性，且都能获取较高功名。科举是传统社会民众向上流动的重要途径。传统社会的"重农抑末"价值观念与科举制度是紧密联系的，"重农抑末"社会价值观念深入客民的教育和理念之中。如安顺的叶增光，号益斋，永宁州学明经，"世本吴籍，明洪武初，调北征南，其先世奉命以都指挥率兵来黔，遂寄居焉。至增光已十二世，皆业儒"①。客民入籍之后，就会思考和争取科举功名，而苗民则无暇顾及科举功名，直到嘉道年间，土著在客民的科举带动之下才开

————————

① 民国《续修安顺府志》卷6《人物志》，民国三十年稿本，1983年安顺市志编纂委员会整理排印，第304页。

始涉足科举，"地本苗疆，素无缙绅，近多有掇科第，登仕版者"①。

科举能否成功，受诸多因素影响。不过，其中最重要的因素是个体生活史。故此，在做了整体的勾勒后，还须进一步作个案剖析。

（一）胡氏家族科举史

> （胡奉旌先祖）元明之际迁淮阳者，又复三支：一居郡城之江都，一居泰州，一居如皋。予族则前明正德时以军籍来平屯者也。一世祖胜，二世祖月高，三世祖琼。琳、珍、珋，衍为四房。先生则二房琳公之后人也。四世祖从道。是时人渐蕃衍，有读书游泮者。五世来化。六世学孔，字士元，黎平府学廪生，即先生父也。士元公，子男二人，先生居长，讳奉旌，字羽飞，生而谨恪，不苟戏笑。士元公庭训，幼即嗜学，足不逾户，功勤而志专，年十余，即以能文受知于学使者，补附学生，每试辄第一。凡上官试士，必然诎其侪偶，文一出即为胶庠所传诵。昔曾于同人馆中见初出《诗经说约讲义》，借归，数昼夜目不交睫，即为录出，其诵览不分晨夕寒暑，以故中年常患目眚，屡不得志于场屋。甲午文已入觳，是岁，黔闱无誊录，以字逾格见黜，主司得其遗卷，深为太息。……乃既不能用文章取科第显荣于时，以酬其所学，坎坷隐约终其身，其后人亦未能发扬显暴，积厚而报薄，丰于德而啬于遇，岂天道之果不可知耶，其何以使为善者劝，而不善者惧也。②

---

① （清）爱必达：《黔南识略》卷27《兴义县》，道光二十七年刻本，第13页。
② 光绪《黎平府志》卷7下《人物志第七》，光绪十八年刻本，第11—13页。

胡氏家族从明正德年间进入贵州,胡奉旌家族从其父胡士元开始
走上了科举之路,科举之初即获取初阶廪生。其父从小聪颖好学,
每次测试都能名列前茅,在同年龄的人中,算是一位出类拔萃之
人,且非常刻苦用功,达到了废寝忘食的地步,以致中年患上目疾。
其父屡败于考场,其中在康熙甲午科场,是最接近成功的一次,但
由于该年贵州没有誊录试卷,其父由于字体不规范问题而遗憾落
第。其后人无一人在科举考试中举,深以为憾。胡氏家族是一个
科举不成功的例子,这个事例至少说明科举成功是一个综合因素
作用的结果,如家庭经济、社会关系、个人努力、个人际遇等,都会
影响家族成员在科举路上能否走得长远。

(二)顾氏家族科举史

> 顾滋柳,字即山,一字万纶,黎平府廪生。其先浙江上虞
> 籍。明永乐初,顾先生名亮者,以事远徙五开卫,遂家于卫地
> 之来威屯,殁,葬屯地,子孙遂占籍黎平,历九世。而顾公鼎新
> 生。顺治朝领贵州开科解元,十世海,成进士,官庶常转行人
> 司行人。鼎新之子湛,孙滋梧,先后皆举于乡,故黎平望族咸
> 称顾氏。①

顾滋柳,黎平府廪生。明永乐初年,其先祖从浙江上虞迁徙,入五
开卫籍。清顺治初年,即家族第九代,顾鼎新在清代顺治十七年贵
州第一次开科考试中了解元。第十世顾海取得进士功名,在礼部
下属的行人司担任行人官职。顾鼎新之子顾湛、孙顾滋梧皆在科
考中获取功名。《黎平府志》在《儒林》中有所传记,这为我们梳

---

① 光绪《黎平府志》卷7下《人物志第七》,光绪十八年刻本,第32—33 页。

理顾氏家族谱系提供便利。顾鼎新,顺治庚子解元,"初任思州府教授,升云南阳宗县知县,濯海公少时家贫力学,宰阳宗时以循吏见称,致仕归里,囊橐萧然,一驴、一仆,禊被外无他物也。以文学提倡后进,闭门却扫"①。可知,顾鼎新获取功名后,在云南阳宗任知县,为官奉公守法、清正廉洁,颇有名声。后回归故里,继续教育后学,为子孙后代在科举功名上起到奠基作用。其子、孙皆中举人,顾湛以五开卫籍,参加康熙三十八年(1699)己卯科湖广乡试,名列第16名。顾湛从兄顾海,"康熙乙酉拔贡,戊子副榜,辛卯举人,雍正癸卯成进士,官翰林院庶吉士,丙午补行人司行人,丁未会试充同考试官"②。顾海无论在功名还是在仕途上,都走得更远,官至礼部行人司行人。顾滋梧为传主顾滋柳长兄,顾滋梧为康熙五十六年(1717)丁酉科举人,名列第27名③。顾滋柳二哥顾滋根,黎平府庠生,"与弟滋柳,皆以博闻强识得名。年逾八十,手不释卷,笃信好学"④。这是一个比较成功的科举世家,科举的成功关键在于第一代的顾鼎新参加科举获得成功,他的成功,不但自己身享富贵,光宗耀祖,且自己家族因此而成为黎平府地方的一个名门望族。到第二代科举时,即享有父辈的科名带来的政治、经济、文化资本,并将这些资本转化为参加科举的巨大优势。到第三代时,仍然可以继承祖辈父辈的优势。顾氏第一代就获得了功名,而胡氏家族直至第六代才是黎平府廪生,说明顾氏家族迁入前已经具备了较好的经济文化基础,迁入贵州不久即获取了科举功名。

---

① 光绪《黎平府志》卷7下《人物志第七》,光绪十八年刻本,第7页。
② 光绪《黎平府志》卷7下《人物志第七》,光绪十八年刻本,第16页。
③ 光绪《黎平府志》卷7下《人物志第七》,光绪十八年刻本,第32页。
④ 光绪《黎平府志》卷7下《人物志第七》,光绪十八年刻本,第17页。

(三)邵氏家族科举史

邵鸿元,本普安厅邵氏,其远祖名霸玉,原居南京应天府上元筲箕坳。明永乐中,随军南征,有功,遂居普安。同时有邵志钦,湖南长沙人,从颍川侯傅友德平安南夷,屯中左所之交那,其后寖微。普安邵氏以同姓徙居于此,数传至尔德,生子四:长鸿元以拔贡生,官江西丰城县知县,多惠政,告养归里,卒于家;鸿绪,尔德四子,拔贡,四川源江县教授;平康,字伯庄,勤学善书,寡言语,回乱避居黄草坝,与刘统之官礼友善,馆(管)其家十余年,显潜、显世昆仲咸执贽焉。万屯营盘有"太平有象"四字,摩崖其手笔也;有恩,字锡三,民国二年任南区区长,监修兴仁兴义大道,西至纳利田,东至土地坡;有逊,字退之,继任区务,修成交那三硐桥,行旅称便,皆鸿元之族也。①

邵氏家族先祖于永乐中从南京应天府随军迁黔,定居普安。经历几代之后,在邵尔德一代,邵氏家族开始发生改变,邵尔德长子邵鸿元获取贡生功名,担任江西省丰城县县令,后告老还乡。邵尔德四子亦获得贡生功名,曾任四川源江县教授。邵平康在兴义刘氏家族里担任管家,刘氏家族是晚清至民国赫赫有名的地方精英家族,长期活跃于晚清至民国贵州的政治舞台②。邵平康与刘显世有着深厚的交情。邵有恩、邵有逊,先后担任过民国初年兴仁县南区区长,成为兴仁县一大名门望族。邵氏家族也是一个科举较成功

---

① 民国《兴仁县补志》卷8《人物志·氏族》,民国三十二年稿本,第8—9页。
② 袁轶峰:《从士绅到地方精英:刘氏家族与晚清地方政治》,《近代史学刊》(第12辑),社会科学文献出版社,2014年,第17—32页。

的家族,但与顾氏家族不一样的是,邵氏家族获得的功名都是较低级别的科举功名,最高只到贡生,而顾氏家族获得的都是较高的科举功名,有举人,甚至进士多人。可知除了通过科举获得向上流动的途径之外,还得借助于地方豪族的势力。

（四）胡氏家族科举史

> 胡耀,胡魁六世孙,先世居湖广宝庆府岩口。洪武二十四年,魁从军开安南卫,官千户,事定,屯田上瑶。魁生必澄,必澄生隆,隆生绍尧,绍尧生再珍,俱世袭,次再珠,廪生。五世曰启斌,岁贡生,启俊,诸生,未告袭而明亡。六世孙,耀,生康熙四十八年己丑正月,丙午成诸生,丁未荫袭千户。乾隆庚申移胡家庄,设军人府。壬戌补廪膳生,甲申应贡。己丑卒,年六十。子三:朗、镜、清,俱增生。孙士先袭千户。嘉庆苗乱,死节凤凰山;次士表、士彦,曾孙本中、本云,俱贡生。本中之后,人文寖盛,再世至燮堂以岁贡生选松桃厅训导,光绪丙申到官,寻调铜仁府教授。越八年,告归,卒于家,年八十六。①

胡氏家族胡魁自洪武二十四年迁安南卫,至第四代获得廪生功名,第五世获取贡生功名,很快明亡,但胡氏家族并未受到太大影响。胡氏家族转折点从胡耀开始,他在康熙世袭千户,乾隆六年（1741）,从安南卫迁徙兴仁胡家庄,设军人府,乾隆七年（1742）补廪生,参加科举不第。第七代皆增生,第八代经历嘉庆苗民起义,其子胡士先死难于凤凰山,其另二子胡士表、胡士彦及孙胡本中、胡本云皆中贡生,到第十代子孙中有官至松桃厅训导、铜仁府教授

---

① 民国《兴仁县补志》卷8《人物志·氏族》,民国三十二年稿本,第9页。

等职者。胡氏家族从入籍贵州以来,一直在科举的道路上应试,但始终在低级功名中徘徊,其高光时代从胡耀开始,他世袭其先辈的千户职位,尽管他自己在科试上没有获取功名,但由于有了一定的政治资本,其子孙可以继续他们的科举应试生涯,之后家族有了一定起色。与胡氏家族所不同的是,顾氏家族能够获取较高科名,还与其家族拥有的文化资本有密切联系。我们知道田产是可以直接继承的,但科名是不能继承的,还需要后天对文化知识的掌握。这里有两个因素制约:一是家族的文化资源能否转化为文化资本;二是后代的天资与勤奋能否持续下去。

上述科举家族实现向上流动,具有一定的规律性。第一,获取贡生科名是仕进最基本的门槛。第二,仕途上至少能获得朝廷的一官半职。第三,科举成功家族属于渐变式的向上流动。家族在其父辈或祖辈已属于士绅阶层,因此家族成员能获得更多的发展机会。这集中表现在地位巩固增强的过程中,因为成功通常还会为进一步的成功铺平道路。在大多数情况下,成功会带来重要的职位和有关财物等其他权力。家庭地位随着个人的发展也得到巩固增强①。第四,教育是成功的基本门槛。购置土地是积累财富,家庭富有之后,家族子弟才有机会接受教育,教育成了成功士人的基石,有些走向仕途,有些经营生意。我们从另一个个体生活史中发现:

> 萧乾枢,字星甫,先世居湖南湘潭豆芽街。清初,曰学宗者,以武职来新城。生世俊,世俊生廷韶,廷韶生其章,其章生名显,

---

① 周荣德:《中国社会的阶层与流动——一个社区中士绅身份的研究》,学林出版社,2000 年,第 232 页。

名显生荣庆,荣庆生华良,华良生乾枢。襁褓失怙,祖母许母陈
嫠居抚之,少长,令从舅父受书,颖异嗜学,年十五成普安学诸
生,旋补廪膳生。性纯孝,不忍以家计累重,怫乃弃儒业商。①

萧乾枢年少成为孤儿,由祖母抚养,随从舅父学习,少年即表现出
优异的学习能力,但迫于生计,最后弃学从商。萧乾枢在 15 岁前
受过教育,若不是家庭困难,也许在科举路上能走得更远些。他中
断了科举,转而投资商业,成为兴仁重要商人。商业上的成功与其
早期的教育有密切关系,所以,萧乾枢有了一定的经济条件就捐资
兴学,民国初年创修女校,资助族人②。按周荣德世家精英上升流动
示意图③,可以大致绘制出客民家族向上流动示意图(图 6.2)。

$$S \longrightarrow L \longrightarrow E \longrightarrow G \longrightarrow O$$

图6.2　客民家族上升流动的过程

图中 S 代表客民,L 代表土地,E 代表教育,G 代表功名,O 代
表官员,→表示流动方向,每个箭头代表一代人。通过这些个人生
活史,可以看到,每一步需要经过一二代的时间,爬上一个更高的
阶层至少需要八九代,以一代 20 年时间计,需要 200 年左右时间。
如顾氏家族花了十代,200 年左右时间。邵氏家族从明永乐至清咸
丰年间,花了近 400 年时间。胡氏家族的向上流动轨迹则更为清
晰,其每一步上升都经历了二三代,合计有 300 余年。

<hr>

① 民国《兴仁县补志》卷 8《人物志·氏族》,民国三十二年稿本,第 23 页。
② 民国《兴仁县补志》卷 8《人物志·氏族》,民国三十二年稿本,第 23—
　24 页。
③ 周荣德:《中国社会的阶层与流动——一个社区中士绅身份的研究》,学林
　出版社,2000 年,第 235 页。

　　在清代贵州的科举名单中,有不少像顾氏、胡氏这样的科举世家,有些是父子、兄弟,甚至祖孙三代先后考上举人。如镇远府属施秉县中举名单里,张拱枢,康熙癸卯科第 14 名,其子张云裔,康熙甲子科第 20 名;吴以仁,康熙辛酉科第 6 名,其子吴绍伯,雍正壬子科第 28 名;宋应任,雍正元年癸卯恩科第 21 名,其子宋文华在乾隆庚午科中举;陶成瑆,康熙己卯科第 29 名,其孙陶淮,乾隆壬申科取得第"亚元",第 2 名;顾其宗,康熙壬午科第 20 名,其子顾孙蕃,康熙辛卯科第 36 名;王廷臣,乾隆庚寅科第 9 名,其子王奎光,乾隆丙午科第 37 名;宋安全,康熙癸卯科第 19 名,其弟宋安让,康熙壬子科第 19 名。陈珣,康熙癸酉科第 4 名,其四子陈文豫,乾隆元年丙辰恩科第 29 名,此外,其长子陈文黔、次子陈文燕皆获得贡生功名[1]。施秉县在清前期共中举 35 人,而一门出两三位举人的有 16 个家族,占施秉县举人数的 45.7%。这些中举家族成了地方社会的名门望族,而名门望族又通过自己的政治、经济、文化影响力,使自己的族人在科举考试中获取更多的功名,形成科举—望族—科举的良性循环。

　　从上述客民家族获取功名的途径可以发现,土客取得社会地位至少受三个方面的影响,一是应试的资本,资本包含有钱、有闲两个必备条件。时间与财富成为应考的起始资本。只有资本较为雄厚的家庭才有能力支持子孙后代年复一年地备考赴考[2]。二是具备较强的读书能力。漫长的备考期,士子们需要阅读大量的书籍,"四书五经"是必读经典,通常是要背诵下来的。据宫崎市定统计,"四书五经"全部有四十三万余字,对士子们来说仅仅背诵这些已

---

① 乾隆《镇远府志》卷 18《选举志》,乾隆五十七年刻本,第 25—28 页。
② 应星:《新教育场域的兴起,1895—1926》,生活·读书·新知三联书店,2017 年,第 10 页。

经是非常痛苦的事情了。此外,还需要通读历史书籍、文学书籍。文学书籍不能只是简单阅读,还必须模仿并且练习自己写作诗文。这种学习模式需要长期坚持,那些头脑不是非常好的人便会中途产生厌学情绪,甚至有些放弃科考之路[①]。三是能够将科名由政治、经济、文化资源转化为政治、经济、文化资本。张仲礼谈到士绅的特权以及特权所带来的好处,这一切皆来自科举获取的功名[②],可见,在清代,功名一旦在手就能够与政治和经济资本实现交换,并借此保障成功者及其家族长期把持对文化及社会的支配地位。

尽管科举面前人人平等,但实际上,那些不具备起码的经济资本和文化资本的土著,从一开始就被排除在竞争行列之外。笔者曾专门撰文考察过兴义的刘氏家族,刘氏家族一开始在兴义定居就兴办私塾,教育自己的子弟通过科举进身。清末科举停废,新式学堂在各地兴起,刘氏家族敏锐地观察到晚清社会转型的变化,开始修建学堂,让家族成员接受新式教育,甚至把有前途的青年才俊送到日本留学。刘氏家族始终把教育放在非常重要的地位,这是刘氏家族得以在地方崛起的重要因素之一[③]。

贵州各地的客民入籍之后,家族要在地方立足,并取得一席之地,惟有通过科举这一手段。客民由于原家乡的科举文化影响,迁徙贵州后,无论入籍前还是入籍后,客民利用科举的手段提高自己在地方的社会地位。总之,客民有着厚重的文化基础,利用朝廷"插花地"行政的漏洞,采取"双籍""歧考"甚至"冒籍"等手段,去取得自己在地方的社会地位。

---

① 宫崎市定:《科举》,宋宇航译,浙江大学出版社,2018年,第10页。
② 参见张仲礼:《中国绅士研究》,上海人民出版社,2008年,第26—40页。
③ 袁轶峰:《从士绅到地方精英:刘氏家族与晚清地方政治》,《近代史学刊》(第12辑),社会科学文献出版社,2014年,第32页。

第三节　"调北征南"与地域认同

　　"调北征南"是明代非常重要的一个政治军事事件,对贵州社会产生了深远影响。至清代,客民源源不断地涌入贵州,伴随着客民的定居和开发地方,"调北征南"开始被客民不断地强化、记忆,并用"调北征南"建构起自己身份的合法性和正统性。客民在"土著化"进程中,将"调北征南"塑造成一种移民策略,一方面通过对"调北征南"的建构,使本氏族具有厚重的"历史感"和强烈的"归属感"。在与客民的互动过程中,苗族也会附会客民的"调北征南"传说,努力使自己成为王朝的"化内"之民,自此,"调北征南"成了一种地域社会认同。移民传说研究成了学界研究的热点,相关成果颇丰。移民传说研究也开始由考证移民传说的真伪,发展到关注移民传说背后的社会机制①。移民传说研究在方法上也由历史学、民俗学等单一学科向多学科交叉的运用发展②。移民传说研究

---

① 代表性论著,如刘志伟:《附会、传说与历史真实——珠江三角洲族谱中宗族历史传说的叙事结构及其意义》,王鹤鸣、马远良、王世伟主编:《中国谱牒研究》,上海古籍出版社1999年。赵世瑜:《祖先记忆、家园象征与族群历史——山西洪洞大槐树传说解析》,《历史研究》2006年第1期。此类综述可参阅冀满红、赵世瑜的讨论,可参阅冀满红:《民众迁徙、家园符号与地方认同——以洪洞大槐树和南雄珠玑巷移民为中心的探讨》,《史学理论研究》2011年第2期;赵世瑜:《从移民传说到地域认同:明清国家的形成》,《华东师范大学学报》(哲学社会科学版)2015年第4期。
② 张先清等学者通过文献与田野的方法,观察移民的历史观与记忆方式。参见张先清、杜树海:《移民、传说与族群记忆——民族史视野中的南方族群叙事文化》,《厦门大学学报》(哲学社会科学版)2012年第4期。游欢孙通过三个江西"瓦屑坝"的移民传说文本,揭示移民传说流传背后的空间流变与区域文化之间的关系。参阅游欢孙:《祖先记忆与文献传播:"瓦屑坝"三考的来龙去脉》,《中国历史地理论丛》2013年第4期。

呈现不断深化之势,但在具体区域研究上还有很大的空间。"调北征南"由一个政治军事事件演变成一个移民传说,学术界对此探讨还远远不够,以致未有一个清晰的认识。

一、"调北征南"的历史记忆

明洪武十四年(1381),朱元璋调派正在北方作战的傅友德等将领挥师南下。为了避免云贵两省再度成为中央权力的真空地带,避免重蹈历史覆辙,朱元璋决定将征南的军队留下来,屯兵驻守,以威慑四方。他们在沿云贵地区的交通要道上建立卫所,按军事编制进行分布,开垦周边的田地,史称"调北征南"。《兴义县志》云:"全境之民多明初平黔将卒之后,来自江南,尚有江左遗风,士习淳朴,仕宦者文多能吏,武多奇勋,居家节俭,安于蔬布,农勤力田,所谓调北征南。"①永乐十一年(1413),贵州正式成为明朝的行省之一,朝廷开始对贵州进行裁革土司等行政体制方面的改革,对苗疆进行开辟,这一系列行动打破了贵州相对封闭的状态。无论是屯军及屯军的后裔,还是进入贵州的客民,都给苗疆社会带来深刻变化。

客民离乡外迁,定居外乡,特别强调的是在"调北征南"的背景之下来到异地他乡的,并取得王朝的合法身份——户籍。客民都会和"调北征南",及"调北征南"有关的"傅友德""屯军""江西""南京"等符号牵连在一起,利用"调北征南"的国家话语来为自己争取合法身份乃至优越的社会地位。客民身份演变的历史,很大程度上就是同一故事延伸至清代的历史,所以,在众多的客民家谱族谱中都会塑造"祖籍"的来历。

① 民国《兴义县志》第4章《人民·宗族》,民国三十七年未刊稿,第25页。

贵州各地文献皆有记载客民是如何进入贵州并成为"土著"的。黎平府亲辖地,原属五开卫,经历改卫为流后,大量的客民流入亲辖地,"屯所之户,明初军籍十居其三,外来客民十居其七,今日皆成土著"①。再如,"开泰县所管八堡十五所,锦屏乡所管城内九甲,城外十二屯,自改卫为县,时军屯皆成土著"②。兴仁县记曰:"县境汉族大抵北来平黔将士之裔,及各地贸迁来者,多齐、湘、楚、赣、粤、桂、蜀之籍。"③清代新城地处北盘江流域的中心,是西去云南、南下广西的必经之地,清朝中后期以来,大量的客民移居新城。其客民来源地比较广泛,主要以江西、湖南、江浙、四川等省籍为主。兴仁县的王绍羲家族,其家谱记载入黔的方式是"奉永明王转徙黔之安隆所"。杨交泰家族也是在"洪武十四年远祖曰仙韵,随征南将军傅友德来黔"④。贵定县"卫戍屯垦多由湘楚迁移而来"⑤。毕节县之民"迁自中州,诸巨族皆前明指挥千百户"⑥。瓮安县谈到本地客民"自洪武十四年征南始,当时大将军傅友德带二十四将军随行,凡所略地,即分兵屯守,二十四将逐处安插,其后遂改为世袭,指挥千户百户所官等职,世守其地"⑦。镇宁县的中学国文教员、县志的编纂者雷世荣,在《镇宁县志》之《伍氏三贤合传》中记载:

①（清）罗绕典:《黔南职方纪略》卷6《黎平府》,台北成文出版社,1974年,第156页。
②（清）罗绕典:《黔南职方纪略》卷6《黎平府》,台北成文出版社,1974年,第158页。
③民国《兴仁县志》卷9《风物志·风俗》,民国二十三年稿本,第2页。
④民国《兴仁县补志》卷8《人物志·氏族》,民国三十二年未刊稿,第1—3页。
⑤民国《贵定县志稿》《风俗气候》,民国八年钞本,第71页。
⑥同治《毕节县志稿》卷8《风俗志》,同治十三年稿本,第1页。
⑦民国《瓮安县志》卷9《户口》,民国四年贵阳文通书局铅印本,第2—3页。

"安庄伍氏其先江西人,明洪武十四年,有名受二者,随黔国公沐英南征,隶安陆侯吴复部,附三户,垛籍军。平普定等处有功,袭百户,落籍安庄卫,子孙遂为安庄人。"① 黎平县罗里的杨氏家族记载其姓氏发源于江西吉安府泰和县,其始祖自洪武五年,奉江西巡抚之命征剿贵州蛮有功,官受世袭正长官之职,统辖苗庄苗民②。上述各地的客民都将入黔始迁祖与明代"调北征南"联系在一起。

围绕着"调北征南"的故事明清时期已经在贵州各地广泛流传开来。正如《平坝县志》描述本县移民情况:

> 现今吾平汉人,每叩其原籍,多云"江南、江西、湖广等省籍",再叩其来居原因,多云"明代调北填南而来",更考其先代,当日非屯军,即军官,可见明代之殖民于平坝,人口于汉人有绝大关系。③

我们再举几例:

> 孙姓:原籍江西吉安府太和县韭菜园。元至正十二年(1352),因避难徙居湖南宝庆府邵阳县。明洪武时,始迁祖因调北填南来黔,卜居东乡蔡官屯。
> 杨姓:原籍江南。明洪武时,始迁祖杨彦清宦游湘省,后因调北填南,复迁安顺城内。现族众多居大山、本寨等处。
> 赵姓:原籍江南太平府当涂县二十一都。明洪武时,始

---

① 民国《镇宁县志》卷3《人物志·乡贤》,民国三十六年石印本,第4页。
② 黎平县罗里《杨氏宗谱》(手抄本),2001年。
③ 民国《平坝县志》第2册《民生志·人口》,民国二十一年铅印本,第5页。

迁祖赵兴旺以都司统兵来黔,于洪武十四年(1381)抵安顺,
落籍。

　　霍姓:原籍安徽徽州府歙县高坎子石灰营。明洪武十三
年(1380),始迁祖霍琳以武显将军奉调入黔,遂卜居安顺。

　　谢姓:原籍南京乌衣巷朱雀桥。明洪武十七年(1384),始
迁祖谢秀夫敕封左军都督,统兵南征,因而入黔。①

以上列举的家族都是通过"调北征南"的方式来到贵州的,并最终
落脚在安顺。各种"调北征南"故事的改造最后以达到事实上落
籍地方的目的。以至于后来有一些姓氏祖籍记载有明显的粗制滥
造的痕迹,人们也不加以掩饰。如项氏,把时间说成"明嘉靖时,始
迁祖项继曾,以解元兼统兵指挥来黔。寄居安顺项马桥"②。项氏将
"嘉靖""解元""统兵指挥"等词完全拼凑在一起来叙述自己祖先
的来历。倪氏,"明末,始迁祖倪越,官指挥,奉令统军入黔,留守普
定,遂定居"③。明末战乱四起,明王朝已经摇摇欲坠,其对各地的控
制也迅速瓦解,哪还有能力再一次"调北征南"? 有些家族遂笼统
地以"始迁祖明时入黔"或"系于明时入黔"或"来黔时间不详"④
来记载。

　　"调北征南"的记忆随着时间的推移,其传说的内涵也发生了

---

① 民国《续修安顺府志》卷4《氏族志·各氏族之由来》,民国三十年稿本,
　1983 年安顺市志编纂委员会整理排印,第262—263 页。
② 民国《续修安顺府志》卷4《氏族志·各氏族之由来》,民国三十年稿本,
　1983 年安顺市志编纂委员会整理排印,第263 页。
③ 民国《续修安顺府志》卷4《氏族志·各氏族之由来》,民国三十年稿本,
　1983 年安顺市志编纂委员会整理排印,第263 页。
④ 民国《续修安顺府志》卷4《氏族志·各氏族之由来》,民国三十年稿本,
　1983 年安顺市志编纂委员会整理排印,第263 页。

变化。有意思的是,在贵州各地的地方志中,人们对"祖先"的来历记得非常清晰,而对之后的情况大多"失忆"不可考了,嘉道以后,其"祖先"的记忆很笼统地依附于"调北征南",对之后的情况则比较清晰。《安顺府志》在记述各类风俗时称:"或父老口传,亦皆外省迁来,而本末别无考证者,列之于后,而以苗俗次焉。"[1]这反映出随着时间的流逝,无论是客民还是少数民族都附会"调北征南"传说。此时的客民不需要向他们的先辈那样,先定居贵州,再解决入籍贵州的问题,因此,他们记忆或记录的重点放在"调北征南"上。

二、客民的身份建构

中国传统社会中,有没有"户籍"是确认一个社会成员合法身份的重要标志。有"户籍"意味着在向政府履行一定义务的前提下,享有一定的社会地位和权利;而所谓"无籍之徒",则一般被视为失去了合法身份的人,社会地位较为低下[2]。不过,"户籍"与身份、地位还是需进一步区分,入籍意味着取得了合法身份,但并不代表已经获得了相应的社会地位。在四民社会中,土地、科举与户籍是取得合法身份、获得社会地位的三大法宝。而对于不能入籍的客民而言,他们在当地的发展会受到很大限制,因而,客民会想尽一切办法入籍当地。

明清时期,官方对客民入籍均有严格规定,如清代规定:"凡民之著籍,其别有四:曰民籍;曰军籍,亦称卫籍;曰商籍;曰灶籍。

---

① 咸丰《安顺府志》卷15《地理志·风俗》,咸丰元年刻本,第11页。
② 刘志伟:《在国家与社会之间——明清广东地区里甲赋役制度与乡村社会》,中国人民大学,2010年,第203页。

其经理之也,必察其祖籍。"① 祖籍是社会成员在异地入籍时的必审项目,因此"祖籍"就成为客民身份建构的重要对象。

客民要想将自己嵌入"调北征南"的宏大叙事当中,首先需要回答"我是哪里人""我从哪里来"等问题,很显然,客民向地方宣示了自己原籍在江南、江西或湖广,是奉"调北征南"之旨入黔,自己是"将军"的后裔,其背后的目的是昭示客民身份的正统性。笔者据《兴仁县补志》的人物志传记制成"祖籍"建构情况一表(表6.11)。

表6.11   清代兴仁地方精英的"祖籍"建构情况

姓名	"祖籍"建构情况
王绍羲	一名兰亭,字子香。先世居河南开封府荥阳,原祖鳌明。正德初,相武宗曰嘉耀者,以武功授左骁卫将军。李自成陷京师,与弟嘉宝、嘉班及文臣十六人,奉永明王转徙黔之安隆所,依孙可望,见可望无人臣礼,乃潜奉王入滇至缅甸。王遇害避居易门,娶邓氏,生德功、德科、三发,三发继姑父纪克昭,更名桂芳,以行武起家,授勋卫将军,守普安卫。故嘉宝、嘉班同占籍于卫之南。
杨交泰	原名时焕,字理庵,别号襄平。普安学,岁贡生,其先湖南宝庆人。洪武十四年,远祖曰仙韵,随征南将军傅友德来黔,平苗积功,授百户,屯普安卫、忠顺里、杨泗屯,世袭十三传至应佩。
屠开勋	上伍旗人,其先世居浙江象山北门荆竹巷。明初曰天禄者,以武进士官侍卫,好奕误公,遣戍黔南。洪武十一年,随军征交趾,以功赎,十四年,随西平侯沐英征普安有功,授千户,世袭。
梁永年	字恒修,思贤次子。其先江南怀宁人,明洪武初,远祖海南征普定、乌撒、盘江诸处,累功,世袭安南卫指挥佥事。长子鼎复积功,世袭指挥使,遂居安南。
邵鸿元	其远祖名霸玉,原居南京应天府上元筲箕坳。明永乐中,随军南征有功,遂居普安。
胡耀	胡魁六世孙。先世居湖广宝庆府岩口。洪武二十四年,魁从军开安南卫,官千户,事定,屯田上瑶。

① (清)赵尔巽等:《清史稿》卷120《志九十五》,中华书局,1977年,第3480页。

续表

姓名	"祖籍"建构情况
熊太庄	字静一。本黄帝有熊氏,后先世居江西丰城。其远祖曰诗质,生永元、永亮。康熙进士,五十四年乙未特授普安知县,以从侄世杰侍到官,委监新城仓粮。
刘子建	字履周。先世自赣商于黔,家修文其人。父洪佐采乘滥木厂,徙居安南下把字。
刘绍光	字吉三,监生。其先世居四川夔州府。康熙初,以从军平苗入黔,遂居新城。道光十二年有刘兴、刘悦倡建四川会馆,蜀东刘氏始见于地方记载。
萧乾枢	字星甫。先世居湖南湘潭豆芽街。清初,曰学宗者,以武职来新城。

资料来源:民国《兴仁县补志》卷8《人物志·氏族》,民国三十二年稿本,第1—27页。

兴仁县十大姓氏家族无一例外,其始迁祖皆因"调北征南"入黔。兴义县的主要宗族几乎都是这样叙述的:

> 兴邑兵农工商各界皆自各省移殖斯地,谓之客籍,所以别于土著也。若鲁屯李文明氏,在前明洪武时,从沐国公英征普安土府普旦,有功,得世袭锦衣,掌印千户职。若黄坪黄昱氏,亦从颍国公傅友德,由辰沅趋贵州,攻下普安,进至曲靖,云贵悉平,安置普安,分黄坪营之地,使其子孙世袭。若景家屯景双鼎氏,以靖南侯分驻南里屯寨,后景氏迁安龙府城。①

尽管每个客民家族都有各自的发展史,但无一例外,他们的始迁祖都是"调北征南"时期来到贵州的。这样,他们就站在了正统的制高点,使自己在地方定居、落籍、土著化进程中占据主动,快速掌握了政治文化的话语权。

---

① 民国《兴义县志》第4章《人民·宗族》,民国三十七年未刊稿,第25页。

　　过去移民史研究者花费大量的精力去考证移民来源地的真实性，其实，还可以转换视角，探讨移民是如何运用移民传说建立自己的身份认同、地域认同。如赵世瑜所指出："移民传说最初往往是移民在异乡的生存策略，后来可能演变成地方为显示其兼容并蓄的多元文化包容性而打造的标签。无论如何，与其说它反映了对原乡的历史记忆和地域认同，不如说成为在现居地地域认同形成过程中的工具。"①

　　宗族世系有一个"有五世而迁之宗，其继高祖者也。是故，祖迁于上，宗易于下，尊祖故敬宗，敬宗所以尊祖祢也"②的"迁易"规则。表6.11中10位兴仁县地方精英注意到远祖与自己的直系宗亲关系，且远祖都是有身份和地位的，犹如水的流动是从高处往低处流的，在与土著的较量中，地方精英牢牢掌握文化资源的话语权。同时，通过对祖先的建构，使本氏族具有厚重的"历史感"，进而对氏族产生强烈的"归属感"。正如前面伍氏氏族，其后代伍右文在《伍氏世系小引》一文中记曰：

　　　　家之有伦序，犹国之有等仪，沃造地设，不可紊也。我伍氏自豫章分派，一祖居楚之龙阳；一祖居黔之安庄。分派虽遥，而本源则一。③

伍右文很清楚，只要宗族的直系保持稳定，整个宗族即使发生"迁易"，也一定会保持宗族的稳定。宗族是以共同祖先为依据的血缘

① 赵世瑜：《从移民传说到地域认同：明清国家的形成》，《华东师范大学学报》（哲学社会科学版）2015年第4期。
②（元）陈澔：《礼记集说》（下），巴蜀书社，1989年，第56页。
③ 民国《镇宁县志》卷4《艺文志》，民国三十六年石印本，第4页。

群体,由于祖先只是群体的依据,所以每个家族、宗族强调宗族成员对祖先的认同,其家谱、宗谱的重心是认同,而成员与祖先是否有血缘关系并不是家族、宗族的重点。

　　安顺是明代卫所重要的布防地带,故安顺客民皆称自己入黔与"调北征南"相关,并围绕"调北征南"来建构自己的身份。以安顺府的迁徙繁衍情况为例,详见表 6.12。

表6.12　安顺府客民迁徙繁衍情况

地点	姓氏	原籍	来黔时间	迁徙情况	繁衍情况
夏官屯	张	安徽凤阳府临淮县	洪武五年(1372)	其始祖张义奉旨随师征南,屡建功勋,署指挥事,十四年加都金事并留守普定卫,遂占籍安顺。	夏官屯张氏分三大支。九世时清军入关,长、三两房留居夏官屯守墓,二房则卜居南关厢清河村。后以丁口繁衍,渐次分居各乡共十余处,但仍以居夏官屯者为多。现统计三大房约七八百户,丁口三千余人。
仁冈屯	张	江南应天府石灰巷	洪武时	其始迁祖张程因奉调征南入黔。在仁冈屯居住五世后分为三支:一支返原籍;一支因带兵征讨定南沙土司,迁居定南;一支迁毕节。迁定南(今普定)者后复分四支,三支留居定南,一支仍返安顺,择居西乡之小坡屯。	现居城中及小坡屯者共约三十户。

地点	姓氏	原籍	来黔时间	迁徙情况	繁衍情况
平原	黄	江夏	正德七年（1512）	其始迁祖黄占魁以千户职随征入黔。后择居平坝，清咸丰年间部分因避难，迁居安顺。	分居安顺城乡，共约百余户。
旧州	黄	江西	康熙初年	寄籍四川重庆观音滩黄家坝。康熙初流寇陷蜀，其始迁祖黄起入黔避难，乃择居旧州。	分为三房，共三十余人，聚居于旧州东街。
石板房	王	江南江宁府拾珠巷挂牌楼剪刀街	洪武时	其始迁祖王大禄、王大绶兄弟统兵入黔，乃占籍安顺，世居石板房。	聚居安顺石板房者最多，约二百余户；散居一碗井、羊场坝、林弄三处者各数十户；居老邦寨者十余户，共三百余户。
交椅	王	江南江宁府石灰巷	洪武时	其始迁祖王嘉臣，以调北征南授指挥之职，统军入黔，后封为镇国将军。族众多聚居于交椅。	聚居交椅者约七十余户。
蔡官屯	王	安徽	洪武时	其始迁祖洪武时宦游入黔，占籍后卜居蔡官屯。	聚居安顺南门外蔡家屯、新寨者最多，约三十八九户；居城内者约十四五户；散居旧州、马头寨者各约五六户，总计六十余户。
永兴	王	原籍不详	不详	其始迁祖于清初入黔，卜居县属永兴镇。	此氏崇尚文学，致力农商，才、财两者，均称兴盛。

地点	姓氏	原籍	来黔时间	迁徙情况	繁衍情况
么铺	陈	江南应天府石灰巷	洪武十年（1377）	其始迁祖陈再兴于洪武十年以通政大夫奉调入黔，遂寄居么铺。	聚居么铺者二百余户，散居各乡者亦二百余户。就中业儒者数十家，其余则系农商。
欢喜岭	陈	湖广荆州府石首县石灰巷	弘治时	其始迁祖陈滚于明弘治时统兵入黔，乃卜居欢喜岭、青枫林、蒋家庄一带。	居于欢喜岭、青枫林两处者各约数十户，居于新房及蒋家庄约二百户，居安顺城内者数十户。
和绍寨	陈	不详	不详	其始祖陈信（伯义）于1380年安顺建城时已居住安顺。当时建城所用石灰即由该氏负责供应，其后即取得石灰生产专利权，他姓不得从事此业。该氏子孙繁衍，为县大族，除陆续迁居繁花、毕节、贵阳等地者不计外，现仅和绍寨一带尚有千户以上。	多聚居东郊和绍十八寨，连散居各乡者共约一千一百户。
宁谷	徐	四川重庆府巴县徐家村	明末	其始迁祖徐联乔因避寇乱于明末来黔，初居城内，旋卜居于宁谷。	自始迁祖至今已历十世，均聚居于宁谷大寨，共约七八十户。
府城	李	湖北	乾隆初	始迁祖李胜以钦赐花翎特授思南营游击入黔，卜居城内府门口。	现居安顺者仅府门口与东街荣庆店二家。

续表

地点	姓氏	原籍	来黔时间	迁徙情况	繁衍情况
五官屯	吴	江南徽州府	洪武时	始迁祖吴大亨明初官指挥，率军入黔，寄居清镇。殁后葬于清镇城外之马桑冲，土人称为武官坟。后嗣袭职，移屯于安顺城南十里之五官屯。	多住于五官屯、城内、邵家冲、凉水井、一碗井、大井寨、蔡官屯等处，共计二百余户。就中业农者约十分之七，兼营农、商约十分之二，纯粹经商及领取俸给者仅十分之一。经济情况，大都自给，贫富不甚悬殊。
杨家塘、上头堡	吴	南京应天府上元县石灰巷柳树湾	洪武时	始迁祖吴德润以太子少保职统兵入黔，先居安顺南街，后移居安西杨家塘、上头堡一带。	住居杨家塘、上头堡、板凳山、屯背后一带者最多，共约一百余户，散居城中者亦二十余户。
小洞口	熊	江西	清初	始迁祖熊膺、熊绶兄弟以贩药入黔。初住贵阳三块田，顺治末年迁安顺。今族众多住于小洞口。	聚居小洞口者四五十户，住城内者六户。
鲍家屯	鲍	江南徽州府歙县新安卫唐越村太和舍	洪武二年（1369）	始迁祖鲍福宝因调北征南入黔。封振威将军，卜居安顺永安屯，即今鲍家屯。	聚居鲍家屯、带子街、小果园、小寨、猴场等处，共八百余户。
府城	柳	湖南湘乡县石灰巷	洪武时	始迁祖柳恩贤以征南功授职副卫将军，寄籍平坝，殁葬于老营堡。同治四年，柳廷友一家因避何得胜之乱乃迁居安顺。	散居城内、毛旗堡、双堡等处，共计四五十户。

续表

地点	姓氏	原籍	来黔时间	迁徙情况	繁衍情况
城郊	高	四川重庆府高家庄	道光八年（1828）	始迁祖经商入黔，卜居安顺城外盔甲山。	不详。

资料来源：民国《续修安顺府志》卷4《氏族志·各氏族之由来》，民国三十年稿本，1983年安顺市志编纂委员会整理排印，第261—263页。

三、成为"贵州人"

经历几代之后，客民向土著化方向发展，并最终变成新的土著。《黔南识略》卷23《开泰县》记载：

> 县属昔皆军籍，明初开辟之时，分兵筑寨以居。大曰卫，小曰所、曰堡、曰屯，各据要害，扼控蛮夷。厥后渐立家室，族姓寖繁，率成土著。[1]

雍正五年改土归流，如贵州开泰县，现黎平县，原先是明五开卫，至雍正五年改五开卫为开泰县[2]。将五开卫改为开泰县，废除卫所，将原先屯军所居之地变为屯、堡、村、寨等基层单位，将军户变为民户。《开泰县志》记载了这一变化过程："明洪武十八年置五开卫，辖中外十六所、八驿，各屯堡共旗军三万三千四百六十名，永乐年间存三千一百四十七名，嘉靖年间存二千一百一十六名，屯军四千五百七十名，永乐年间存七百六十三名，嘉靖年间存三百五十四名，后皆裁。"[3]清政府的改卫为县，相应地，其治所下的

---

① （清）爱必达：《黔南识略》卷23《开泰县》，道光二十七年刻本，第8页。
② 光绪《黎平府志》卷2上《地理志第二》，光绪十八年刻本，第25页。
③ 乾隆《开泰县志》，《武备志》，乾隆十七年刻本，第49页。

屯军、屯民也随之改为民籍。如荔波县三洞场，除有一部分是汉族小商小贩落籍居民之外，"原有汉族居民百余户，因该地系清政府汛地，清代驻有清军千总、把总、外委等官吏，因而当地汉人多系清军落籍者。"①

  客民成为"土著"，是从"无籍之民"到"有籍之民"，只是完成身份转变的第一步。不过，我们还需要注意到，客民由"土著"到"土著化"，也就是客民要成为"贵州人"还有一个较长的过程。

  在客民由"土著"到"土著化"进程中，中间经历了"变苗"这一特殊阶段。这是由于客民入黔之初，既希望成为"土著"，但又害怕被"土著化"。客民在此两难之中选择"变苗"，不少客民成为"土著"是变相进入苗地的一种方式，俗称"变苗"。爱必达论曰："若夫与苗渐狎，而诡为苗语苗装，以通姻者俗谓之变苗。"② 通过形式上的苗族化，与苗族通婚的形式进行变苗，其背后的目的是入籍，将自己在苗地取得的土地合法化。这种现象在贵州比较常见，如松桃一带"有汉人变于苗者，曰变苗"③。普安县，"嘉庆二年平定后，始陆续复业，客户则江西、湖南、四川三省民为多，又兴让里有老巴子，亦苗类，由湖南移居于此。其服饰与汉民同，语音稍异"④。平越直隶州，"自辟蛮荒后，卫所士绅多来自中州，崇文尚礼，不改其旧"⑤。外来者实际上还是很努力地保持自己原有的文化特征而

① （民国）佚名：《荔波县志资料稿》第2编《民族资料·民族关系》，1954年潘一志重编本，第49—50页。
② （清）爱必达：《黔南识略》卷19《铜仁府》，道光二十七年刻本，第7页。
③ （清）爱必达：《黔南识略》卷20《松桃直隶同知》，道光二十七年刻本，第13页。
④ （清）爱必达：《黔南识略》卷28《普安县》，道光二十七年刻本，第3页。
⑤ 光绪《平越直隶州志》卷5《地理志·风俗》，光绪三十三年刻本，第1页。

不被"土著化"。《平坝县志》在民国时期的调查中发现：

> 平坝人类有"土人""客家"之名目。"客家"指汉族，即外来之意；"土人"对客家而言，即主人之意。而一般人之所谓"土人"具两种范围，一则概括一切"苗""仲""革老""杂色"；一则谓"土人"即"楚人"之讹。"宋家"系"楚人"，"土人"即专指"宋家"。总之，苗、仲、革老、杂色诸族与汉人皆自外来，不过较汉人早耳，故土人客家之说当作来居之先后论，不可作绝对土著之原始人与外来人观也。[①]

《平坝县志》清晰地指出，所谓"土著"只是外来人到黔时间先后而已，而不是纯粹的土著人之意。同治年间，徐家幹在苗疆见到不少所谓的"熟苗"其实为外省汉人，"其地有汉民变苗者，大约多江楚之人懋迁，熟习渐结亲串，日久相沿，浸成异俗，清江南北岸皆有之，所称熟苗，半多此类"[②]。走进这些"熟苗"家庭里，你就会发现"家不祀神，只取所宰牛角悬诸厅，壁其有天地君亲师神位者，则皆汉民变苗之属"[③]。从"变苗"成为"熟苗"，反映了客民在异地"土著化"的曲折进程，这种曲折体现客民身体与心理的矛盾，即身体已经进入贵州，但心理还没有真正形成对当地的认同，这几乎是每一个客民，尤其是客民最初几代人"土著化"的必经过程。

客民后裔经历几代之后，已经没有像他们的先辈那样在土著化上有所顾虑，早先的客民在入籍与成为"贵州人"之间徘徊，其

---

① 民国《平坝县志》第 2 册《民生志·人口》，民国二十一年铅印本，第 4 页。
② （清）徐家幹：《同治苗疆闻见录》，光绪四年刻本，第 19—20 页。
③ （清）徐家幹：《同治苗疆闻见录》，光绪四年刻本，第 21 页。

"变苗"更多是为了在移居地与土著竞争时所维持的身份认同。入籍所代表的身份转换,则促使他们更加认同移居地,毕竟他乡已成故乡,土客意识也会随之一同淡化,并形成新的地域社会认同[①]。王东杰指出:"对于第三代以下的移民后裔来说,原乡的意义更多地体现为在一个新家乡中对自己族群性身份的建构,其重心已转向移居地。"[②] 也就是说,随着客民从客民身份逐渐转化为"贵州人"的过程,其认同也同样在改变。而原乡认同与移乡认同不一定是相互冲突与不能共存的,两者的意义和比重也会随着客民在新移居地时间的长短有所不同,并非是固定不变的。

客民后裔所面临的是如何成为"贵州人"的问题。此时不需要太详尽记载"调北征南"的细节,而要在"调北征南"背景下,重点描述入黔之后的情况。安顺客民大多来黔时间集中在明洪武的"调北征南"时期,距《续修安顺府志》纂修时间有近600年的时间,其祖先大多来自江南一带,夏官屯的张氏、鲍家屯的鲍氏、么铺的陈氏和绍寨的陈氏,皆为安顺之大姓、大宗族。如夏官屯的张氏宗族有七八百户,三千余人。家族大多是以"调北征南"的名义来到贵州,很多姓氏的祖先均指向来自"石灰巷"的地方,"石灰巷"有江南的石灰巷、湖南的石灰巷、江西的石灰巷、南京的石灰巷、四川的石灰巷,等等,陈训明指出:"安顺屯堡人无论是在其写成文字的家谱中,还是口耳相授的传闻中,都竞相把自己的祖籍与京城拉扯上,都把自己的祖先说成是受皇帝之命调北征

[①] 陈启钟:《清代闽北的客民与地方社会》,台湾师范大学历史学系博士学位论文,2011年,第269页。

[②] 王东杰:《"乡神"的建构与重构:方志所见清代四川地区移民会馆崇祀中的地域认同》,《历史研究》2008年第2期。

南而来的武官。"① 朱伟华也表达了类似的观点：屯堡后裔通过对祖先"调北征南"的改造和诠释，达到整合族人，形成强大凝聚力的目的②。此时"调北征南"的记忆已经没有实际的意义，其传说的内涵已转化为客民后裔的"精神家园"，成为一种移民符号。因此，"石灰巷"不管是南京的，还是湖南的、江西的已经不重要了。甚至，有些家族利用"调北征南"获取经济利益。比如和绍寨的陈氏，据记载：

> 其始祖陈信（伯义）于 1380 年安顺建城时已居住安顺。当时建城所用石灰即由该氏负责供应，其后即取得石灰生产专利权，他姓不得从事此业。该氏子孙繁衍，为县大族，除陆续迁居繁花、毕节、贵阳等地者不计外，现仅和绍寨一带尚有千户以上。③

陈氏自述在洪武时期来到安顺，依托官方的背景，在安顺垄断石灰的生意，遂在此繁衍后代、落地生根。陈氏从何处来已无从考证，但陈氏紧紧抓住"调北征南"构建自己的权力结构。客民对"调北征南"的历史记忆随着客民成为"土著"、最后成为"贵州人"的历程而不断地被加以改造。

在与客民的互动过程中，土著也会附会客民的"调北征南"传说，努力使自己成为王朝的"化内"之民。贵州土司在塑造自己

① 陈训明：《安顺屯堡与蒙古军》，《贵州民族学院学报》（社会科学版）1992年第 1 期。
② 朱伟华：《黔中屯堡人祖籍"南京应天府石灰巷"考辨》，《贵州文史丛刊》2008 年第 3 期。
③ 民国《续修安顺府志》卷 4《氏族志·各氏族之由来》，民国三十年稿本，1983 年安顺市志编纂委员会整理排印，第 261—262 页。

的祖籍时同样采取了客民的"调北征南"策略,我们统计了黎平府十一长官司入黔祖籍的情况(见表6.13)。

表6.13 黎平府十一长官司祖籍情况

名称	姓氏	入黔时间	祖籍
潭溪长官司	石氏	洪武五年	石平和,原籍河南祥符县。洪武五年从将军吴良南征有功,授职世袭。
八舟长官司	吴氏	洪武二年	吴昌祚,原籍江西太和县,汉时以功授。
古州长官司	杨氏	洪武五年	杨□□,原籍江西太和县,汉时以功授。
洪州长官司	李氏	洪武三年	李德玙,原籍江西太和县,元时任贵州镇远土金事。
新化长官司	欧阳氏	洪武二年	欧阳□,原籍江西太和县,汉时以功授。
欧阳长官司	阳氏	洪武二年	阳□□,原籍江西太和县,汉时以功授。
亮寨长官司	龙氏	洪武四年	龙□□,原籍江西太和县,汉时以功授。
湖耳长官司	杨氏	洪武二年	杨□□,原籍江西丰城县,元时以功授。
龙里长官司	杨氏	洪武二年	杨□,原籍江西丰城县,汉时以功授。
中林长官司	杨氏	洪武二年	杨□,原籍江西太和县,汉时以功授。
龙里长官司	杨氏	洪武二年	杨□,原籍江西丰城县,汉时以功授。

资料来源:光绪《黎平府志》卷6下《秩官志第六》,光绪十八年刻本,第93—97页。

从上表可见,土司的祖籍除石氏来自河南之外,皆来自江西,其始迁祖入黔的时间基本上是在洪武二年至五年。几乎在入黔前即被朝廷授予官职,且在较早的汉朝或元朝就是显赫家族。黎平十一司实际上是"调北征南"所征服的对象,最后,土司们纷纷投降于明王朝,但土司们并不觉得自己投诚是屈辱的,他们认为其本身的始祖即来自"江西",在汉代即受王朝的统治,其投诚就是回归到正统统治当中来。《黎平府志》曰:"明时,各司图册,俱称其祖于洪武二三年归附,仍受原官。"①

---

① 光绪《黎平府志》卷6下《秩官志第六》,光绪十八年刻本,第93页。

在王朝眼中少数民族是"化外"之民,他们所要解决的是如何从"化外"向"化内"转变,因此,也如客民"变苗"一样,他们采取的是"变汉"的手段,如荔波县"有大部分苗族同胞,散居各乡者,均讳言其为苗族,其他民族人民亦以汉族称之"[1]。

同治年间发生在安顺城西将军山的"六合团"变乱,事件的起因就是汉化,龙家寨的土著"变汉"遭到不愿"变汉"的茅口庄土著的强烈反对,最终酿成大规模械斗[2]。从"变汉"到成为"汉民",反映了土著在本地"内地化"的曲折进程,这种曲折体现的是土著的身份认同问题。由于受到客民与不愿"汉化"土著的双重挤压,"变汉"土著在身份建构上常常处于被动从属地位。

对于少数民族而言,尽管人数众多,但常常在文化话语权上被汉族所掌控。少数民族也附会"调北征南"传说,如笔者在贵州各地收集到不少苗族的家谱,这些家谱绝大多数修于 21 世纪初,几乎无一例外,其始迁祖都是"调北征南"而来。试举丹寨县九门村苗族张氏《家谱》对其始祖的记载:

> 我族由山西洪洞县大槐树,于明朝初年迁到江南应天府,由朝廷组织南迁到江南。来时有三兄弟,因特殊原因,三亲兄弟中,有一个保留本姓,有一个改姓李,有一个改姓满,为了今后能重逢,将砂锅一分为三,各得一份,各走一方。本族一支在江南应天府住几百年后,出现一个红脸将军,因反对朝廷被杀,四个儿子被捆,由江南应天府于雍正年间遣送到贵州都

① (民国)佚名:《荔波县志资料稿》第 2 编《民族资料·苗族》,1954 年潘一志重编本,第 97 页。
② 参见民国《续修安顺府志》卷 20《杂志》,民国三十年稿本,1983 年安顺市志编纂委员会整理排印,第 642 页。

匀,有四人到达都匀,有一人在都匀高贞观,有一人到都匀坝
固镇半边街,有一人到丹寨宰宿排排,有一人下落不明。①

从史实来看,雍正十三年(1735),朝廷对丹寨一带进行大规模的剿
灭行动。提督广西总兵霍升记载了当年镇压九门一带苗族情况:
"统领川滇黔三省官兵恢复丹江,今将鸡讲、丹江开通,设站连营,
保护丹江及九门一带。凶苗蔓衍四散,尽来八寨,其八寨只有广东
都司魏于凤带兵二百,坐守孤城。恶苗团围四山,呐喊放炮,已将附
近八寨之杨排抢劫,羊角塘烧毁,上截都匀,下截古州大路。"② 清政
府紧急调集 5000 名大军进行镇压,"剿杀逆苗千余,弁兵止伤数名。
游击王先,副将冯茂等亦将九门等寨悉行焚剿"③。九门张氏苗族在
其家谱中刻意回避这次在王朝看来的"叛逆"的行径以及被大量剿
杀的事实。编撰者将"山西大槐树""江南应天府""雍正年间""都
匀""丹寨"等时间、地名串联起来重构张氏家族的移民传说。很显
然,张氏苗族很努力地塑造祖先移民的正统性。再如同村的程氏家
族,关于始迁祖,其家谱记载道:"入黔始祖俊公,原籍直隶卢州府陆
安州,袭承信校尉职,明洪武二十一年五月奉调由南京入贵州。"④
少数民族试图以"调北征南"移民传说调和氏族与国家的紧张关
系,其叙述的重点是强调氏族的"化内"进程。

---

① 张氏家谱编写组:《张氏家谱》《迁徙情况介绍》,2006 年,第 13 页。
② 中国第一历史档案馆、中国人民大学清史研究所、贵州省档案馆编:《清
　代前期苗民起义档案史料汇编》(上册),光明日报出版社,1987 年,第
　116 页。
③ 中国第一历史档案馆、中国人民大学清史研究所、贵州省档案馆编:《清代
　前期苗民起义档案史料汇编》(上册),光明日报出版社,1987 年,第 98 页。
④ 程礼钧编:《程氏族谱》第 2 篇《渊源·移徙》,2001 年,第 15 页。

20世纪50年代,中国少数民族历史调查组对毕节县大南山苗族的迁徙历史进行了详细调查,居住在大南山的苗族,共有12姓,调查组对其中10姓的迁徙祖先情况做了详细调查,现制成表格(表6.14)。

表6.14　毕节大南山苗族迁徙传说情况

姓氏	迁徙祖籍地情况
大南山李氏	祖籍湖南,是明朝洪武年间"调北征南"时被调来的。
石窝李氏	由江西迁往川黔交界的海螺堡的,由江西迁来时就是苗族。
大南山王氏	由湖广衡州府松树湾大鱼塘迁来的,原是汉族,经商,先到四川古蔺县的海螺堡居住。
官家寨王氏	王氏是"真苗",其远祖是由江西迁来,但走的路线不清楚。
大南山杨氏	明朝洪武年间"调北征南"时被征调来贵州。
田坝杨氏	由江西迁来,但不知由什么地方进入贵州。
大南山周氏	由四川的红岩坝迁来贵州的。
康家寨康氏	康姓祖先是由江西迁来,经湖南进入四川,后到贵州。
下平沟古氏	由四川的垮岩迁来,直接到达下平沟居住,到口述者古永全已有9代。
双元项氏	明洪武年间"调北征南"时被征调来的。

资料来源:《中国少数民族社会历史调查资料丛刊》修订编辑委员会编:《苗族社会历史调查》(三),民族出版社,2009年,第24—27页。

上述大南山10姓明确说其祖先来自"调北征南",是由江西、四川、湖广征调而来。调查组发现:"受某种影响或需要而互相仿效,以讹传讹,不是事实,但不排除个别姓氏的祖先是由江西、湖广迁来的汉人变为苗族的可能。"[1] 在苗族地区,这样的传说比比皆是,《苗族古歌》中描述,苗族的祖先一直居住在河北一带的宽广的

---

[1]《中国少数民族社会历史调查资料丛刊》修订编辑委员会编:《苗族社会历史调查》(三),民族出版社,2009年,第27页。

平原上,黄帝派军队攻打苗族民众,苗族失败后,带着亲属家眷一路南逃。战火过后,苗族人民先后渡过黄河,逃到了长江沿岸,大致沿着湖北、湖南、四川、贵州的路线,最终来到了"比套坝子"①。上述的苗族祖源地的传说,"调北征南"已不是一个具体的历史事件或者政治事件,在贵州土著人看来,已是一个社会身份或社会地位的象征。

　　随着时间的流逝,"调北征南"由政治军事事件演变成移民传说,这实际上寄托着客民定居贵州入籍贵州的强烈愿望。"调北征南"成了客民由迁徙者向土著化进程中的有力工具。在同一片土地之下,土客之间必然会产生互动,其互动性表现出客民与土著之间的"苗化"与"汉化",其是否被"化"不仅仅是哪一方居于多数还是少数,是强势还是弱势,而更多的是一种生存策略。双方都拿起了"调北征南"的工具,只是两者的目的不同,客民变为"土著"是一种策略,其目的是入籍,而客民后裔成为"贵州人",则与入籍没有太多关系,只是一种对地方社会的认同。土著逐渐由"化外"向"化内"的转变,既反映了国家权力渗入地方的需要,也体现了土著渴望被编户齐民。土客意识在"调北征南"移民传说下逐渐淡化,双方都主动向"贵州人"靠拢。正如清人李宗昉非常形象地称:

　　　　凡他省人客黔,娶妻生子,名"转窝子",转窝所生,名"门斗子",再传则土人矣。转读去声,江西人尤多。②

------

① 潘定智等编:《苗族古歌》,贵州人民出版社,1997年,第276—283页。比套坝子:苗语译音,指现在威宁县的辅处乡和赫章县的辅处乡,中间以一条大河为界,河两岸均为坝子;辅处坝子,苗语称比套坝子。
② (清)李宗昉:《黔记》,兰州大学出版社,2003年,第429页。

　　至此,"调北征南"从一个自上而下对地方社会进行管控的国家行政行为,演变为一个自下而上的地方民众努力加入国家的地方策略。最终在"调北征南"之下,客民的"土著化"与土著的"汉化"交织在一起,形成新的地域认同,同时也形成一个包容多元的社会。

结　语

　　本书论述了清代贵州客民土著化进程及所引发的地方社会变迁。主要从两个方面进行了讨论：一从客民的视角来理解地域社会的发展过程。通过考察客民从迁徙到定居，最后成为"土著"的身份演变，分析客民的"土著化"进程与之相应的地域社会变革，以及这些变革引起的地方社会变迁。二从国家的视角来探讨国家权力的深入所造成的地方社会演变，进而揭示客民与区域社会之间的互动关系。因此，本章将总结贵州客民社会的发展模式，客民土著化进程与国家权力深入地方之间的关系，并对有关移民社会史研究的理论进行思考。

一、客民社会的发展模式

　　贵州由四个地形地貌各异的部分构成，地理位置、地形地貌、土壤、气候、生物资源种类差异比较显著。贵州自然环境的复杂性与多样性，也体现在贵州族群种类繁多、族群关系复杂。少数民族在数千年的历史发展中，创造了极其丰富多彩的民族文化，形成了与其经济形态、生存环境和文化心理素质相适的、特色鲜明的社会文化传统。无论是经济生活、社会组织，还是节日庆典，均有别于汉人社会。这种地理的多元性与人文的复杂性，表现在人文环境上是一个还未开化的区域，被王朝贴上"苗蛮"的标签；在行政区划上，贵州主要由四川、湖南、广西等周边省份析分所构成，行政政区体现出"犬牙相制"的特点。在这样的地理与人文环境之下，客民进入贵州带有天然的优越感。

从清代客民移入贵州的时间看，主要分为四个阶段：第一个阶段明末清初，主要是南明政权盘踞安笼、平定吴三桂叛乱时期，清政府派驻大量军队进驻贵州，平定之后，这些军队很多被就近安置，以屯军的形式驻扎当地。第二阶段是雍正年间，王朝对少数民族地区实施改土归流，实现地方的州县化，为客民的到来创造了良好的政策条件。第三个阶段是嘉庆道光年间，自发性移民纷纷踏入贵州，这时的客民达到顶峰，也是民族纷争高发的阶段。第四个阶段是咸丰同治以后，随着客民身份和社会地位的改变，客民更多的是以"主人"的姿态进入，并参与地方社会事务的管理。

从客民社会的形成看，大致经历了"同乡聚居"阶段。客民的迁徙通常先由家庭成年男性在贵州某一地方讨生活，一旦有了一定经济基础，其家庭成员便接踵而至。他们与来自同一地方的同乡聚居在一起。随着客民家庭的分化，有经济实力的氏族又会在同乡聚居的村落中脱离出来，形成新的"同姓聚居"村落。由于贵州地形地貌的多元性，他们散居在贵州各地。散居的状态使得他们与土著对抗中处于劣势，只有抱团才能立足地方，尤其在嘉道以后，土客矛盾激烈，客民的家族观念开始增强，因此结合地缘为主的"同乡聚居"和以血缘为纽带的"同姓聚居"建立起"聚族而居"的社会形态。

从客民分布看，成千上万的外省客民扶老携幼，不远千里，迁入贵州，自主择居，在分布上看似杂乱无章，实际上是有一定规律。它的规律与其他地区的移民有所不同，其他地区的移民通常会流向政治经济中心,而贵州客民往往选择"中心"与"边缘"的中间地带。"中心"在社会经济生活等各方面都很便利,但人多地狭,人际关系复杂。"边缘"正好与之相反,生活极不便,但地广人稀。边缘地区具有显著的自给自足的经济特点。国家最为关注的也是"中心",因此防范较为严密,却无暇顾及边陲区。这对于客民而言,选择"边缘"与"中心"的中间地带是最佳的。因此,我们可以看到,清代贵州客民大量分布在各府县亲辖地。

就社会结构关系比较而言,贵州客民社会比东南的汉人社会在社会生活形态上表现得更具封闭性,犹如处在民族地区的一个"孤岛",四周布满了少数民族。而闽赣粤的"客家社会"却是一个具有超强稳定的边缘族群社会。贵州客民社会表现出与众不同的方面:第一,客民具有极为强烈的崇拜祖先的观念,因此,他们了解自己家族身世、怀念自家祖先的观念比汉族更加强烈。第二,客民的血缘观念介于土著与汉族之间。客民建立的会馆或团体组织是为了生存的需要,由于客民需要世居在异地他乡,他们需要与本地人进行交往,随着交往的加深,土客矛盾逐渐减少,客民的血缘观念也会逐渐淡化。第三,"宗族"并非客民的惟一选择。"宗族"的生成是为了生存和安全的需要,但贵州客民社会相较土著而言,存在着强大的地方精英力量,客民在异地有更多的机会获得成功,他们晋身地方精英层的方式多样,如科举、经商。客民与土著的对抗中,客民总能占据上风,土著处于下风。

清初,贵州有着大量荒芜未开垦的土地,且劳动力显著不足。在客民迁徙后的土著地区,围绕着土地所有,形成了较为和谐的共生关系。一方面,客民把汉族地区的先进生产工具和生产技术带入土著社会当中,土著的生产力有较明显提高,社会经济获得了长足发展。另外一方面,随着与少数民族交往的日益密切,土著社会生活有了很大变化。

土客的共生关系，在进入嘉道以后开始解体，贵州各地频繁发生民族纷争和苗民起义，主要原因就是土客人口比例的变化，这种变化导致"客强土弱"的社会格局。

有清一代，有田土客民渐多，反映出客民经过长期的奋斗后，以购置田土等财产在当地安居下来的决心。个别资本雄厚的地主，通过大量的土地兼并成为地方的世家大族。另外众多的客民通过几代人的不懈努力，分批多次置办土地，因此，贵州的土地形态不断向两极分化，土地的高度集中与土地的不断分散，大土地所有制和小土地所有制都得到加强。原有的土地关系发生了极大的变化，土地私有制、租佃关系得到长足发展，贵州进入了地主制的发展时期。

进入 18 世纪后，大量的客民严重挤压了土著的生存空间。长期以来，土著没有土地、财产的所有权概念，仅仅是把土地、财产看作是生存的手段，因而，土著族群的迁徙性大而土地意识相对薄弱，正是土著民族特性。客民除了开垦无主荒地，往往还采取通过代办田赋，利用自己担任保长、乡正、百户等权力，将苗民与国家之间的赋役关系转化成苗民与自己的债务关系。这种债务关系通常被有权势的客民所利用，一旦债务逾期，客民就以苗民土地抵押为由收取其土地。客民利用苗民不谙商品贸易之道，事先将日用物品以高价赊卖给苗民，苗民以稻谷和土地作押，等到秋后，苗民无力偿还，遂不得不以土地抵给客民。客民还利用高利贷盘剥，苗民一经举债，便难以摆脱高利贷的无情剥削，最后苗民不得不以土地抵债。客民还利用争讼案件侵占苗地，客民入黔占地后，往往与土著有各种纠纷，这些纠纷或因田土肥瘠、或因田地边界伸缩、或因水利灌溉等，最后变成讼案，每当土司与汉民有田土互争之案时，

由于苗民目不识丁,不能控诉,即告官,反而被胥役勒索,客民包揽
教唆,借贷银两,以田土抵价,土著屡屡被侵凌,加之土客之间因土
地、惯习或生活琐事等而相互仇视、相互对峙。土客关系逐渐演变
成"籍贯"为划分标准的族群关系,引发一系列的社会冲突。土客
矛盾的根源就是以土地为中心的社会资源争夺。雍乾包利、红银
起义,古州石金元、戴老四起义,香要等起义,乾嘉苗民起义,咸同
苗民起义等即是上述冲突的集中表象。有清一代,贵州区域社会
发展和变迁的基本线索和动力就是对土地的分割与争夺。

　　从贵州客民社会的内在发展逻辑可以看出,贵州客民社会也
像其他地区的移民社会一样,有着各种各样的矛盾和冲突,但在与
土著的竞争中,客民长期居于上风。总体来说,客民移居贵州的历
程是成功的。众所周知,"江西填湖广、湖广填四川"反映的是明清
以来的人口大迁徙,四川作为清代最主要的移民输入地,引起了学
界的关注和研究。据日本学者山田贤研究,嘉庆年间白莲教造反
的主要是移居四川失败的下层移民,而协助镇压的是移居成功的
移民地主,这说明四川移民社会的主要矛盾并非土客之间的矛盾,
而是客民之间的矛盾①。同样,清代袁州府移民移居地方也是一件
不容易的事情。客民的入籍受到土著的压制,土著借着操纵地方
里(图)甲组织,实现对客民的排斥和控制,反映了土著在地方社会
中的强势地位②。我们可以看到,不同的移民社会当中,客民会面
临不同的问题,客民社会的发展模式也是不一样的。正如傅衣凌
所说:"由于生产方式、社会控制体系和思想文化的多元化,由于这

---

① 〔日〕山田贤:《移民的秩序——清代四川地域社会史研究》,曲建文译,中央
　编译出版社,2011年,第135—163页。
② 郑锐达:《移民、户籍与宗族:清代至民国期间江西袁州府地区研究》,生
　活·读书·新知三联书店,2009年,第62—102页。

种多元化又表现出明显的地域不平衡性和动态的变化趋势,中国传统社会产生了许多西欧社会发展模式所难以理解的现象。"[1] 这种差异性给了研究者探究的空间,这也是区域社会史研究魅力之所在。

二、地域认同与王朝权力的深入

嘉道以来是土客接触深化的时期。客民正式入籍地方,并开始朝着土著化方向发展,至少需要经过两个关键阶段:一是客民从移居者到入籍阶段。很多客民来到他乡,难免会有孤独感和不安全感。来自外省客民内部迫切需要有一种"联合团体、敦睦乡谊"的会馆,以此特别强调对祖籍地的认同。二是客民土著化阶段。由于客民的子孙后代已没有太多祖辈的原乡认同,他们更加强调对地域的认同。因此,会馆的功能也悄悄地发生变化,会馆由单一性的同乡聚会场所转变为开放性的地域公共空间。从贵州客民会馆的兴衰可以看出,仅仅将会馆视作"乡土之链"或视作"祭祀之所",显然是有偏颇的。主要体现在以下方面:首先,贵州的客民会馆由盛转衰,是各因素综合作用的结果,诸如政治、族群、社会等;其次,贵州的客民会馆功能的变化反映了客民在地方社会角色的转变;第三,贵州的客民会馆作为客民的一种策略,既协调了客民之间的关系,也促进了地方社会的整合。

客民要在地方取得社会地位,科举是一条重要的途径。贵州尽管地处西南一隅,经济、文化等方面远落后于其他省份,但由于

---

① 傅衣凌:《中国传统社会:多元的结构》,《中国社会经济史研究》1988年第3期。

清政府对贵州科举采取保护性政策,因此,在贵州参加科举中举的概率较高,于是吸引了大量客民涌入贵州。在科举的竞争之中,客民受家乡的科举文化影响,很容易在贵州科举中占据绝对优势。相应的,土著在科举中始终处于劣势,这引发了土客之间的矛盾和冲突。清政府采取土客分治的手段,对少数民族采取科举倾斜政策,以此缓和土客的矛盾,但由于贵州存在卫所体制、州县体制、土司体制以及"生苗"地界,相互错壤、犬牙交错的政区,籍贯上出现原籍、卫籍、民籍等多重身份,这为客民提供了科举的空间,很难扭转土弱客强的科举格局。

　　总览贵州客民的历史,其流动性表现在两方面:其一水平流动,即客民至土著的趋向;其二上下流动,即客民至上下阶层的趋向。客民与土著在同一片土地之下,土客之间必然会产生互动,其互动性表现在两方面:一是客民与土著之间的"苗化"与"汉化"的互动,其是否被"化"不仅仅是哪一方居于多数还是少数,是强势还是弱势,而更多的是一种策略;二是客民与国家之间"统治"与"被统治"的互动,作为"被统治"的客民并不是一味被动的群体,他们会选择主动地逃避国家体制和社会政治结构,成为"三不管"地带的自由民。也就是自己选择将自身长久地置于国家权力之外,建立一种属于自己的"秘密社会"。他们也会主动选择紧靠国家体制,成为正统统治之下的子民。同样,统治者有强势的一面,可以强行推行某一制度。但所有的制度只有建立在地方社会的适应性上才能发挥其最大的功能,否则,制度只是具文而已。

　　客民社会得以立足贵州地方,还得益于客民善于利用"调北征南"移民传说,一方面使本氏族具有厚重的"历史感",从而凝聚对氏族的"归属感"。另一方面,通过"调北征南"的建构,使本氏族在地方社会取得的土地合法化。贵州各地少数民族尽管人数不少,但在文化上是弱势的一方,土著在与客民的互动中,也拿起了"调北征南"的武器,但他们所要实现的是成为王朝的"化内"之民。在"调北征南"传说之下,客民的"土著化"与土著的"汉化"最终交织在一起,形成新的地域认同,这同时也促成一个包容多元社会的地域时代。

长期以来,中央王朝是以"文化"的思维、"非我族类"的观念来认识自己的边缘。中国的政治疆域和文化空间是从中心向边缘弥漫开来的 ①,或者可理解为一种"汉化"模式,通过王朝的教化,完成边缘地区的中华"同化"。无论是同心圆理论还是"汉化"模式,都是一种单向式流动,在这种模式之下,区域是被动的,区域下的民众也是"被动的" ②。清代,贵州客民的持续不断的迁移,不可避免造成地方社会经济、思想文化的发展变化。尤其在改土归流之后,土客竞争和对立更为激化,国家将客民与土著隔离开来,导致维持土客共生的政治、社会关系和生态环境发生很大变化。

面对各地因土客矛盾引发的冲突事例,清政府调整了之前的"以汉制夷"和"以汉化夷"的政策,采取了"汉夷分治",严禁客民进入苗地的政策,但这种民族政策却固化了土客之间的区别,没能从根本上防止这些冲突的不断发生。土客界限的划分难以阻挡客民社会与土著社会的互动,引发各种复杂的历史现象。一方面,客民取得土地和建立客民社会的过程,也是土著土地流失与族人离散的过程;另一方面,国家对客民社会进行"编户齐民",以图控制客民,对土著社会实施"插花地"行政和"教化"手段,以图实现

---

① 葛兆光:《宅兹中国:重建有关"中国"的历史论述》,中华书局,2011年,第107—108页。
② 鲁西奇:《中国历史的空间结构》,广西师范大学出版社,2014年,第63页。

"改土归流"。

　　客民初来乍到,人生地不熟,生计艰难,需要四处去谋生,有些成功地在当地定居下来并有较好的发展前景,有些却没有那么幸运,只能沦为盗匪,对当地的社会秩序构成了极大威胁。人口的大量增加搅乱了三套行政体系,使得过去"犬牙相制"的行政手段不再能有效治理地方。随着州县行政、卫所行政的疆界错壤或"插花地"错壤,使得边界模糊,因而造成了土司之间的纠纷冲突。部分土司势力不断壮大,"以大欺小"的兼并战争相当频繁,经年不息,"犬牙相制"的行政也增加了地方治理的难度。这些问题引起了朝廷的忧虑,遂借"改土归流"之名,将中央权力渗入到土司地区和"生苗"地区,裁并土司、改卫设县、置废行政政区,调整州县的行政隶属关系,以重新整合贵州地方社会秩序。

　　清政府希望通过这种整合将"皇权"渗透至乡村各个角落和民众的心里,在这样的逻辑之下,推行仿照内地州县的保甲制度,贵州地方官员尝试着用这套办法治理地方。由于贵州族群关系复杂、行政体系多元交叉,推行的效果并不明显。于是,地方官员采取了先对客民施行保甲法,然后逐步推广至"熟苗"之地,最后至"生苗"之地的治理思路,效果好很多。贵州地方社会治理的演变过程,一方面,反映了国家制度的设计与具体实践之间是有不小差距的事实;另一方面,地方政府通过"改造"国家的制度,形成了多元化的地方社会治理模式。"皇权下县"与"皇权止于县"看似矛盾,但恰恰留足了国家与地方之间地方社会治理上的调适空间,从实际效果看达到"皇权下县"的国家控制。

　　客民不仅改变了贵州的人口布局、族群关系,而且也改变了地方社会的政治格局、社会秩序、社会阶层等。在这种情况下,各方迫切关心社会秩序的稳定和重建,儒家士大夫将"修身齐家治国平天下"的政治理想与"经世致用"的社会文化价值观结合起来,形成了一个共同体,这个共同体具有相当的自我维系和调节能力。从中央王朝的角度讲,朝廷通过一系列行政制度,诸如行政区划、王朝教化、地方保甲制度来应对地方社会的变迁;从土司的角度讲,土司在长期的地方治理过程中形成了自己的一套办法,以此来控制其管辖的区域,如甲亭制度直至民国初年,在政府完全废除土司之后才被保甲制度所取替;从地方精英的角度讲,地方精英以"儒学"为指导,通过制定乡规民约,来教化人们的日常行为,以此重塑王朝在地方社会的威权。

　　总之,贵州客民由"移居者"成为"贵州人"的身份转换过程,也是客民由流动到定居,最后成为具有一定话语权的社会群体的演变过程。客民身份的转换过程必然带来社会秩序的变动,中央王朝也非常清楚地知道客民是贵州社会秩序稳定的关键要素,因而采取了不同的制度机制去重建地方社会秩序,以建构"大一统"的国家秩序。客民在土著化进程中形成了地域认同,而王朝权力在地方社会不断深入,两者相向而行。

参考文献

一、正史、政书

（元）陈澔：《礼记集说》，成都：巴蜀书社，1989年。

（明）李东阳等撰：《大明会典》，扬州：广陵书社，2007年。

（清）赵尔巽等：《清史稿》，北京：中华书局，1977年。

（清）贺长龄、魏源等编：《清经世文编》（全三册），北京：中华书局，1992年。

《清实录》，北京：中华书局，1985—1987年。

《清朝文献通考》，杭州：浙江古籍出版社，1988年。

（清）席裕福、沈师徐辑：《皇朝政典类纂》，台北：文海出版社，1982年。

（同治）《钦定户部则例》，同治十三年校刊本。

中国第一历史档案馆编：《雍正朝汉文朱批奏折汇编》，南京：江苏古籍出版社，1988年。

中国第一历史档案馆编：《雍正朝汉文谕旨汇编》，桂林：广西师范大学出版社，1999年。

二、地方志

（明）《贵州图经新志》，弘治刻本。

嘉靖《思南府志》，嘉靖十六年刻本。

嘉靖《贵州通志》，嘉靖三十四年刻本。

康熙《贵州通志》，南京：凤凰出版社，2010 年。

康熙《湄潭县志》，康熙二十六年刻本。

乾隆《贵州通志》，乾隆六年刻本。

乾隆《开泰县志》，乾隆十七年刻本。

乾隆《平远州志》，乾隆二十一年刻本。

乾隆《玉屏县志》，乾隆二十二年刻本。

乾隆《毕节县志》，乾隆二十三年刻本。

乾隆《南笼府志》，乾隆二十九年稿本。

乾隆《独山州志》，乾隆三十四年刻本。

乾隆《镇远府志》，乾隆五十四年刻本。

乾隆《清江志》，乾隆五十五年钞本。

嘉庆《黄平州志》，嘉庆六年刻本。

嘉庆《正安州志》，嘉庆二十三年刻本。

（清）林溥：《古州杂记》，嘉庆刻本。

道光《安平县志》，道光七年刻本。

道光《仁怀直隶厅志》，道光二十一年刻本。

道光《遵义府志》，道光二十一年刻本。

道光《思南府续志》，道光二十一年刻本。

道光《大定府志》，道光二十九年刻本。

道光《松桃厅志》，道光十六年刻本。

道光《永宁州志》，台北：成文出版社，1967 年。

道光《贵阳府志》,咸丰二年刻本。

咸丰《安顺府志》,咸丰元年刻本。

咸丰《兴义府志》,咸丰四年刻本。

(清)修武谟:《永宁州志补遗》,咸丰四年刻本。

咸丰《荔波县志稿》,咸丰五年稿本。

同治《毕节县志稿》,同治十三年稿本。

同治《永新县志》,台北:成文出版社,1975年。

光绪《水城厅采访册》,光绪二年钞本。

光绪《古州厅志》,光绪十四年刻本。

光绪《普安直隶厅志》,光绪十五年刻本。

光绪《黎平府志》,光绪十八年刻本。

光绪《增修仁怀厅志》,光绪二十八年刻本。

光绪《续修天柱县志》,光绪二十九年刻本。

光绪《平越直隶州志》,光绪三十三年刻本。

宣统《贵州地理志》,宣统二年油印本。

(清)佚名:《贵州全省诸苗图说》,清钞本。

民国《独山县志》,民国四年稿本。

民国《瓮安县志》,民国四年贵阳文通书局铅印本。

民国《贵定县志稿》,民国八年钞本。

民国《台拱县文献纪要》,民国八年石印本。

民国《思南县志》,民国八年钞本。

民国《施秉县志》,民国九年稿本。

民国《石阡县志》,民国十一年未刊稿。

民国《都匀县志稿》,民国十四年铅印本。

民国《普安县志》,民国十五年石印本。

民国《绥阳县志》,民国十七年铅印本。

民国《桐梓县志》,民国十九年刊本。

民国《平坝县志》,民国二十一年铅印本。

民国《八寨县志稿》,民国二十一年铅印本。

民国《兴仁县志》,民国二十三年稿本。

民国《郎岱县访稿》,民国二十五年稿本。

民国《册亨县乡土志略》,民国二十五年铅印本。

民国《续遵义府志》,民国二十五年刻本。

民国《今日之贵州》,民国二十五年铅印本。

民国《开阳县志稿》,民国二十九年铅印本。

民国《三合县志略》,民国二十九年贵阳文通书局铅印本。

民国《续修安顺府志》,民国三十年稿本。

民国《德江县志》,民国三十一年石印本。

民国《兴仁县补志》,民国三十二年未刊稿。

民国《沿河县志》,民国三十二年铅印本。

民国《榕江县乡土教材》,民国三十二年未刊稿。

民国《晴隆县志》,民国三十三年未刊稿。

民国《剑河县志》,民国三十四年石印本。

民国《岑巩县志》,民国三十五年稿本。

民国《镇宁县志》,民国三十六年石印本。

民国《兴义县志》,民国三十七年稿本。

民国《贵州通志》,民国三十七年贵阳书局铅印本。

(民国)佚名:《荔波县志资料稿》,1954年潘一志重编本。

民国《大定县志》,大方县志办铅印本,1985年。

民国《重修南川县志》,成都:巴蜀书社,1992年。

(民国)张其昀主编:《遵义新志》,民国三十七年浙江大学史地研究所铅印本。

贵州省地方志编纂委员会编:《贵州省志·地理志》(上、下册),贵阳:贵州人民出版社,1985 年。

贵州省黔西南布依族苗族自治州史志征集编纂委员会编:《黔西南布依族苗族自治州志·文物志》,贵阳:贵州民族出版社,1987 年。

贵州省石阡县地方志编纂委员会编:《石阡县志》,贵阳:贵州人民出版社,1992 年。

贵州省锦屏县志编纂委员会编:《锦屏县志》,贵阳:贵州人民出版社,1995 年。

贵州省地方志编纂委员会编:《贵州省志·农业志》,贵阳:贵州人民出版社,2001 年。

贵州省地方志编纂委员会编:《贵州省志·文物志》,贵阳:贵州人民出版社,2003 年。

贵州文史馆点校:《贵州通志·土司·土民志》,贵阳:贵州人民出版社,2008 年。

贵州省安龙县史志办公室校注:《(咸丰)兴义府志》(上下册),贵阳:贵州人民出版社,2009 年。

锦屏县地方县志编纂委员会编:《锦屏县志(1991—2009)》,北京:方志出版社,2011 年。

黎平县县志编纂委员会办公室校注:《(光绪)黎平府志》,北京:方志出版社,2013 年。

三、文集、笔记

(明)郭子章:《黔记》,万历三十六年刻本。

(明)顾祖禹:《读史方舆纪要》,贺次君、施和金点校,北京:中华书局,2005 年。

（明）王士性：《王士性地理书三种》，周振鹤编校，上海：上海人民出版社，1993 年。

（清）爱必达：《黔南识略》，道光二十七年刻本。

（清）罗绕典：《黔南职方纪略》，台北：成文出版社，1974 年。

（清）严如熤：《三省边防备览》，道光二年刻本。

（清）严如熤：《苗防备览》，道光刻本。

（清）严如熤：《严如熤集》，黄守红标点、朱树人校订，长沙：岳麓书社，2013 年。

（清）李宗昉：《黔记》，兰州：兰州大学出版社，2003 年。

（清）田雯：《黔书》，兰州：兰州大学出版社，2003 年。

（清）陈鼎：《黔游记》，兰州：兰州大学出版社，2003 年。

（清）许缵曾：《滇行纪程》，上海：商务印书馆，1939 年。

（清）俞益谟编集：《办苗纪略》，杨学娟、田富军点校，上海：上海古籍出版社，2018 年。

（清）陈法：《犹存集》，陈德远点校，贵阳：贵州人民出版社，2009 年。

（清）罗文彬、王秉恩编纂：《平黔纪略》，贵州大学历史系中国近代史教研室点校，贵阳：贵州人民出版社，1988 年。

（清）魏源：《圣武记》，韩锡铎、孙文良点校，北京：中华书局，1984 年。

（清）赵翼：《檐曝杂记》，北京：中华书局，1982 年。

（清）黄六鸿：《福惠全书》，合肥：黄山书社，1997 年。

（清）黄钧宰：《金壶七墨》，同治十二年刊本。

（清）但湘良：《湖南苗防屯政考》，光绪九年刻本。

（清）刘书年：《刘贵阳遗稿》，龚红、康文、蒙育民、郝向玲点校，贵阳：贵州人民出版社，2009 年。

（清）徐家幹：《同治苗疆闻见录》，光绪四年刻本。

（清）田榕：《碧山唐诗钞》，兰州：兰州大学出版社，2003年。

（民国）凌惕安：《咸同贵州军事史》，台北：文海出版社，1966年。

（民国）瞿宣颖纂辑：《中国社会史丛钞》（上、下册），上海：上海书店，1985年。

（民国）徐珂：《清稗类钞》，北京：中华书局，2010年。

李玉玺编著：《清李菊圃先生用清年谱》，台北：台湾商务印书馆，1985年。

四、资料汇编

贵州少数民族社会历史调查组、中国科学院贵州分院民族研究所编：《〈清实录〉贵州资料辑要》，贵阳：贵州人民出版社，1964年。

郑天挺主编：《明清史资料》（下册），天津：天津人民出版社，1981年。

贵州民族研究所编：《〈明实录〉贵州资料辑录》，贵阳：贵州人民出版社，1983年。

中国人民大学清史研究所、中国人民大学档案系中国政治制度史教研室合编：《清代的矿业》（上、下册），北京：中华书局，1983年。

黔西南布依族苗族自治州史志办公室编：《黔西南布依族清代乡规民约碑文选》，册亨县印刷厂铅印本，1986年。

中国第一历史档案馆、中国人民大学清史研究所、贵州省档案馆编：《清代前期苗民起义档案史料汇编》（上、中、下册），北京：光明日报出版社，1987年。

中国社会科学院历史研究所清史研究室编：《清史资料》（第7

辑），北京：中华书局，1989年。

第二历史档案馆：《国民党政府政治制度档案史料选编》，合肥：安徽教育出版社，1994年。

潘定智等编：《苗族古歌》，贵阳：贵州人民出版社，1997年。

王澈选编：《乾嘉时期科举冒籍史料》，《历史档案》2000年第4期。

唐立、杨有赓、武内房司主编：《贵州苗族林业契约文书汇编（1736-1950年）》（第1、2、3卷），东京：东京外国语大学，2001、2002、2003年。

南开大学历史学院暨中国社会史研究中心、中国第一历史档案馆编：《清嘉庆朝刑科题本社会史料辑刊》，天津：天津古籍出版社，2008年。

哈恩忠编选：《雍正年间整饬贵州川贩史料》，《历史档案》2009年第4期。

张应强、王宗勋主编：《清水江文书》（第1、2、3辑），桂林：广西师范大学出版社，2007、2009、2011年。

张新民主编：《天柱文书》（第1辑），南京：江苏人民出版社，2014年。

章中如：《清代考试制度资料》，太原：山西人民出版社，2014年。

贵州省文史研究馆编：《贵州竹枝词集》，贵阳：贵州人民出版社，2019年。

五、社会调查资料、家谱族谱

（民国）吴泽霖：《定番县乡土教材调查报告》，民国二十八年稿本。

（民国）张少微等：《惠水县乡土教材调查报告》，民国三十六年刊本。

《中国少数民族社会历史调查资料丛刊》修订编辑委员会编：《侗族社会历史调查》，北京：民族出版社，2009 年。

《中国少数民族社会历史调查资料丛刊》修订编辑委员会编：《黔西北苗族彝族社会历史综合调查》，北京：民族出版社，2009 年。

《中国少数民族社会历史调查资料丛刊》修订编辑委员会编：《苗族社会历史调查》（一、二、三），北京：民族出版社，2009 年。

程礼钧编：《程氏族谱》，2001 年。

黎平罗里《杨氏宗谱》（手抄本），2001 年。

张氏家谱编写组：《张氏家谱》，2006 年。

天柱县翁洞胡氏第四届续修族谱编委会：《胡氏族谱》，2011 年。

王凤刚译注：《苗族贾理》，贵阳：贵州人民出版社，2009 年。

政协雷山委员会编：《雷山民族婚俗》，芒市：德宏民族出版社，2017 年。

六、著作

（民国）窦季良编著：《同乡组织之研究》，南京：正中书局，1943 年。

庄吉发校注：《谢遂〈职贡图〉满文图说校注》，台北：台北故宫博物院，1989 年。

王日根：《乡土之链：明清会馆与社会变迁》，天津：天津人民出版社，1996 年。

葛剑雄主编:《中国移民史》(6卷),福州:福建人民出版社,1997年。

蓝勇:《西南历史文化地理》,重庆:西南师范大学出版社,1997年。

李振纲、史继忠、范同寿主编:《贵州六百年经济史》,贵阳:贵州人民出版社,1998年。

周荣德:《中国社会的阶层与流动——一个社区中士绅身份的研究》,上海:学林出版社,2000年。

王善军:《宋代宗族和宗族制度研究》,石家庄:河北教育出版社,2000年。

吴承明:《中国的现代化:市场与社会》,北京:生活·读书·新知三联书店,2001年。

瞿同祖:《清代地方政府》,范忠信、晏锋译,北京:法律出版社,2003年。

刘平:《被遗忘的战争:咸丰同治年间广东土客大械斗研究》,北京:商务印书馆,2003年。

周振鹤:《中国地方行政制度史》,上海:上海人民出版社,2005年。

彭凯翔:《清代以来的粮价:历史学的解释与现解释》,上海:上海人民出版社,2006年。

张建民:《明清长江流域山区资源开发与环境演变:以秦岭·大巴山区为中心》,武汉:武汉大学出版社,2007年。

方行、经君健、魏金玉主编:《中国经济通史·清代经济卷》(上、中、下),北京:中国社会科学出版社,2007年。

郭红、靳润成:《中国行政区划通史·明代卷》,上海:复旦大学出版社,2007年。

王日根:《中国会馆史》,上海:东方出版中心,2007年。

黄冕堂编著:《中国历代物价问题考述》,济南:齐鲁书社,2008年。

张仲礼:《中国绅士研究》,上海:上海人民出版社,2008年。

王毓铨:《明代的军屯》,北京:中华书局,2009年。

郑锐达:《移民、户籍与宗族:清代至民国期间江西袁州府地区研究》,北京:生活·读书·新知三联书店,2009年。

于志嘉:《卫所、军户与军役:以明清江西地区为中心的研究》,北京:北京大学出版社,2010年。

刘志伟:《在国家与社会之间——明清广东地区里甲赋役制度与乡村社会》,北京:中国人民大学,2010年。

葛兆光:《宅兹中国:重建有关"中国"的历史论述》,北京:中华书局,2011年。

顾诚:《隐匿的疆土——卫所制度与明帝国》,北京:光明日报出版社,2012年。

费孝通:《乡土中国》(修订版),上海:上海人民出版社,2013年。

冯尔康:《中国古代的宗族与祠堂》,北京:商务印书馆,2013年。

鲁西奇:《中国历史的空间结构》,桂林:广西师范大学出版社,2014年。

梁勇:《移民、国家与地方权势——以清代巴县为例》,北京:中华书局,2014年。

林芊:《凸洞三村:清至民国一个侗族山乡的经济与社会——清水江天柱文书研究》,成都:巴蜀书社,2014年。

杨斌:《插花地研究:以明清以来贵州与四川、重庆交界地区为例》,北京:中国社会科学出版社,2015 年。

　　胡恒:《皇权不下县?——清代县辖政区与基层社会治理》,北京:北京师范大学出版社,2015 年。

　　何炳棣:《中国会馆史论》,北京:中华书局,2017 年。

　　应星:《新教育场域的兴起,1895—1926》,北京:生活·读书·新知三联书店,2017 年。

　　李世愉、胡平:《中国科举制度通史·清代卷》(上、下册),上海:上海人民出版社,2017 年。

　　萧公权:《中国乡村——19 世纪的帝国控制》,张皓、张升译,北京:九州出版社,2018 年。

　　何炳棣:《明清社会史论》,北京:中华书局,2019 年。

　　〔美〕施坚雅:《中国农村的市场和社会结构》,史建云、徐秀丽译,北京:中国社会科学出版社,1998 年。

　　〔英〕科大卫:《皇帝与祖宗:华南的国家与宗族》,卜永坚译,南京:江苏人民出版社,2009 年。

　　〔日〕山田贤:《移民的秩序——清代四川地域社会史研究》,曲建文译,北京:中央编译出版社,2011 年。

　　〔美〕李中清:《中国西南边疆的社会经济:1250—1850》,林文勋、秦树才译,北京:人民出版社,2012 年。

　　〔美〕詹姆斯·斯科特:《逃避统治的艺术:东南亚高地的无政府主义历史》,王晓毅译,北京:生活·读书·新知三联书店,2016 年。

　　〔日〕森正夫:《"地域社会"视野下的明清史研究——以江南和福建为中心》,南京:江苏人民出版社,2017 年。

　　〔日〕宫崎市定:《科举》,宋宇航译,杭州:浙江大学出版社,2018 年。

七、论文

李文治：《论清代前期的土地占有关系》，《历史研究》1963 年第 5 期。

龙尚学：《张国华的〈贵州竹枝词〉》，《贵州文史丛刊》1982 年第 4 期。

刘敏：《论清代棚民的户籍问题》，《中国社会经济史研究》1983 年第 1 期。

王业健：《清代（1644—1911）物价的长期趋势》，《上海经济研究》1983 年第 2 期。

张捷夫：《关于雍正西南改土归流的几个问题》，《清史论丛》（第 5 辑），北京：中华书局，1984 年。

万芳珍：《清前期江西棚民的入籍及土客籍的融合和矛盾》，《江西大学学报》（哲学社会科学版）1985 年第 2 期。

曹树基：《明清时期的流民和赣南山区的开发》，《中国农史》1985 年第 4 期。

曹树基：《明清时期的流民和赣北山区的开发》，《中国农史》1986 年第 2 期。

刘秀生：《清代闽浙赣皖的棚民经济》，《中国社会经济史研究》1988 年第 1 期。

傅衣凌：《中国传统社会：多元的结构》，《中国社会经济史研究》1988 年第 3 期。

杨有赓：《文斗苗族地区的明清社会经济文化发展状况——〈姜氏家谱〉剖析》，《贵州民族学院学报》（社会科学版）1989 年第 4 期。

杨有赓：《清代清水江林区林业租佃关系概述》，《贵州文史丛刊》1990 年第 2 期。

万挨一:《清嘉庆初贵州的一次"移民"佚史》,《贵州文史丛刊》1990 年第 4 期。

郭松义、桑士光:《清代的贵州古州屯田》,《清史研究》1991 年第 1 期。

陈训明:《安顺屯堡与蒙古军》,《贵州民族学院》(社会科学版)1992 年第 1 期。

王尔敏:《清廷〈圣谕广训〉之颁行及民间之宣讲拾遗》,《"中央研究院"近代史研究所集刊》1993 年第 22 期。

方行:《清代前期农村的高利贷资本》,《清史研究》1994 年第 3 期。

陈国生、董力三:《清代贵州的流民与山区开发》,《贵州师范大学学报》(社会科学版)1994 年第 3 期。

赵冈:《清代的垦殖政策与棚民活动》,《中国历史地理论丛》1995 年第 3 期。

张芳:《明清时期南方山区的垦殖及其影响》,《古今农业》1995 年第 4 期。

蓝勇:《明清时期云贵汉族移民的时间和地理特征》,《西南师范大学学报》(哲学社会科学版)1996 年第 2 期。

蓝勇:《清代西南移民会馆名实与职能研究》,《中国史研究》1996 年第 4 期。

杨斌:《清代前期贵州人口资料辨析》,《中国人口科学》1996 年第 4 期。

安和平、金小麒:《南、北盘江流域(贵州部分)土地利用现状与土地退化研究》,《贵州林业科技》1997 年第 3 期。

常建华:《日本八十年代以来的明清地域社会研究述评》,《中国社会经济史研究》1998 年第 2 期。

张芳:《清代南方山区的水土流失及其防治措施》,《中国农史》1998 年第 2 期。

王炎:《"湖广填四川"的移民浪潮与清政府的行政调控》,《社会科学研究》1998 年第 6 期。

葛庆华:《试论清初中期川陕交界地区的开发与环境问题》,《西北史地》1999 年第 1 期。

温铁军:《半个世纪的农村制度变迁》,《战略与管理》1999 年第 6 期。

陈孔立:《有关移民与移民社会的理论问题》,《厦门大学学报》(哲学社会科学版)2000 年第 2 期

钞晓鸿:《清代至民国时期陕西南部的环境保护》,《中国农史》2002 年第 2 期。

葛庆华:《太平天国战后皖南地区的移民活动》,《中国历史地理论丛》2002 年第 2 期。

黄志繁:《国家认同与土客冲突:明清时期赣南的族群关系》,《中山大学学报》(社会科学版)2002 年第 4 期。

孟晋:《清代陕西的农业开发与生态环境的破坏》,《史学月刊》2002 年第 10 期。

古永继:《元明清时贵州地区的外来移民》,《贵州民族研究》2003 年第 1 期。

〔美〕萧凤霞:《传统的循环再生——小榄菊花会的文化、历史与政治经济》,《历史人类学学刊》2003 年第 1 期。

梁洪生:《从"异民"到"怀远"——以"怀远文献"为重心考察雍正二年宁州移民要求入籍和土著罢考事件》,《历史人类学学刊》2003 年第 1 期。

谢宏维:《清代徽州棚民问题及应对机制》,《清史研究》2003年第2期。

谢宏维:《生态环境的恶化与乡村社会控制——以清代徽州的棚民活动为中心》,《中国农史》2003年第2期。

谢宏维:《清代徽州外来棚民与地方社会的反应》,《历史档案》2003年第2期。

王向红:《清代秦岭、大巴山区的农业开发与生态变迁》,《海南师范学院学报》(社会科学版)2003年第5期。

黄志繁:《地域社会变革与租佃关系——以16—18世纪赣南山区为中心》,《中国社会科学》2003年第6期。

陈瑞:《清代中期徽州山区生态环境恶化状况研究——以棚民营山活动为中心》,《安徽史学》2003年第6期。

冯贤亮:《清代浙江湖州府的客民与地方社会》,《史林》2004年第2期。

傅辉:《插花地对土地数据的影响及处理方法》,《中国社会经济史研究》2004年第2期。

谢宏维、张研:《清中期至民国时期万载的土客冲突与国家应对》,《江西社会科学》2004年第2期。

谢宏维:《棚民、土著与国家——以清中期江西省万载县土棚学额纷争案为例》,《中国史研究》2004年第2期。

林昌虎等:《贵州山区坡耕地综合利用与整治》,《水土保持研究》2004年第3期。

郑哲雄、张建民、李俊甲:《环境、移民与社会经济——清代川、湖、陕交界地区事务经济开发和民间风俗之一》,《清史研究》2004年第3期。

万明:《明代徽州汪公入黔考——兼论贵州屯堡移民社会的建

构》,《中国史研究》2005年第1期。

谢宏维:《化干戈为玉帛——清代及民国时期江西万载县的移民、土著与国家》,《历史人类学学刊》2005年第1期。

黄道炫:《一九二〇——一九四〇年代中国东南地区的土地占有——兼谈地主、农民与土地革命》,《历史研究》2005年第1期。

佳宏伟:《清代陕南生态环境变迁的成因探析》,《清史研究》2005年第1期。

葛庆华:《太平天国战后苏浙皖交界地区的两湖移民》,《湖南大学学报》(社会科学版)2005年第4期。

张萍:《清代徽州民间社会对棚民的应对》,《淮南师范学院学报》2005年第4期。

〔韩〕朴基水:《清中期广西的客民及土客械斗清中期》,《中国社会经济史研究》2005年第4期。

赵世瑜:《祖先记忆、家园象征与族群历史——山西洪洞大槐树传说解析》,《历史研究》2006年第1期。

汪崇篔:《清代徽州土地与商业投资回报率的比较》,《清史研究》2006年第1期。

贺喜:《编户齐民与身份认同——明前期海南里甲制度的推行与地方社会之转变》,《中国社会科学》2006年第6期。

杨庭硕:《〈百苗图〉对〈贵州通志·苗蛮志〉(乾隆)的批判与匡正(下)》,《吉首大学学报》(社会科学版)2006年第5期。

刘白杨:《棚民的土地利用及对生态环境的影响:以明清江西为考察中心》,《江西教育学院学报》(社会科学版)2007年第1期。

饶伟新:《清代赣南客民的联宗谱及其意义初探》,《赣南师范学院学报》2007年第4期。

陈亚平:《清代巴县的乡保客长与地方秩序——以巴县档案史

料为中心的考察》,《太原师范学院学报》(社会科学版)2007年第5期。

李晓方:《明清时期闽粤客家的倒迁与赣南生态环境的变迁述论》,《赣南师范学院学报》2007年第5期。

史继忠:《石阡万寿宫》,《当代贵州》2007年第24期。

周伟华、黄志繁:《明清时期流民与粤东北山区开发》,《嘉应学院学报》2008年第1期。

王东杰:《"乡神"的建构与重构:方志所见清代四川地区移民会馆崇祀中的地域认同》,《历史研究》2008年第2期。

张力仁:《人类空间选择行为与环境关系个案研究——以清代陕南秦巴山地为例》,《中国历史地理论丛》2008年第2期。

朱伟华:《黔中屯堡人祖籍"南京应天府石灰巷"考辨》,《贵州文史丛刊》2008年第3期。

袁轶峰:《文化与环境:清至民国时期黔西北农业生计模式》,《贵州大学学报》(社会科学版)2008年第5期。

杨有赓:《〈姜氏族谱〉反映的明清时期文斗苗族地区经济文化状况》,贵州省民族事务委员会、贵州民族研究所编:《贵州"六山六水"民族调查资料选编·苗族卷》,贵阳:贵州民族出版社,2008年。

王林:《论清代对灾后流民的防范和安置》,《山东师范大学学报》(人文社会科学版)2009年第1期。

李仕波:《清代贵州定期集贸市场初探》,《贵州文史丛刊》2009年第2期。

梁勇:《"麻城孝感乡":一个祖源地记忆的历史解读》,《学术月刊》2009年第3期。

章毅:《清代中前期浙南移民的国家化与本地化——以石仓

祠庙为中心》,《上海交通大学学报》(哲学社会科学版)2009年第
3期。

谭卫华、罗康隆:《〈百苗图〉传世抄本收藏情况概说》,《贵州
文史丛刊》2010年第1期。

肖发生:《清代贵州农村集市考察》,《中国经济史研究》2010
年第2期。

晁中辰:《清代有"康乾盛世",为何没有近代工业——以清前
期高利贷为研究中心》,《社会科学辑刊》2010年第4期。

鲁西奇:《内地的边缘:传统中国内部的"化外之区"》,《学术
月刊》2010年第5期。

张福运:《地权冲突与秩序重建——清代"湖团"案研究》,《江
西财经大学学报》2012年第2期。

马俊亚:《伙伴还是害敌?——从人虎关系看淮北江南生态环
境变迁》,《淮阴师范学院学报》(哲学社会科学版)2012年第4期。

袁轶峰:《清代贵州的客民研究》,《西南民族大学学报》(人文
社会科学版)2012年第7期。

袁轶峰:《从士绅到地方精英:刘氏家族与晚清地方政治》,《近
代史学刊》(第12辑),北京:社会科学文献出版社,2014年。

赵世瑜:《从移民传说到地域认同:明清国家的形成》,《华东师
范大学学报》(哲学社会科学版)2015年第4期。

赵轶峰:《八旗、保甲与清前期社会结构》,《吉林大学社会科学
报》2017年第1期。

张天虹:《"走出科举":七至二十世纪初中国社会流动研究的
再思考》,《历史研究》2017年第3期。

蒋立松:《清代贵州竹枝词中"苗蛮"形象的构建——以余上
泗〈蛮峒竹枝词〉为例》,《广西民族大学学报》(哲学社会科学版)

2018 年第 6 期。

高寿仙 :《徐渭及其父兄与贵州龙里卫的关系》,《北京联合大学学报》(人文社会科学版)2019 年第 2 期。

鲁西奇 :《"下县的皇权":中国古代乡里制度及其实质》,《北京大学学报》(哲学社会科学版)2019 年第 4 期。

吴雪梅 :《蛮夷形象的帝国想象——以谢遂〈职贡图〉中的贵州苗人为中心》,《华中师范大学学报》(人文社会科学版)2019 年第 4 期。

高寿仙 :《"官不下县" 还是 "权不下县"? ——对基层治理中 "皇权不下县" 的一点思考》,《史学理论研究》2020 年第 5 期。

赫伯尔(Rudolph Herberle), *The Causes of Rural-Urban Migration a Survey of German Theories*, American Journal of Sociology. Vol.43,No.6（May, 1938）。

郝若贝(Robert Hartwell), *Demographic, Political and Social Transformation of China, 750–1550*, Harvard Journal of Asiatic Studies. Vol.42,No.2（Dec,1982）。

陈启钟 :《清代闽北的客民与地方社会》,台北 : 台湾师范大学历史学系博士学位论文,2011 年。

袁轶峰 :《反客为主:清代黔西南民族区域的客民研究》,武汉 : 华中师范大学历史文化学院博士学位论文,2013 年。

后　记

　　本书是在国家社科基金项目成果的基础上修改完成的。尽管是国家社科基金项目成果，但还得追溯到我攻读博士学位的选题。我的导师吴琦教授是国内较早提倡社会群体与地方社会力量研究的学者之一。受吴师影响，我决定以"清代黔西南民族区域的客民研究"作为博士论文的选题。毕业两年之后，我在博士论文基础上申请国家社科基金项目获批立项。又经过八年的搜集资料、写作和修改，有了此书稿。弹指一挥间，持续关注"客民"论题已有十余年，不禁感慨万千。每当总结自己成果时，便情不自禁地想起对我有过影响和帮助的人。

　　21世纪初，导师吴琦教授倡导社会群体研究，社会群体是社会结构的构成要素，是社会变迁的主要推动力量，是我们考察社会发展与变化的一个颇佳视角。因此，吴师有意地培养研究生致力于社会群体研究，吴师的学生在阁臣、言官、翰林、医师、讼师、士人等群体研究方面各有自己的建树，研究中所选取的这些社会群体，基本属于社会中上层。吴师希望不断拓展社会群体的研究视野，在社会层面展开更多群体研究。机缘巧合，在我阅读大量的贵州地方文献时，经常有"客民"这个词涌现出来，当我看到清末署贵州巡抚李用清奏陈黔省情形时说道："可虑者四：曰插花，曰鸦片，曰客民，曰饷项。"这更加坚定了我选择社会下层的"客民"为选题的信心。吴师听完我的想法后，也非常支持这个选题，还特意召集同门的华中师范大学冯玉荣教授、中南财经政法大学吴雪梅教授为这个选题"把脉问诊"。

南昌大学是我学术的起点，我的导师陈东有教授是我踏入学术之门的引路人，让我知道了一些做学问的门径。黄志繁教授的"中国经济史研究"、邵鸿教授的"计量史学"、梁洪生教授的"地方史"、张芳霖教授的"社会人类学"、万芳珍教授的"地方文献"等课程，毕业多年仍历历在目。诸位老师不仅在学问上，而且在做人上对我的影响都很大。华中师范大学是我求学的最后一所学府，这里有着优良的学术传统，历史学是最具特色的学科之一，历史文化学院汇集了众多的学术名家，章开沅、熊铁基、周国林、刘韶军、马良怀、张固也、董恩林、刘固盛、王玉德、姚伟钧诸位老师的课程或讲座，尤其是"史学前沿"的课程，类似于学术讲座，他们将最为拿手的做学问的功夫传授给我们，从中学到了纸本上学不到的真学问。

在学校学习期间，有幸结识了一帮同学，南昌大学的杨福林、廖艳彬、蔡定益、刘生文、苏永明、胡小红、彭燕、熊亚丹，华中师范大学的同门冯明、蔡敏、刘中兴、赖玉芹、徐剑、杜维霞、马俊，同学陈冬冬、郭俊然、王胜鹏、杨超、吴宁，与同门、同学的认识和相处，使我的生活多姿多彩，有了别样的乐趣。

本书部分章节内容曾在《西南民族大学学报》《山东社会科学》《中国边疆学》《西南边疆民族研究》《原生态民族文化学刊》《历史教学》《农业考古》《廊坊师范学院学报》《三峡大学学报》等期刊上发表，感谢各位编辑的厚爱，以及提出的修改意见。

本书在写作过程中，曾求教于贵州大学林芊教授，他总是慷慨惠赠研究资料，并对我寄予厚望。贵州大学杨军昌教授、贵州师范大学杨斌教授、贵州民族大学石开忠教授从自己的专业领域和经验给出了富有建设性的修改意见,特别是五位匿名评审专家的评审意见对本书的修改启发良多。

我原来供职的人文学院是一个富有人文情怀的单位,在两任院长陶渝苏教授、庄勇教授带领下,我在这里度过了十二年的美好时光,与文史哲的同仁交往让我学到了很多,也令人愉悦。我现在供职的历史与民族文化学院也是一个充满温馨而宽松的集体,使我有大量时间从事书稿工作。

这本书获得中华书局认可并出版,是我的荣幸。贵州大学王伟教授给予的热情帮助,令人难忘感动。最近几年,贵州大学人文社科处出台了很多激励教师的政策措施,积极鼓励和推动教师成果出版,本书的出版得到贵州大学学术出版基金资助。我的研究生任苗苗、宋进、吴怡蕾、班娟、王艳、曹尊夏、徐倩几位同学帮我把全书进行了校对,避免了一些错误。胡维洁同学在本书的图片处理方面提供了帮助。谨致谢忱。但是,由于本人学力有限,缺点和错误在所难免,惟望学界师友批评指正。

最后,我的家人始终在背后默默地支持我的工作,可以说,这本书也凝聚着家人的心血。

袁轶峰

2023 年 10 月 30 日

于贵阳花溪